〈広告制作者〉の歴史社会学

近代日本における個人と組織をめぐる揺らぎ

加島卓

せりか書房

Takashi KASHIMA

SERICA Shobo

〈広告制作者〉の歴史社会学
――近代日本における個人と組織をめぐる揺らぎ

目次

▼凡例

・基本的には、『社会学評論スタイルガイド』(http://www.gakkai.ne.jp/jss/bulletin/guide.php)に準じた記述を行った。
・年代については、一部西暦と和暦を併記した。
・作家名や雑誌名など固有性の高い表現については、一部旧漢字を用いた。
・引用における中略は、「…〔中略〕…」と表記した。
・引用に際して、旧漢字は新漢字に改め、かなづかいは概ね原典のままとした。
・引用文中の誤植・誤字などは(ママ)、□は判読不明を示した。
・「図案」「広告」「宣伝」「美人画」については、旧字をそのまま表記した。
・「・」の表記は、統一されていなかったので、「アートディレクター」「グラフィックデザイン」「グラフィックデザイナー」については、一律して「・」を省略して表記することにした。

はじめに

これから「広告」や「デザイン」について述べていこうと思うのだが、実際のところ私たちは何を広告やデザインだと思い、またそれらをいかに語ってきたのであろうか。広告やデザインと呼ばれるものは日常生活に溢れており、ある人はそのいくつかを美術的な作品として眺め、うっとりするのかもしれない。また、ある人はビジネスを活性化させるために広告やデザインの重要性を経営学的に訴えるかもしれない。さらに言えば、記号学や消費文化論、文化研究や社会学といった人文系学問の研究対象として広告やデザインを分析する人もいる。

ここで重要なのは、そのどれが正しいのかを追求することではない。むしろ、それらが一つにまとまろうとすることなく、並列していることが重要であり、それを当たり前にしている条件を記述することである。つまり、複数の記述が存在しても、そのまま全体としては広告やデザインについてのことだと思われていること自体が分析されてもよさそうなのである。このような関心から、本書は私たちが広告やデザインをいかに理解してきたのかを述べていこうと思っている。

と言っても、本書は「広告やデザインについてもっと知ってほしい！」と主張したいのではない。あくまで、本書のねらいは私たち自身が広告やデザインをいかに理解してきたのかという歴史を明らかにする点にある。なぜこのような設定をするのかと言えば、私たちは広告やデザインをそれとしてもっともらしく理解するために実に様々な試行錯誤をしてきたのだが、どういうわけかそれらを積み重ねずに流してきたからである。

しかし、本書は「昔を思い出せ！」と言いたいのでもない。むしろ、私たちはいかにして「昔を思い出さなくてもよい」と思えてきたのかを検討したいのである。本書はこのように思えてしまう点に驚きがあると考えており、またこうした驚きに至るまでを丁寧に述べてみようと思っている。それは私たち自身の常識的理解の成立を分解しつつ、無理のない範囲で再構成していくような試みである。

したがって、本書は広告やデザインについて述べていくことになるが、それは広告やデザインに関する美術史や実務書とは別に、そのようにそれぞれが記述可能になるまでを私たち自身の理解の仕方として歴史社会学的に述べていくことになる。本書がテーマとする〈広告制作者〉はこうした記述を成立させるための仕掛けであり、これが近代日本においていかに語られてきたのかを歴史学的に検討することを通じて、本書は私たち自身が広告やデザインについていかに理解してきたのかを社会学的に明らかにしようとしている。

＊

ところで、なぜこのような作業が必要なのか。そこで、本書が書かれる理由を広告史・デザイン史、社会学、メディア研究に分けて述べておこう。

まず、「デザイン」という言葉の捉えにくさがいかに成立したのかを知るためである。これは本文で具体的に述べていくのだが、日本社会において「デザイン」は「広告」との関係でいろいろと意味付けられてきた。またその過程において、デザインの専門性を主張することは広告制作をいかなる職業と見なすのかという動きと深く結びついていた。しかし、広告やデザインに関する書籍の多くはこのような試行錯誤にはあまり関心を払わず、一足飛びに制作物を図録的に掲載して説明を完結させてしまう。その結果、有名な制作物を残した人が有名な制作者であるかのような記述が連鎖し、それが結果として「デザインとは何か？」に応えているかのような効果を生み出していく。つまり、私たちは「デザインとは何か？」に答えを出すというよりも、明確な答えを出さないまま、制作物を見せ続けるというやり方を選択してきた。より正確に言えば、そうやって先送りをすることが「デザイン」という言葉の使い方であるということに気づき、またそのような文脈に乗っかって専門性や職業を語ってきたのである。このように厳密な定義は回避しつつ、それでもその言葉を使い続けるという私たち自身のやり方を具体的に検討するには、本書のような作業が不可欠である。そして、この作業は「デザインとは何か?」に答えを出すというよりも、「デザインとは何か?」を語り続けることで成立する社会の具体的な姿を明らかにしてくれるであろう。要するに、本書はいくつかの新しい事例によって従来の広告史やデザイン史を書き換えるだけでなく、そもそも広告史やデザイン史がどのように登場し、それが私たちの理解の仕方といかなる関係にあるのかという点を述べようとしている。

このような本書の設定は、近代社会がその秩序維持のために専門性をいかに利用してきたのかを記述する社会学に近接する。というのも、「広告」や「デザイン」という言葉の使われ方を検討することは、私たちが広告やデザインをどのような専門的知識として捉え、またそのために専門家をいかに意味付けてきたのかを記述することにもなるからである。また、「広告」や「デザイン」という言葉の使われ方を検討することは、「個人」や「組織」といった労働における単位が具体的にどのように使われてきたのかを教えてくれる。これも本文で詳細に述べていくのだが、〈広告制作者〉として働くことへの意味付けは、自分のために何かを制作するという行為を一方に想定し、もう一方には他者のために何かを制作するという行為を想定しながら、いろいろなされていく。これは芸術家や企業人として固定することのできない流動的な主体の記述になり得るという意味において、とてもユニークだと考えられる。主体の代替不可能性を追求するのではなく、かといって主体の代替可能性を強く肯定するのでもない、その中途半端で落ち着きの悪い主体のあり方を具体的に検討するには、本書がテーマとする〈広告制作者〉の分析が不可欠である。それはデザインや広告という専門的知識の生産や運用を巡って、一方に徒弟的な人称性があり、他方に人材として入替可能な役割とマニュアルがあり、それらへの気づきと揺らぎをいかにして処理したことにしてきたのかを経験的に記述することにもなる。要するに、本書は〈広告制作者〉という仕掛けを用い、広告やデザインを専門的知識の社会学として記述しようとしている。

さらに言えば、本書は新聞・放送・出版・映画・エンタテイメント・インターネットなどを記述対象にしたメディア研究にも近接する。これも本文で述べていくことになるが、〈広告制作者〉として働くことの意味付けを分析することは、私たちがそれをいかに理解して職業の選択肢にしていったのかという歴史を述べることにもなる。このような記述はメディアの「送り手」だけを研究するというよりも、メディアの「送り手／受け手」という境界線をめぐる自己生成的な展開の歴史になっている点で、とてもユニークだと考えられる。それは「送り手」を自明視して産業の歴史を書く作業や、そうした「送り手」を小説家や映画監督から類推して「作者の死」を一方的に宣言する作業や、モノや身体の水準から「受け手」の経験をあぶり出していく作業とも異なり、そもそも「送り手／受け手」という図式が広告やデザインに適用可能だと考えられるまでを歴史的に描く作業である。要するに、本書は〈広告制作者〉という仕掛けにおいて、メディアの「送り手／受け手」図式がいかにしてもっともらしく使われるようになったのかを記述しようとしている。

これらを踏まえ、本書は広告やデザインが語られる時にそれがどのような概念と結びついたり、結びつかなかったりするのかを書き取ることで、私たちがいかに広告やデザインを理解したことにしてきたのかを丁寧に記述していくことになる。そして、このような作業は私たち自身が何をいかにもっともらしく理解しているのかという「方法」そのものを明らかにすることに資するであろう。

最後に本書の構成を述べておく。第一章では、本書の問題意識、研究対象、研究方法、先行研究との関係などを述べる。ここでは「理解」というキーワードを使う理由、〈広告制作者〉という設定を行う根拠、歴史社会学として記述する目的、そして本書が広告史やデザイン史と何がいかに異なるのかが述べられることになる。

第二章から第七章までは、具体的な分析編となる。第二章では、一九一〇年代までに「文案」や「図案」として広告制作が試み始められた頃について述べる。これまでは広告制作以前のものとして言及されるにすぎなかった「文案」や「図案」に注目し、それが語られた当時においてどのような意味を持っていたのかなどが、明治期から大正期までの史料によって明らかにされることになる。

第三章では、それまで「図案」と呼ばれていた広告制作が一九二〇年代後半になっていかに「商業美術家」という職業理念に意味付けられたのかという点について述べていく。これまでは作品として紹介されることの多かった「商業美術」に注目し、それが決して制作物だけには還元されない分厚さをもった活動であったことなどが、濱田増治や杉浦非水に関する史料から明らかにされることになる。

第四章では、一九四〇年代前半までに職業としての広告制作が様々に模索されるなか、戦争に関与する広告制作として「報道技術者」という主張がいかに登場し得たのかという点について述べていく。これまでは制作物として紹介されることの多かった戦時プロパガンダに注目し、これもやはり制作物だけに還元できない分厚い活動であったことが、今泉武治と報道技術研究会に関する史料から明らかにされることになる。

第五章では、一九五〇年代前半に組織としての広告業界に深く組み込まれることになった広告制作者が、いかにして「アートディレクター」という立場を主張するようになったのかという点について述べていく。これまでは戦後に新しく始まったものとして語られてきたアートディレクターが、戦前までの試行錯誤といかなる関係にあり、またどのようにして広く人びとに語られるようになったのかを、今泉武治と東京アートディレクターズクラブに関する史料から明らかにされることになる。

第六章では、一九六〇年前後になって広告業界とは異なる形で広告制作を行おうとする「グラフィックデザイナー」という立場がいかに登場したのかを述べていく。ここでは明確な定義を伴わないまま語られはじめたグラフィックデザイナーが、具体的にはいかなる社会的文脈のなかでもっともらしく意味付けられたのかを、亀倉雄策や勝見勝をめぐる日本のモダンデザイン運動に関する史料から明らかにされることになる。

第七章では、一九六〇年代後半になって第五章とは異なる意味で「グラフィックデザイナー」という立場が主張されるようになった過程を述べていく。ここでは経済成長と人口増加に伴う啓蒙的活動の限界やその効果として登場した新しい意味付け方などが、横尾忠則や日本宣伝美術会をめぐる史料から明らかにされることになる。

第八章では、分析編を踏まえ、本書が何をいかに明らかにしたのかをまとめることになる。それは「理解」というキーワードを用い、〈広告制作者〉という設定を行い、歴史社会学として記述した効果を測定することであり、それを通じて私たち自身が広告やデザインについていかに理解してきたのかを積極的に示すことになる。

なお、本書は対象と方法の関係に注意を払って記述することになるが、その効果として読みにくかったり、場合によっては冗長な箇所も登場することになる。しかし、それは対象の在り方をそのまま書き取ろうとした結果であると理解してもらえると大変ありがたい。広告やデザインを語ることは、ある時期まではどこか奇妙なまでに力んでおり、またある時期から弛緩していく。本書はそのような展開をそのまま記述することが、私たち自身の理解の仕方に接近することだと考えている。その意味において、冗長な記述が次第に増していく本書を読むということは、私たち自身の広告やデザインに対する理解の仕方をなぞり返すものだとご理解頂けると幸いである。

第一章　〈広告制作者〉と歴史社会学

濱田増治（『アトリエ』（第六巻第九号）アトリエ社、一九二九年）

三越呉服店「新館落成」（一九一四年、杉浦非水による図案）

一　問題意識：理解への問い

問うべき謎

私たちがある事をそれとして理解するとは、いったいどういうことなのか。より正確にいえば、どういう状態になれば理解したことにしてしまうのか。もちろん、私たちはなんでもかんでも理解することはできない。だからこそ、どこでどのようにして理解を成立させていくのかが問題になる。[2]本研究はこのような関心から、「広告」や「デザイン」という言葉がそれとして理解されるまでを記述したものである。[1]

ところで、広告やデザインという言葉は、その当事者においてもつかみどころがないようである。[3]それは例えば以下のように、何度も語り直される言葉の積み重なりであった。

「昔は図案というのは、図という字に按配するという字を書いていた。だから杉浦非水のころは「図按」といっていた。それから「図案」としゃれた。そのうちに、こんなばかな古くさい言葉はというので、今度は「商業美術」でなければいけないということになって、商業美術という名前に魅力を感じた。「商業美術」というと、非常に時代の先端をいったように当初は思っていた。ところがそれが終戦後になって、商業美術というと、なんだか図案屋くさくてやりきれない、町の看板屋みたいなので、何かよい言葉はないかと考えたすえ、「商業デザイン」がいいということになった。「商業デザイナー」だというのが、また今度は「グラフィックデザイン」

でなくてはいかぬというので、このごろみんなが商業デザイナーではなく、「グラフィックデザイン」になった。そのうちにまた別のとんでもないいい言葉が出るかもしれない」（亀倉 1958c）。

これは一九五八（昭和三三）年に広告代理店の電通で開催された夏期電通広告大学講義録の一節なのだが、要するに「図按」「図案」「商業美術」「商業デザイン」「グラフィックデザイン」というように、やっていることは変わらないのにその呼ばれ方だけは変わってきたというわけである。だからこそ、「そのうちにまた別のとんでもないいい言葉が出るかもしれない」とまで言われてしまう。つまり、広告やデザインはその語られ方において自らを否定する契機を内蔵すると同時に、それがさらなる語り直しを促すという独特の展開を持っていそうなのである。[4] また、広告やデザインはその当事者に独特の悩みを与えているようである。それは例えば以下のように、広告やデザインを職業とする場合における意味づけの揺らぎなのであった。

「人間だから誰でも自分自身を持っている。自分自身というのは少なくとも個性につながるはずだ。ところが社会の機構は大多数の人々の個性をうすめてしまうようにできている。そうして個性の角はけずられ、円満な形になるように構成されている。…〔中略〕…。ところが芸術家や専門技術家が没個性的になったらどうだろう。これはもう言うまでもない。こんな人はもう死んでいるんだ。創造への戦い、独創への情熱がなければ、もうその人は死んでいるんだ」（亀倉 1973）。

これは一九七三（昭和四八）年の『年鑑広告美術'73』（東京アートディレクターズクラブ、美術出版社）の序文に書かれた一文なのだが、要するにアートディレクターとして企業のために広告を制作する立場の者が、各人の「個性」とそれを「円満な形」にしていく「社会の機構」との間で揺らいでいるのである。だからこそ、「没個性」への危機が語られ、「創造への戦い、独創への情熱」も語られる。つまり、広告やデザインを職業にすることには、それ自身に独特の揺らぎが孕まれていそうなのである。

本研究は、これら二つを「問うべき謎」と設定したい。つまり、広告やデザインは何度も語り直されていく独特な展開を孕んでいそうなことと、そうした広告やデザインを職業にすることには独特の揺らぎが孕まれていそうなことである。こうした「語り直し」と「揺らぎ」は当事者の問題になっているにもかかわらず、なぜ解決されないのだろうか。このような設定を踏まえ、広告やデザインをめぐる「語り直し」と「揺らぎ」が、いつ、どこで、どのように誕生し、いかなる方向性をもつようになったのかを記述し[5]、そのことを通じて私たち自身の理解の仕方を明らかにすることが目指される。

分析すべき謎

ところが、これまで広告やデザインは上述した意味での「言葉」というよりも「物」において記述されてきた[6]。ポスターやパッケージなど物質的に存在している広告やデザインは、それらの写真を若干の解説と併せて図録的に配置することで記述が完結するのである。その結果、広告やデザインは「作品」として理解され、またその制作者は「作者」として理解されていくことになる[7]。

しかし、本研究はこのように広告やデザインを物＝作品として理解していくことに、やや疑問を持っている。というのも、以下に示すような多弁で過剰な語り手が、いわゆる広告史やデザイン史の記述には含まれず、その代わりに作者として特定しやすい者だけが書かれるからである[8]。それくらい、私たちは広告やデザインを物＝作品として理解する「社会」[9]に生きているのだが、どうも昔はそうでもなかったようである。それでは、その過剰さとはいかなるものであったのか。

「聽て青年は舞台に現れた。と彼は予て用意したらしい白襷を肩から斜めにかけている。それには美術思想講演旅行と墨黒々に書かれてある。咳一咳、彼はまだ暮れきらぬ由井ヶ浜〔ママ〕の微風に吹かれ乍ら夕涼みに集つている多くの浴衣掛けの避暑客の前で、美術が如何に人生に於ける貴き糧であるかを説き出した。彼の講演は素より場馴れたものではなかつた。論旨も生硬ではあつた。併し不思議な熱をもつていた。そして童顔を真赤にし乍ら咄々として大衆に向かつて呼びかけるのであつた。…〔中略〕…。此講演旅行も今にして思へば稚気がありとは云へ彼らしい行動で、熱血児濱田増治君の面目躍如たるものがある、彼が今日、あの精力ある熱意をもつて商業美術確立の為め〔ママ〕に寧日ないのも偶然ではないのである」（仲田 1929）。

ここには、鎌倉の海岸へ避暑に訪れた観光客を前に「美術が如何に人生に於ける貴き糧であるか」を語る「青年」のただならぬ「熱意」が記されている。そして、その青年こそ「商業美術」の確立に奔走した「熱血児濱田増治君」であり、「童顔を真赤にし乍ら咄々として大衆に向かつて呼びかけ」ていたというわけである。本研究が注目したいのは、やがて広告やデザインと呼ばれることになる商業美術をこのように説き語ることが、物＝作品とは別の次元で行われていたという事実である。

ところが、後代の史的記述[10]において濱田のような語り手が書き込まれることは少ない。物＝作品を重視する広告史やデザイン史は、濱田増治と同時代に数多くの制作物を残した杉浦非水に商業美術の「第一ページ」を読み込むのである。

「わが国初期の商業美術にいちじるしい影響を与えたものは、三越のポスターであるが、初期の美人画の絵看板を切り換えて、近代的な西欧的な図案への一歩を踏み出し、三越の広告に独創的なキャラクターをつくりあげたのは、杉浦非水氏であった。一九一四（大正三）年、第七回児童博の時につくった『エンゼル』と題する三越ポスターや、日本橋『新館落成』の時のものなど氏の評価を決定的なものにしたばかりでなく、当時の図案界に与えた刺激は大きく、商業美術史の第一ページを飾る貴重な作品であろう。…〔中略〕…。氏は先駆者の一人として、わが国の図案、商業美術の近代化につくした功績は大きく、昭和二九年度芸術院恩賜賞受賞者となったことは、国がこの方面で氏の功労を認めたものとして意義深いものがある」（山名 1956）。

このように商業美術には言葉と物がそれぞれに関わっていたのだが、その史的記述においては物＝作品が優先されるのである。しかし、当時の史料にもう少し目を配ると、濱田に対して「彼は計画に優れた才稟〔ママ〕をもつていた。自分等友人仲間では彼をプログラミストと仇名をつけ、事実彼は計画を立てることが好きだつた。そしてその計画は微は〔ママ〕入り細を穿つていた。その点驚くべきビジネスマンであつた」（仲田 1929）といった評価が残されてもいる。詳細な「計画」を好み、「プログラミスト」と呼ばれながらも商業美術を熱弁していた濱田は、物＝作品の記述には回収できない過剰さを持っていたのかもしれない。だからこそか、一九三八（昭和一三）年に濱田が逝去した際には、共に商業美術運動を展開した別の図案家から以下のような弔いの言葉が贈られている。

「濱田と云へば何か理論の固りのやうに考へていた。…〔中略〕…。兎に角僕は彼がまれにみる尖鋭な頭脳の持主であることに敬意を払ふていた。又同時にあまりに熱血児であることを惜んでいた。だがこの両者の合する処常に火の如き言行となって、日本商業美術の水準を今日の高きに進めたことは、全く彼の業績に外ならない」（多田 1939）。

濱田と言えば「理論の固り」であり、「尖鋭な頭脳の持主」である同時に「あまりに熱血児」でもあった。しかし、そうだったからこそ「常に火の如き言行」となり、「日本商業美術の水準を今日の高きに進め」ることができたというわけである。先の引用に限らずにこうした記述が残っているということは[11]、やはり濱田がそれなりの業績を残していたというか、このように書き残すことこそ、濱田に即した記述になるのだと当時の人びとには理解されていたことを示していると言えよう。

本研究は、このような意味での物と言葉の配置関係を「分析すべき謎」と設定したい[12]。これはつまり、広告やデザインにおいて作品語り[13]は残される一方で、制作物とは別に展開される語りはなかなか残されないのはなぜなのかという問いである。といっても、本研究は作品語り以外の語りも歴史に加えられるべきであるという主張をしたいのではない。むしろ、作品語り以外の語りがあるにもかかわらず、いかにして作品を語ることが広告やデザインを語ることになってしまったのかという点を明らかにしたいのである。

理解への問い

したがって、「問うべき謎」と「分析すべき謎」の関係は次のように整理できる。まず、広告やデザインをめぐっては「語り直し」や「揺らぎ」というように、当事者において奇妙に思われていることがあるにもかかわらず、広告史やデザイン史はそれとは別に作品語りを積み重ねている。そして、より踏み込んで検討してもよさそうな過剰さが、当事者の語りには残されている。このような「問うべき謎」を見過ごす史的記述の偏向と、史的記述に書き込まれない過剰さという「分析すべき謎」、この二つの噛み合わない組み合わせがいかにして成立するようになったのかを問うことが、広告やデザインに対する私たち自身の理解の仕方を問うことでもあると、本研究では設定したい。よりわかりやすく言えば、なぜ広告史やデザイン史は当事者の饒舌さを扱ってこなかったのかという問いであり、そうした当事者の語りを書き込まなくても成立する広告史やデザイン史はいかなるものであり、どのように成立したのかを分析するのである。

こうした設定を踏まえ、本研究では広告やデザインをめぐる物と言葉の関係に注目していくことになる。これは作品語りとしての広告やデザインを前提にするのではなく、そのように語ることが可能になるまでを追尾していくような作業であり、そのためにも作品語りには含まれない語りが広告やデザインとどのような関係にあったのかを書き取っていくような作業だと言える。そして、その結果として広告やデザインに対する私たち自身の理解の仕方を明らかにすることが目指される。しかし、このような設定ではわかりにくいかもしれないので、もう少しだけ本研究の見立てを述べておきたい。

例えば、広告やデザインをめぐる物と言葉の関係と言っても、いくつかのパターンが想定できる。一つには、そもそも言葉なんて必要ないという立場であり、わかりやすく言えば、制作物が全てを説明するのだという考え方である。二つには、言葉の必要なさはわかっているけれども、とりあえずは語っておかないとわからない人にはわからないという立場であり、これをわかりやすく言えば、制作物は批評やプレゼンテーションによって意味づけられるという考え方である。三つには、私たちは言葉から逃れられないのではないかという立場であり、換言すれば、広告やデザインは言葉と必然的・内在的に結び付いているのではないかという考え方である。

本研究は三つ目の立場にあり、そこから一つ目や二つ目の立場がどのように展開されるのかを書き取り、それを事象内記述[14]と呼んでいくことになる。それは広告やデザインを作品として書くのではなく、また技術や思想として書くのでもなく、いかにしてそのように書きたくなるのかということを書いていく作業である。一つ目が物の記述、二つ目が言葉の記述だとすれば、本研究は三つ目のように、物と言葉の配置関係が有意味になっていく文脈の記述を目指すのである。

要するに、広告やデザインはどうしようもなく言葉と分かちがたいからこそ、それらには独特な記述が生まれ、またそれゆえに独特な理解が生じるということを、本研究は明らかにしようとしている。そして、このような記述を成立させるための一つの仕掛けとして、本研究は近代日本における〈広告制作者〉という職業理念に注目し、その在り方を歴史学的に調査し、その結果を社会学的に述べようとしている。

二　研究対象：〈広告制作者〉という職業理念

〈広告制作者〉とは何か？

それでは、広告やデザインに対する私たち自身の理解の仕方を物と言葉の配置関係から明らかにしていくにあたって、なぜ〈広告制作者〉なのだろうか。まずその前提として、広告における制作物と制作者の隔たりが挙げられる。例えば、広告は小説や映画と異なり、その表現の選択に依頼人という第三者が強く介在する。よりわかりやすく言えば、小説の表紙には作家の名前が記され、映画のエンドロールには監督や関係者の名前が示されるが、広告の場合はその制作者の名前ではなく依頼人の名前が示される。興味深いのは、このような相対的な差異があるからこそ、広告に対する意味付けは制作物や依頼人といかに向き合うのかという制作者としての関わり方において語られることである。技法の紹介や制作秘話、また仕事術などが典型なのだが、「制作物を見れば、それを制作した私のことがよくわかる」とは言い切れないからこそ、「制作物には反映できなかった、私の本当の話を聞いてくれ」という形式が導かれるのである。広告を制作する人びとのある種の饒舌さは、その人格に還元されるというよりも、このような広告の性格に由来するのであろう。つまり、物の存在と別に、言葉が独特の役割を果たしているのだ。広告はどうしようもなく制作物と制作者が一致しないため、広告についてのことは制作物においてというよりも、制作物の外でいろいろ語られるのである。

このような対象の属性を踏まえ、本研究は語られ続ける対象としての〈広告制作者〉に注目し、それを職業理念において把握していく。なお、ここでの広告制作者とは、広告に関与する人々が「広告主、広告代理業の関係者、広告制作者、広告媒体の関係者、および広告についての啓蒙家、研究者、評論家」（山本・津金澤 1986=1992:319）

などと分類されるなかでの相対的な立場の一つであり、後にアートディレクターやグラフィックデザイナーと呼ばれていくものも含まれる。本研究ではこうした分類そのものが歴史的に記述されることになるのだが、ここでは記述を開始するために、ひとまずはこのように記しておく。また、広告制作者を山括弧で括った場合は、それが職業理念であることを意味する。

職業理念としての〈広告制作者〉

それでは、なぜ職業理念なのか。まず、職業はその自由な選択において能動的な意味づけを伴い、また理念はそれが必要だと信じられていることを示す社会学的な指標になっているからである。[15]〈広告制作者〉という職業理念は宗教によって運命付けられていたり、身分によって制限されているものではなく、それを自由意志において選択する者において意味づけられていくものなのである。また、職業理念は個別の制作物や表現技術と比べて、言及対象としての同一性を長期に渡って有していることも理由に挙げられる。冒頭の引用のように、「図按」から「グラフィックデザイン」まで、広告やデザインはやっていることが変わらないにもかかわらず、何度も語り直されてきたのである。

もちろん、このような選択自体は対象を観察する者たちの相関において定められるので、他の選択において捉えることを否定するつもりはない。しかし、このように選択可能になっていること自体が、制作物と制作者の隔たりという対象の属性に由来しているとも言える。制作物と切り離されて語られていることがあるならば、いかにしてそのようになってしまったのかを書き取ることで、対象へのより豊かな理解が導かれるとも言えるであろう。そこで本研究は制作物と制作者の隔たりを前提にしつつ、能動的な意味づけを伴い、言及対象としての同一性を長期に渡って有している語りがあれば、まずはそれに注目してみようというわけである。

ところで、〈広告制作者〉を職業理念において捉える認識上の利得は何か。まず、職業理念として捉えることは、それを「副業」ではなく「専業」[16]として捉えることを可能にする。というのも、文学史や映画史においては〈広告制作者〉が小説家や映画監督に至るまでの前職的な位置づけとして記述されたり、美術史やデザイン史においては「広告も芸術である」として、〈広告制作者〉が芸術家と同様に記述されるからである。また、このように記述したくなること自体が〈広告制作者〉を記述することの困難から生じている可能性があり、そのこと自体が明らかにされるべきだからである。さらにこれは分析のなかで明らかにされていくのだが、職業理念としての〈広告制作者〉は「商業美術家」「報道技術者」「アートディレクター」「グラフィックデザイナー」というように何度も更新されていく。だからこそ、その一部だけを捉えて無前提に副業として馴致するのではなく、またそうした副業からの脱出だけを描くのでもなく、それ自身においていかなる自己生成的な意味付けが展開されてきたのかを観察することが、何度も「語り直し」が生じる人びとの積極的な営みへの理解可能性を拓いてくれるからである。

また、職業理念において捉えることは、冒頭の「問うべき謎」で引用した当事者における「個性」とそれを「円満な形」にしていく「社会の機構」との揺らぎ、つまり広告やデザインを職業にすることにおける独特な揺らぎへの理解を可能にする。これも分析結果として明らかになることだが、職業理念において記述される〈広告制作者〉の一方には芸術家に象徴される「近代的個人」が、そしてもう一方には企業人に象徴される「近代組織における個人」が想定されているからである。〈広告制作者〉はその誕生において、制作物と制作者の不可分な関係を疑わないロマン主義的な天才的個人と区別することでその固有性を主張することになるが、他方で制作物と制作者の流動的な契約関係を肯定する近代組織における個人に接近すればするほど、人間疎外を感じて個性の回復を強調するようにもなるのだ。つまり、〈広告制作者〉は主体の代替不可能性とは区別しながらも、主体の代替可能性だけには回収されまいとする動きも示すようになる。こうしたことから、〈広告制作者〉を職業理念において捉えることは、冒頭の「問うべき謎」で提示した当事者における「個性」とそれを「円満な形」にしていく「社会の機構」との循環、つまり広告やデザインを職業にする際の意味づけにおける「揺らぎ」への理解を可能にしてくれると言えよう。

さらに、職業理念において捉えることは、広告やデザインにおいて制作物を前提にして記述しないことを可能にしてくれる。これもまた、制作物と制作者の隔たりという対象の属性に由来するのだが、先にも述べたように職業理念は能動的な意味づけを伴い、また個別の制作物や技術と比べて言及対象としての同一性を長期に渡って有するので、これをそのまま書き取っていくことが結果として制作物を前提とした記述とは異なる仕上がりになると言えよう。また、そのように記述すること自体が広告やデザインをめぐる物と言葉の配置関係への注意を促すことにもなる。したがって、職業理念において捉えることは制作物を前提にして記述しない分だけ、広告やデザインをめぐる物と言葉の配置関係をも明らかにしてくれると言える。

ここまでをまとめておこう。まず、広告には制作物と制作者の隔たりという対象に固有な属性がある。またそれゆえに、広告についてのことは制作物においてというよりも、制作物の外でいろいろ語られる。本研究はここに〈広告制作者〉を見ており、これを職業理念において捉える。というのも、職業理念は能動的な意味づけを伴い、また言及対象としての同一性を長期に渡って有するからである。そして、〈広告制作者〉を職業理念として捉えることは、「語り直し」が生じる専業としての理解、また個人と組織を循環する「揺らぎ」への理解、そして制作物を前提にしない記述を可能にしてくれる。

これらのことを踏まえ、広告やデザインに対する私たち自身の理解の仕方を物と言葉の配置関係から明らかにしていく本研究は、〈広告制作者〉という職業理念に注目することが有意味だと考える。要するに、〈広告制作者〉を書き取るとは、その「語り直し」や「揺らぎ」といった落ち着きの悪さ（先行研究における無視のされ方）がいかに成立しているのかをそのまま書き取る作業であり、その結果を広告やデザインに対する私たち自身の理解の仕方として本研究は提出しようと考えているのである。

三　研究方法：事象内記述

事象内記述

それでは、職業理念としての〈広告制作者〉はどのように記述されるのか。先にも述べたように、広告やデザインは物として記述されることが多いが、本研究はどうしようもなく言葉とも分かちがたいことを問題にしている。物の存在とは別に言葉が独特の役割を果たしているのであり、両者の関係を具体的に検討していく仕掛けが〈広告制作者〉なのである。

そこで、〈広告制作者〉の同一性を判定する基準が問題になるのだが、本研究はその同定が通歴史的に容易だとは考えていない。というのも、冒頭の引用で「語り直し」や「揺らぎ」を指摘したように、〈広告制作者〉はその境界線が明確には定まっていないからである。また、これは分析において具体的に示されていくことになるのだが、〈広告制作者〉という職業理念はその成立時においては強く明確に語られるが、やがてそれとは異なるあり方で緩くぼんやりと語られるようにもなり、そうした可変的な展開が独特の秩序を形成していくのである。つまり、記述における同一性が揺らぎやすく、個別事例の集合がそのまま全体を意味するわけではないのだ。

したがって、言葉の使われ方の安定性を先取りした職業理念の中身だけというよりも、その外形が変化してしまうという歴史的な展開も書かれる必要がある。このような対象の属性を踏まえ、本研究は事象内記述という書き方を行う。これは先にも述べたように、広告やデザインを作品として書くのではなく、かといって技術や思想として書いてしまうのでもなく、いかにしてそのように書きたくなるのかということを書いていく作業である。一つ目が物の記述、二つ目は言葉の記述だとすれば、三つ目である本研究は物と言葉の配置関係が有意味になっていく文脈の記述を目指すものである。それは何がいかに歴史とされてきたのかを歴史として記述するという意味で、歴史を二重化する作業でもある。

それでは、事象内記述とは何か。これは、香西豊子『流通する「人体」：献体・献血・臓器提供の歴史』（勁草書房、二〇〇七年）から着想を得たものである。献体や臓器移植に供される「人体」という物と、それに貼り付けられていく無数の言葉（いかに解剖体を調達するか／いかに人体を流通可能な形態たらしめるか）の関係を歴史的に書き取る香西は、その方法を以下のようにまとめている。

「本書の目的は、「人体」という言葉遣いがある種の社会性を具現しているという洞察のもと、流通する「人体」の歴史を記述し、「人体」をめぐって作動する言葉の「偏向」を跡づけることにある。この目的を達成するため、以下では、ドネーション（「人体」の流通）という事象に内在する論理を、可能な限り一次資料にそって記述する作業をおこなってゆく。と同時に、ドネーションにかんする（二次的な）資料の記述の振幅をとらえ、その意味あいについても考察をくわえてゆくこととする」（香西 2007:8）。

ここでは「人体」の記述がそのまま「社会」の記述になり得るという想定の下、一次資料に即して事象を記述すると同時に、事象に関する二次資料の記述の振れ幅を考察していくことが述べられている。つまり、人体という物はそもそも無口であるにもかかわらず、それに対して自由意志などを遡及的に読み込む当時の医学史や解剖学がいかにしてもっともらしく人体を記述したのかを、言葉の運動として書き取るのである。これは記述される対象が、他でもなくあるように語られていくその機序を浮かび上がらせる試みになっているとも言えよう。

また、このような設定は既にいくつかの試行錯誤がなされており[17]、そこでは事前に記述の方法論が明示されるというよりも、方法論に対する注意自体が「分析と具体的な対象との往復運動のなかで生み出される記述の中に埋めこまれる」（野上 2006:58）と言われる。[18] それは俯瞰的な視座からある方法論を対象に適用した記述や、ある特定の思想用語から時空間を超えた解釈を事後的に積み重ねていく記述とも異なり、ある対象において、何がどのように人びとのやり方（方法）として自己適用されていくのかを記述するものである。[19] 本研究ではこのような設定を事象内記述と呼び、対象の属性を定め（職業理念としての〈広告制作者〉）、それをめぐって物と言葉の配置関係が有意味になっていく文脈を析出し、私たち自身が広告やデザインをどのように理解してきたのかを明らかにしようと思う。

まとまりをもった状態

このような書き方は、知識社会学[20]や言説分析[21]と呼ばれるより人口に膾炙した問題設定[22]にも近接している。両者の相違をめぐる可能性と限界は先行研究[23]を参照して頂きたいのだが、事象内記述との関係で言及しておくべきは、言葉が「まとまりをもった状態」[24]をいかに判定するのかという点である。それは、物と言葉の配置関係が有意味になる文脈をいかに特定するのかということでもある。本研究では、その判定基準を「学的記述」[25]に置く。というのも、ある対象をもっともらしく語っていく過程そのものが、まさにその対象をそれとして理解しようとしている実践だと考えられるからである。そして、そのこと自体を私たち自身の「やり方」として慎重に書き取る必要があるとも考えるからだ。重要なのは、こうした作業は学説史や思想史とは異なり、そのように書きたく／読みたくなってしまうこと自体を描き出す作業だという点である。つまり、私たち自身がある対象をもっともらしく語っていく文脈を具体的に示すために学的記述の生成と展開に注目し、それを言葉が「まとまりをもった状態」と捉えるわけである。

このような書き方は、本研究の独断ではない。例えば、二〇世紀に登場した新しいメディア技術とどこか胡散臭い学知の関係であり、[26] または、近代日本における桜語りと植物学の関係が挙げられる。[27] 物と言葉の配置関係を記述するそれらにおいては、両者をめぐる暫定的な区別がいかに登場したのかが問題となり、そこに「学」や「史」といった学的記述が対象をめぐる文脈を指し示すものとして焦点化されている。それは物と言葉の関係をもっともらしく語る実践そのものであり、それを示すことが私たち自身の理解の仕方を示すことにもなっている。さらに言えば、こうした作業はある記述によって文脈が特定されるまでを再現すると同時に、そのような囲い込みが引き裂かれるような瞬間を描き出そうともしている。

ここまでを踏まえ、本研究は事象内記述という書き方を採用したい。というのも、この書き方は一次資料に即して事象を記述することを通じて、事象に関する二次資料の記述の振れ幅の考察を可能にし、それによって学的記述の生成と展開といった「まとまりをもった状態」をより具体的に示し得ると考えるからである。またこのように記述の振れ幅を考察する事象内記述こそ、「語り直し」や「揺らぎ」といった境界線の不安定さを孕んだ〈広告制作者〉がいかに書かれてきたのかを析出するのに適していると考えるからである。

まとめておこう。本研究は、〈広告制作者〉という職業理念をめぐる「語り直し」や「揺らぎ」の不安定さをそのまま追跡するために、事象内記述という書き方を行う。それは記述における方法と対象の関係に注意を払った書き方であり、他でもなくあるようにしかその対象を語れなくなってしまう機序を浮かび上がらせる試みである。別の言い方をすれば、本研究が言うところの事象内記述とは、ある対象において、何がどのように人びとのやり方（方法）として自己適用されるのかを記述するものである。このような書き方において、対象（職業理念としての〈広告制作者〉）をめぐる物と言葉の配置関係が有意味になっていく文脈（複数の学的記述の生成と展開）を析出し、私たち自身が広告やデザインをいかに理解してきたのかを明らかにしようと思う。

分析編との関係で、以下のように言うこともできる。本研究における事象内記述とは、一次資料に即して広告やデザインについて記述することを通じて、広告やデザインに関する二次資料の記述の振れ幅を考察することである。分析編で具体的に示されることになる「技術語り」「史的記述」「主体語り」「組織語り」といった「まとまりをもった状態」が、それらに後続する広告史やデザイン史といかなる関係を持つに至るのかが析出されるのである。このような書き方によって指し示される物と言葉の配置関係が有意味になる文脈こそ、私たち自身の広告やデザインに対する理解の仕方であると本研究は考えているのである。

四　先行研究：〈広告制作者〉の歴史社会学

広告史研究

それでは、本研究は広告やデザインに関する先行研究と何が異なるのか。本研究は一九七〇年前後を記述の区切りとしているため、それ以後に定型化していった広告史研究とデザイン史研究との差異を述べておきたい。

そこでまず確認しておきたいのは、一九七〇年代以降に広告の歴史を書くということの意味である。『日本広告発達史』（電通、上巻：一九七六年、下巻：一九八〇年）の編者によれば、その企画は一九七〇年の始め頃に上がり、以下のような問題意識を持っていたようである。

「わが国の広告史に関する本は、これまでに少なからず出版されている。そして、それらは、おのおの一定の特徴をそなえた貴重な文献である。ただ、いずれも、たとえば新聞広告のような個別的な媒体広告史や、広告表現に即した広告史、ないしは広告代理業の社史などにとどまっていて、多様な広告活動全般の歴史を統一的にとらえたものは、まだ残念ながら見当たらない。そこで、この際、そのような広い視野から見た客観的な日本広告発達史の刊行を考えてみたい」（内川 1976:I）。

つまり、一九七〇年代までにも広告史は書かれてきた。それゆえに、ここでそれぞれを関係づけようとする俯瞰的な視座が上昇し、上下巻で一一〇〇頁にも及ぶ「本書の刊行が、わが国で最初の広告通史として、学術的にも社会的にも、少なくとも一定の貢献をなし得るもの」になったのである（内川 1980:569）。勿論、こうした俯瞰的な記述そのものが「電通の創立七十五年記念事業のひとつとして企画されたもの」だったことも編者は隠さない。しかし、こうした俯瞰的な記述と並行して、日本広告学会の創立（一九六九年）から日本学術会議への登録（一九七八年）という学問としての強い制度化や、吉田秀雄記念事業財団の創立（一九六五年）や日経広告研究所の発足（一九六七年）といった広告業界における研究者育成などが動き始めていたことも見逃せない。だからこそ、「一九七〇年代におけるわが国の広告研究では、これまでの研究を振り返り、その業績を統合することが行われた」のであり（嶋村・石崎 1997:40）、『日本広告発達史』はこうした文脈において「広告史研究」[28]の始まりになったのである。

本研究が記述しようとしているのは、このように個別の広告史を束ねてもっともらしく語るということ自体が、いかに登場したのかということである。というのも、これは本研究のなかで具体的に述べられることだが、一九七〇年前後までは広告を語ることがそのままデザインを語ることにもなっていたというか、広告史とデザイン史は明確な境界線を持たないまま展開していたからである。ところが、一九七〇年代以降になると広告史は広告学の一部に組み込まれ、デザイン史はデザイン学に引き取られていくようになる。言い方を変えれば、広告史は広告をめぐる産業史や労働社会学的な記述となり[29]、デザイン史は作品・作家史や芸術社会学的な記述に配分されていくようになる。本研究は、境界が曖昧だった広告とデザインが産業と芸術に分化して理解されていくようになるまでを歴史として記述していく点に大きな特徴があると言えよう[30]。

とはいえ、その後の広告史研究が俯瞰的な通史を書き換えていったのかといえば、そうでもない。というより、もはやそのようには書けないということを前提にした局所的な記述が増え、またそうした没入によって、明示はされないけれども、記述の束としての全体があてにされているかのような事態が進行した。例えば『広告の社会史』（法政大学出版局、一九八四年）は、『日本広告発達史』の分担執筆者によるものだが、その記述は当時における広告活動や広告現象の「源流や系譜を近代日本のなかで実証的に把握する」もので（山本 1984:iii）、経済史・メディア史・民衆史的な関心により、明治後期から大正初期における広告主・広告代理業・広告媒体としての新聞・民衆における広告意識などに記述は絞り込まれている。また、『日本の広告』（日本経済新聞社、一九八六年）は『広告の社会史』の著者が分担執筆しているものだが、その記述は昭和初期までの「広告蔑視の時代にあって彼ら先駆的広告人が、広告ならびに広告人の地位向上のためにいかに努力を傾注したかを改めて知る」ためになされ（山本・津金澤 1986=1992:v）、具体的には広告主・広告代理業者・コピーライター・広告デザイナー・広告媒体の関係者・広告研究者などの人物と仕事に絞り込んだ記述となっている。

このように、一九八〇年代の広告史研究はその全体を仮想しながらも、戦前の局所的な記述へと集中することになった。その理由をわかりやすく記せば、「日本の広告は、戦時中の商業宣伝抑圧期を経て、第二次大戦の敗戦後、花開くことになるわけだが、すでに明治以降の戦前における広告・宣伝活動の展開過程に、その原型がある」ということになろうが（山本・津金澤 1986=1992: ii）、より踏み込んで言えば、戦中や戦後を書くための一次史料の配置が十分には見渡せなかったためであろう。実際、戦争に関与した広告人たちが自分史を語り始めたのは一九七〇年代から一九八〇年代であり[31]、その積み重ねを経て二次記述が生まれたのは一九九〇年代になってからである[32]。戦時下に「報道技術者」と称した人びとを書き取った『撃ちてし止まむ』（講談社メチエ選書、一九九八年）は、こうした動きの結果であり、そのことは以下のように述べられている。

「これまでの広告史の記述には一種のパターンがあり、大正から昭和期にかけての「モダニズム」の思潮のもと、日本に花開きかけた広告も、戦争中には跡形もなく消え去り、戦後豊かなアメリカを手本とした再スタートを余儀なくされた……、というクリシェ（常套句）が繰り返されてきたが、はたしてそれだけなのか。戦前―戦中―戦後を結ぶ線は完全に途切れており、戦時下には広告の空白のみがひろがっていたのだろうか。だが、大正・昭和初期に仕事を始めた広告制作者たちが、戦時中に何もしていなかったわけではあるまいし、カスミを食べていたわけでもあるまい。そうした疑念を漠然と抱いていた私にとって、戦前に一世を風靡し、かつ戦後広告界をリードしたクリエイターたちの報研時代の回顧談は、広告史のミッシング・リンクにも思えたのである」(難波 1998b:9)。

要するに、これまでの広告史は戦前と戦後を断絶させており、広告史研究は戦前に記述を集中させていた。しかし、戦時下の広告制作者たちの記録が一九九〇年代までに揃い始めたので、これまでとは異なる書き方が成立しうるというわけである。また、このように戦後の歴史記述を反省する動きは領域横断的に展開されていたもので、それらは戦前と戦後の断絶を問題にして、戦前の総力戦体制から戦後日本の民主主義への連続性を指摘していた。[33] その意味で、上述のような問題意識は広告史・広告史研究の内部においては記述される時期の引き延ばしであるが、そのこと自体が総力戦体制論的な歴史記述の一部でもあった。

その後の広告史研究は記述される時期をさらに延ばしたというよりは、次第に揃い始めた膨大な史料を実証する方向へと傾いていく。例えば、戦時下において国家宣伝媒体であったグラフ雑誌の歴史的意味やその固有性を書き取ろうとした『戦時グラフ雑誌の宣伝戦』(青弓社、二〇〇九年)は、その問題意識を以下にように述べている。

「『NIPPON』と『FRONT』については研究が積み重ねられている。その一方で、他誌については、近年少しずつ研究が進められるようになってはきているものの、まだまだ遅れている。それは、グラフ雑誌が写真家あるいはグラフィックデザイナーの作品・業績としてとらえられてきたことと関係があると思われる。…〔中略〕…。二〇〇〇年代に入ってからは、その背景にある作り手たちの思想にまで研究の範囲は広げられたが、それでもそのような研究は、作者が特定されるものに限られる。つまり、これまでの研究では、写真史の研究同様、作家論的な観点がとられていたため、作り手が特定されず、特定の作者の表現とはみなされない新聞社のグラフ雑誌などは見過ごされてきたのである」（井上 2009:11）。

「NIPPON」や「FRONT」は、一九九〇年代から二〇〇〇年代にかけて復刻された戦時下日本の宣伝媒体である。それに促され、広告史研究が進んだことは上述した通りだが、今度はそのこと自体が前提になって、未だに取り上げられていない史料の存在が問題に見え始めたのである。ここではそれが「作家論的な観点」と書かれているが、より正確に言えば、書き手と史料のバランスが変わり始めたのである。

つまり、これ以前においては史料そのものが稀少であったため、少数の書き手がそれぞれの専門分野から記述してみるという配分であった（そのことが「作家論的な観点」と表現されている）。ところが、一九九〇年代から二〇〇〇年代にかけては戦時期までの史料の復刻が進むようになった。[34] また、戦争体験者が当時の所蔵品を売却し始め、それらをアーカイブとして公開する動きも広がり、[35] さらにはインターネットを経由した古本の入手可能性が急上昇したことで、[36] 史料そのものの稀少性や史料への接触可能性が大きく変わり始めた。それゆえに、少数の書き手に対する大量の史料というバランスが生まれ、[37] 広告史研究も記述される時代を進めるというよりは、膨大な史料の実証研究に傾き始めたと言えよう。[38]

デザイン史研究

他方のデザイン史研究[39]も、似たような展開を経ている。しかし、そもそも「日本それ自身のデザインの歴史についての研究は、欧米と比較して立ち遅れ」、一九八〇年代末においても「残念ながら現段階では研究の蓄積が十分であると言える状況にはほど遠く、今ここで日本のデザイン史研究の現況を報告することには時期尚早」であった（日野 1989）。一九七〇年代までに広告史と重なるように当事者のデザイン史＝自分史は書かれてきたが、それらを分析対象にした記述はなかなか出てこなかったのである。[40]

また、それと並行するように「まずはものをめぐって様々に語られたもっともらしい言説を回避することから実践しよう」（柏木 1979:252）という、いわばデザインの作者性から自覚的に距離を置いた記述が一九八〇年代に登場した。[41] 作者を前提にして物としてのデザインを記述するのではなく、記号学や消費社会論、また社会史などを踏まえた「デザインと社会」という設定において、社会における物としてのデザインを記述しようとする動きが一九七〇年代から一九九〇年代にかけて少しずつ登場したのである。[42]

「いわゆる近代デザイン運動の流れの中での一部のデザイナーの立場からだけではもはやデザインの問題が語れないと指摘する声は多い。近代以降のデザインが消費社会に生きる私たちの美的価値観を創り出す活動すべてを包含する概念であるとすれば、これまで目を向けられることのなかった様々な事象がデザインの問題として語られ始めるようになる。そこではデザイナーも消費者も、企業家も、何らかの美的な価値の中で成立する「デザインの社会」を構成するひとつの要素にすぎなくなるであろう。必然的にデザイン史の叙述には、新たな視座が求められるようになる。デザインの歴史は、同時代の社会全体とのより密接な関連の中で語られることが必要とされ始め、そうした中から「アノニマス・デザイン」への関心も高まってきている。デザインはもはや一握りのエリートの軌跡だけでは語ることのできないとしたら、近代以降、社会の中で大多数の人々を支配してきた美的価値観こそが、「デザインの社会」を解明していく重要な鍵となるのではないだろうか」（神野 1994:5）。

ここでは、日本における近代デザイン運動が「一部のデザイナー」＝「エリート」の記述であったことを問題にして、それに還元されない記述として「同時代の社会全体とのより密接な関連の中で語られること」の必要性が訴えられている。つまり、デザイナーがデザインを一番語り得るという記述上の想定を解除し、「社会」という使い勝手のよい言葉を持ち出すことによってデザインを別様に記述する方向が探られ始めたのである。

なお、こうした展開は日本独自のものではない。欧米圏のデザイン史はニコラス・ペブスナーの『モダンデザインの展開』(Pevsner 1949=1957) を古典として挙げることが多いが、それは作品と作家を分析単位とした美術史的な記述をデザインにまで拡大適用したものである。[43] だからこそ、後続のアドリアン・フォーティによる『欲望のオブジェ』では「個々のデザイナーの経歴や公にされた言明だけを参照しながらつくられたものを検討」しているに過ぎないとペブスナーのやり方を問題にできるようになり、それとは区別する形で「デザインを個人のレヴェルというより社会のレヴェルで扱おう」という宣言ができるようになる (Forty 1986=1992:302)。デザインの社会史的な記述はこのようにデザインの美術史的記述を問題にすることで生じたのであり、それは「世界や社会的な関係にかかわるさまざまな観念を物理的なオブジェの形態にどう変えていくか」(Forty 1986=1992:310) という物における社会反映性に注目したのである。

「デザインと社会」という設定はこのようにしてもっともらしくなり、間もなくデザインという存在の被拘束性を「ジェンダー」という概念において記述する動きも現れた (Sparke 1995=2004)。作品と作家を分析単位とした美術史の拡張としてのデザイン史が先行したからこそ、それを問題にすることで別なる記述が領域横断的に可能になったとも言えよう。また、文学を対象にしてそれなりに丁寧に語られていたはずのロラン・バルトの「作者の死」(Barthes 1968=1979) やミシェル・フーコーの「作者とは何か?」(Foucault 1969b=1990) も、こうした展開においてはその論理的相同性だけが重ね合わされ、[44] いつの間にかデザインの書き方を水路付けていくようになったのである。「デザインと社会」という設定において、作者を消して、社会における物としてのデザインを記述する。このような展開は、一九九〇年代半ばに以下のようにも整理されている。

「デザインについてのわれわれの既成の概念を、少なくとも次の三点から転換させていく必要があろう。第一は、独創的なデザイナーたちによる芸術的表現の系譜としてデザイン史を語ることから、人々のモノや環境に対するテイストが時代の社会的文脈のなかで戦略的に組織されていった過程としてデザイン史を語ることへの転換である。第二は、デザインの変化を技術革新や社会的な機能連関の変化によって規定されるものとして捉えることから、そうした技術や機能の変化もが、表象をめぐるさまざまな力の交錯のなかで析出されるプロセスを洞察していくことへの転換である。そして第三は、デザイン論の視野を狭義の視覚的表象に限定してしまうのではなく、聴覚や触覚、嗅覚、味覚までを含む全感覚的な表象の社会技術的なありたちの問題にまで拡張していくことである」（吉見 1996）。

本研究が記述しようとしているのは、この引用が転換を図ろうとしている「独創的なデザイナーたちによる芸術的表現の系譜としてデザイン史を語ること」自体が、いかにして登場したのかということである。というのも、「作者の死」を踏まえているこれらの記述は、実は作者を無視している可能性が高いと考えるからである。なるほど、デザインを文学や美術のように考えるならば、そうした作者に還元されない解釈の自律性が別に書かれても面白いかもしれない。しかし、作者という側面から考えると、デザイナーの表現には依頼人の最終決定が介入する。つまり、デザイナーを小説家や芸術家と同じように捉えることは難しい。となれば、そのような差異を無視してまでも、文学や美術と同じようにデザインを捉えたくなってしまうのはなぜなのかという問いを立てることが可能であり、まさにそれこそ私たち自身の理解の仕方として書かれるべきだと思うのである。別の言い方をすれば、「作者」を当たり前のように語り、他方で「作者の死」を当たり前にする人びとが、そもそも「生かすにしろ、殺すにしろ、いかにして作者概念が必要だと理解されるようになったのか」こそ、書かれるべきなのである。

「デザインと社会」という設定において、作者を消して、社会における物としてのデザインを記述する。そのやり方はデザイナーによる特権的な記述を解除して、市民的な立場や大衆文化からの記述を賞揚する。[45] しかし、デザイナーは小説家や芸術家とは異なり、作品から作者が見えてくるわけでもない。その意味で、「作者の死」をデザインにそのまま拡大適用することは作者の無視になりかねない。とすれば、小説家や芸術家の記述とは異なるやり方で、デザイナーをそのまま書ける可能性があるのではないか。[46] そしてこのような差異があるにもかかわらず、いかにして私たちはデザインを小説や美術と同じ水準でもっともらしく語るようになってしまったのかが説明されてもよいと思うのである。本研究が〈広告制作者〉という職業理念を仕掛けにしながら、物と言葉の配置関係が有意味になっていく文脈を記述しようとする理由はここにもある。

なお、こうした「デザインと社会」という設定とは別に、デザインをめぐる「トランスディスプリナリー（領域横断）の書物」が「広告史とは別の、独自のクリエイティブ史」として書かれるようになったのは一九九〇年代になってからである（中井 1991:2-3）。また、老齢期に入った当事者への「聞き書き」が一九九〇年代後半から二〇〇〇年代にかけて行われるようにもなった。[47] 戦争に関与したデザイナー及び戦後日本デザインの復興に奔走したデザイナーによる証言がようやく揃い始め、二次記述を行う環境が整ってきたのである。さらには、このような展開と同時に個人的に保管されていた史料[48]が発掘され始め、以下のような問いを立てることが可能になったのである。

「本研究は、…〔中略〕…、散逸し調査が難しい一般的な広告物そのものの掘り起こしが重要である。同時にそれが制作された背景を書き残した文献を扱う必要がある。調査ではこの時期に萌芽したデザイン・ジャーナリズムである『現代商業美術全集』（1928-1930）、『広告界』（1926-1941）、を中心に、同時期を起点に多く著されている広告研究者らによる学術理論書や、一般広告関係者を対象にした単行本、さらには『三田広告研究』など大学広告研究会の発刊誌など、広告研究にかかる同時代の言説をも可能な限りとりあげる」（竹内 2010:5）。

ここでは「散逸し調査が難しい一般的な広告物そのものの掘り起こし」や「それが制作された背景を書き残した文献」の読解に力が注がれ、[49]「同時代の言説をも可能な限りとりあげる」ことが目指されている。当事者による個別のデザイン史やインタビューだけではなく、当事者の現役時代における史料がデザイン史的な記述の対象になり始めたのである。それゆえに、これまで取り上げられてこなかった史料の存在が問題に見え始め、デザイン史研究も記述される時代を先に進めるというよりは、膨大な史料の実証研究に傾き始めたのである。[50]

先行研究との差異

一九九〇年代から二〇〇〇年代にかけて歴史的な研究が増えてきたというのは、このように史料空間が変化した結果であると言えるであろう。二〇世紀を牽引してきた広告人やデザイナーの引退に伴って史料の発掘と公開が進み、広告史研究やデザイン史研究は僅かな史料を前提に強めの解釈と行うというよりも、膨大な史料が何であるのかを丁寧に実証していく記述が多くなってきたのである。より正確に言えば、ある対象のことをそれなりに記述しようとしたら、一足飛びに「前史」として処理することのできない史料の分厚さといかに向き合うのかという点、そして史料によって人間が歴史を書かされてしまうという点が問題になり始めたのである。

このような展開を踏まえつつ、本研究は別なる史料の実証研究を行うというよりも、これまでに記述されてきたこととその当時における史料の関係を問い直す研究を行っていく。それは史料の実証研究の拡張とは別の意味で、現在だからこそ出来る作業だと言えよう。つまり、これまでに広告史やデザイン史という学的記述によってある程度の文脈が特定されてきたわけだが、そうした展開自体が当時の史料といかなる関係にあるのかを具体的に検討するのである。こうした作業によって、一次史料と二次史料の間で生じる記述の振れ幅を書き取り、その結果として、広告やデザインをもっともらしく語る過程がいかに成立したのかを示そうというわけである。本研究が広告史やデザイン史の単なる書き換えだけでなく、歴史社会学を名乗る理由はここにある。

さしあたり、先行研究との差異を要点的に確認しておこう。一つ目は、解釈の差異である。上述したように、広告史研究やデザイン史研究は当事者による記述の統合や分散した史料空間の復元に力を注いできたのだが、本研究はそのような記述が可能になるまでの「文脈」を明らかにしていく点に特徴がある。それは物＝作品（制作物）を前提にして記述するのではなく、いかにしてそのように記述可能になるのかを明らかにする作業であり、広告やデザインをめぐる物と言葉の配置関係が有意味になっていくまでを書き取ることである。その結果として、冒頭の引用で示したような広告やデザインをめぐる「語り直し」や「揺らぎ」が具体的にどういうことなのかが明らかになると同時に、いかにしてそれらが広告史やデザイン史の記述に含まれなくなってしまったのかが示されることになる。広告やデザインはどうしようもなく言葉と分かちがたいからこそ、それらには独特な記述が行われ、またそれゆえに独特の理解が生じることが、「文脈」の析出という解釈の水準で示されるのである。

二つ目は、史料と記述する範囲の差異である。広告史研究やデザイン史研究はその書き手と史料のバランスから戦前期までの記述に集中しているが、本研究は一九〇〇年代から一九七〇年前後までを扱う点に特徴がある。歴史学的な記述に重点を置けば、期間を短くした上で、そこにおける史料空間の復元が目指される。しかし、本研究は社会学的な記述に重心を置き、なかでも社会における「意味」[51]の変遷に関心があるので、その分だけ期間も長めに設定している。こうしたことから、「あの史料が抜けている、この史料も抜けている」といった事実確認の批判が生じる可能性を排除できないが、そうした指摘だけでは本研究の根本的な批判にはなりえないよう史料調査を丁寧に行っている。

例えば、本研究は二〇〇一年から約一〇年間にわたって、広告とデザインに関する技法書、啓蒙書、エッセイ、インタビュー、歴史、証言集、批評、作品集、自伝、全集、講義録、就職本、日記、業界紙、雑誌記事、新聞記事、二次史料（広告史、デザイン史）などを収集した。その多くは印刷物という事後的に確認可能なものであり、逆に言えばテレビ放送やコマーシャルなどは、資料の入手可能性が限られているために殆ど含まれていない。また、こうした史料への接触は私がたまたま所属した大学の環境的条件に強く依存している。図書館といっても、それがどこにあり、どれくらいの蔵書があり、どのようなサービスが提供されるのかによって、記述の前提は大きく変わるからである。こうした条件を踏まえつつ、本研究は全国に散在する雑誌『廣告界』『アイデア』『ブレーン』『デザイン』『グラフィックデザイン』のバックナンバーは全て閲覧し、また電通が刊行した業界誌『調査と広告』『クリエイティビティ』『電通報』なども可能な限り閲覧した。さらに、『現代商業美術全集』（全二四巻）や『アフィッシュ』（全一四巻）、『プレスアルト』（全三巻）や『NIPPON』（全四一冊）、『FRONT』（全一七冊）などの復刻版と、『コレクション・モダン都市文化』（全八〇巻）や『近代日本のデザイン』（明治編・大正編・昭和編）といった叢書における関連書籍にはすべて目を通した。これに加えて、『朝日新聞』や『読売新聞』の縮刷版で関連する記事を収集していたのだが、その穴は二〇〇〇年代末のデータベースの公開によってほぼ完全に埋めることができた。さらに言えば、多くの単行本は「日本の古本屋」や「amazon」といったネットワーク経由で検索・購入することができ、定期的に古本屋めぐりをするようなこともなくなった。こうしたことから、記述される期間だけでなく、史料そのものへの接触可能性も本研究と先行研究の差異である。

三つ目は、方法の差異である。これは解釈の差異で述べたところとも重なるが、本研究は広告やデザインをもっともらしく語っていく過程そのものを私たち自身の「やり方」として慎重に記述しようと考え、それを事象内記述と設定している点に特徴がある。これは制作物を前提にして記述するのではなく、いかにしてそのように記述することが可能になったのかを明らかにしていく作業であり、その結果として広告やデザインをめぐる物と言葉の配置関係が有意味になっていく文脈が示されることになる。作者から広告やデザインを述べるのではなく（美術史としての広告史・デザイン史）、また「広告と社会」「デザインと社会」といった設定から広告やデザインの被拘束性を述べるのでもなく（社会史や社会批評としての広告史・デザイン史）、そもそも広告やデザインを私たちがどのように理解してきたのかを述べていくのだが（歴史社会学としての広告史・デザイン史）、こうした方法としての差異がいかなる結果をもたらすのかは本研究の結論で示されることになる。

なお、本研究が少なからず影響を受けた先行研究として、北田暁大の『広告の誕生』（岩波書店、二〇〇〇年）がある。曰く、「広告は、消費社会スペクタクル装置、あるいは受け手の主体化装置といった理論装備によって理解するにはあまりにも散漫で過剰な存在でしかありえない」。そして、「〈広告を通して見出される社会性〉ではなく〈広告の社会性〉に照準するのであれば、この過剰さをそのものとして受け止め」、「《広告である／ない》という二項区分（バイナリー）コード（binary code）の作用をめぐる問題系」と「受け手の身体性（kinetic aspects of spectator）の問題系」という二つにおいて捉え、「広告の存在論」自体が描かれるべきだという（北田 2000:18-19）。

つまり、何かしらの分析概念を密輸入して広告を分析したふりをするのではなく、そもそも広告に接触している人びとがそれをとりわけ身体の水準でいかに理解しているのかに定位して、広告そのものを記述すべきだというわけである。このような設定は広告を自明視するのではなく、広告そのものがどのように理解されているのかを問うことになる。そしてその結果、小説を読んだり、絵画を鑑賞したりするのとは異なり、私たちがもっと散漫な状態＝「気散じ」という状態において広告に接触していることが明らかにされたのである。

本研究は、このように文学史や美術史からの類推的記述（とそれに伴う従属）に還元しないで、広告そのものを記述した点に『広告の誕生』の学術的な意義があると考えている。広告を広告として書くこと、そしてそれが結果として社会学的な記述となる可能性を示したのである。[52] その上で本研究との差異を挙げるならば、「広告」と「広告制作者」という記述対象の違い、「受け手の身体性」と「職業理念」という分析水準の違い、戦前期までと一九七〇年前後までという記述される範囲の違いの三点だと言える。

ここまでを踏まえ、本研究は〈広告制作者〉の歴史社会学を記述していく。本研究は広告やデザインをめぐっていかなる言葉が投げ込まれてきたのかを丁寧に検討しながら、私たち自身が広告やデザインをどのようにして理解してきたのかを示していく。[53]〈広告制作者〉はそのための仕掛けであり、それを通じて冒頭に述べた「問うべき謎」と「分析すべき謎」に応えていこうと思う。

なお、本研究において「デザイン」という場合は、特別な説明がない限り、広告と近接する意味で使われるデザインのこと、つまりやがては「グラフィックデザイン」と呼ばれていく視覚的な制作物のことを指す。広告と近接する意味でというのは、分析編で明らかになるように、ある時期までは広告を語ることがデザインを語ることにもなっていたことに由来するからである。

また、本研究は広告を語ることがそのままデザインを語ることにもなっていた時代と、広告とは同じようにデザインを語ることができなくなってくる時代までを記述することになる。芸術との区別を追求した広告はデザインと同じように語ることができたが、それはやがて広告とデザインをそれぞれに語ることをも導くようになる。コピーやコマーシャルを語ることはここでの前者に配分され、後者にはデザイン史[54]が配分されることになるのだが、それは一九七〇年以降の展開であり、本研究は広告とデザインがそれぞれに記述可能になるまでの文脈を示していく。[55]したがって、コピー史やコマーシャル史を詳細に記述しないように、本研究は一九七〇年代以降のデザイン史そのものの記述はしない。繰り返すが、これは歴史的な順番の問題であり、強い操作を意図するものではない。

1　本研究における「私たち」とは、「人びとの方法論」と呼ばれるエスノメソドロジーにおける「メンバー（成員）」を踏まえた言い方をしている。エスノメソドロジーでは、日常の様々な実践に参加している人びとは何らかの方法論を用いて、それぞれの実践を行っていると考える。そして、そこでの「人びとの方法論」を書き取ることができれば、そこで何がどのように成立しているのかが「説明可能」になると考え、それをそれとして使えることが「メンバー」と表現されている。したがって、エスノメソドロジーにおけるメンバーは何かしら特定の集団を想定したものではない。つまり、その集団に関係する事象について何がどのように起きているのかを見て言えるのであれば、それはエスノメソドロジーにおける「メンバー（成員）」であり（前田・水川・岡田 2007）、本研究はこの水準で「私たち」を用いることになる。そして、こうした意味での「私たち」を歴史史料に基づきながら記述していくのが、本研究の特徴になる。

2　したがって、本研究は何かしらの「正しい理解」を特定したり、それを前提にして「誤解を正す」ことは目指さない。本研究における「理解」への問いとは、真偽の判定以前に論理的に先行する理解への問いであり、ある対象がそれとして言及されてもおかしくない状態がいかに成立するのかということへの問いでもある。そして、このような意味での「理解」を具体的に指し示すのが「文脈」であり、その存在は関連性のある史料を示すことで説明していく。

3　本研究において、「当事者」は広告やデザインを制作する実践に参加している者のことを指すが、これは「私たち」との決定的な差異を意味しない。実際、私たちはその実践に参加していなくとも、そこで何がどのようになされているのかが記述されれば、その理解を踏まえ、さらなる行為の可能性が拓かれるからである。メディア研究的な言い方をすれば、私たちが「送り手」として働いていなくとも、送り手において何がどのようになされているのかが記述されれば、その理解を踏まえて、私たちは「送り手とはこういうものか！」や「送り手のことはさっぱりわからん！」と理解を進めることができる。つまり、送り手と呼ばれる人びとの「やり方」が説明可能な形で示されれば、送り手であってもなくともそこで何が起きているのかは理解可能だという設定である。こうした意味において本研究は当事者という用語を使い、それは「当事者である／ない」を判定したり、当事者を分類するために用いるものではない。本研究は広告やデザインを制作する人びと＝インナーサークルの記述に徹しているように見えるかもしれないが、誰であれ理解可能な記述として提出されれば、本研究は私たち自身のことを述べているのだということになる。

4　ここには決定的な語り方を見つけるというよりは、その解決不可能性への信憑が、無数の暫定的な解決を生み出しては否定していくという循環がある。ホッブス問題を「いかにして社会秩序は成立するのか」とした場合、社会秩序は解決不可能な問題を思考し続け

ると した時に成立すると考えることができる（佐藤 1993:135-136）。したがって、解決不可能な問題であることを織り込みながらも、それを語り続けることが棄却されない状態がいかに誕生したのかを記述できれば、それは社会秩序の一つの在り方を記述したことになると言えよう。

5 本研究では広告やデザインをめぐる「語り直し」を経験的に検討しながら、そこで生じる「揺らぎ」を具体的に描き出そうとしている。後に説明するように、〈広告制作者〉はそのための仕掛けとなっている。

6 本研究の「言葉」と「物」という区別において、「物」は広告やデザインとして制作されたものを指す。また「言葉」とは、広告やデザインをめぐって語られたことを指す。「言葉」と類似する用語として「概念」「カテゴリー」などが考えられるが、本研究ではそれらとの差異を最初に区別して記述を始めないことが重要だと考えている。というのも、本研究の記述のなかで明らかにされていくのだが、広告やデザインをめぐって語られることは、「概念」や「カテゴリー」と言えるほどの単位の同一性を持っているとも考えられないからである（概念やカテゴリーといった単位の同一性を優先する場合は、記述する範囲をもっと短めに絞り、そのように語ることの意味を強調することになる）。これらのことを前提にして、本研究では「物」に対して「言葉」という用語を使用しており、わざわざこのような幅を持たせておかないと記述していくことが難しいと考えている。まずは「言葉」をいう用語を緩く扱い、当事者の具体的な記述においてそれがどのように使われているのかを書き取り、またその結果して、広告やデザインをめぐる物と言葉の関係がそれとして書き取られることを本研究は目指している。

7 例えば、本研究では次のような前提を持った記述が問題となる。「私は執筆に先だって、クリエイターの考え方をより具体的に確かめるため、幾組かのグループインタビューをこころみた。その結果彼らが求めていたのは例外なく、オールカテゴリーにおける作品史、ひいては作品を作った作家史であることがわかった」（中井 1991:2）。

8 本研究ではこのように記述されやすい者とそうでない者の関係を、第三章では七人社の杉浦非水と商業美術家協会の濱田増治において、第四章では東方社の原弘らと報道技術研究会の今泉武治において捉えることになる。

9 ここでの「社会」こそ、本研究の記述を通じて描かれる「社会秩序」のことである。注4も参照のこと。

10 本研究において「史的記述」とは、歴史を書くという行為のことを意味する。

11 別の例としては、次の通り。「その当時の君の主張は所謂濱田イズムで今日から見ると非常に狭い意識のものであつたが、君は一歩もこれを譲らなかった」（藤澤 1939）。

12　本研究において「問うべき謎」は当事者に奇妙だと思われていることであり、「分析すべき謎」とは当事者を観察する者がより踏み込んで検討してもよさそうなこととしている。といっても、後者は前者に対してこれまでにもっと述べられる可能性があったことを問題にしているのであって、当事者において理解されていなかったことを事後的に問題にしているのではない点に注意されたい。

13　本研究において「作品語り」とは、広告やデザインを物の水準で記述していこうとする行為のことを意味する。

14　本研究において「事象」とは、広告やデザインをめぐる物と言葉の集合を意味している。また「事象内」とは、それが生じていた当時のことを指し、それに対して後代から遡及的に言及されたこと（例えば、当時の回想や後代からの解釈）は含まないという意味で使用している。「研究対象」という用語との差異で言えば、当時における言及関係や有意味な関連性を重視する点にある。それゆえに、本研究が「事象」や「事象内」という場合には、広告やデザインをめぐる物と言葉がその当時においてどのように配置されていたのかという点に注目するという意味を持たせている。

15　社会学として記述する際における理念の位置づけについては、Weber を前提にした次の見解を参照している。「現実の社会は理念によってのみ動くわけではないことを承知しながら、それでも私が理念に目を向けるのは、それらに対するごく一般的な信頼が存在していると考えるからである。それが社会に対して何らかの力を持つとすれば、それは「疑われないこと」にあり、現実に起きた様々なネガティブな結果に対しても帰責されることがない点にこそある。疑われることのない理念は、信頼され、時には強烈な思い入れの対象となり、信仰の対象にすらなり得るとともに、何が結果しようとも帰責されることはない」（宮本 2006:283）。「実体のない理念には、理念を追い求める活動が伴っており、ここにこそ教養（および市民）を実定的に、その意味で歴史社会学の方法を以って解明することのできる根拠がある」（宮本 2006:286）。

16　積極的な意味付けを伴うと同時に人びとの職業選択に広く開かれたものとして、という意味である。

17　「ドネーションが、現象として「社会的」であればあるほど、その記述は現象の奥行きの探求を停止してしまう。現象の記述が、すでになんらかの本質の記述を達成しているかのように錯誤されるのである（その結果、現象を現象で語るという事態、たとえば、歴史への省察を欠いたまま現象から「変容」を観察し、逆に現象のなかに歴史を読み込んでゆく事態が招来される）。だが、記述対象の（見かけ上の）完結性と記述の完結性とは、明確に区別されなければならない。むしろドネーションという記述対象が、当の記述によって見つけ出されているかもしれないという疑義までふくめて、考察する必要がある」（香西 2007:8-9）。

18　歴史的、または歴史社会学的な研究をする者にとって、「対象」とは「記述」が向かう先のことである。しかし、この「対象を記述する」

といったこと自体が、しばしば対象の一部となってしまうことは少なくない。「書けている!」という感覚そのものが、対象の厚みに呑み込まれた効果だったりするのである。とすれば、書くことと書かれることの関係、つまり記述と対象の明確な区別は困難だとも言える。対象は記述によって見出され、またその記述が対象としての認知を水路付けていくからである。そしてこの循環が一度動き出すと、どんなに「対象」として切り出すことが困難であっても、というよりも、それゆえに「対象」化の試み（無限の失敗）が止められなくなる。方法論に対する注意とは、このような意味においてなされている。

19 人びとにおける理解を歴史において記述しようとする本研究は、まさにこの点において「エスノメソドロジー」（前田・水川・岡田 2007）や「概念分析」（酒井・浦野・前田・中村 2009）に関心を持っている。ただし、現在であれ過去であれ、その場その場で達成されたことをコレクション的に記述していくエスノメソドロジーや概念分析と、過去から現在へ流れを記述しようとしている歴史社会学としての本研究は書き方において異なる点もある。

20 ここでの知識社会学とは、対象の外部に社会状況なるものを想定し、そこから対象における自律性を解除すると同時に、対象における外部からの拘束性について述べていく書き方のことである（橋爪 2006）。広告やデザインの場合ならば、「広告と社会」や「デザインと社会」といった設定が本研究で言うところの知識社会学であり、具体的には広告の社会史（山本 1984）やデザインの社会史（Forty 1986=1992）として書かれたものを指す。

21 ここでの言説分析とは、「言表」という語られたことを最小単位とし、そうした言表が一定の編制を伴い、ある全体的なまとまりになっていくことを「言説」と呼ぶ、ミシェル・フーコーに由来する書き方のことである（Foucault 1969=1970）。そこで言説分析と呼ばれるものは言表が言説として練り上がっていく動きを執念深く書き取る作業であり、それを実行してそれぞれに複数の社会を描き出すような試みもなされている（赤川 1999）（葛山 2000）。他方で、二〇世紀末になってなぜこのような記述が可能になってきたのかも知識社会学的に検討されている（佐藤 1998）。

22 両者の問題設定をレビューした上で、それぞれに経験的な記述を行った先行研究（仁平 2011）（佐藤 2013）も参照のこと。

23 言説分析が社会学なのかどうかというよりも、社会学は何をやっているのかという問いにおいて、言説分析の可能性は検討されてきた（佐藤 2006）（遠藤 2006）。

24 知識社会学の場合、ある時代においてデータが安定的に配置されていることを前提にするので、例えばある特定の新聞記事や雑誌記事に分析対象を絞り込むことで「まとまりをもった状態」を示しうる。またエスノメソドロジーや概念分析の場合、記録された音声や映像及び残された史料から、ある場面における発話の組織化を具体的に取り出すことで「まとまりをもった状態」を示しうる。これらに対して言説分析の場合、それなりに長い期間を扱う分だけ、データの安定的な配置を前提にすることができず、多様な主体や媒体を横断しながら展開される「文脈」を特定していくことで「まとまりをもった状態」を示すことになる。なお、文脈の存在証明にはその文脈の境界を明らかにしてくれる何かが必要であり、本研究はそれを「学的記述」に求めている。

25 本研究における学的記述とは、なにも強く学問化されたものを意味するのではなく、むしろ強く学問化されないにもかかわらず、それが対象をめぐる知的な記述になっているような束のことを意味する。具体的に言えば、広告やデザインに関する技法書が刊行され始めるとそれは「技術語り」と判定され、歴史記述が積み重なってくるとそれは「史的記述」と判定され、制作者の在り方に関する記述が増えてくるとそれは「主体語り」と判定され、企業における働き方への言及が増えてくるとそれは「組織語り」と判定される。

26 フーコーが構想し、またフーコーによって先送りされた問題設定を「身体」に照準して記述したキットラーは、ラカン的精神分析の「リアル」「イマジネール」「サンボリック」という区別を「グラモフォン」「フィルム」「タイプライター」というメディア技術の区別にとりあえずは対応させている。また観察水準としては、他でもなく学的な記述（神経生理学、大脳生理学、精神物理学など）に注目し、そうしたどこか胡散臭い学知と新しいメディア技術との循環関係を追いかけている。さらに、そうした循環関係が頻繁に見られる場所として「戦争と病気と犯罪という三つの前線」こそ「いかなるメディア侵略においても主要戦線」（Kittler 1986=1999:205）と設定し、あの膨大な引用が並置されることになる。要するに、キットラーは新しいメディア技術の登場とそれに伴う奇妙な学知の循環関係を戦争・病気・犯罪という場において観察すると設定した上で、一九世紀の書き込みのシステムにおいて不在だった「身体」なるものが「リアル」「イマジネール」「サンボリック」という配置のなかで「心・内面・個人」という妄想を獲得していったことを明らかにしようとした（Kittler 1986=1999:236）。

27 何か特定の意味に回収されるというよりは、回収されえない形で、それでも語り続けられてしまうことに言説分析固有の遂行性を見る佐藤俊樹は、「桜」をめぐる言葉と物の境界線が戦前と戦後では変わってしまったこと、つまり戦前までの「桜の精神論が植物学や史料をしたがえる巨大な観念の物語をめざしていたのに対して、戦後の桜語りの多くは植物学や史料と無関係に思いつきや想像で「歴史」を語る」ことが可能になった条件を書き取っている（佐藤 2005:170）。それは言葉が物を飼い慣らしたというよりは、飼い慣らそうとしたゆえに飼い慣らせなくなっていくまでの記述となっており、その意味で、植物学的な記述による囲い込みが引き裂かれていくまでを描いている。桜はそれとして見られるようになったからこそ、それ以上の何かがあるに違いないと読み込まれるようになり、またそうだからこそ、人々に都合良くどのようにでも語られるようになったのである。

28 ここでは多様な書き手によって個別に書かれた広告史を俯瞰的に捉える研究を、広告史研究と呼んでいる。

29 （中瀬 1968）（Moeran 1996）。

30 この分化は、一九七〇年代には広告業の組織図でも観察可能で、具体的にはマーケティング部局とクリエイティブ部局の区別に対応していくことになる。

31 戦時下における宣伝技術者自身が、「あの戦争」について語り始めたのは、一九七〇年代になってからである。それというのも、一九六〇年代後半に日本宣伝美術会（一九五一～一九七〇）が行き詰まり、それまでの共通前提であったモダンデザインとは異なるグラフィックデザインの在り方を肯定する必要に迫られ、ようやく歴史への視座が生まれたのである（東京アートディレクターズクラブ 1967; 森 1971）。以後、一九七〇年代に退職し始めた世代の「自分史」ブームも伴い、宣伝技術者たちの戦争語りは、ある程度流通するようになった（日本デザイン小史編集同人 1970）（新井 1972）（新井 1973）（山名 1976）（宮山 1976）（渋谷 1978）（山名・今泉・新井 1978）（日本工房の会 1980）（アルシーヴ社 2001）。例えば、一九七九年より『E+D+P』（東京エディトリアルセンター）に寄せた原稿をまとめた多川精一による、『戦争のグラフィズム』（平凡社、一九八八年）は、その典型である。「あの時代、多くの仲間を国家の暴力から守った幹部の人たちの苦労を思い、このままではすまされない気持ち」（多川 1988=2000:330-331）こそ、宣伝技術者に歴史を書かせていったのである。

32 例えば、対外宣伝誌の『FRONT』で知られる東方社（多川 1988=2000）（多川 2003）（多川 2005）（平凡社 1989-1990）（柏木 1987=2000）、また『NIPPON』で知られる日本工房（名取 1963）（日本工房の会 1980）（金子 2002-2005）（白山・堀 2006）、さらに京都高等工芸高校図案科をめぐる京阪神で流通した『プレスアルト』（脇清吉の碑をつくる会 1967）（西村 1995）（嶋田・津金澤 1996）（津金澤 2000a）（津金澤 2000b）（津金澤 2001）（津金澤 2002）など。また報道技術研究会については、当事者の証言・回想の他（山名・今泉・新井 1978）、いくつかの先行研究による部分的な言及を踏まえ（石川 1968:57-82）（香内 1976）（鈴木 1980）（赤澤 1985:243-322）（渋谷 1987=1991:162-193）（酒井 1988=1992:71-105）、その全体像に迫る研究が続き（難波 1998a）（難波 1998b）（井上 1998）（井上 2000）（井上 2001）、同時代の思想的な背景に言及した研究も出てきた（加島 2005）（林 2007）。なお、広告の送り手とは別に、受け手の立場から「大衆文化としての広告」を語ることが可能になったのは、一九六〇年代後半からである。このように「生活者の視点」から広告を述べていくというやり方は、南博、福田定良、加藤秀俊、江藤文夫、石川弘義、山本明、藤竹暁、鶴見俊輔らによって積み重ねられ、天野祐吉や島森路子が編集長を務めた『広告批評』（1979-2009、マドラ出版）に結実していく。

33 「ニューディール型の社会も、ファシズム型の社会がそうであったのと同様に、二つの世界大戦が必須のものとして要請された総動員体制によって根底からの編成替えを経過したとみるべきである。とするならば、我々は、現代史をファシズムとニューディールの対決として描きだすよりも以前に、総力戦体制による社会の編成替えという視点に立って吟味しなくてはならない」（山之内 1995）。

34 『FRONT』（平凡社 1989-1990）、『NIPPON』（金子 2002-2005）の他には、『プレスアルト』（嶋田・津金澤 1996）や『新聞広告総覧』（ゆまに書房 2004）、『現代商業美術全集』（ゆまに書房 2001）や『アフィッシュ』（国書刊行会 2009）、『コレクション　モダン都市文化』（ゆまに書房 2004）や『叢書　近代日本のデザイン』（ゆまに書房 2009-）など。二〇〇〇年代にはこうした復刻版が数多く刊行され、大学図書館に所蔵された結果、それらにアクセスできる権利のある者において研究が量産されるようになり、またそれがさらなる別の史料の復刊を望むという循環が生じた。

35 アド・ミュージアム東京（http://www.admt.jp/）や印刷博物館（http://www.printing-museum.org/）は、付属図書館において膨大な広告資料を所蔵している。また、「萬年社コレクション　調査研究プロジェクト」（http://ucrc.lit.osaka-cu.ac.jp/mannensha/）は、倒産してしまった大阪の広告代理店の膨大な資料を大阪市立近代美術館建設準備室に寄贈されたもので、データベース化が行われている。

36 古本の入手可能性は、インターネットでデータベース公開されるようになったことで格段に上昇した。歩いて古本を探すのではなく、古本探しはオンラインショッピングの一形態となり、各地に散逸していた資料の見え方は大きく変化した。その意味で、本研究は日本の古本屋（http://www.kosho.or.jp/）、スーパー源氏（http://sgenji.jp/）、アマゾン・マーケットプレイス（http://www.amazon.co.jp/）などと不可分な関係にある。

37 やや同時代的な回顧だが、ジェンダー研究やポスト・コロニアル研究的な関心を多分に含んだカルチュラル・スタディーズが、その教科書的な記述とは別に、実際の成果として『〇〇の誕生』シリーズとも言える批判的な歴史記述を生み出せたのは、ここに述べたようなメディアの配置と不可分である。その当初においては、史料の配置が問題となりにくかったが、約一〇年を経た二〇一〇年代においては、あたかも一次資料を見たかのように復刻版やデジタル・アーカイブを活用できるわけで、このような「歴史記述そのものの歴史性」に言及しない研究は、知識社会学的な意味での史料価値はあっても、歴史研究としては評価されにくくなるであろう。

38 「現在、メディア史の研究が、なかなか展望を切り開けないとするならば、それは研究の理論の不足ではなく、むしろ新しい展望のもとで資料を探索する実践の不足ではないだろうか。…〔中略〕…。そして、資料の迷路のなかで進路を見失い、考えあぐね、立ち止まらざるをえなくなったときが、次の研究へのステップである」（有山 2004）。また、戦時下の国策グラフ雑誌『写真週報』の復刻版を前提した研究などもある（玉井 2008）。

39　ここでの「デザイン史研究」とは、個別のデザイン史を俯瞰するような視座を持つ研究のことである。

40　「一九六〇年代末、近代デザイン史は、大学（美術大学）の授業では存在しなかった。正確にはタイトルは存在したのだが授業はなかった。いや、さらにいうなら、デザイン史だけでなく、デザイン論の授業もなかった。デザインがいったいどういうものなのかを知ろうとすれば、実技を担当する教員から話を聴くしかなかった」（柏木 1996）。

41　デザインが「欲望」を審級にしているという設定は、個別の機能的合理性を無視した珍品の記述（柏木 1984）や、「差異の戯れ」として記号学的な記述を生み出すようになった（宇波 1991）。

42　「われわれは、一九七〇年代以降、さまざまなあたらしい傾向があらわれるのを見てきた。…〔中略〕…。もはやかつてのデザインのように無駄なく美しく、有用にしてかつ象徴的な形態ではなく、必要や機能をはみ出した過剰が欲望の支配を見るようになったのである。…〔中略〕…。デザインは人びとのあらゆる生活の細部に美的な要素を送り込んでいる。私的な住宅やインテリア、大量生産される自動車はいうまでもなく、衣装、日常使用する家具調度、什器や文房具の類、なにからなにまで、機能的制約を超えた自在な形が与えられるようになった。二十世紀を呼ぶ呼び方はいろいろあるが、そのひとつとして「デザインの社会」が確立した世紀と呼ぶことに躊躇はない」（多木 1992）。

43　「グロピウスは、ラスキンとモリスの継承者であり、ヴァン・デ・ヴェルデの後を追い、ヴェルクブントの後を追う者であることを、自認している。そこで、われわれの議論は、円を描いて一巡したことになる。一八九〇年から第一次世界戦争までの芸術論の歴史は、それが、今日の作品の基礎をなす主張に外ならぬことを、証明する。いわば、モリスからグロピウスまでの期間は、歴史的には、一単位なのである」（Pevsner 1949=1957:28）。

44　「一九六〇年代に入ると、一八〇度の転換が計られ監督至上主義は死を宣告された（このことは、読者ないし観衆の側の解放を意味した）。芸術作品は今や、その作者の意図から独立した「意味の構造」であると考えられるようになったのである。一九六九年に書かれたフーコーの論文「作者とは何か」を通じて、この議論はよりはっきりした内容をもつようになった。…〔中略〕…、作者性というものは、特定の社会および歴史的環境、経済システム、制度、著作権にかかわる法制度の関数である、ということである。作者性はある個人が特定の時代に占める役割、場所のことだが、逆に時代が変われば、物書きも画家にも、そのようなものは与えられない。同じことがデザイナーについてもいえる」（Walker 1989=1998:71）。

45　メディア研究的に言えば、受け手からの記述を進めようとしたオーディエンス研究とも重なっていくところであろう。

46　ここで「そのまま」と記述したのは、デザイナーを特権的な対象として見なして記述を始めるのではなく、私たち自身のこととして記述可能であると考えているからである。

47　いわゆる「オーラルヒストリー」への傾斜である（アルシーヴ社 2001）（平野 2005）、（平野 2009）、（日本デザインセンター 2010）。

48　本研究において「資料」と「史料」は同じ意味で使う。

49　本研究がやがて明らかにしていくように、戦前の日本においては広告を語ることとデザインを語ることが明確に区別されていなかったので、このような言い方がされている。

50　「これらの資料（引用者註：『墺国博覧会筆記』や「工芸博物館裨益論抄訳」）はウィーン博覧会報告書に関する従来の研究において全くといっていいほど注目されていなかったのである。それゆえ本書ではこの二書をとくに取りあげて、そこに工業への美術の応用という思想の意味を読み取ることを第一の目的とし…」（天貝 2010:11）。さらには、森仁史や田島奈都子（青梅市立美術館学芸員）、川畑直道（グラフィックデザイナー）らによる精力的な研究成果も参照のこと（森 2009）（田島 2013）（川畑 2002）（川畑 2003）（川畑 2006）。

51　ここでは言語学や記号論における意味というよりも、ニクラス・ルーマンの知識社会学的な記述における「意味」に近い考えをもたせている。「ルーマンの知識社会学は、相異なるいくつかの意味規定が併存しうる事柄において、ある区別が他の区別よりもいっそう説得力を持って立ち現れる条件を研究することであると定式化」される（高橋 2002:11）。また「彼の場合、簡単にいえば、ある社会において個々のコンテクストから比較的独立して首肯性を持つような意味 Sinn、具体的にはある社会で一定の首肯性を帯びた思想・観念・概念、さらにはある種の感受性や行動様式を含む意味で使われている。…〔中略〕…。これら思想材・観念材は、当該社会において歴史的に蓄積され、育成されたものであり、それらが新たなコンテクストのもとで、意味の変容を伴いつつ再利用される」（高橋 2002:4）。

52　さらに言えば、『広告の誕生』と『広告都市・東京』（廣済堂ライブラリー、二〇〇二年）の著者が『嗤う日本の「ナショナリズム」』（NHK出版、二〇〇五年）を書き、『撃ちてし止まむ』と『「広告」への社会学』（世界思想社、二〇〇〇年）の著者が『族の系譜学』（青弓社、二〇〇七年）を書いたのは偶然ではないと考えている。これらは、広告史そのものを書き直すというよりも、そのようにして記述できる時代とそのようには書きにくい時代があるということの区別を指し示しているように思われる。つまり、著者における関心が変更されたのではなく、広告そのものが狭い業界のお話ではなくなってしまった時代を扱ったことによる、記述の効果だと思われる。

53　広告は、しばしば「社会」を語る。しかし、その割には広告から「社会」を析出することは難しい。このように簡単に観察することができないのに、何度も語られ続けてしまうというこの不思議さこそ、分析によって明らかにされるべき事象の豊富さではないだろうか。「社会」があてにされているわりには、そのどうでもよさも織り込まれているという一筋縄ではいかない動きこそ、素朴には書き取ることのできない「何か」として、仄めかすしか出来ないのかもしれない。

54　（柏木 1979）、（中井 1991）、（榧野 1992）、（出原 1992）。

55　汎用的な記述を目指したモダンデザインの理想が限界を迎えた一九六〇年代を経て、一九七〇年代以降に個別のデザイン史が自律的に記述されるようになったと本研究は考えている。

第二章 〈広告制作者〉の不在[1]

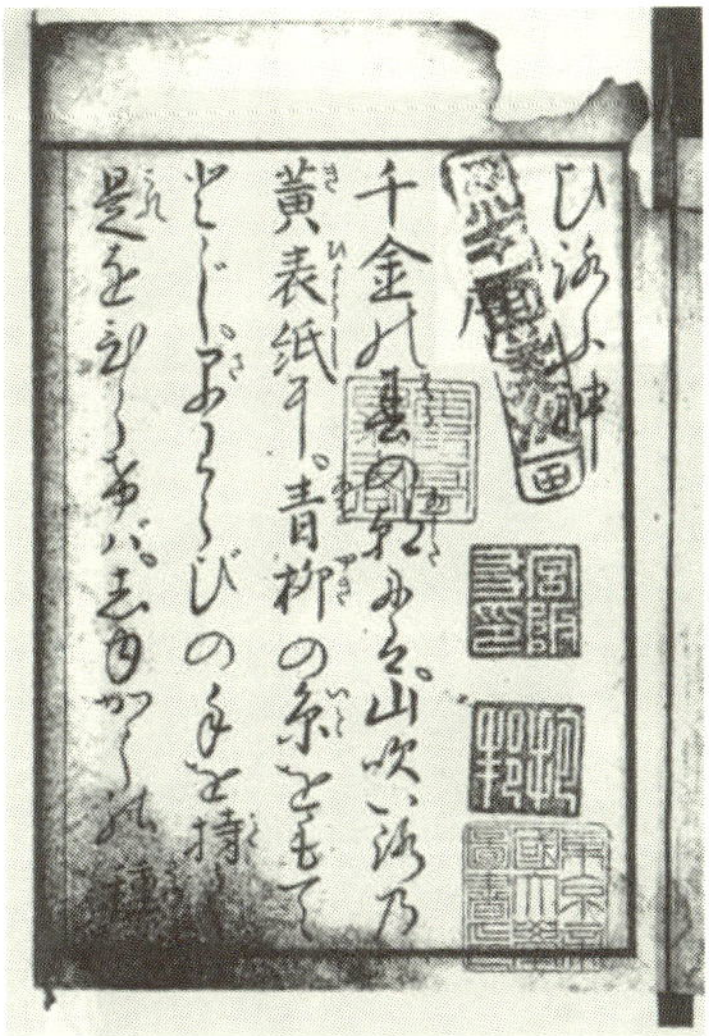

『ひろふ神』(一七九四年、山東京傳と本膳亭坪平による引札の戯文を集めたもの)

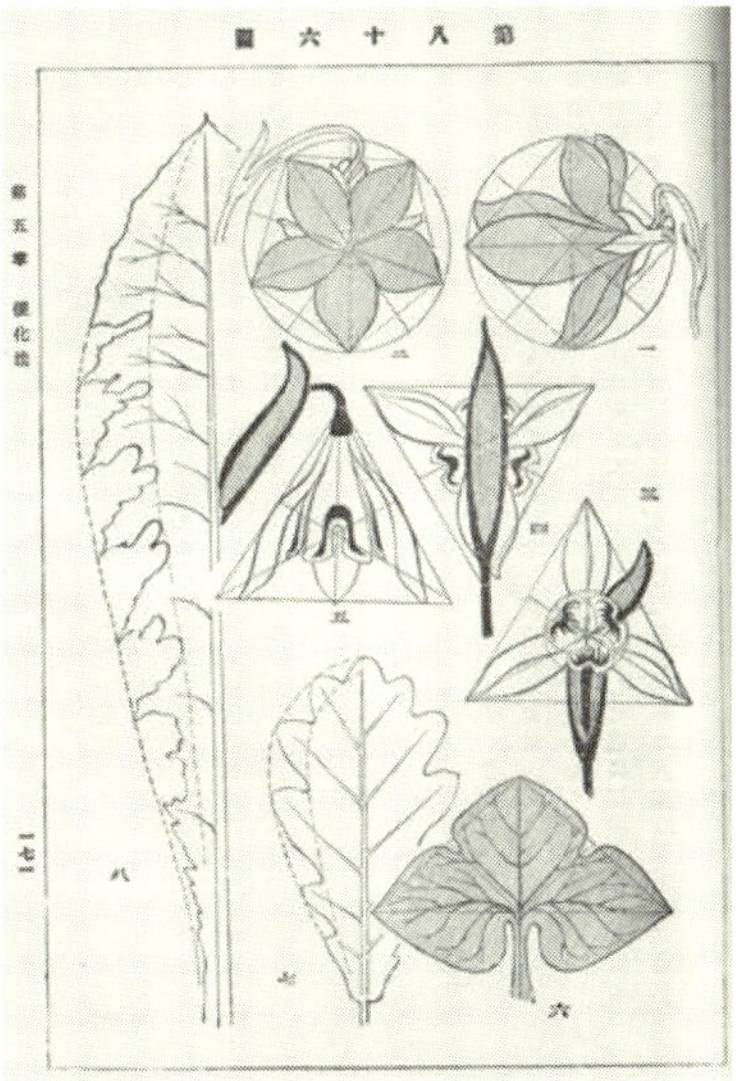

小室信蔵『一般圖按法』(丸善、一九〇九年、自然から図案を看取するための技法書)

一　引札における署名

嗽石香《そうせきこう》と平賀源内

近代以降に生きる者にとって、近世はごちゃ混ぜに見える。本草学を学びつつ俳諧に親しみ、オランダに関心を寄せながらも鉱山開発を行い、エレキテルによる見世物廻りを行う一方で、西洋画や浄瑠璃を多く残した平賀源内（一七二八〜一七七九）も、その一つであろう。だから源内は「AでもなければBでもない、CでもあればDでもある」（松田 1992）というように、平板な説明を拒む何重にも交錯した存在であるかのように見えてくる。

それゆえに、源内は学際的な関心を誘発してきた。近代になってから専門分化した学的記述は、「先駆者」としての源内をそれぞれに発見し続けている。江戸の戯作者を「起源」の一つと記す、日本のジャーナリズム史や広告史もその例外ではない。[2]なかでも一七六九（明和六）年の箱入歯磨・嗽石香の引札は、[3]「戯作者の書いた引札のなかでも、特に機智とユーモアと逆説が織り込まれて」いる（増田 1976:30）と評価され、[4]源内の才能と引札とが強く結びつけられる特権的な事象である。

ところが、こうした理解は一つの前提を忘れている。それは、この引札が嗽石香を販売した「ゑびすや兵助」のために書かれたという点である。[5]それはつまり、この引札が当該の商業行為とは直接関係のない第三者によって書かれたということを意味しており、この引札を源内のものとしては語り得ない可能性があることを示唆している。にもかかわらず、近代以降の語り口はこの引札を源内との組み合わせにおいて捉えてしまう。そこで、本研究はまずこのような組み合わせ、つまり、引札を商い主ではなく戯作者に帰する記述の偏向に注目することから始めていきたい。[6]

近世の引札を前に、今でこそ私たちはその制作を依頼した側と依頼された側の区別をすることができる。しかし当時において、この区別はかなり異例なことであった。「現金安売り掛値なし」で知られた呉服商・越後屋の引札（一六八三（天和三）年）にしろ、[7]江戸本石町の菓子商・金沢丹後の引札（一七二三（享保八）年）にしろ、[8]それまでの引札の多くは安売りや営業方針を告知する商用文であり、[9]そこに商い主以外の者の名前が書き込まれることはなかったのである。

これは引札における「書き手」という第三者的な位置が明確には特定されていなかったこと、つまり、当時における引札は商い主と未分化な関係だったことを意味している。したがって、同じ暖簾の下で働く奉公人が引札を書いていたとしても、それは「商家」の集合的な行為として理解される。[10]自由意志を持った個人による、組織への参入離脱の選択可能性が前提とされていなかった日本近世において、[11]引札の依頼人とその書き手とが個別に存在し、両者が金銭を媒介にした契約関係を持ち得るとは考えられていなかったのである。

だからこそ、嗽石香の引札の末尾に「てつぽう丁うら店の住人　川合惣助元無」という源内の署名が、「本白銀丁町四丁目南かは是も同くうら店にて　賣弘所　ゑびすや兵助」と並んで書かれたことの意味は大きい。これは引札の起源とされる、先の越後屋の引札の末尾には「呉服物現金　安売無掛値　駿河町二丁目　越後屋八郎右衛門」としか記されていないこと、またその後に作られた引札の多くが、同じように店舗名のみを末尾に示す形式を反復していることからも明らかである。つまり、嗽石香の引札はそれが商い主とは別の者によって書かれたという痕跡を残している点において、メディア史的な出来事なのである。

ここで私たちは、「なぜ源内だけが、そのようになし得たのか」と考えてしまうかもしれない。しかし他の資料にも目を配れば、源内は何もこの引札に限ることなく、他の書き物にも署名を残していることがわかる。[12]となれば、嗽石香の引札に書き込まれた署名の意味は、引札以外の署名との関係で捉えなければならない。[13] つまり、引札に限って特別な意図を持って署名したというよりも、源内の日常的な行為の一つとして署名された可能性が高いのである。嗽石香の引札に署名がされたことは、確かにメディア史的な出来事であった。しかし、そのこと自体に明確な意図があったとは言い難く、こうした引札と署名の組み合わせは、当時において特別視されるような行為でもなかった。要するに、嗽石香の引札にはそれが「広告」であるという認識や、それに対する「書き手」という立ち位置が明確に特定されていたと言い切れず、そうした区別のない様々なことが未分化のまま同居していたのである。

二 「戯作」という起源

史料の並列による歴史の見え方

ところが、このように不明確だった出来事も、それ以後の人々には起源として見えてくる。嗽石香の引札が「ゑびすや兵助」のものであったことを忘れてしまう近代の語り口は、それを「戯作」[14]として読み込んでいくのである。そして、その根拠として挙げられる史料の一つが、『ひろふ神』（一七九四〔寛政六〕年、版元は堀野屋仁兵衛）である。これは当時流通した引札一五種を収録した洒落本で、その序によれば、「捨る紙あれハ。予は是をひろう紙と名つけて。もしたまたま好士の懐中に入らハ。是を散せし商家の幸ともならんかと」（山東・本膳亭 1794）あるように、通常は廃棄される引札の保存が目的とされているものであった。

ここで重要なのは、『ひろふ神』に収録された引札の殆どが商い主とは区別して署名が書き込まれたもの、つまり山東京伝と本膳亭坪平の名前が書き込まれたものだという点である。ここに貼り付けられた引札は、決して場当たり的に収集されたものではなく、一つの方向付けを持っているのだ。それが商家の暖簾名ではなく、書き手の名

商い主名	題台詞	署名
浅草御蔵前天王町　平野屋長八	一ふく一銭の口上	坪平（印）述
本町二丁目南側　松桂庵	乍憚口上	坪平主人述
日本橋通二丁目新道　翁屋礎苔庵	序	坪平主人述
浅草御蔵前瓦町　鈴木屋和泉	乍憚口上	京傳述
堀江町一丁目新道　浜藤	説帖	京傳子作
長谷川町西側　吉田屋喜平次	報條文	山東京傳子作
日本橋通一丁目　東橋庵	口述	（なし）
本町二丁目和中散の裏　小松屋音平	乍憚口上	本膳亭坪平
日本橋一丁目　東橋庵	乍恐又々以口上	（なし）
本町二丁目　松桂庵	真曽波報條之文	本膳亭坪平応需
小船町一丁目新道　岡田屋清兵衛	乍憚口上	坪平子誌
本町一丁目　鳳栄堂村上太兵衛	御洗粉の説帖	京傳先生作
浅草並木町　梅谷清助	説帖	本膳亭坪平述
木藁店　喜久屋栄蔵	（なし）	（なし、図版）
小船町一丁目新道　岡田屋清兵衛	ちろりのはかま引かけて	本膳亭坪平述

※表①：山東京伝・本膳亭坪平『ひろふ神』に収録された引札の項目一覧（筆者作成）

前による関係づけである。これにより、『ひろふ神』に収録された引札はその個別性を越えた見え方を醸し出しているのである。

したがって、『ひろふ神』はその見せ方に従って眺めることにより、引札における個別の商い主が見えにくくなり、その分だけ、引札の書き手が束として見えてくるようになる。そして興味深いのは、こうした特徴を持つ『ひろふ神』に収録された引札を先の嗽石香の引札に続けて配置することで、まるで一つの歴史があったかのように見えてくる点である。例えば、以下における「鈴木屋和泉の新製品「柏餅」と「待宵だんご」の大安売りの引札」とは、『ひろふ神』に収録された引札のことだが、その前に「平賀源内が書いた引札」が配置されることで、一つの史的記述が成立することになる。

「当時博学多識の奇才として著名だった平賀源内が書いた引札は、江戸の引札に、有名人の書いたコピーを利用するという新機軸を開いた。これに続いて、当時江戸で評判の高かった黄表紙本といわれる絵入り通俗物語の作家、すなわち戯作者たちが、しばしばこの引札の文案を書くようになった。山東京傳が書いた浅草蔵前の菓子屋鈴木屋和泉の新製品「柏餅」と「待宵だんご」の大安売りの引札、永代橋通北新堀町の播州赤穂の物産屋永峯平兵衛のために式亭三馬が書いた引札などはとくに有名である」(内川 1976:12)。

要するに、この記述だけを見れば、戯作者と引札の組み合わせは源内に始まり、化政期の戯作者たる山東京伝や式亭三馬によって、ある種の確実さを得たということになる。しかし、先に確認したように、嗽石香の引札における源内の署名が、何かしら特別な意味づけを持っていたと確認できる史料はない。また、源内が引札を書くことに「新機軸」という意味づけもなされてはいなかった。にもかかわらず、二つの事象を「これに続いて」と並列することで、史的記述が出来上がり、また意味が未確定だったことが起源になっていくのである。[15]

つまり、ここにはある一つの曖昧な出来事がそれ以後の類似したように見える出来事の積み重ね的な配置によって、遡及的に起源とされていく言葉の運動がある。[16] 明確な意味づけが不在だった嗽石香の引札は、『ひろふ神』に収録された引札と類似した形式を持っていたという点から、戯作者と引札という組み合わせの始祖として、事後的に意味づけられているのである。そして、こうした記述は嗽石香の引札がゑびすや兵助のものであったこと、また柏餅と待宵だんごの引札が鈴木屋和泉のものであったことを見えにくくして、それらが源内や京伝のものであるかのように理解させるのである。

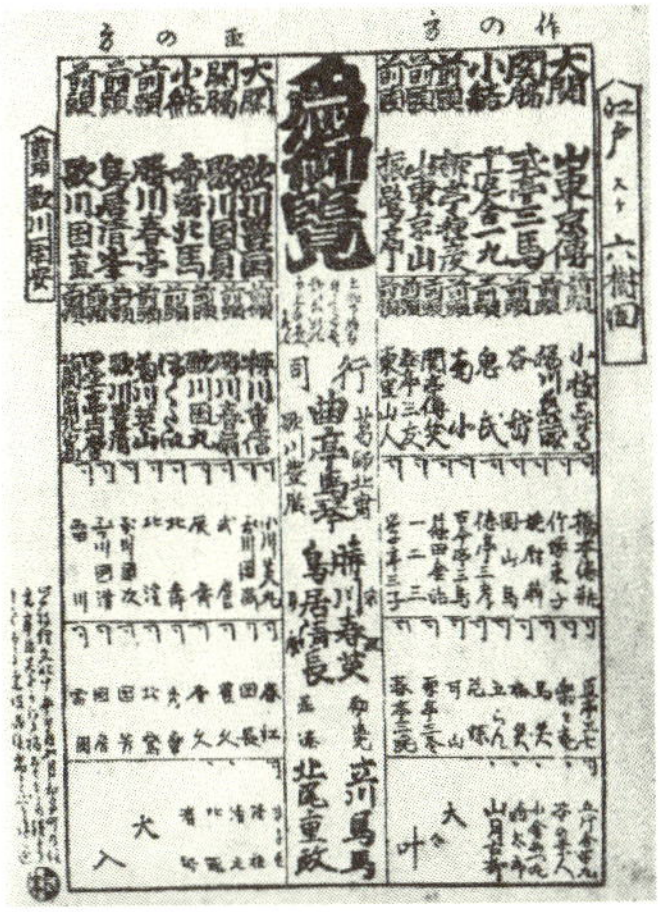

① 一八一三（文化一〇）年における戯作者と絵師の番付（増田 1976:88）。戯作の生産において、「作の方」と「画の方」という分類が誕生していたことに注意。

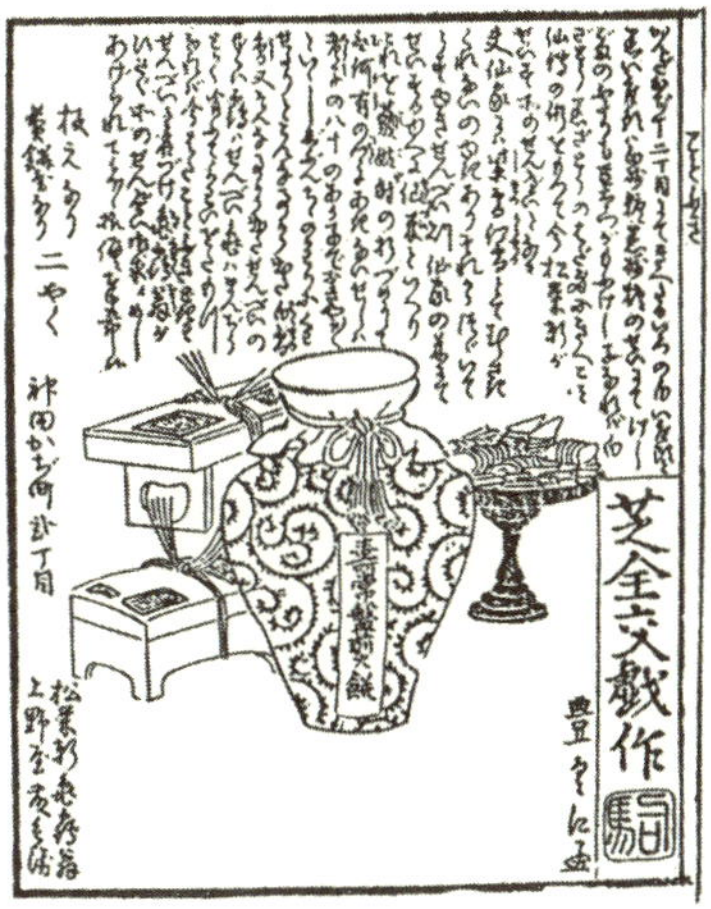

② 一七九二（寛政五）年における芝全交の黄表紙『寿常磐仙米』（井上 1986:60）。戯作者の芝全交の署名、絵師である歌川豊国の署名、そして商い主名が書き込まれている。

江戸の戯作者

本研究が問題にしているのは、このように引札を戯作者に帰することの容易さである。引札は商い主に属するにもかかわらず、どういうわけか、私たちはそれを書き手のものとして捉えてしまうのである。しかし、本研究が順を追って述べていくように、このような理解は一九七〇年代以後の広告史という自律的な時系列を持つ者によってしか成立しないものである。そこで、さしあたっては、江戸に対する遡及的な記述を相対化するための反証例を挙げておくことにしよう。

まず、当時の戯作者は黄表紙や景物本と同じように引札を浮世絵師と共同で制作していたことが挙げられる（図版①）。ここで重要なのは、彼らによる署名の書き込みが何も引札に特化した行為ではなかったという点である。当時の黄表紙のなかには、戯作者の署名、絵師の署名、商い主の名称が共存したものもある（図版②）。となれば、戯作者たちは引札だからこそ署名を残したという可能性は相対的に低くなる。むしろ、黄表紙や景物本にも書き込むように引札にも署名を書き込んだという可能性を排除することができない。戯作者が引札を書いたことは事実であっても、そのこと自体に固有の意味が持たされていたとは言えないのである。

また、当時の戯作者は現在の私たちが想像する「作家」とはかなり異なることに注意しなくてはならない。化政期の戯作者は、かつての武士層とは異なるものの、山東京伝であれ[17]、式亭三馬であれ[18]、そもそも商い主として町人層を生きていた。その意味で、彼らの署名は書物のなかにしか存在しない「作家」という不可視な存在の指標というより、町の商い主としての指標であったと言える。つまり、引札に書き込まれた戯作者の署名はそれ独自で流通していたのではなく、人々が彼らを商い主として了解していることを前提にした上で流通していたと考えられる。[19]

さらに、当時における戯作の流通過程は、現在のような本屋での購入を前提にした作者と読者の関係ではなかった。化政期における戯作の流通は、六六五〇ほどあった貸本屋による訪問販売や街頭販売に依存していたと言われる（前田 1989）。これを「流通過程の生産過程に対する優位」（北田 2000:36）と捉えるならば、そもそも町人にとって戯作者の存在は、このような貸本屋の役割により、相当見えにくくなっていたと考えられる。

このように考えてみれば、引札を戯作者に帰することは、一つの偏向を伴った記述だと言えそうである。[20] 町人層からなる戯作者は半ば商い主でもあった。また、彼らによる引札への署名は黄表紙や景物本と明確に区別されていたとは言い難い。さらには、戯作者という存在自体が当時の人々に強く意識されていたとは言い切れないのである。

勿論、化政期には戯作者がいて、引札もかなり流通していた。そのこと自体に疑いはない。しかし、その組み合わせは当時を遡及的に俯瞰する者にしか見えないものである。したがって、近世の引札に署名がされ始めたという事実と、近世の引札を戯作者に帰して理解するということは区別可能なのである。ここまでに述べてきたように、戯作者は引札も黄表紙も景物本も区別することなく署名をした可能性が高く、先行する引札に対して何か特別な意味づけを与えて書き込んだものではなかった。

ここまでを踏まえれば、江戸の戯作者を〈広告制作者〉と呼ぶ必要はない。というより、江戸の〈広告制作者〉は広告史のように、現代からの遡及的な記述でなければ成立不可能なのである。確かに、平賀源内や山東京伝は引札も書いていた。しかし、そこにはその行為自体を他の行為と区別して捉えるための、抽象的な思考やそれに付随した言葉の体系が、まだ存在しなかったのである。

三　代作屋書知と戯作者

明治の引札

前項では、過去の曖昧な出来事が、それ以後の類似した出来事の並列によって、遡及的に起源とされていく過程を、近世の引札において記述してきた。そこで明らかになったのは、引札に署名がされ始めたという事実と引札を戯作者に帰して理解するということは、区別可能であるという点であった。それではこうした区別の塗りつぶしは、いつ、どこで、どのように始まったのか。そこで、もう少し時代を前に進めてみたい。

さて、明治に改元されても、引札はその江戸的な性格をしばらく変えることはなかった。引札はそれまでのように強い意味づけを持たないまま、商用情報として流通し続けたのである。しかし、ここで注意したいのは、その流通方法にこれまでとは異なる展開が現れたことである。ここでは、その具体例として「新聞」に注目しておきたい。

日本で初めて「新聞」と名乗ったのは、一八六二（文久二）年二月に幕府の洋書調所が翻訳発行した『官板バタビヤ新聞』と言われる。[21]これに続いた当時の新聞なるものは、幕府による出版の取り締まりが及ばなかった長崎や横浜などの外国人居留地で数多く発行された小冊子である。なかでも『日本貿易新聞』という『The Japan Commercial News』（一八六三（文久三）年）を翻訳筆写したものは、記事に限らず、「一流無類手妻師」と題する奇術師ワシントン・デ・シンモンスの絵入り興行広告をそのまま書き写していることでも知られている（図版③）。

とはいえ、それが「新聞広告」の誕生なのではなかった。例えば、改元後の一八七一（明治三）年一二月八日に創

③

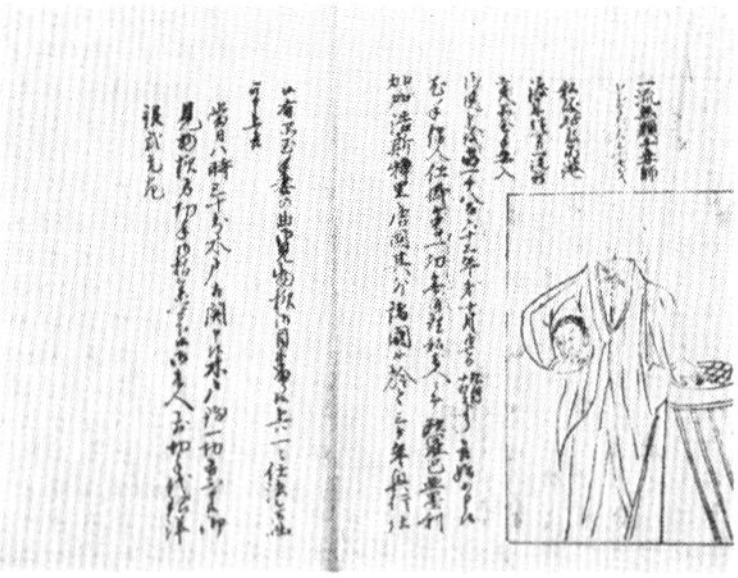

④

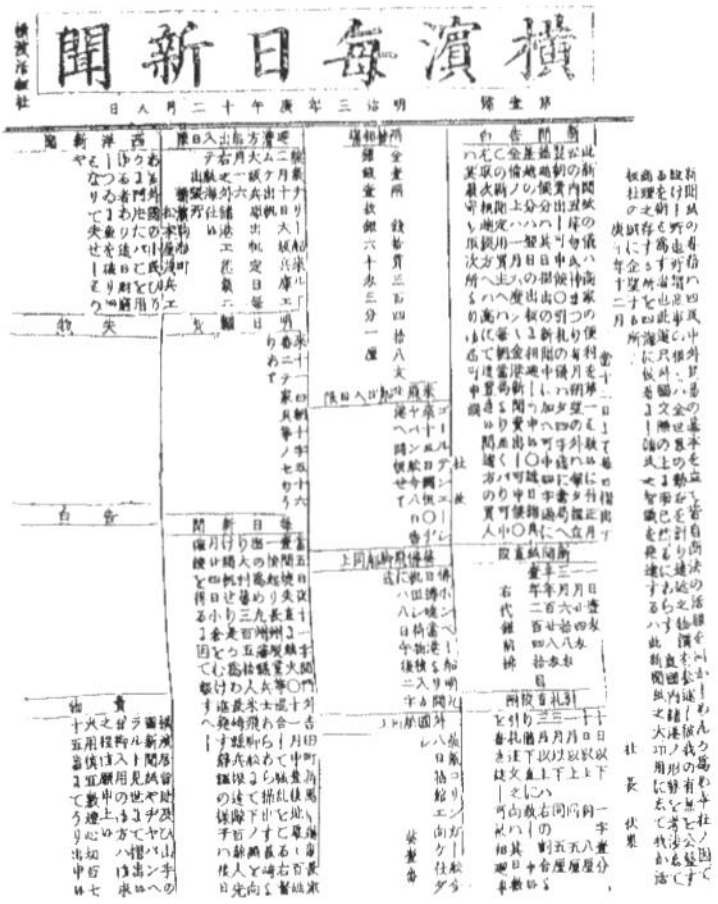
横濱毎日新聞

⑤

横濱毎日新聞

⑥

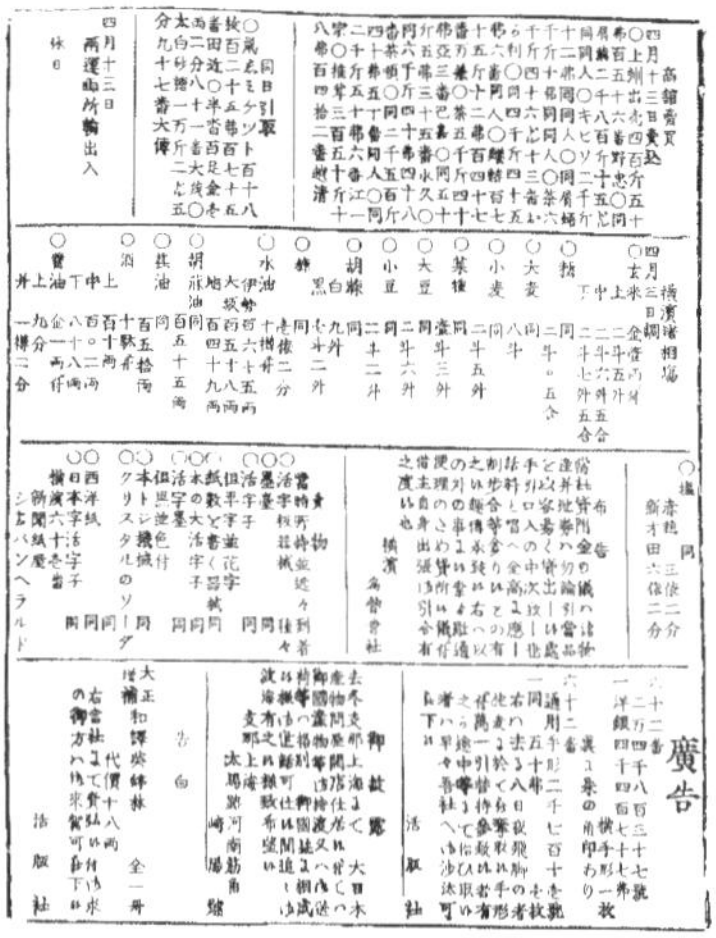

③『日本貿易新聞』(1863 年 10 月 27 日付第 25 号)
④横濱毎日新聞（明治 3 年 12 月 8 日）
⑤横濱毎日新聞（明治 4 年 1 月 20 日）
⑥横濱毎日新聞（明治 5 年 4 月 14 日）

刊された日本最初の一枚刷日刊紙『横濱毎日新聞』は、商用情報の掲載料金を掲示する欄に「引札直段附」と記している（図版④）。また「広告」という単語そのものの初出は、同新聞の一八七三（明治五）年四月一四日であった（図版⑥）。さらに言えば、同時代の新聞における商用情報の冒頭には「報告」「引札」「口上」「告白」「報條」などが用いられており、単語の選択には相当の揺らぎがある（図版⑤）。これらを踏まえれば、新聞と同時に新聞広告が登場したとは言い難い。むしろ、江戸時代に引札と呼ばれていた商用情報が、明治になって新聞という新しい流通形態との組み合わせを試行錯誤するようになったと言えよう。[22] 引札はその曖昧な在り方を保持したまま、新聞のなかに埋め込まれようとしていたのである。

代書の登場

こうしたなか、本研究にとって興味深いのは、「代作屋書知（カキチ）別號　大連傳問其名斎（ダレデモキナサイ）」と名乗る者が、『朝野新聞』（一八七六（明治八）年一月七日、八日）に代書を請け負うための「報告」を掲載していることである。[23] それによると、この者は「發句」「詩」「文章」「序跋」の代作に加え、「引札名弘ちらしの類」を「一枚　金二朱」から引き受けようとしている。文字の読み書きを他者に委ねる代言や代書は、江戸時代に訴訟当事者を支援した公事宿や郷宿などにも遡ることができるが、[24] このように商用情報の代書を名乗り出たのは、今回調査した史料で確認できる限り、これが初めてである。

この者は、山東京伝や式亭三馬が町人層として顔の知れた仲間である商い主の引札を書いたのとは異なり、新聞での告知を通じて不特定他者の引札を書こうとしている点において、注目に値する。先述の通り、江戸の引札においては依頼人と書き手を完全に切り離し、両者が入替可能な関係性を持ち得るとは考えられていなかった。しかし、この引札の代書は不特定他者との金銭を通じた契約関係を言明している点において、江戸の引札とは異なっているのだ。

ここで契約労働そのものに焦点を絞れば、江戸時代の三井越後屋など商家の奉公人にまで遡ることができる。[25] しかし、商家の奉公人は長期に及ぶ雇用と独立後の個人を独立前の主人に従属させる「暖簾分け」を伴っており[26]、不特定他者との暫定的な契約関係を認めたものではなかった。これに対して、代作屋書知は特定の暖簾に縛られることなく、どの暖簾であっても引札を書き受けるという契約を通じた代替可能な関係性を不特定多数の読者を抱える新聞において言明した点で、江戸に引札を書いた者とは区別可能だとも言える。

しかし、代作屋書知は「發句」「詩」「文章」「序跋」「引札名弘ちらしの類」の代作に加えて、「動植物鑑定」や「不審文字質問」なども引き受けるなど、文字の読み書きに関するなんでも屋的な存在だったことには注意しなくてはならない。それというのも、確かに代作屋書知は不特定他者からの仕事を引き受けようとしたが、それは何も引札に限ったことではなかったからである。つまり、代作屋書知は引札に限らず、文字の読み書きそのものが商売であった。

明治の戯作者

また、このような仕事の引き受け方は、明治開化期の戯作者においてある程度共有された生存戦略でもあった。幕末になって低調の極みに達したと言われる戯作は、明治に改元後、これまでにはない一つの役割を持つようになったと言われる。[27]その新しい役割とは、戯作を「読み物」として書くというよりも、戯作を「方法」として応用することである。そのきっかけとなったのが、明治維新に伴う実学の尊重であり、戯作はその無気力さが警戒されると同時に、それが庶民に訴える力も注目され、応用への途が開かれたのである。

例えば、戯作者・講釈師・俳優などは「三条の教憲」[28]（一八七二（明治五）年四月）という明治国家の方針以後、「教導職」として人々に尊皇と文明開化を啓蒙するような役割を担った。なかでもよく知られているのは、仮名垣魯文（一八二九～一八九四）と条野有人（一八三二～一九〇二）によって教部省へ提出された「著作道書キ上ゲ」（一八七二（明治五）年七月）である。それによれば、冒頭で戯作が実学から遊離したものであると反省した上で、自分たちの他数名に過ぎなくなった戯作者は文明開化の時代において戯作が「妄語」であることを自覚し、「爾後従来ノ作風ヲ一変シ、乍（レ点）恐教則三条ノ御趣旨ニモトツキ著作可（レ点）仕ト商議決定仕候」と、方向転換することを約言したのである。

仮名垣魯文ら戯作者が教科書や実録を執筆するようになったのは、これ以後である。また、こうした読み書き能力の応用は小新聞への進出にもつながっていった。戯作者が引札を積極的に書くようになったのも、[29]この過程においてであり、仮名垣魯文の弟子である野崎左文（一八五八〜一九三五）によれば、「その頃料理屋待合等の引札は魯文の筆に限るような流行で、その作料は一枚弐円見当であった」（野崎 1927=2007:139）とも言われる。

これらを踏まえれば、制作物から切り離され始めた制作者の位置を明治開化期に読み取ることができるかもしれない。しかし、これらを以て、〈広告制作者〉の誕生と呼ぶのはまだ早い。代作屋書知であれ、仮名垣魯文ら明治の戯作者であれ、引札の制作は読み書き能力の転用を超えたものではなく、また引札に特化した意味づけなどもなされることがなかったからである。

確かに明治開化期の引札は、江戸期以来の戯作者によって書かれたものが多い。しかし、先述の通り、明治開化期の引札はその曖昧な在り方を保持したままであったし、その書き手も引札に固有の意味づけをしていたわけではない。したがって、引札そのものは書かれていても、引札を書くことについては書かれてなく、またそうした書記行為の反復によって創発されるような「近代的個人」が明確に意識されていたわけではない。

四 「文案」の誕生

福沢諭吉の広告観

ところが、このような場当たり的な引札制作は、間もなくして、西洋を準拠点とする抽象の言葉によって批判対象となる。具体例としては、福澤諭吉（一八三五〜一九〇一）による「売薬論一」[30]（一八七六（明治九）年）や「商人に告ぐるの文」（一八八三（明治一六）年一〇月一六日、以下に引用）が挙げられるのだが、そこには近世と近代をなんとか区別しようとする、福沢個人には還元できない同時代の言葉の動きが観察される。近代を語るということは、何かを近代以前のものと特定する作業と不可分であり、ここでは近世以来の引札が問題にされたのである。

「広告文を認むるは甚だ六ヶ数事の様に心得、広告引札の文は必ず有名なる筆者に依頼せざれば叶はぬ事と信する者多し。大なる間違なり。世の中に手紙の書けぬ承認あるべからず。手紙を書きて其意を通ずるものが、広告文を書きて意の通ぜぬ道理なし。広告文は達意を主とす。余計な長口上は甚だ無用なり。他人に案文を依頼せぬ自筆の広告文の中には、時に由り文法にも適はぬ悪文もあるべしといへども、其意味の分からぬ様は決してなきものなり。意味さへ分れば、其文法の可笑しき抔は、自から其中に其人の率直淡泊敢為の気象を示して、却て衆客の愛顧を引寄するものゆゑ、決して恐るゝに足らざるなり。…〔中略〕…。西洋にては商売の秘訣は広告に在りと申して、商人が広告に金を費すこと実に莫大なり。其有様はとても古風の日本商人等が想像し得る所にあらず」（福澤 1883=1959）。

ここで重要なのは、「有名なる筆者に依頼」した「余計な長口上」を否定する一方で、「文法にも適はぬ悪文」であっても「自筆」によって、「其人の率直淡泊敢為」を示し「衆客の愛顧を引寄する」ことを肯定している点である。つまり、ここでは近世の引札がその伝達内容とは別に、過剰な伝達形式を孕んでいることが批判されている。また、他方で近代における広告はそうした過剰さを排除したもの、すなわち「意味」に定位した商用情報だとされる。要するに、『時事新報』（一八八二（明治一五）年）を創刊していた福澤にとっては、不特定多数の他者に理解される意味内容の伝達が重視されなくてはならない。その啓蒙的な立場を踏まえ、江戸の引札が前提としていた顔見知りのなかでの流通、つまり、町人文化的な馴れ合いとしての過剰さは否定されるのである。

このように近世的な引札を書き続けた明治開化期の戯作者を厳しく批判すると同時に、書くことにおける意味内容への定位を理念として先鋭化させていったのは、坪内逍遙（一八五九〜一九三五）である。人間には「外に現る、外部の行為」と「内に蔵れたる思想」の二側面があると考える坪内にとって、「小説家の務め」とは、「心の中の内幕をば洩す所なく描きい（ママ）だして」いくことである。[31] だからこそ、江戸を代表する戯作『南総里見八犬伝』（曲亭馬琴）などは、坪内が考える意味での「人間」を記述し得ていないとして、厳しく批判された。[32] 英文学を参照点とする坪内にとって、小説はどこまでもその書き手の内面が描かれるものでなければならないのであった。

いわゆる文学史が述べるところの「近代的個人」とは、このように制作物と制作者を一致させようとするコトバの運動のなかで生まれたものである。[33] しかし、小説の芸術化を目指す坪内が芸術そのものを「未定未完」（坪内 1885=1967:100）と評したように、また小説の法則を述べるにあたっても「小説の法則なんどは所謂以心伝心にて、得ていひ難き物多かり」（坪内 1885=1967:140）と限定付けてしまったように、芸術としての小説は決して簡単には辿り着くことのできない、言わば理想郷に対する不断の邁進のことであった。その意味で、最初から制作物に先立って制作者（人間）が存在したとは考えにくい。戯作に通じていた坪内自身が小説家として四年間しか実践できなかったように、むしろ制作物との一致に何度となく失敗するまさにその過程において、制作物との一致を夢見る制作者（人間）が幻想され続けたと言えそうである。

堺利彦と売文社

このように完遂することのない制作物と制作者の一致は、一方では理想としての「小説」、他方ではそれには到らない「小説ならざるもの」という区別を、やがて生み出すようになる。例えば、『萬朝報』（一八九二年創刊）にて明治二〇年代以来の言文一致体の普及を図っていた堺利彦（一八七一〜一九三三）が、赤旗事件（一九〇八年六月

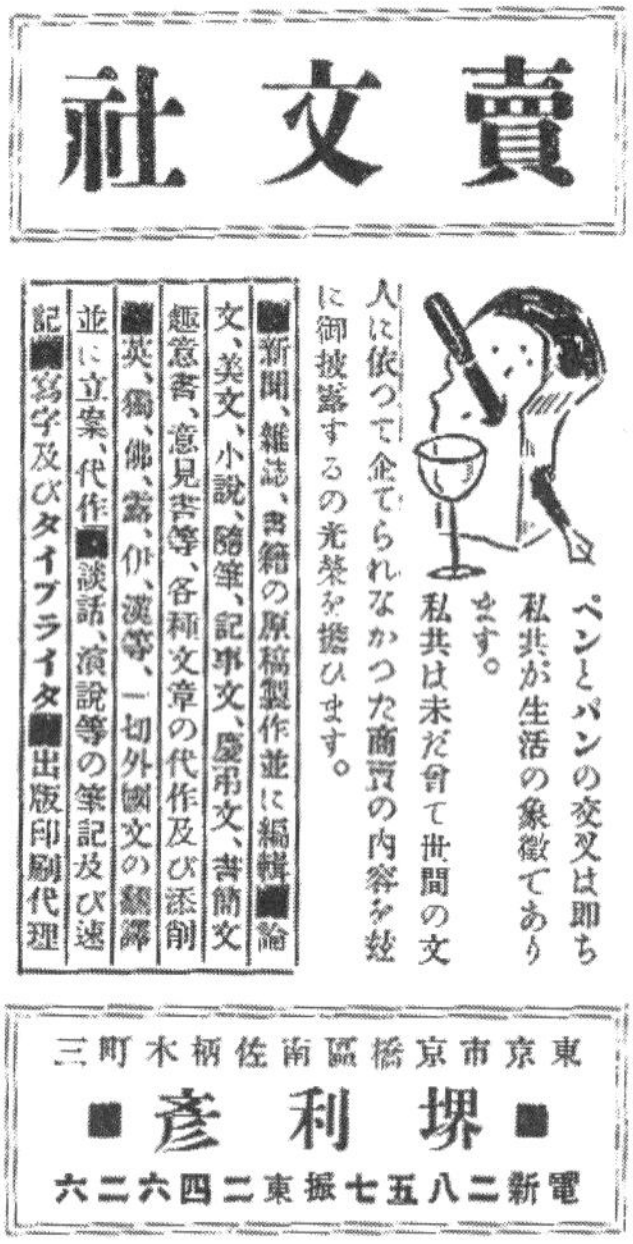

⑦売文社広告（『へちまの花』1914年1月27日）。

二二日）による服役を経て、皮肉まじりに興した会社の名前は「賣文社」（一九一〇～一九一九）であった。[34] ワイングラスと共に並べられたパンにペンを突き刺したどこかあくどい挿絵を掲げ（図版⑦）、自らを「筆の労働者」（堺 1914）と卑下する堺にとって、制作物と制作者の不一致は小説の失敗どころか、営業の前提となっている。

「先日或人から自伝の作成を頼まれた。自伝を人に書かせると云へば、チョットおかしい様でもあるが、福澤先生の自伝でも、先生が口授してそれを速記者に速記させたのである。福澤先生の様な文章の達人なら、速記者に口授すればそれが其のまゝ文章になるけども、文章に慣れぬ人の口授を速記したのでは文章にならぬ。そこで賣文社に命じて其の口授を筆記させれば、丁度自分の書きたいと思った通りのものが出来ます。どうか続々ご注文を願ひます。又必ずしも自伝には限らぬ。親とか、先祖とか、近親とか、友人とかの為めに、其の伝記逸話を書き留めたいと思ふが、自分で書くは面倒なり、人に頼むもオックウなり、といふ様な人々は必ず世に多くある事と思ふ。賣文社はそういふ方々の為め（ママ）に、最も喜んで御用を勤めたいと思って居ります」[35]

（貝塚 1914）。

坪内的な論理で言えば、自伝ほど制作物と制作者とが接近していく書き物はない。しかし、そもそも読み書き能力がなければ、書かれる物と書く者の一致なども試みようがない。そこで賣文社がこれを代行することで、「丁度

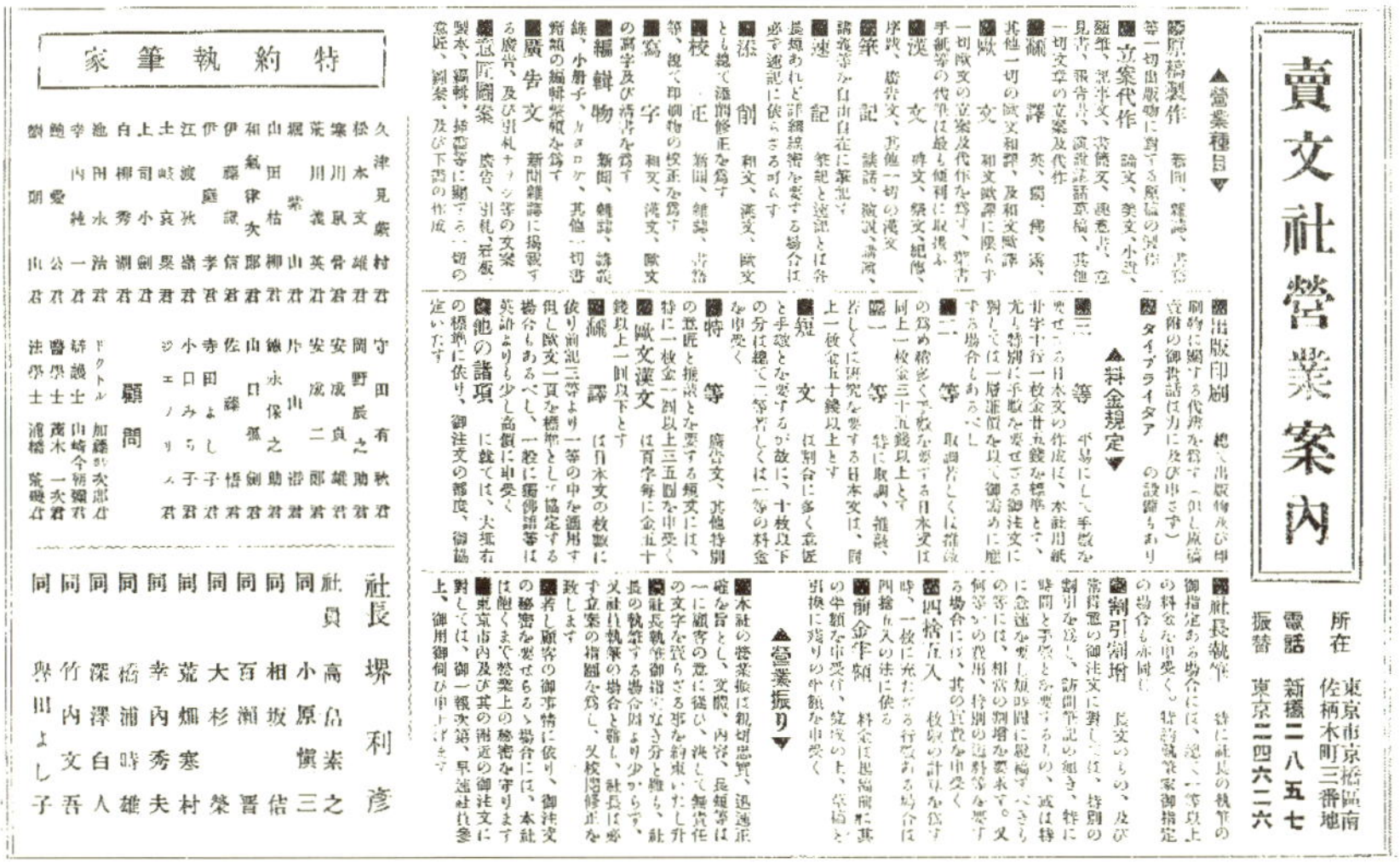
賣文社營業案内

所在　東京市京橋區南佐柄木町三番地
電話　新橋二八五七
振替　東京二四六二六

▲營業種目▼

■原稿製作　新聞、雜誌、書籍等一切出版物に對する原稿の製作
■立案代作　論文、美文、小説、隨筆、記事文、書簡文、趣意書、意見書、報告書、演説談話草稿、其他一切文章の立案及代作
■飜譯　英、獨、佛、露、其他一切の歐文和譯、及和文歐譯
■歐文　和文歐譯に限らず一切歐文の立案及代作を爲す、書簡手紙等の代筆は最も便利に取扱ふ
■漢文　碑文、類文、紀傳、序跋、廣告文、其他一切の漢文
■筆記　談話、演説、講演、講義等を自由自在に筆記す
■速記　筆記と速記とは各長短あれど詳細綿密を要する場合は必ず速記に依らざる可らず
■添削　和文、漢文、歐文とも總て添削修正を爲す
■校正　新聞、雜誌、書籍等、總て印刷物の校正を爲す
■寫字　和文、漢文、歐文の寫字及び淸書を爲す
■編輯物　新聞、雜誌、講義錄、小册子、カタログ、其他一切書籍類の編輯整頓を爲す
■廣告文　新聞雜誌に掲載する廣告、及び引札チラシ等の文案
■意匠圖案　廣告、引札、看板、製本、編輯、挿畫等に關する一切の意匠、圖案、及び下畫の作成

■出版印刷　總て出版物及び印刷物に關する代辨を爲す（但し原稿の御委託は力に及び申さず）
■タイプライタア　の設備もあり

▲料金規定▼

■三等　平易にして手數を要せざる日本文の作成は、本社用紙廿字十行一枚金廿五錢を標準とす、尤も特別に手數を要せざる御注文に對しては一層廉價を以て御需めに應ずる場合もあるべし
■二等　取調若しくは推敲の爲め稍多く手數を要する日本文は同上一枚金三十五錢以上とす
■一等　特に取調、推敲、若しくは研究を要する日本文は、同上一枚金五十錢以上とす
■短文　は割合に多く意匠と手數とを要するが故に、十枚以下の分は總て二等若しくは一等の料金を申受く
■特等　廣告文、其他特別の意匠と推敲とを要する短文には、特に一枚金一圓以上三五圓を申受く
■歐文漢文　は百字毎に金五十錢以上一圓以下とす
■飜譯　は日本文の枚數に依り前記三等より一等の中を適用す、但し歐文一頁を標準として協定する場合もあるべし、一般に獨佛語等は英語よりも少し高價に申受く
■他の諸項　に就ては、大抵右の標準に依り、御注文の都度、御協定いたす
■社長執筆　特に社長の執筆の御指定ある場合には、總て一等以上の料金を申受く。特約執筆家御指定の場合も亦同じ
■割引割増　長文のもの、及び常得意の御注文に對しては、特別の割引を爲し、新聞筆記の如き、特に時間と手數とを要するもの、或は特に急速を要し短時間に脱稿すべきものの等には、相當の割増を要求す。又何等かの費用、特別の造料等を要する場合には、其の實費を申受く
■四捨五入　枚數の計算を爲す時、一枚に充たざる行數ある場合は四捨五入の法に依る
■前金半額　料金は脱稿前に其の半額を申受け、殘額の上、原稿と引換に殘りの半額を申受く

▲營業振り▼

■本社の營業振は親切忠實、迅速正確を旨とし、文體、内容、長短等は一に顧客の意に從ひ、決して無責任の文字を弄らざる事を約束いたし升
■社長執筆御指定なき分と雖も、社長の執筆する場合尠なからず、又社員執筆の場合と雖も、社長は必ず立案の指揮を爲し、又校閲修正を致します
■若し顧客の御事情に依り、御注文の秘密を要せらるゝ場合には、本社は飽くまで營業上の秘密を守ります
■東京市内及び其の附近の御注文に對しては、御一報次第、早速社員參上、御用御伺ひ申上げます

特約執筆家

久津見蕨村君
松本文雄君
堺川鼠骨君
荒川義英君
堀紫山君
山田枯柳君
和氣律次郎君
伊藤証信君
伊庭孝君
江渡狄嶺君
土岐哀果君
上司小劍君
白柳秀湖君
渡（?）
池田水治君
幸内純一君
鈴木愛公君
（?）朗山君

守田有秋君
岡野辰之助君
安成貞雄君
安成二郎君
片山潜君
鵜沢保之助君
山口孤剣君
佐藤悟君
寺田よし子君
小口みち子君
ジエノリメ君

顧問
ドクトル 加藤時次郎君
辯護士 山崎今朝彌君
醫學士 高木一次君
法學士 瀧橋荒磯君

社長 堺利彦
社員 高畠素之
同 小原慎三
同 相坂佶
同 百瀬晋
同 大杉榮
同 荒畑寒村
同 幸内秀夫
同 橋浦時雄
同 深澤白人
同 竹内文吾
同 堺田よし子

⑧売文社営業案内（『へちまの花』1914年2月27日）

自分の書きたいと思った通りのもの」を仕上げようというわけである。要するに、自らが書くことの失敗を通して夢見られるはずだった近代的個人への途は早くも断念され、知識人自らが「筆の労働者」を名乗り、自伝は単なる出版物―業務委託物―となっていったのである。

なお、賣文社そのものは一九一四（大正三）年一〇月の時点で、一六の営業種目を受け付け、責任者二名、常任特約執筆家九名、社友及特約諸家四二名を抱えている（図版⑧）。また同年の七月一日から八月一五日までの間に、三五種類の仕事を受注している。こうした賣文社においては、依頼人と書き手とが個別に存在すると考えられ、両者は金銭を通じた契約関係を取り持つようになった。だからこそ、依頼人の辻褄の合わない話に疑問を持ちながらも、「賣文社はそんな批評をすべき分際ではない」と割り切って筆をとり、その依頼人が開墾事業の詐欺で逮捕された時にも、他人事で済ますことができた[36]。制作物と制作者の不一致が前提である以上、制作物の責任は依頼人に帰され、制作者は民事訴訟を逃れられるというわけである。

このような活動の厚みから判断すると、私たちは賣文社を「わが国初の広告プロダクション」（中井 1991:99）と呼びたくなってしまうかもしれない。しかし、賣文社自身の説明によれば、

「The Baibunsha, A Literary Agency」(『へちまの花』一九一四年一月二七日)であった。また「賣文社には碌に読めも仕ない奴が反(ママ)訳をするのだと思われては大変だ」として、「仏文には大杉君が居る、独逸文には高畠君が居る」というように、翻訳は賣文社の仕事において重要な位置を占めていた(堺 1912:9)。さらに遅れて社員となった山川均(一八八〇〜一九五八)にとって、賣文社は「いやしくも筆の先でできることならなんでも引き受ける「文章代理業」であり、彼自身は「広告の文案などのようなはんぱな仕事を多くやっていた」(山川 1961)と回想する。要するに、賣文社では確かに広告の「文案」が書かれたけれども、それが他よりも優先的に選択されるような仕事ではなかったのである。

ここまでの意味で、賣文社的な広告制作をそのまま〈広告制作者〉の「誕生」とすることはできない。賣文社の活動は明治初期の代作屋書知よりも活発だったであろうが、未だ読み書き能力の転用に留まっており、広告制作は積極的に意味づけられていないのである。

文学史が述べるところの近代的個人は、制作物と制作者の一致を目指すことで理念化された。しかし、その完遂不可能性は目指された理想の副産物をも生み出すことになった。それが「小説」に対する「文案」であり、制作物と制作者の分離であった。広告制作は、ここに「副業」として誕生する。とはいえ、これは広告を書くことはあっても、広告を書くことについては書かれていないという意味であり、基本的には読み書き能力の転用に留まっていたのである。

五　工芸における図案

明治のなかのデザイン

ここまでに、引札に署名がされたという事実とその引札を戯作者に帰して理解するということは区別可能であるということ、また、読み書き能力のある者によって広告が書かれたという事実は〈広告制作者〉の誕生と区別可能であるということを述べてきた。確かに広告は誰かによって制作されていたのだが、そのこと自体に特別な意味は持たされてなく、またそれでもそれなりに機能していたというわけである。広告制作はそれが別の仕事とも並列展開が可能だと考えられていたゆえに、特に強い意味づけが生まれることもない「副業」だったのである。

それでは、広告を制作することへの意味づけは、いつどこでどのように始まったのか。以下では、それを検討するために、広告における文字以外の情報にも目を配っていきたい。というのも、広告制作への意味づけは、ここまでに述べてきたような意味での「文案」というよりも、これから述べていく「図案」において試行錯誤されたからである。また、二次史料においても図案がそのように記述されることがあるため、以下ではそのことをなぞり返しつつ、図案の系譜がどのようにして〈広告制作者〉の記述に接続されていくのかを述べていきたい。

そこで、まずは広告史やデザイン史を参照してみると、どういうわけか図案そのものに関する記述が少ないことに気がつく。あったとしても、例えば「図案家はかつて版下絵描きともいわれ、「純粋美術家」に対し「絵描きくずれ」と低い評価に置かれていたが、そうした偏見を打破し、広告図案を新しい美術運動として確立したのは杉浦非水や濱田増治らの進出以降であろう」というように（山本・津金澤 1992:294）、図案は過去として区別される否定的な対象に留まっている。わかりやすく言えば、「図案から商業美術へ」（山名 1970）というように、一九二〇年代後半に職業理念として主張されることになる「商業美術家」以前のこととして語られ、そもそも図案という言葉がどこでどのように運用されてきたのかは殆ど明らかではないのである。

だからこそ、一九九〇年代以降のデザイン史[37]には独特の反省が生じ、記述が明治期へと向かうようになった。[38]そうした動きをまとめた『近代日本デザイン史』（美学出版、二〇〇六年）によれば、これまでの日本のデザイン史は「機能主義の受容史」であり、大正時代後半にドイツで生まれた機能主義デザインが日本に輸入され、それを当事者として経験した人々が日本のデザイン史として語り始めてしまった点に問題があると言う。それゆえ、「あたかも「近代デザイン」は、大正後半から昭和初期に突然日本に伝来し、そのときから日本に定着したかのような観を呈すること」になり、「機能主義デザインの受容以前は、近代日本デザイン史の空白期間として放置され」てきた。だからこそ、今ここで「江戸時代以来のモノづくりや、明治の装飾的工芸」を書くべきだというわけである（樋田2006）。

とはいえ、江戸期にデザインを読み込むまでの遡及的記述は慎重に回避されている。しかし、一九九〇年代以降のデザイン史はその自律性を一貫させせようとするあまりに、明治において「デザイン」に相当するものを探さずにはいられない。『日本デザイン史』（美術出版社、二〇〇三年）によれば、「近世以前、わが国には〈デザイン〉という名称や概念こそ知られていなかったが、デザイン活動がなかったわけではない。〈もの〉に〈かたち〉を与える営みの歴史と伝統は、古代より脈々と続いており、その素材や技法の多様性と豊かさは近代デザインとは異質な展開を遂げてきた。明治のデザインは、こうした伝統工芸という土壌の上に〈近代性〉を築き上げる苦闘と挑戦だった」（森2003）というわけである。一九九〇年代の反省を踏まえたデザイン史にとって、範囲の拡張は記述の前提になっているのだ。

『温知図録』と工芸図案

このような展開において、明治のデザインを書くことは「工芸」を書くことになり、またそうした文脈のなかで、「図案」が記述の焦点となり始めた。[39] 曰く、「明治初期の日本政府は日本の工芸品の輸出奨励に力を入れ、そのために海外で開催される博覧会へ積極的に参加した。そして、博覧会へ出品する工芸品の図案指導を行うという事業をはじめ、画家に描かせた図案を各地の工芸家に配布する、あるいは工芸家が描いた図案を修正するということ」を行うようになった（横溝1997）。そして、「明治期の図案をめぐる動きは、明治六年のウィーン万国博覧会参同にはじまる当局の奨励によって進展しながら、明治二十一年の意匠条例の制定に至り、次に、明治三十三年のパリ万博のさいの「アールヌーボー」の輸入による改革を画期として、それ以前の「復古主義」かつ「故実主義」の図案の研究から、「独創的」な図案の研究へと進んだとみることができる」というわけである（天貝 2010:7-8）。要するに、明治期の図案とは日本で重工業が発達する以前に輸出用の大量生産があてにされた「工芸図案」のことであり、それが後に別様の展開を見せ始めたというわけである。

このように、明治初期の図案は工芸との組み合わせになっていたことを教えてくれる史料が『温知図録』（一八七七（明治九）年）である。これは、一八七六（明治八）年から一八八二（明治一四）年にかけて内務省管轄の博覧会事務局および内務省、大蔵省、農商務省と管轄が移動した製品図画掛によって編纂されたもので、当時の万国博覧会や内国勧業博覧会に出品する工芸品を増産するために、編纂者が考案して全国の工芸家に与えた図案などを集めた八十四帖（全四輯）の図案集である（横溝 1997b）。その第一輯の前文によると、[40]これの作成と修正には塩田真（一八三七〜一九一七）、納富介次郎[41]（一八四四〜一九一八）、岸光景（一八三九〜一九二二）、中島仰山（一八三二〜一九一四）ら事務官と、岸雪浦（一八一七〜没年不詳）と狩野雅信（一八二三〜一八八〇）という画工が関わっていたようだが、ここで注目すべきは、この『温知図録』が「依頼」という形式によって制作されていた点である。

例えば、『温知図録』を編纂した商務局製品画図掛の『諸向依頼綴』（明治一二年一月至一二月）によると、[42]第二回内国勧業博覧会を迎えるにあたって、花瓶と茶具の図案作成依頼が大蔵省商務局の製品画図掛から肥前有田香蘭社の深川栄左ヱ門に出されていたようであり、その提出物が『温知図録』に収録されている。また、このようにして集められた図案のなかには、「図画」担当者の印に加えて、「考定」担当者の印があるものが少なくない。依頼を受けて提出された図案はそのまま採用されたというよりも、依頼通りに制作されたどうかを評価されていたのである。つまり、これは図案の最終的な決定権が描き手にではなく依頼主にあるということが、当時の人びとに理解されていたことを示す証拠になっている。[43]

それでは、こうしたことを踏まえて図案制作に固有の意味づけがなされていたかと言えば、そうとも言い難い。というのも、諸外国と通商条約を結んだ江戸末期からは自由貿易が始まり、陶磁器などは輸出向けの工芸品として注目されるようになったが、その生産体制は職人を組織化して西洋諸国の日本趣味に応えていく「輸出問屋」に組み込まれていたからである。

例えば、『温知図録』にも図案考案者として名前が出てくる簑田長次郎（一八四〇～没年不詳）、大関弥兵衛（生年不詳―没年不詳）、円中孫平（一八三〇～一九一〇）らは輸出問屋的な存在であり、「これらの商人は、さまざまな顔をもっていた」ようである。そうした彼らは「居留地の外国商社や日本の貿易会社に向けては仲買業者として、職人たちに向けては、問屋としてあるいは博覧会などへの出品を指導し・実際に代行もする「出品人」として」の性格も持ちあわせていたようであり（樋田 1997）、図案制作は輸出問屋における多面的な活動の一つでしかなかった。つまり、『温知図録』における工芸図案の制作は未だ他の仕事と並列された状態で行われており、それ独自の意味が与えられていたとは言い難いのである。

六　比較の視座

意匠条例

このような在り方に反省が生じ、図案[44]に固有の意味づけがなされ始めたのは、輸出用工芸品への評価の仕方が変わり始めてからである。例えば、一八八八（明治二一）年には意匠条例が公布されることになったが、その前提には工芸品の量産化に伴う模倣や粗造乱造への憂慮があった。[45]だからこそ、「政府法令ヲ発シテ模擬者ヲ制止シ考案者ヲ保護」する必要性が意匠条例の提案理由として語られ、[46]農商務省による条例案の提出、法制局と元老院での審議を経て、「工業上ノ物品ニ応用スヘキ形状模様若クハ色彩ニ係ル新規ノ意匠ヲ按出シタル者ハ此條例ニ依リ其意匠ノ登録ヲ受ケ之ヲ専用スルコトヲ得」（第一条）という明文化に至っている。[47] 輸出用に量産する必要が生じた工芸図案は、その個別性を保護するために制作物と制作者を区別し、その関係を法の言葉で記述するようになったのである。

また、意匠条例は工芸図案における依頼主と受注者の関係を、「他人ノ委託又ハ雇主ノ費用ヲ以テ按出シタル意匠ノ登録出願ノ権利ハ其委託者若クハ雇主ニ属ス但別ニ契約アル場合ニ於イテハ此限ニ在ラズ」（第十条）と記述している。図案の意匠登録権は基本的に委託者や雇用主に帰属するのだが、別に「契約」がある場合はこれに限らないというように、職務発明者の存在を認めているのである。つまり、意匠条例は制作物と制作者の関係が人びとの契約関係によって定められるものだということを明文化しているのである。

さらに興味深いのは、意匠条例はその出願において、「意匠ノ登録ヲ受ケント欲スル者ハ一意匠毎ニ明細書及図面ヲ添ヘ農商務大臣ニ出願スヘシ但其願書明細書及図面ハ特許局ニ差出スヘシ」（第三条）というように、「図面」だけでなく「明細書」の提出も求めていた点である。それは例えば、「一蔑視図面ニ示シ且ツ前ニ記スル如ク下方ヲ広ク上方ヲ漸次狭小ナラシメ上部周面ヲ木瓜形ニナシ白ろノ如ク凸凹ヲ顯シ上面はヲ其周縁ヨリ一段低ククナシテ成ルいナル部分ノ帽子形状」（「帽子形状ノ意匠」登録第二六九号、明治二五年一二月一九日登録）というように、図面を説明し、何をいかに見るべきかを指示することでその固有性を理解してもらおうとするものである。要するに、意匠の保護を望む図案にはそれなりの理由が必要であり、それは記述によって説明可能でなければならないと考えられ始めたのである。

ここで行われているのは、それまで特に語られることのなかった図案への言葉による囲い込みである。また、こうした囲い込みがあってこそ、ある図案はそれ固有のものとして理解されることになる。もちろん、明細書だけで図案そのものが想像できるようなものではない。とはいえ、このような言葉による囲い込みなくして、図案は物としての固有性を主張することができなくなってきたのである。

パリ万博と科学の不在

このように輸出用工芸品の位置付けが変わり始めたなか、図案に対する固有の意味付けを強く促すようになったのは、一九〇〇（明治三三）年のパリ万博である。当時の日本政府は日清戦争の戦勝国としての軍事力に加え、文化的な豊かさや経済力も諸外国に訴えるため、パリ万博で美術工芸品の展示に力を注いだのである。[48]

ここで興味深いのは、「万博における初めての試みとして、奈良朝より徳川時代までの古美術の展覧会を、帝室御物・社寺の名品七九一点の出品を得て本館内で行うなど、美術工芸の出品展示に力を注いだ」（緒方 1978a）とされる点である。[49] 日本は戦勝国としての文明を顕示しようとするあまりに、超時代的に事物を並べ、その延長線上に明治の輸出用工芸品を位置づけようとしたのである。ところが、その努力は散々な結果を招いてしまった。「本邦陶磁器ノ形状ハ往々不斎ニシテ統一ヲ欠ケリ。是レ従来本邦ノ乙時期ハ形状ノ斎一ニ重キヲ置カス、工人之ニ慣レタルヲ以テナリ」（農商務省 1902:492）というように、工芸における統一性のなさが逆に見えてしまったのである。

また、より深刻なものとしては「本邦ノ工芸ニ於テ往々見ル所ノ弊害ハ其工作上美術作品ノ観念ト工業品ノ観念ト相混同シ、為ニ事業上ノ主義ヲ謝ルモノアルコト是ナリ。…〔中略〕…。欧州ニ在テハ優等工芸品ニ付テモ亦漸次機械ノ応用ヲ広メ其ノ製作法ヲ簡易ニセンコトヲ図リ、決シテ手工ニノミニ依頼スルノ迂ヲ為サス」（農商務省 1902:497）というように、「美術」と「工業」の混同が「弊害」として指摘され、工芸品の製造においても欧州のように機械化されていない日本の現状が問題視されたのである。パリ万博で日本は戦勝国としての文明の高さを諸外国に示したかったわけだが、その展示においては統一性を欠き、また産業としても未熟であることを思い知らされたのである。

なお、このような理解がそれとして可能になったのは、パリ万博で「「アール・ヌーヴォー」又ハ「スチール・ヌーヴォー」トイイ即チ所謂新式ヲ喜フノ傾向」（農商務省 1902:406）を目の当たりにしたからである。[50]

「昨年巴里の博覧会で随分沢山な日本の出品があつて、陳列も配色も注意してあつたが、実の処私ハ外国人と同道して其の出品の前に立つのは厭であつた、これは私一人でハない、巴里博覧会へ御出になつた諸君ハ皆な御同感であつただらうと思ひます、何故そんなに出品が立派でないかと云ふと、第一形に就いて豊富及び意匠が無いので、略ぼ同一不変化の形のみである、詰り図案の妙味がないからです、…〔中略〕…、日本の出品を欧州のに比べて見ると遺憾ながら劣つて居るのであると思はれます」（読売新聞 1901）。

戦勝国日本としては、ここぞとばかりに古代からの事物をパリ万博に出品したわけだが、その展示会場では「外国人と同道して其の出品の前に立つのは厭」になってしまった。なぜなら、日本の出品物は「形に就いて豊富及び意匠が無いので、略ぼ同一不変化の形のみで」あり、「図案の妙味がない」と気づいてしまったからである。それゆえに、「日本の出品を欧州のに比べて見ると遺憾ながら劣つて居る」と言わざるを得なくなってしまうというわけだ。日本にはなくて、外国にはあると語らされてしまうもの。それがパリ万博における「アール・ヌーヴォー」又は「スチール・ヌーヴォー」という、自由度の高い曲線で植物などを表現した装飾だったのである。

このようにして、パリ万博は新しい時代と共に変わりゆく西洋と伝統とすら言い切れない何かに捕らわれている日本を比較する視座を定着させることになった。これにより、それまでは自信を持っていた日本の輸出用工芸品も、「日本美術の意匠考案ハシカゴ博覧会以来少しも進歩しない…〔中略〕…。我美術工藝の一大欠点ハ科学の応用を閑却して居る」（読売新聞 1901b）というように、[51]製造において科学を応用できていないことを問題視することが可能になったのである。つまり、図案をそれとして語っていくためにはその問題点や固有性をもっともらしく指摘する必要があり、そこで特定されたのが図案における科学の不在である。そして、このような理解の仕方を用意したのが、パリ万博をきっかけにした比較の視座なのである。

大日本図案協会と日本図案会

明治中期の意匠条例は、図案という物に言葉が接近していく機会を与えた。そして、パリ万博はその言葉に比較の視座を持ち込み、図案における科学の不在を特定するようになった。このような経緯を踏まえ、いままでは特に語られることのなかった図案に少しずつ言葉が投げ込まれていくようになる。[52]

例えば、それは古きを否定し、新しきを肯定する一つの区別として現れ、文脈を自由に横断しながら人びとに繰り返されていく。一九〇一（明治三四）年には「大日本図案協会」や「日本図案会」という図案を描く者たちの集いが生まれたのだが、それらは次のように連帯を意味付けている点で注目に値する。

「然るに昨年仏国博覧会開設以来、世間識者が意匠圖案の効果を説き、之が改良の声を耳にすること頻々たるを以て、本会（引用者註：大日本図案協会）は即ち機乗すべしと為し、本年九月愈家族的団体を開放して、社会的団体と為し、茲に諸君の援助を得て、首尾能く初一念を貫徹するを得たるは、余の諸君と共に喜ぶ所也」（平山 1901）。

「然るに近時欧州に起りし装飾の新式所謂アールヌヴォーなるもの両三年来東漸し来り、殊に一千九百年仏国大博覧会の観光者は何れも彼れ装飾界の一変せる顕象に驚かされ、就中深く意匠図案に志ざせる者の如きは、其手法を究め材料を齎らして帰朝し、或はこれを我美術界に紹介し、或はこれに就きて我が一種の新様を案出せんとし、自然これが為に世の人心を喚起せしめたり。此に於て又有志の徒、図案研究会を設くるの必要を感じ、遂に結びて本会の創立を見るに至れるなり」[53]（日本図案会 1903）。

一九九〇年代以降のデザイン史によると、この二つは「日本では初めての近代的なデザイン団体」とされる。そして、どういうわけか「なぜ似た名前を持つ会が同時に作られたのだろうか」といった問いが立てられ、両者の「背後に何らかの人間的な関係があったことが推測される」と記述を進めていく。その結果、平山英三（一八五五～一九一四）や井手馬太郎（一八七〇～一九一〇）といった東京高等工業学校工業図按科の関係者が多い大日本図案協会と、福地復一（一八六二～一九〇九）ほか東京美術学校の関係者が多い日本図案会という構図を描き、「井手対福地という人間関係が、二つの会の設立の背後に存在していた」というように、人脈からその歴史を書き取ろうとする（日野 1995）。

しかし、ここで重要なのは当時の人間関係というよりも、大日本図案協会と日本図案会は同じような語り方において図案を理解していたという事実であろう。もちろん、両者の活動は異なり、[54]その違い自体が「本協会（引用者註：大日本図案協会）は教授の学生に対する象、角張りたり、図案会は道楽者の遊び仕事に似て團きなり」（又仙 1903）などといった、派閥関係をなぞるような記述も残されてもいる。[55]しかし、ここでの引用にもあるように、その語りは「仏国博覧会」の「意匠圖案」、つまり「欧州に起りし装飾の新式所謂アールヌヴォーなるもの」があてにされている。要するに、対立関係があったとしても、両者は同じことを前提にして似たようなことを主張していたのである。

したがって、一九九〇年代以降のデザイン史のように人脈への問いを立ててしまう前に、そもそも「複数の団体があっても、それぞれに機能できたのはいかにしてなのか」という確認をしても、それほど奇妙なことではない。その意味で、大日本図案協会と日本図案会が並存可能だったのは、わざわざ統一的な連帯をしなくても、人びとがそれぞれに比較対象としての西洋近代を語れるようになったからである。人脈があって異なる団体が複数生じたのではなく、比較さえすれば誰にでも図案が語れるようになってきたのであり、その結果として似たような団体が複数生じたのである。

意匠条例の制定、パリ万博、そして二つの図案団体の結成に至るまでは、日本における輸出用工芸品への評価が変わっていく過程である。それは、図案という物に言葉が接近し、その言葉に比較の視座が持ち込まれ、さらにその比較が人びとに具体的に用いられることで、図案に対してこれまでとは異なる理解の可能性が拓かれていく様であったと言えよう。先に記述したように、文案においては近世と近代をなんとか区別しようとする言葉の運動が福沢諭吉の「売薬論」などに観察されていた。一方、工芸図案においては明治中期まで近世的な理解が保たれていた。しかしパリ万博で得た比較の視座は、図案に対して近世的な理解とは異なる理解の可能性を与えることになったのである。

七 「区別」の発見

美術家と図案家の区別

それでは、図案はどのように意味付けられたのか。上述した大日本図案協会の会員誌『圖按』(第一号)における「発刊の趣意」によると、「圖案といふは、世間て(ママ)意匠ともいふ、考案とも唱へ、外国語ではデザインといふもので、千種萬態の製作物に対し、之に適応する趣味を加えて、その品位価値を高むる、一種脳力の表題をいふ」とされる。そして、「圖案はおもに美術品及び美術工藝品にばかり限られて居る様心得て居るものもあるが、これは大なる間違で、如何に些細な品にも、圖案は必要なのである」と続け、「現代は現代相応の圖案、即ち誰が見ても、これは明治時代の圖案として適当なものであると思はせる丈の好圖案を示さねばならぬ」とされる。

ここで、図案は意匠や考案やデザイン[56]といった単語と並置されている。図案は既に存在するものであり、また外国にもあるというわけだ。そして、それらは趣味や価値を与えるものであり、美術品や工芸品に限らず、様々な物に適用されるべきで、なおかつ現代的な仕上がりでなくてはならないと続く。つまり、図案は既に存在するものとした上で、そこに新旧の区別を挿入し、その現代性において図案の固有性を意味付けようとしたのである。

重要なのは、このように意味を特定するために用いられる「区別」が、さらに別の区別を探し出しながら、図案の意味を絞り込んでいく点である。例えば、『圖按』（第一号）には、東京高等工業学校における「圖案科設置の理由」が、以下のようにも説明されている。

「又絵画を学ぶ人の脳中には所謂美術といふ理想がある、即ち此人達の脳中を分析すると美術と云ふ文字が、何となく優美に感じられ、且つ美術家と云ふと、服装も紋附羽織に袴と云ふので。何となく品格が有る様に考へて居るのだろうと思ふは（ママ）れます、翻つて我工業界の有様を見ると、油や石炭で汚れた仕事衣で、顔も手も足も真黒になつて、朝から晩まで働ひて居るのですから、彼の美術家が立派な座敷の座布団の上で、絹地に向つて揮毫するのとは話が違ひます、かう言う様な訳で絵を学ぶ人が工業に従事する人よりも割合に多いのだが、さて実際は理想と反対することが多いもので、天品の才の無いものに大家に成り済ますものが少い（ママ）、そこで私が思ふには絵画の大家も必要だろうが、千人が千人希望しても成れるものではないですから、寧ろ圖案家と為つて実業上に従事したなら、大きく云へば社会の為め（ママ）、小く云へば商人の為め（ママ）になるでせう」（手嶋 1901）。

絵画を学ぶことが「美術家」になることだと考えられがちだが、みんながそれになれるわけでもない。そこで「圖案家」として工業や実業に関わるほうが、「社会」や「商人」のためにもなるというわけである。つまり、ここでは「圖案家」を語ることが「美術家」との区別において成立し、またその活動の宛先を工業や実業に設定することで、「絵画」とは異なる「圖案」の固有性が担保されようとしている。「社会」の内実はともかく、それを宛先にすることで、美術家と図案家の区別が特定され始めたのである。別にも例があるように[57]、図案を語るということはその内実を深く問い詰めるというよりも、美術と区別をすることがそのまま説明になるかのような形式を取り始めたのである。

津田青楓と神坂雪佳

しかし、このような美術との区別が素直に受け入れられたのかと言えば、そうとも言い難い。例えば、同時代の京都では山田芸艸堂や本田雲錦堂といった版元が[58]、津田青楓（一八八〇～一九七八）や神坂雪佳（一八六六～一九四二）の図案集を刊行していたが[59]、興味深いことに、彼らはこの区別を知ってしまったがゆえに、さらにこの区別を語らされてしまっている。『華紋譜』（一八九九年）、『青もみぢ』（一九〇一年、全六冊）、『図案集』（一九〇一年、全七冊）、『うづら衣』（一九〇三年、全三冊）、『ナツ艸』（一九〇四年）と刊行を続けながらも、高島屋という着物屋で染色図案も手掛けていた津田は、それを以下のように記している。

「図案は絵画と違って元来応用的の物であるから中には工芸的に解釈して図案は芸術ではなかろうと云疑いを起こすものも有るが図案は決して工芸的のものでないから図案家は世間の嗜好とか当時の流行とかそう云事に頓着する必要はない矢張画家のやる様な工合に自己の思想に重きを置いて自己の感想を現した図案を作る事に勉めておればよいのだ処が僕のこれ迄やっておった事を考えると全く他動的で自己の感想を主眼として図案を作ると云様な事は夢にも考えなかった皆世間の嗜好に依った物許りで云わば他人の図案を作っておったのである」（津田 1903）。

「図案」は「絵画」と区別されるようになったからこそ、「そう云事に頓着する必要はない」として、「画家のやる様な工合に自己の思想に重きを置いて自己の感想を現した図案を作る事に勉めておればよい」というわけである。またそれゆえに、「他人の図案」を制作してきたことが深く反省されてもいる。ここで興味深いのは、図案は絵画との区別を明確にすることでそれらしく理解されるようになったのだが、今度はそのことが前提になって、そのようには理解したくないことが語られている点である。先行する理解が、後続する理解の可能性を用意しているのだ。

ここでの「自己」とは、津田が図案を語る前から存在していたものというよりも、むしろこうした語りの連鎖のなかで生み出されたものであろう。つまり、図案を語るために画家との区別が意識されるようになって初めて、図案を制作する人間の立ち位置が見えてきたのであり、その結果として、津田は画家に成り切れていない自己を語らされてしまっている。津田は図案を描くことを書くことで、ようやく自己なるものを発見しているのである。

また、パリ万博の翌年にヨーロッパを訪れていた神坂においては、「アルヌボー即ち新美術」に対して「嘔吐を催ふす」とまで評している。そして、渡航以前にはそれを試したことを認めつつも、「これは余唯人の注文に依り不得已に出たるものにして余が本心にあらざりし今後も余は新美術を応用するの意志なし」というように（神坂1902）、他人の依頼によってアールヌーボー的な図案を制作したことを反省することによって、そうではない「本心」を定めていこうとする。ここにおいても、神坂は図案を描くことを書くことによって、ようやく「本心」なるものとしての自己を発見しているのだが、これもアールヌーボーによって図案を語ることがそれとして注意されるようになったことの効果だと言えよう。[60]自己があって図案が語られているのではなく、図案を語るなかで自己なるものの中途半端さが見出されているのである。

ここまでを踏まえれば、図案はそれとして語られるようになったからこそ、今度はそれを踏まえて別なる語り方が生まれるようになったと言える。つまり、ここになって図案を絵画と区別しようとする動きが生じたからこそ、そうした理解を踏まえて、この区別に回収されまいとする動きが生じたのである。図案を描く者に「自己」なるものが意識されるようになったのは、こうした絵画との区別が記述されるようになってからであり、それ以前からそのように理解されていたわけではない。[61]

一九九〇年代以降のデザイン史は、こうした展開を「図案の芸術化」というトピックにおいて記述していくが（土田 2004）、そのような史的記述に還元する前に、まずはここで何がどのように理解されていたのかを記述しておくのが重要であろう。図案は絵画とは異なると理解されるようになったからこそ、そのような理解には回収されまいとも考えられるようになり、その副産物として自己なるものがようやく意識されるようになったのである。図案を語ることと絵画との区別を語ることは、その内容への賛否が分かれても、このようにして重ね合わせの文脈を形成していくようになったのである。

八　参照点の不在

図案教育と技法書

このように絵画とは異なるという区別においてさまざまに語られ始めた図案は、自己なるものを中途半端に浮上させたのだが、そこでいかなる図案家であるべきなのかという「主体語り」に向かうというよりは、図案をいかに描くべきなのかという「技術語り」に向かうことになった。[62]そこで、ここでは「図案法」という名で明治四〇年代に相次いで出版されるようになった技法書[63]に注目してみたい。というのも、それらは学知をあてにすることで、図案をもっともらしく語ろうとしていたからである。

そもそもこのタイミングで技法書が数多く出版されるようになったのには、それなりの経緯がある。例えば、一八九四（明治二七）年から一八九五（明治二八）年にかけての日清戦争で戦勝国となった日本は、「実業教育費国庫補助法」（一八九四（明治二七）年）や「実業学校令」（一八九九（明治三二）年）を制定し、工業化をさらに進めるための技術者育成に力を注ぎ始めた。これに伴い、東京美術学校には図案科が（一八九六（明治二九）年）、東京工業学校には付属工業教員養成所を経て（一八九七（明治三〇）年）、工業図案科が設置され[64]（一八九九（明治三二）年）、教育の言葉が工芸図案を囲い込むようになったのである。

例えば、東京工業学校の「学校長報告」（明治三二年）によると、[65]工芸品の「図案者ハ概ネ製造ノ技術ニ暗ク原料ノ性質ヲ知ラサル」ことが多く、そのために「意匠ノ犠牲」が生じていると問題視されている。そして、工芸品の大量生産に対応するためにも「同一ノ図案ヲ他種ノ製品ニ応用」する能力の必要性が語られ、「各種製品ノ技術ニ通シ及原料ノ性質ヲモ明ニシ兼テ是等製品ノ裏面ニ於ケル学理ニモ暗カラサル図案家ヲ要スルハ工業ノ上進ニ伴フ当然」というように、「学理」に支えられた図案家の必要性も語られた。輸出用工芸品の工業的な位置付けが変わってきたことで、それなりの人材が新たに求められるようになったのである。[66]

こうしたなか、一九〇二（明治三五）年に文部省で「図画教育調査委員会」が立ち上がり、日本の普通教育において図画教育の展望が探られ始める。[67]その結果として、師範学校や女子師範学校、中学校や高等女学校での図画教育において考案画が導入されるようになったのだが、現場の教師はこれに対応し切れず、「実業教育並ニ普通教育ニ従事シ圖画若シクハ圖按ノ教授ニ盡粋セラル丶諸君ヨリ直接又ハ間接ニ尋ネラレタルコト少カラズ」（小室 1907a）というように、一九〇七（明治四〇）年頃出版された技法書がこうした需要に応えていくようになったのである。[68]

小室信蔵の『一般圖按法』

なかでも、小室信蔵[69]（一八七七〜一九二二）による『一般圖按法』（丸善、一九〇九年）は、その「一般図案法で示した学習システムが、長くわが国普通教育における図案教育に影響を与えた」（山形 1967）という意味で広く知られていた。[70]ここで興味深いのは、図案をもっともらしく語るために、西洋を基準とする抽象的な言葉の体系が求められていた点である。というのも、これ以前おいては図案をめぐる学的記述の不在が問題として指摘されるに留まっていたからであり、[71]『一般圖按法』においてはそれ自身が学的記述であろうとしているからである。

例えば、その序文において「工藝美術の基礎たる圖按法に至りては、未だ成文の公刊されたるものなく、…〔中略〕…、欧米の理法は紹介せらるゝの機会甚稀有」（小室 1909）と語られ、続く例言では「本書の編述につき参照たる洋書は次の如し」として、唐突に一六冊の文献リストが提示されている。[72] そして、冒頭に寄せられた序文によれば、本書は「我国を主として外国を賓とせし如き、要するに説明の順序方法は、泰西の方式に準拠し、材料と技術とに至りては帝国古来の伝法を明に」するものらしく、目次構成では図案を造形原理に基づいて分類し、[73] それらを系統立てて記述しようとしている。[74] とにかく、図案は学的に記述されなければならないというわけである。それでは、図案そのものはどのように語られたのか。

「圖按とは或る意匠ありて形状、装飾及び配色の三者を適当に処置し、観者に温雅の快感を起さしめんがための有意故造の表出なり。換言すれば圖按の良否は必要の場所を充填するに当り、その圖様の適否にあり。…〔中略〕…。古諺に「絵画は工藝の母なり」と称したりしが、今や思想一層精緻を加へ純粋美術の絵画と応用美術の圖按とは、全く其範囲を異にするが故に「圖按は工藝の母なり」と訂正せざるべからずに至れり」（小室 1909:1）

図案はそれを見る者が快く感じるために制作されるものであるから、その適切さも求められる。それゆえに、「純粋美術の絵画」と「応用美術の圖按」は区別されるべきで、絵画ではなく図案こそ「工藝の母」だというわけである。要するに、絵画と図案という区別そのものを強調することで、図案の語り方を特定しているのである。そして、この区別は以下のようにも続けられていく。

「世往々画家たらんとして中道にして蹉跌し、応用美術の圖按によりて成功せんとするものあり。世人も亦圖按の応用美術なるか故に、第二流以下の美術家衣食の適処と認むるものあり。是多少の誤謬なきを保せず。大美術家の素質あり、手腕ありて、圖按家たるを得へし。…〔中略〕…。以上の如きを以て、苟も圖按の業に従事せんと欲せば、先其準備として絵画に習熟するを要す。即自然物の看取写生を主とし、練習すべし。写生は描法の練習として資料を供給すると共に、其物象の形を知らしめ、且其構造の知識は他日新圖按を作出するに当り、着想の先駆をなすものなれば、能く其の形態構造を知悉するを務むべし」(小室 1909:4)。

「画家」に挫折して、「圖按」での成功をもくろむものの、「応用美術」であるがゆえに、「第二流以下の美術家」と呼ばれてしまう。しかし、「圖按家」は「大美術家の素質」や「手腕」を前提にしているのだから、「絵画に習熟」する必要がある。そして、そのためにも「自然物の看取写生」を繰り返し、「新圖按」の作出に努力すべきだというわけである。[75]

ここで興味深いのは、図案がそれとしてもっともらしく語られようとしているのだが、その技術習得においては美術家と同じ訓練が強調されている点である。それゆえに、技術習得の徹底は結局のところ美術家へと向かうことになり、その分だけ図案家が中途半端に見えてしまう点である。確かに図案は美術との区別を強調して、その固有性を語ろうとしたのだが、その具体的な技術語りにおいては、美術との決定的な差異を見出せていないのである。言い換えれば、図案と美術の区別は語られなくてはならないと理解されたのだが、その区別自体を理解可能にしてくれる参照点はまだ定まっていなかったのである。

もちろん、ここまでを『一般圖按法』だけに還元できるほど、当時の動きは単純ではない。[76] とはいえ、普通教育における図案の導入を意識して書かれた島田佳矣[77](一八七〇～一九六二)の『工芸図案法』(興文社、一九〇九年)

においても、[78] また、一九〇六（明治三九）年に小室や島田の勤務先である東京高等工業学校の図案科長に着任した松岡寿（一八六二～一九四四）の回顧においても、[79] 美術との区別を明確にすることが、図案を語ることの前提になっている。さらに、一九一四（大正三）年に廃止された東京高等工業学校工業図案科を経て、一九二二（大正一一）年の東京高等工芸学校の設立に尽力したといわれる安田禄造（一八七四～一九五〇）の『本邦工芸の現在及未来』（秀英舎、一九一七年）においては、「即圖案が一つの専門的職業として成り立ち得るは、経済的工藝の圖案を自己の主義とすることにより初めて成立し得るものにして、美術工藝を主義としての圖案業は理論上到底成立し得べからずと云ふ点にあり」（安田 1917:140）とも語られている。要するに、このように美術との区別さえ強調すれば、それなりに図案を語ったことになると理解されていた点に、また、その区別自体を支える参照点はまだ定まっていなかった点に、明治後期から大正期にかけての特徴があったと言えよう。

九　工芸図案から印刷図案へ

アールヌーボーと複製技術

このように図案への意味付けがなされ始めたなか、図案は工芸においてというよりも、印刷された紙との組み合わせにおいて、自律的な展開を示すようになる。明治期において図案は工芸との組み合わせによって語られ始めたのだが、工芸は大量生産を支える工場制工業へとはなかなか移行することができなかった。他方で、石版技術の登場により大量複製が見込めるようになった印刷業が急速に成長し始め、図案は技法書として語られる場所としての紙ではなく、図案そのものを具体的に展開する場所としての紙、すなわち複製技術としての印刷に注目するようになったのである。[80]

例えば、一九〇二（明治三五）年一月四日の『読売新聞』は「デザイン時代来らんとす」という論説において、「新年刊行の新聞雑誌其外各種の出刷物を見るに、礼のアールヌーヴォー式と称へて、昨年以来流行を始めたる画模様を表紙其他に刷り込みたるもの頗る多き」[81]（読売新聞 1902）と記している。また、画家・黒田清輝（一八六六〜一九二四）の弟子であり、一九三〇年前後に商業美術運動に参加することになる杉浦非水（一八七六〜一九六五）は、こうした展開を以下のように回顧している。

「この時分（引用者註：一九〇三年）の印刷界といふものは、頗る幼稚なるもので、圖案らしい圖案など、いふものはなかった。故にこの頃は大阪以外であらうとなんであらうと昔風な古式一点張な廣告ばかりを描いて、今から考えてみると、殆ど嘘のやうな時代であった。私はその印刷所に入って、今、私のやりつ、ある欧風圖案を実際に応用する機会に初めて接したので、自分は夢中になってアール・ヌーボーを盛んに振りまかうとしたものである。すると、わづか半年もた、ぬ間に、アール・ヌーボー式な圖案が大阪を風靡するやうな形になって了った。さういふわけで看板から宣傳用の引札のやうなものに至るまで、アール・ヌーボーが跋扈し初めた。最もそれは私の行ってゐる印刷所以外からは出ないのであるから、その形式の圖案が印刷所に応用された為にそれが廣告方面に非常に有効な形式をもつやうになった。元来アール・ヌーボー式といふものは、多く工藝美術品から発達したものであるが、然し私のやったアール・ヌーボーは印刷によって表現された為に、これが非常に廣告の一種の形式として、流行し初めたのであった」（杉浦 1930）。

アールヌーボーとの出会いにより、図案そのものに注意が向くようになったことは先に確認した通りだが、そうした展開は工芸のなかでというよりも、「廣告」といった複製技術としての印刷において花開き始めたというわけである。だからこそ、杉浦において図案は印刷との組み合わせにおいて語られるものになっている。一九九〇年代以降のデザイン史が問題にしていた大正期以前の忘却はこのような回想に由来するのだと思うが、ここで指摘しておくべきなのは、図案を語る文脈が工芸から印刷へと移動し始めたということであろう。[82]

なお、このような文脈の移動は工芸において図案は技術語りだけに収斂し、図案家としての職業理念が語られなかったことと関わっていると考えられる。というのも、工芸における図案はあくまで絵付けのことであり、それ自体では制作物にはならないからである。工芸における図案は、物としての完成に至る過程の一部なのである。それゆえに、図案だけを取り出して語ろうとすれば、その分だけ技術語りになってしまい、またその徹底は美術へと誘われるものでもあった。図案の技術を語ることはできても、図案そのものは自律的な制作物ではなかったので、図案独自の主体語りを導くことはなく、またその技術の徹底は美術家へと近接していくものなのである。

このような意味において、図案が職業理念として語られるためには、図案そのものがある程度自律した制作物になっている必要がある。そして次章で詳しく述べていくように、新聞広告などの大量生産が可能な複製技術としての印刷物における図案は、工芸における図案とは異なる意味を持ち始める。工芸との組み合わせにおいて理解され始めた図案は複製技術としての印刷物との組み合わせにおいて、それまでとは異なる理解の可能性を得るようになり、そこで工芸図案とは異なる意味での図案の固有性を問い、またそれを担う主体語りを紡ぎ上げていくようになるのだ。図案への理解は工芸との組み合わせにおいて生じたのだが、今度はそれが前提になって、印刷との組み合わせにおいて、工芸図案とは異なる理解がなされていくようになるのである。美術との区別を発見した工芸図案は、その前提に複製技術としての印刷物を設定することで、美術との区別を支える参照点を定められるようになり、もっともらしく理解していくことが可能になるのである。

文案と図案の関係

それでは、ここまでをまとめておこう。本章は、まず近世の引札に署名がされたという事実と、それを広告と捉えること、さらにそこに制作者を見出してしまうことは、基本的に区別可能であるということを確認した。確かに平賀源内や山東京伝は引札も書いていたのだが、そこにはその行為自体を他の行為と区別して捉えるような言葉があったわけではない。制作者名が特定可能なものだけを寄せ集め、引札を特定の人称に帰して理解してしまうことは、近代以降の「広告」を前提にした近世への遡及的な記述において可能になっているのだ。その意味において、江戸の戯作者は〈広告制作者〉ではなかったのである。

次に、明治初期においても引札が書かれたという事実と、そこに制作者を見出してしまうことは、基本的に区別可能であるということを確認した。確かに引札は明治の戯作者らによって書かれていたのだが、そのこと自体に特化した意味付けが生じていたというよりは、文字の読み書き能力の転用として行われていたのである。その意味において、引札そのものは書かれていても、引札を書くことについては書かれていなかったのである。

続いて、大正初期において文案が書かれたという事実と、そこに制作者を見出してしまうことは、基本的に区別可能であるということを確認した。確かに賣文社では広告の文案が書かれていたのだが、これもまた文字の読み書き能力の転用でしかなく、それ以上に積極的な意味づけがなされていたのではなかった。その意味で、広告の文案は書かれていたけれども、広告の文案については書かれていなかったのである。

要するに、江戸や明治の引札、そして大正の広告において、確かに文案は書かれていたのだが、そのこと自体に特別な意味は持たされてなく、またそれでもそれなりに機能することができたのである。文字の読み書き能力の転用として行えてしまえる広告制作は別の仕事とも並列展開が可能であると理解され、またそうだからこそ、特に強い意味づけも生じることない「副業」だったのである。

こうした文案の系譜に続き、本章では図案の系譜を確認してきた。そこで、まず明治初期の図案は工芸との組み合わせにおいて語られていたことを述べた。しかし、明治初期に図案は描かれていたものの、それは自由貿易をあてにした輸出問屋の多面的な活動の一つにすぎず、それ独自に意味が与えられていたわけではないことが明らかになったのである。

次に、明治中期に輸出用工芸品への評価の仕方が変わり、工芸図案に固有の意味付けが生じ始めたことを述べた。一八八八（明治二一）年の意匠条例は図案に言葉が接近していくきっかけとなり、一九〇〇（明治三三）年のパリ万博は図案に接近した言葉に比較の視座を持ち込むことになった。その結果として、図案に科学や様式が不在であることが特定され、そうした問題意識が図案に新旧の区別を与え、人びとは新しい連帯へと誘われていくようになったのである。これまでのように図案を描くのではなく、新しい意味付けと共に図案を描くことが必要だと理解され始めたのである。

続いて、本章は明治後期において、図案が絵画や美術といった芸術一般と区別されるようになったことを述べた。そしてこのような区別は、図案をそれとして理解させると同時に、そうした理解を踏まえて、この区別には回収されないような動きを生み出したことを指摘した。つまり、図案は絵画とは異なると理解されるようになったからこそ、今度はそのような理解には回収されまいとも考えられるようになり、その副産物として自己なるものがようやく意識されるようになったことが明らかにされたのである。

さらに続けて、本章は明治末期の図案が技術語りにおいて展開された点について述べた。明治末期における図案は学的記述の不在が問題だったのだが、西洋を基準とした抽象的な言葉の体系が持ち出されるようになり、図案はもっともらしく語られ始めたのである。しかしながら、そうした図案も美術との決定的な差異は見出せず、結局のところは美術と同じ方法によってしか技術語りを展開することができなかった点に、この時代の図案の困難があった。美術と図案を区別しなくてはならないと気付かれてはいたものの、その区別を理解可能にしてくれる参照点までは見出せず、結果としてその区別だけが強調されるに留まっていたのである。

要するに、本章はここまでに文案と系譜と図案の系譜を述べてきた。そこで明らかになったのは、広告の文案そのものは誰かによって制作されても、そのこと自体には特別な意味がもたされることはなかったという点と、図案そのものは語られるようになっても、それ自体が自律的な制作物ではなかったゆえに、それ独自の職業理念を語り出すには至れなかったという点である。

ここで強調しておきたいのは、文案ではなく図案においてこそ、広告制作を語るための文脈が整えられていったという歴史的な事実である。そして、それを象徴するのが絵画や美術といった芸術との差異において図案を意味づけるという、「区別」の発見であった。と同時に、まだこの区別を十分に理解可能にしてくれる参照点が示されることはなく、とりあえず、この区別だけは語り続けようという言葉の運動がここに誕生したのである。

〈広告制作者〉と言えば、いわゆるデザイナーに限らず、コピーライターやCMプランナーも取り上げるべきだろうという反論もわからなくもない。しかし、その歴史的な事実において、職業理念への目覚めはデザイナーと呼ばれることになっていく図案の系譜において動き始めるのだ。本章はそのことを明らかにするために、書かれたのである。明治期の試行錯誤を経て、やがてデザインと呼ばれる図案を語ることが、そのまま広告を語ることになった時、職業理念としての〈広告制作者〉は誕生する。その具体的な展開は、次章で述べていきたい。

1　本章は、第三章以降で具体的に展開する事象内記述を成立させるための準備的な側面を持っている。というのも、どこからどのようにして事象内記述を開始するのかということが問題になるわけであり、本研究はそれが可能になるのは一九〇〇年前後になってからだと考えているからである。したがって、それまでの記述は一九七〇年代以降の記述を追体験する形で一九〇〇年以前を「前史」的に記述している。ここには時間の流れに即して事象を記述するのか、それとも書かれた順番に即して事象を記述するのかという違いがある。事象内記述を徹底すれば後者のように配列するのが適当だと考えているが、本研究では読みやすさを考えて前者に配慮した記述を行うことにした。また、本章は職業理念の「不在」を前史として記述しているのだが、このように不在と存在という時間的連続を解除して当時のことを考えれば、職業理念がそれとして名指されていないのは逆に多様な意味を持っていたからではないかとも想定できる。本章はその多様な意味の一つとして「読み書き能力の転用」を析出していくことになるのだが、職業理念として名指されないことが職業理念の不在とは言い切れないという批判は成立するようにも思う。ただし、その場合は時間的な連続を解除したかたちで、その沈黙の場がいかに組織されていくのかを人びとの言葉から分析していくための十分なデータが必要であるとも考える。本研究は、そのためのデータ取得が一九〇〇年以前は困難であると判断したため、第二章は「前史」としての性格を持たせた記述となっている。

2　幕末から明治初期の戯作者については、近世文学史上の位置（興津 1960）（興津 1968）（興津 1976）（前田 2001）、ジャーナリズム史上の位置（興津 1983）（興津 1993）（本田 1998）（津金澤 1998）（土屋 2002）、広告史上の位置（鵜月 1961）（増田 1976）（増田 1981）（井上 1986）（谷 1986）など、その研究は多岐に及んでいる。

3　江戸における小売商特有の商法上の必要から生まれ、はじめは、盆と暮れに屋号と商品名を印刷したものを得意先に配り、市中にばらまいたものとされる（鵜月 1961:11）。「札廻し」「安売り目録書」「口上書」「書附」などとも呼ばれ、「引札」に定着したのは化政期（一八〇四～一八二九）になってからと言われる（増田 1981:14-16）。

4　「引き札が、たんなる実用一点ばりの文案から脱皮して、文学化するとともに、文学作品の提供という高度の段階に突入したのは、まったく平賀源内の驚嘆すべき才知がなせるわざであった。このことは、日本広告史上、特筆してよいことである。そして、源内の示した業績がそのまま踏襲され、その後の引き札の型とあり方を決定したことも忘れてはならない」（鵜月 1961:23）。「風来山人こと平賀源内が、歯磨粉「嗽石香」を創製し、その販売人、ゑびすや兵助に書き与えたコピーは、天衣無縫、奇警な狂文で、これが刺激剤となって、文人・戯作者たちの多くがコピーに筆を執るようになった」（谷 1981:44）。「ことに一七六九（明和六）年に、当時奇才、天才として著名だった平賀源内（風来山人）が源内製法になる箱入歯磨「嗽石香」の新商売をはじめたゑびすや兵助のために書いた開店披露の引札が大評判となり、一種の名声広告として新機軸をひらいた。「トウザイ（トウザイ）、」といった口上に始まるその宣伝文を読んでみると人を食ったような逆説や戯文、狂文というにふさわしい軽妙洒脱な表現にあふれ、なかなか読ませるコピーであることがわかる」（山本・津金澤 1992:3）。

5「はこいりはミがき　嗽石香　はをしろくし口中あしき匂ひをさる

二十袋分入壹箱代七十二文つめかへ四十八文

口上

トウザイ（トウザイ）、抑私住所之儀八方は八ツ棟作り四方に四面の蔵を建んと存立たる甲斐もなく段々の不仕合商の損相つゞき澁團扇にあふぎたてられ跡へも先へも參りがたし然所去御方より何ぞ元手のいらぬ商賣おもひ付くやうにと御引立被下候はみがきの儀今時の皆様は能御存の上なればかくすは野夫の至其穴を委ク尋奉れば防州砂にほひを入人々のおもひ付にて名を替るばかりにて元來下直の品にて御座候へ共畢竟袋を拵候の板行をすり候のあのゝものゝにて手間代に引ヶ候依之此度箱入に仕世上の袋入の目方二十袋分一箱に入御つかひ勝手よろしく袋が落ちり楊枝がよごれると申やうなへちまな事の無之様仕かさでせしめる積にて少ばかり利を取下直に差上申候尤藥方の儀私は文盲怠才にてなんにも不存候へども是も去御方より御差圖にて第一に歯を白ろくし口中をさはやかにしあしき臭をさり熱をさまし其外しゆ（じゅ）さつた冨士の山ほど功能有之由の藥方御傳へ被下候應かきかぬかのほど私は夢中にて一向存不候へ共高が歯をみがくが肝心にて其外の功能はきかずとも害にもならずまた傳へられた其人も丸で馬鹿でもなく候へバよもや悪しくはあるまいと存敎の通藥酒をゑらみ隨分念入調合仕ありやうは錢がほしさのまゝ早々賣出申候御つかひ被遊候て萬一不宜候はゝだいなし御打やり遊候ても高の志れたる御損私方は塵つもつて山とやらにて大に爲に相成候一度切にて御求不候下とても御恨可申上様は無御座候若又御意に入スハ能はと御評判被遊被下候へば皆様御贔屓御取立にて段々繁昌仕表店罷出金看板を輝かせ今の難儀を昔語と御引立のほど隅からすみまでつらりつと奉希上候其爲の御断左様にクハチ（クハチクハチクハチクハチクハチ）。

丑霜月　日　てつぽう丁うら店の住人　川合惣助元無

本白銀丁町四丁目南かは是も同くうら店にて　賣弘所　ゑびすや兵助

くはんおんのむかふろじ口に安かんばんあり

出店は勿論無御座候せり賣等一切出し不申折々私自身出申候」（平賀 1935:444-446）。

6　したがって、本研究は「市」など商業の起源にまで遡り、当時における看板らしきものや暖簾らしきものを特定するような記述を選択しない。ところで、看板や暖簾が商業との結びつきを確実にしたのは江戸時代になってからと考えられる。一六八二（天和二）年七月には、寺社領の商人に対して蒔絵入りや金箔入りの贅沢な看板を禁止する御触書、「木地之かんはんニ墨にて書付、かな物鉄銅の外ハ一切仕間敷候…〔中略〕…若相背もの於有之は急度可為曲事者也」が出されている（高柳・石井 1934:1310）。また一八五三（嘉永六）年に書かれた喜田川守貞の『守貞漫稿』によれば、「天明（一七八一～一七八九）以来始之筆紙硯及糊をも筥（はこ）に納め負て府内及び江戸近国ともに巡り業とす」る者が存在したようである（喜田川 1853）。しかし、これだけはあまりにも資料不足であり、当事者の言明ですらない看板書きを〈広告制作者〉の起源とは見なすことはできないと本研究は考える。

7　「駿河町越後屋八郎右衛門申上候。今度私工夫を以、呉服物何に不依、格別下値に売出し申し候間、私店ヱ御出御買可被下候。何方様ヱも為（レ点）持遣候儀ハ不（レ点）仕候。尤手前割合勘定を以売出し候上ハ、一銭にても、空値不（二）申上（一）候間、御値ぎり被（レ点）遊候ても、負ハ無（二）御座（一）候。勿論代物は、即座に御払ひ可（レ点）被下候。一銭にても延金には不（レ点）仕候。以上　呉服物現金安売掛値無　駿河町二丁目　越後屋八郎右衛門」（谷 1981:9）。江戸に関する一次史料の入手は困難であり、二次史料からの解釈に依らざるを得ない。しかし、そもそも歴史記述は二次史料への同意と違和感のズレから生じ、そこから新たな解釈やまだ見ぬ一次史料への探索が始まるものだと本研究は考えている。対象をめぐる記述の奇妙さを二次史料から特定できなければ、より詳しく検討していくための記述の始点を設定することができない。

8　「口上　御菓子製所　かなさわ屋三右衛門

一、九年已然、未ノ年諸品商売物下値罷成候処、御菓子類値段何方而茂引下ヶ不申候ニ付、未ノ年霜月初而私店より安売目録札御当地不残相廻シ、値段至極引下候、尤御菓子類はねだん高値になり候時より猶以極上之砂糖を以入念仕差上げ申候処、御屋敷様方御町方様とも御ぎんミの上だん（だん）御用被仰下候付、年々繁昌仕候処仕合に奉存、…〔中略〕…御分物御干菓子類、桐箱入重箱詰メ唐菓子類、ねり物寒紅梅箱入、求肥飴あさぢ飴、桐箱詰メまんちうむし菓子餅菓子類、杉折詰御振舞御引菓子御茶菓子、其外やうかんういろう餅かすていらあん入御餅菓子等至極きんミ仕念入下値に差上ヶ申候。

一、毎年道明寺之儀差上ヶ申候処、不相替被仰下候に付、是又当夏猶々ぎんミ仕、本仙台御膳干飯さし上申候、御進物袋詰メ代三分より段々百八十匁入七分、二百四十匁入代一匁、其外御好次第ニ仕うり出し申候、御進物ち巻用共多少によらず之仰付可下候。私店より未年札相廻し申候以後、近年処々より札廻シ申候ゆへ紛敷ク御座候間、別して当年口上出し札相廻し申候、いさいねだん付き目録札ハ未の年より今以て相弘め候、御用次第に取々ニ被遣可下候、右諸品御菓子類御膳同様ニ仕立ねだん下値ニさし上申候、不相替御入用之

節ハ被為仰付聞下候。 以上
本店 本石町二町目 金沢屋丹後掾
藤原吉久製
出店 日本橋南一町目西側角
本材木町八町目中程
卯五月」（谷 1981:20-21）。

9 「越後屋にはじまり金沢丹後に至った引札のコピーは、主人自らが書いたと思われる商用文の文体で、ひたすら営業方針や安売りを標榜したものだった」（谷 1981:44）。

10 商家における奉公人雇用の特徴は、「見習としての丁稚時代から暖簾わけまで二〇年以上の長い雇用期間、その間における内部昇進、年給制に代る退店時の一時金制度（あるいは両者の併用）」（斎藤 1987:69）である。したがって奉公人になることは、その商家の人間になることを意味しており、奉公人の行為はその商家の名において人々に理解されるようになっていた。

11 近代における合理的組織の要件は、（1）制定された規則にしたがって運営されている、（2）組織と組織に参加している個人とが原理的に分離されている、（3）組織固有のコスト／パフォーマンス（効率性）基準によって、組織のパフォーマンスが評価・管理される、の三つである。この視座から日本の近世を観察した佐藤俊樹によると、近世前期の「家」における公／私の分離は、「主君と従者との人格的結合の産物」であったという。「その「公」はあくまでも主君個人に結びついていた。誰にも帰属しない組織固有の合理性が「公」として立てられていたのではない。そのため「家」では、近代組織とは対照的に、主君と従者との人格的関係が強化されればされるほど、公／私のより高度な分離が可能になるという関係にある。…〔中略〕…。結局、近世前期の「家」における「公」とは、主君という「私」にほかならなかった。…〔中略〕…。主君個人から明確に区別される組織固有の合理性の準拠点を、近世前期の「家」はもたない」（佐藤 1993:187-188）。この分析は大名という一人の武士の「家」を前提にしたもので、商「家」については、「暖簾分け」に至るまでのメカニズムを例示しつつ、ほぼ同様の論理において把握されている（佐藤 1993:191-192）。主人から独立が暖簾分けである以上、主人への依存なくして、個人としての承認も得られないというわけである。

12 例えば『根南志具佐』（宝暦十三年）には、「天竺浪人志」という平賀源内の戯号が記され、「風来之印」というもう一つの戯号の印もある（中村 1961:38）。また『風流志同軒傳』（宝暦十三年）の自序には、「紙鳶堂風来山人、一名天竺浪人、浮世三分五厘店の寓店に書す」

と記し、「風来之印」もある（中村 1961:157）。さらに『風來六部集』（安永九年）の序には、「下界隠士天竺浪人頼もせぬに筆を採る」と記し、「森羅萬象」という天竺老人の別号の印もある（中村 1961:227）。

13 田中優子は、これを「江戸の想像力」と呼ぶ。「このころは演劇と文学と美術と広告とが一体になっていたのだ。と、書きたいところだが実は少し違う。今に例えて言うならば、テレビと大衆小説作者と漫画家とコントのタレントとコピーライターとが一体になっていた、と書き直したほうが近い。とにかく彼らは芸術家でも文化人でもなかった。そういう類のものでなかったからこそ、あらゆるジャンルが渾然となって江戸文化を創始しつつあるのだった。鰻も引札もそのエネルギーから生まれ出た」（田中 1986=1992:21）。

14 戯作そのものは、天明期（一七八一〜一七八八）より武士層を中心に書かれ、寛政の改革による黄表紙の禁止を経て、化政期（一八〇四〜一八二九）には町人層へと拡がっていた。紙煙草入れの店を営んだ山東京伝（一七六一〜一八一六）や薬屋を営んだ式亭三馬（一七七六〜一八二二）は、このような戯作と町人層の結びつきのなかで登場した。また、戯作と武士層の結びつきについては、以下の通り。「戯作界の中心人物蜀山人は幕臣太田直次郎であり、黄表紙の創始者恋川春町は、駿河小島侯の御留守居役倉橋寿平であり、黄表紙作家で狂歌師でもあった朋誠堂喜三二は、秋田佐竹侯の御留守居役平沢平格であり、洒落本、黄表紙作家の蓬莱山人帰橋は、上州高崎大河内侯の臣河野某である」（興津 1976:6）。彼らは「出版業者から原稿料をうけとる習慣はなくて、毎年、版元からの新版の絵草紙や錦絵をおくられ、ヒット作があれば、二、三月ごろに遊里で接待されるのを例とした」（興津 1976:5）らしく、専業の戯作者ではなかった。

15 類似した記述として、次のようなものもある。「十八世紀後半の平賀源内の引札等の大評判によって、以後、山東京伝や式亭三馬など当代一流の戯作者たちの手になる引札や景物本が次々と評判を呼び、かなり大量に頒布されることになったが、このことは、広告活動が一流作家や有名人の才能や威光に支えられて高められ、また高い広告費を要してもそれに見合う以上の宣伝効果をあげることができるようになったことを意味している」（山本・津金澤 1992:8）。

16 このプロセスがいち早く行われた例として、岡本竹二郎による『稗官必携戯文軌範』（一八八三年）を挙げることもできよう。これは「天」「地」「人」の三冊から成る木版和綴本であり、その内容は「報條」と「序」の二種に分かれ、報條は風来山人（平賀源内）にはじまり、蜀山人（太田南畝）、山東京伝、曲亭馬琴、式亭三馬ら一五名による八〇の戯文と、巻末に書籍の序文一五編を収録している（岡本 1883）。なお同書は、一八九〇年に三木愛華と岸上操により博文館から『古今名家戯文集』として刊行され直している（三木・岸上 1890）。

17 「安永・天明（一七七二〜一七八八）頃は、トップ＝セラーでも、作家の収入は少なく、創作だけでは生活できない。手錠をふくめて、謹慎生活一年は、作者京伝に商人京伝伝蔵の色彩を濃くした。春には京橋の木戸ぎわに移転し、秋から煙草入店を開いた」（小池 1961:89）。

18「文化七年十二月十九日、本町二丁目に転宅、仙方延寿丹の売薬店を開き、薬屋稼業と戯作の二筋道を歩むこととなる」（棚橋 1994:80）。

19 この点は引札の多くが、その視覚性とは別に音読されていたという点からも説明できる。浅草御蔵前瓦町にある鈴木屋和泉のために引札を書いた山東京伝は、題台詞に「乍憚口上」と置き、それが読み上げられるものであることを強調している。これは引札が、語り手と聞き手とが共在する空間において使用されていたことを意味している。江戸の戯作者は、一人の書き手と無数の読み手という関係を前提に黙読させる「近代的作者」とは異なるのである。

20 このような指摘は、「正しい記述」を確保するためになされているのではない。むしろ、どうしても回避することのできない記述の偏向を普遍化しないための指摘である。

21 これはオランダが開国後献上した蘭領東印度総督府機関紙「Javasche Courant」（ヤヴァッセ・クーラント）の一定期間分を抄訳したもので、江戸本所の書籍商・萬屋兵四郎を通じて市販された和半紙重ね綴じのものである（内川 1976:27）。

22 厳密に言えば、新聞と引札の組み合わせには二つのパターンがあった。一つは、本文で述べたように、新聞の一部として引札を埋め込むものである。もう一つは、引札そのものを新聞化してしまうものである。一八七八（明治一一）年六月十一日の『東京日日新聞』には「銀座二丁目一番地岸田精錡水の隣　広告社　引札屋」による『広告日表』発刊の広告が掲載されており、同社は同年から『ひきふた新聞』という、引札を集中的に掲載した新聞を制作していた（山本 1984:18-19）。

23「新開店

代作屋書知（カキチ）　別号　大連傳問其名斎（ダレデモキナサイ）

取次所　第一大區十二小區元岩井町四十番地　森氏温知堂

　定價大略如左

發句代作　一句　　　　金一朱ヨリ

詩　〃　　絶句一首　　金二朱ヨリ

　　　　　律　〃　　　金一分ヨリ

文章〃　和文一枚　金二朱ヨリ
　　漢文〃　金一分ヨリ
序跋〃　和文一枚　金二方ヨリ
　　漢文〃　金一圓ヨリ
引札名弘ちらしの類　一枚　金二朱ヨリ
右何レモ体裁ハ雅俗随意ノ事
附リ
　動植物鑑定　生活乾枯ヲ論ゼズ
　　一品　金三銭ヨリ
　不審文字質問
　　一字　金一銭ヨリ
右二件ハ筆記シテ付與ス」（『朝野新聞』一八七六（明治八）年一月七日、八日）。

24 法制史において、代書人と代言人は一八七二（明治五）年八月に公認され、代書人利用の強制化は同年九月、代書人利用の任意化は一八七四（明治七）年七月になされ、代言人の資格試験導入は一八七六（明治九）年になされた。「この代言人資格試験導入により、代言人たり得る者は近代ヨーロッパ法の教育を受けた者にほぼ限定され、旧来の公事宿・郷宿の系譜を引く者はそこから閉め出されたのである」（吉田 2000）。

25 厳密には奉公人は、商家での業務に携わる店表の奉公人と、家事の使用人とに区別できる。女子の奉公人は全て家事使用人を意味したが、男子の奉公人は両者に区別されていたようで、店表の奉公人が二〇年以上の長い雇用期間を前提とした一方で、家事使用人は半年季の短期的な雇用であった（斎藤 1987:66-73）。

26 「元〆、名代、支配人、それに本店組頭は、越後屋の屋号と、暖簾印に丸に井桁三の文字を使うことを許されていた」「役頭、上座の者の場合は屋号は同じだが、暖簾印に丸なしの井桁三の文字を、平手代は丸のなかに越の字を使うように決まっていた」（三井文庫 1980:259）。しかし実際のところは、「支配・組頭で退職した者たちでも暖簾分けを受ける比率は三、四割であり、それ以下の職階の手代たちは暖簾分け（「親子＝家」の擬制的関係）の対象からも外されている可能性がある」（西坂 2007:138-139）という。

27 江戸から明治にかけての戯作の動きについては、興津要の研究に多くの示唆を得た（興津 1960）（興津 1968）。

28 「一、敬神愛国ノ旨ヲ体スベキコト、一、天理人道ヲ明カニスベキコト、一、皇上ヲ奉戴シ、朝旨ヲ遵守セシムベキコト」。この三則は神道の原則として布達されたものであるにもかかわらず、それと同時に歌舞音曲なども教部省の管轄になり、一時的ながら、権力による芸術の指導や統制が試みられた。しかしこの「新政府の方針は、旧幕時代の或る時期の様に歌舞音曲や文学を侮蔑し敵視して圧迫するのではなく、むしろこれを尊皇と文明開化の新政府の方針に順応させ、積極的に役立てようとしたので、それだけにこの統制はかなりの効果を収めた」（中村 1963:32-33）。

29 「滑稽洒脱の引札は平賀源内に始まり、京伝三馬に至ってますますメイ文を振った。その遺風で、明治時代も名家の執筆を乞うた引札が、割烹店や諸商店の手拭に添えて配られた。いずれも木版彩色いりの凝ったもので、宣伝効果もあったが、今見ても相当趣味のあるのが沢山、活版刷にしてもその印刷の稚拙で原始的な味わいが捨て難い。本文の執筆は仮名垣魯文が第一、ついで山々亭有人の条野さん、三世種彦の高畠藍泉、河竹其水の黙阿弥など、就中魯文の引札は数知れず、野崎左文翁の蒐集だけでも千枚以上、恐らく五、六千枚は書いたらしい、が達筆任せで随分の書きなぐり、京伝三馬の妙文とは大分違う」（山本 1983:45）。

30 「…近日諸新聞紙公告の部を見るに、売薬の引札最も多く、殊に此引札に限りて文字を別にし、或は図を附し或は絵を交えて、如何にも人の注意を促すものの如し」（福澤 1876=1959）。

31 「されば人間といふ動物には、外に現る、外部の行為と、内に蔵れたる思想と、二条の現象あるべき筈なり。而して内外双つながら其現象は駁雑にて、面の如くに異なるものから、世に歴史あり伝記ありて、外に見えたる行為の如きは概ね是れを写すといへども、内部に包める思想の如きはくだくだしきに渉るをもて、写し得たるは会て稀れなり。此人情の奥を穿ちて、賢人、君子はさらなり、老若男女、善悪正邪の心の中の内幕をば洩す所なく描きいだして周密精到、人情を灼然として見えしむるを我が小説家の務めとはするなり。よしや人情を写せばとて、其皮相のみを写したるものは、未だ之れを真の小説とはいふべからず」（坪内 1885=1967:118）。

32 「小説もまた之れにひとしく、作者が人物の背後にありて、屢、糸を牽く様子あらはに人物の挙動に見えなば、たちまち興味を失ふべし、試みに一例をあげていはむ歟、彼の曲亭の傑作なりける『八犬伝』の八士の如きは、仁義八行の化物にて、決して人間とはいひ難かり」（坪内 1885=1967:119）。

33 「作品は人なり」と定式化したのは、シャルル＝オーギュスタン・サント＝ブーヴ（1804-1869）である。ロマン主義を代表する作家であり、作品そのものの批評とは別に、作品の文脈を重視する近代批評を強調した彼において、「伝記」は近代文学研究に必須のものであった（Kittler 1980=1993）。

34　出獄前の堺利彦が作成した広告文案は次の通り。

「小生は稍上手に文章を書き得る男なり。いづれ文を売って口を糊するに亦何の憚る所あらん。今回断然奮発して左の営業を開始す。既知未知の諸君子、続々御用命あらんことを希望す。

一、新聞、雑誌、書籍の原稿制作

一、英、佛、獨、露等諸語の翻訳

一、意見書、報告書、趣意書、廣告文、書簡文、其他一切文章の立案、代作、及び添削

賣文社々長　堺利彦」（堺 1912:2）。

35　堺利彦の別名による記事。

36「或時、浅間の麓の原野を開墾して、其の収益で苦学生を養成すると云ふ計画で、其の趣意書を書けと云ふお客があッた。段々話を聞いて見るに、何うも少し辻褄が合はぬ。然し賣文社はそんな批評をすべき分際で無いのだから、仰せの儘に十二枚ばかりの趣意書を書いて、代金六円ばかり頂戴した。すると二三ヶ月してから其人の名が新聞に出た。開墾事業其他に関する詐欺事件で捕縛されたと云ふのである。して見ると、賣文社は詐欺師の上前を刎ねた訳で、中々エライものだと思ッた」（堺 1912:10）。

37　本研究において、デザイン史自体は一九七〇年代以降の記述形式だと考えている。そして、一九九〇年代以降のデザイン史とは、一九九〇年代以降の広告史と同じように、戦争を経験した当事者たちが亡くなり始め、その遺産としての資料が大量に発見されるようになってからの記述のことをいう。

38　緒方康二による一連の仕事はその例外だと言えるが、それらの記述もモダンデザインが吹き飛んだ一九七〇年代以降に出てきているという点には注意しておきたい（緒方 1973:1978a:1978b:1979:1980:1982:1987）。

39「明治政府は工業化の原資を得るために、工芸品の輸出拡大を図らなければならなかった。美術は政府の殖産興業政策の重要な一環であり、器形や絵柄の改良、すなわち今日言うところのデザイン指導が政策の根幹をなした。このためには、一方で博覧会という場で人々の関心を高め、コンクールによって優良な作品の推奨が行われると同時に、他方で実際のデザイン画を示してのデザイン指導が盛んに実行された。前者は万国博覧会と内国勧業博覧会であり、後者はデザイン画の貸出し事業であった」（森 2003）。

40「温知目録　明治九年米国費府万国博覧会出品製ニ當テ画図ヲ製シ諸工ニ分与ス　又工手自ラ立按ヲ図シ刪正ヲ請フモノアリ　事

務官出品科長塩田真選任ス　事務官科員納富介次郎及岸光景中島仰山画工岸雪浦狩野雅信等従事ス　今其稿本ノ存スルモノヲ収メ之レヲ陶器七宝鋳物鍛器籐細工刺繍紋氈染革合十類ニ分チ縮写ス蓋此図ヲ製スルヤ古画図中ニ就テ形容紋章ヲ捜索シ兼テ新意ヲ加フ故ニ名ヲ温知図録ト云　明治十年六月　事務官山高信雄誌」（横溝 1997b より再引用）。

41　納富介次郎（一八四四〜一九一八）は、佐賀藩生まれ。「幼時より画才に恵まれ、長じては志士高杉晋作らとの交わりから藩設商会の上海貿易に従事するなど、早くから貿易立国の必要性を痛感していた。維新後はウィーン、フィラデルフィア万博に審査官として相次いで参加、ウィーンでは技術伝習の一環として近代陶磁器技術を習得、帰国後は塩田眞とともに江戸川製陶所を設立するなど、陶磁器を中心とする伝統産業の改善指導に力を尽くした。デザインの振興と教育機関の設立にも意欲を示し、その熱意は、日本初のデザイン教育機関ともいうべき一八八七（明治二〇）年の金沢区工業学校の創設に結実している。そののちも、一八九四（明治二七）年創立の富山県工芸学校（現富山県立高岡工芸学校）、一八九八（明治三一）年創立の香川県工芸学校（現香川県立高松工芸学校）の校長を歴任、一貫して地方産業振興のための中等デザイン教育に専心した」（緒方 1998）。

42　「局長　代理【鈴木】

記

第百弐拾号

一　青磁毛様白盛上ケ三面象耳付花瓶

服菊紋綿付　　合図弐葉

第百三拾四号

一　染綿　耳付大花瓶

秋野艸花ニ鶏之図　　合図三葉

右画図面内國博覧會出品之為御下渡被下正ニ拝受仕難有仕合奉存早速製造ニ着手仕候付テハ昨今御繁忙ノ御中実ニ恐縮千萬ノ至ニ奉存候へ共六尺餘ノ花瓶幷ニ小花瓶類香炉三ツ道具ノ類及ヒカーヒー具手付茶碗等其他種々内國博覧會へ出品仕度御坐候条形状画様何卒御下渡被成る下候儀ハ相叶間敷哉此段伏而奉懇願候也

明治十二年九月廿五日

肥前有田香蘭社

深川栄左ヱ門【印】

大蔵省商務局

御製品画図掛御中」

43 このような依頼や評価によって制作が達成されること自体が、デザインが言葉と不可分であるということの証左である。

44 これ以後、「圖案」「圖按」と表記する場合は原文のままであり、本文としては「図案」で表記する。

45 当時の専売特許所長だった高橋是清（一八五四〜一九三六）はこれに深い関心を持っていたようで、先に施行されていた専売特許条例（一八八四（明治一七）年）の改正を願い出るにあたっては、「我国ニ於テ貿易ノ隆盛ヲ図ルニハ其ノ意匠ヲ保護スルニ在リ然レモ目下ハ先ズ現條例中第一條ニ少シク追加シテ之ヲ保護スルコトト為シ他日大ニ改定センコトヲ期スルナリ」とも述べている。

46 一八八八（明治二一）年に提出された、農商務省による意匠条例の提案理由（特許庁意匠課 2009:11）。

47 意匠条例に至るまでの経緯とその条文の詳細については、先行研究を参照されたい（天貝 2010）。

48 「参同に当り、政府は博覧会への出品の区域を新たに戦勝の結果得た台湾を含めて一道三府四三県にわたる大がかりなものとし、参同のための予算も一三一万円余、前回参同のシカゴ博に比し六〇万円の増という巨額なものであった。…〔中略〕…。出品物の選定に当っては、美術工芸家を選択し、図案を調整し製作させるウィーン万博以来の伝統である政府主導型を改め、パリ万博を機会により一層民間の力を結集するため、次のような方策をとることにより民間の出品を奨励した。即ち①美術工芸家を選択し、作品に補助金を与える。②美術作品を公募し、鑑査規定により出品物を選定する。③新たに図案を公募し、採用作品は買上げ、不採用の場合も優秀作品には賞金を与える。④一八九六（明治二九）年より一八九八（明治三一）年までの間に開催される日本美術会・明治美術会・東京彫工会・日本漆工会その他各種博覧会・共進会より優秀作品を選定、補助金を与える」（緒方 1978a）。

49 「日本画五十枚六千円、西洋画三十枚六千円をはじめ、七宝三点四千五百円・鋳金一点六千円など合計三十二万千二百円の買い上げ作品を博覧会に送った。また、岡倉のいうスタンダードとして、《聖徳太子像》（御物）など帝室博物館所蔵品・御物を含む絵画百六十四点・木彫二十五点、近郊百六十三点・蒔絵百三十点・陶磁器二百七十三点・染色三十六点をパリに運んだ」（森 2009:72）。

50 「現今仏国ノ工芸界ハ二途ニ分レタリ、一ヲ伝来派トシ一ヲ新式派或ハ自由派トス、即チ一ハ古式ニ範ヲ採リ、勉メテ之ニ模擬シ、特ニ新案ヲ求メサルモノ、他ノ一ハ専ラ旧套ヲ脱シ、競フテ新案ヲ求メ、特ニ今代ノ式ヲ立テント欲スルモノ是ナリ。此二派共ニ相拮抗スルト雖モ粧装美術協会カ年々成功ノ緒ヲ開キシ以来斯道ノ好事家ハ専ラ「アール・ヌーヴォー」又ハ「スチール・ヌーヴォー」トイイ即チ所謂新式ヲ喜フノ傾向ヲ現セリ」（農商務省 1902:406）。

51 「昨年の巴里大博覧会で欧羅巴に往た人々が、欧州に於ける新式意匠の流行を一方に見、又日本美術の意匠考案ハシカゴ博覧会以来少しも進歩しないといふ評判と他方に聞て、深く意匠の必要を感じて帰朝した結果である、遅れているけれども兎に角我美術工藝界の為に悦ばしき現象である。…〔中略〕…。我美術工藝の一大欠点ハ科学の応用を閑却して居る間意匠の進歩といふことハ到底望まれない、…〔中略〕…、意匠の範囲ハ単に装飾のみでない、殊に工藝に於てハ装飾の外にも実用。経費。時間といふものを意匠の中に加へなければ真の意匠と言へない筈である、…〔中略〕…、それにどうしても科学の力を借らなければならぬ、言ひ換えればバ美術工藝と化学工藝を調和させなければならぬのであるが、我国に於てハ遺憾ながら此点が余程欠けて居る、我意匠が少しも進歩しないといふ巴里博覧会での評判ハ、多く此欠点に基因して居ると断言しても誤ハない程である」（読売新聞 1901b）。

52 「意匠」という言葉についても、同様の意味づけが生じ始めた。「意匠家も萬屋でハいけない、学問も各種の文化になって各々専門に研究するから進歩するやうなもので、意匠も一々分業にしなくてハ可けない、…〔中略〕…。意匠ハ況して実用といふことを忘るべからざるもの、否寧ろ実用を主としなければならぬ、意匠と云ふものハ只々装飾一方のものハ無い、実用上にも便益なもので無ければバならぬ、如何に美観を呈したものでも、実用に不適当なものハ上乗の意匠でハ無い」（読売新聞 1901c）。

53 （日野 1995）より再引用。

54 日本図案会は福地復一らの呼びかけに応じて集まった五五名が発起人となって一九〇一（明治三四）年に設立され、月例研究会を中心に活動しながら、一九〇二（明治三五）年五月と一九〇三（明治三六）年一〇月には「日本図案会展覧会」を開催し、その後に自然消滅したと言われる（日野 1995）。大日本図案協会は東京工業学校工業図案科の入学者と教員で結成された工業図案会を母胎として、一九〇一（明治三四）年に改称した集まりである（賛成会員八五名、正会員八九名）。総則第五條によれば、「意匠圖案ノ製作及審査」、「意匠圖案ノ展覧会」、「意匠圖案ノ応需」、「内外意匠圖案上ノ諸調査」、「雑誌ノ刊行」などが活動内容であり、なかでも会員誌『図案』は一九〇一（明治三四）年に第一号を刊行し、一九〇六（明治三九）年の第三六号まで続き、第二〇号までは復刻版（フジミ書房、二〇〇〇年）が刊行されている。

55 「本協会（引用者註：大日本図案協会）は教授の学生に対する象、角張りたり、図案会は道楽者の遊び仕事に似て圛きなり。本協会は地方会員を増す是れ雑誌あればなり、図案会は京中会員多し是れ研究会あるが為。本協会は質素なるをもて得たりとす、図案会はお祭主義をもて派手なり。本協会は世に有益がる、図案会は時に風流がる。本協会は事務所を上野公園花月亭に、図案会は常解錠を日本橋際常磐木に」（又仙 1903）。

56　この時期においては、まだ「デザイン」という言葉をそれとして論じる形にはなっていない。というか、図案、意匠、考案、デザインと並置する形でしか説明したことにならない言葉として登場している。但し、一八八八（明治二一）年の意匠条例制定に至る過程で、意匠とデザインは同義で理解しようとしていたことも史料から確認できる。「意匠条例ハ新法ニ係リ事物ノ進歩上必要ニシテ、即チ英語ノ「デザイン」ナルモノナリ」（天貝 2008:346）。

57　同様の区別は、新聞でも展開されている。「圖案は決して或る一種の施行に投げる為め（ママ）のみでハ無く、工藝品としてハ実用上最も便利で最も形が優美で、尤も製作が容易で随つて工作費も少額なもので無ければバならぬ、圖案ハ決して美術家のみの勢力範囲でハ無い却って美術的なものより実用工藝品に大必要がある」（読売新聞 1901d）。

58　一九〇六（明治三九）年に両社は合併して、「芸艸堂」となる。

59　津田青楓と神坂雪佳の事実関係については、先行研究に多くを学ばせてもらっている（土田 2004:2006）（藤井 2006:2008）（松原 2010）。

60　だからこそか、神坂は『滑稽図案』（一九〇三年）というカリカチュアをわざわざ刊行し、彼流の図案の描き方で偽悪的にアール・ヌーボーをなぞり返したりもした。

61　こうした自己語りは、一九一四（大正三）年七月二九日と三〇日に『読売新聞』に掲載された小宮豊隆から津田青楓への「圖案の藝術化」でも反復されている。「然し圖案を藝術化すると云ふことは同時に圖案を自己の表現とすると云ふことである。丁度小説家が小説を書く様に、画家が画を描く様に音楽家が音楽を奏する様に、自己に与へられた個性の影を宿すべき機関として、君等が圖案に対する様にならなければ――換言すれば、君等の内生活が圖案によって活かされる様にならなければ、圖案の藝術化と云ふことも究竟の意味を充たさないことになるであらう」（読売新聞 1914）。

62　ここでの「主体語り」や「技術語り」とは、第一章で述べた「まとまりをもった状態」のことを意味する。

63　（小室 1907a:1907b:1909）、（島田 1909）、（森田 1910）、（原 1911）ほか。また、これらより早いものとしては「近頃圖案の声が高くなったのみでなく、実業家ハ益々圖案の必要を認め、随って其の発達を希望するので圖案専門家ハ大に時を得て種々の考案或い著述に従事して居るものが多い」（『読売新聞』一九〇二（明治三五）年九月二日）として紹介された、神坂雪佳の『海路』（京都芝草堂、一九〇二年）などがある。

64 この他には、一八八七（明治二〇）年創立の石川県立工業高校、一八八四（明治一七）年創立の富山県立工芸学校、一八九八（明治三一）年創立の香川県立工芸学校、一九〇二（明治三五）年創立の京都高等工芸学校が挙げられる。

65 「図案者ハ概ネ製造ノ技術ニ暗ク原料ノ性質ヲ知ラサルカ故ニ往々製品ノ用途ヲ謝リ意匠ノ犠牲トナルモノナキニアラス加エ我国ノ工業漸次工場組織ニ推移スルト共ニ同種多数ノ物品ヲ製出スルノ必要ニ迫ルヘキヲ以テ同一ノ図案ヲ他種ノ製品ニ応用セントスルハ随テ生スヘキ必然ノ結果タラサルヲ得ス是ニ於テ乎各種製品ノ技術ニ通シ及原料ノ性質ヲモ明ニシ兼テ是等製品ノ裏面ニ於ケル学理ニモ暗カラサル図案家ヲ要スルハ工業ノ上進ニ伴フ当然ノ教ナルヲ以テ図案家養成ニハ実地ノ作業ヲ附課セサルヘカラス本校各教科ニハ実ニ専門ノ工場ヲ有シ実技ノ練習ニ便ヲ欠カサルカ故ニ工業図案科ヲ新設シ其需要ニ応センコトヲ期セリ」（「学校長報告」『東京工業学校一覧』明治三二・三三年、pp.98-99）。

66 他の例として、東京工業学校における工業図案科の設置理由は以下の通り。「現今の実業上に就いて観察すれば、大に意匠圖案を要するものが多いので、圖案家の供給は非常に夥しいのです。処がその圖案家は何人であるかと云ふと、専門家は実に少い（ママ）、古来から専門に圖案意匠を遣つて居たものを数へると、少し極端に云へば紋屋と陶磁器の書付位で、而もこれ等の仕事は多く舊套を墨守して、決して斬新なものは出来ないのです。又全体で云はば装飾品には少し圖案を施したものもあるが、日用品には殆んど無しと云っても好い位です。維新以後殊に近年は工業が発達し、取り分け大規模の器械的発達が著しいから、一つの圖案で大多数の物品を製作する必要が起りました、…〔中略〕…、若し圖案意匠が拙劣で製作品の販路が無いと、沢山な損失を蒙らねばならぬ、これに反し圖案意匠が優て居て、社会の嗜好に適し、販路が多ければ大に利することが出来るであろう、これに依て考へて見ると、圖案の必要とその責任は、工業上に取って非常に重大なものであるのです」（手嶋 1901）。

67 パリ万博が開催された一九〇〇（明治三三）年の第一回世界図画教育会議を踏まえて設立されたものである（緒方 1978a）。

68 「今回ノ東京勧業博覧会ニ当校ヨリ出品セル工業圖按科ノ成蹟中圖按教順ヲ示セル額張一面アリ全校ヲ通セル一般ノ説明書ハ各自観覧者ノ任意ニ持去リ得ルヤウニセルモ工業圖按科出品物ニ付詳細ノ説明ヲナサヾリシヲ以テ実業教育並ニ普通教育ニ従事シ圖画若シクハ圖按ノ教授ニ盡粋セラルヽ諸君ヨリ直接又ハ間接ニ尋ネラレタルコト少カラズ其度毎ニ同一ノ事項ヲ繰返ヘシ説示スルノ盤錯ヲ避クルト同時ニ又同一ノ疑問ヲ有スル諸君ノ参考ニ供センカ為ニ茲ニ其概要ヲ述ブベシ」（小室 1907a）。

69 秋田生まれ。父・秀俊は秋田における狩野派の画家として知られ、幼少の頃から日本画の素養を身につけていた。秋田県尋常師範学校を卒業後、県内の小学校に勤務していたが、一八九七（明治三〇）年に県費留学生として、東京工業学校附属工業教員養成所の一期生となる。卒業後は東京高等工業学校工業図案科の助教授に任命され、一九〇八（明治四一）年に愛知県立工業高校工業図案科に転出。東京に居た時は、大日本図案協会の会員誌『圖按』に寄稿していたが、愛知に異動してからは深田藤三郎（愛知県立工業高校工業図案科の一期生）と親交を結び、深田図案研究所から図案に関する指導書や翻訳書を出版していた（緒方 2007）。主な著作として、『圖按法講義』（元元堂書房、一九〇七年）、『おだまき』（芸艸堂、一九〇七年）、『一般圖按法』（丸善、一九〇九年）など。

70 「模様を自分で構成するということは、写生以上に困難であった。…（中略）…。このように図案図案との声はあるが、どうしてよいのか解らなくて大いに困り、迷っているとき、明治四〇年（一九〇七）三月、東京で勧業博覧会が開かれ、東京高等工芸学校の工業図案科の出品の中に、図案教授の順序を示した一面の額張りがあった。これは実業教育や普通教育で図案を指導する方法を明示したもので、多大な啓蒙的な役割をはたした。これを同年七月八日、京都の芸艸堂から、『おだまき』と称する図案書として発行した。…（中略）…。この書は図案教授の夜明けを告げるような意味を持つものであった。小室信蔵は、この高等工芸学校の工業図案科の案を根幹として、図案法の講義を、東京府教育会の依嘱によって講述し、その講本を出版し、更にそれを訂正し補筆して、一九〇九（明治四二）年三月五日、丸善株式会社から『一般圖按法』（菊版、三九〇頁）を出版した。この小室の一般図案法で示した学習システムが、長くわが国普通教育における図案教育に影響を与えた」（山形 1967）。

71 「凡ソ人間ノ為ニスヘキ事業ニハ必ス皆一定ノ法則ナクンハアラサルナリ…（中略）…況ンヤ人間必要ノ器物製造ノ如キ何ソ一定ノ法則ナキヲ得ンヤ概スルニ法ヲ知ルモノヲ粋人ト云ヒ法ヲ知ラサルモノヲ素人ト云フ欧米ノ工芸ハ皆夫々ニ専門学アリ分業術アリ故ニ其額ヲ修メ其術ヲ学ヒ初テ一個工人ノ資格ヲ備フルモノトス但シ我邦ニハ古来未タ此学術ナク又読ムヘキ書類モアラサレハ今俄ニ欧米ノ如クナラシメン事ヲ望ムニアラサレトモ事々物々相競フテ開明ニ進ムノ今日ナレハ河瀬君ノ美術論ト同シク工芸上ニモ最モ必要ナル学問丈ヘ少々ニテモ応用スル事ニ致シタク思フナリ」（納富 1886）。

72 「C. Armstrong-Cusack's Free hand Ornament.
W. Crane-The Bases of Design (1902).
W. Crane-Line and Form (1904).
L. F. Day - Pattern and Design (1903).

C. Dresser - Principles of Decorative Design.
F. G. Jackson - A. B. C. of Drawing and Design.
F. G. Jackson - Lessons on Decorative Design (1900).
F. G. Jackson - Theory and practice of Design (1894).
H. Cadness - Decorative Bruch-work and Elementary Design.
H. Mayeux - A. Manual of Decorative Composition.
C. Martel - Principles of Ornamental Forms.
J. Ward - The principles of Ornament (1896).
J. Ward - Progressive Design for Students (1902).
Batchelder - The principles of Design (1904).
Rhead - The principles of Design (1905).
A. Blunck - Die Formenlehre (1906).」。

73
「緒論
第一章　緊要なる諸原則
　第一節　變化と統一
　第二節　均齊と平衡
　第三節　適合と連續
　第四節　安固と釣合
　第五節　眞行草三態
　　附　畫山水賦
第二章　描法論
　第六節　白描法附點網法
　第七節　没骨描法

第三章　圖按資料
第八節　人爲資料
第九節　自然資料
〔一〕植物資料・國花・花語・月花
〔二〕動物資料
〔三〕天象資料
第四章　資料看取
第十節　資料看取
第五章　便化法
第十一節　便化法
〔甲〕寫實的便化法
〔乙〕寫想的便化法・片身替模様・入替模様
第六章　平面模様組織法
第十二節　適合及華紋
直立状・輻射状・巴繪状・雜・區分法
第十三節　二方連續
散點状・斜行状・波線状
第十四節　四方連續
〔上〕散點模様・規則的・不規則的
〔下〕連綴模様・方形連續・菱形連續・階段連續・立桶状連續
第十五節　重模様
第七章　建築附屬の裝飾大要
第十六節　建築附屬の裝飾大要

床・壁・天井・窓・入口
第八章　器物形状組成法
第十七節　側面區劃の釣合
第十八節　基本形状
第十九節　原形概論
第二十節　原形組成及各部の釣合
第二十一節　量の律及器形作法
第九章　用途と形状
第二十二節　用途と形状
第十章　器體各部概論
第二十三節　器體各部概論
第二十四節　各部形状の統一
第十一章　器體各部の装飾
第二十五節　器體各部の装飾
第十二章　意匠論
第二十六節　意匠論
附録　圖按浄寫手續」。

74 小室信蔵の場合、大日本図案協会の会員誌『圖按』（第一八号から第二〇号、一九〇三年）において「通俗図案法」を発表し、一九〇五（明治三八）年九月には東京府教育会が主催する図案講習会の講師を委嘱され、そこで講述したものを『図案法講義』として刊行している。興味深いことに、『図案法講義』の章構成はF.G. Jacksonの「Lessons on Decorative Design」（一九〇〇年）にほぼ対応させられていたことが指摘されている（緒方 1978a）。その緒方によると、「『一般図案法』は『図案法講義』より色彩の項を抜き、新たに美的形式原理・建築装飾・器物の形態論その他を加えたもの」である。

75 なお、こうしたなかで小室の議論の固有性は「便化法」の強調にあり、写実的便化法（Realistic Treatment）」と「写想的便化法（Idealistic

Treatment)」の二つに分けて説明している。一つ目の「写実的便化法」とは、自然から看取写生したものを「軽妙に」描き直していくものである。小室は、これを「外廓の大体を描き其中に任意の幾何形象を填充したるもの」、「輪廓の内部を塗沫して、其上に任意の模様を描く」ものとして捉えている（小室 1909:161-167）。二つ目の「写想的便化法」とは、自然から看取写生したものを「基」として、「有心故造的に伸縮し、補綴して」描いていくものである。小室はこれを、「看取図を主とせず」、「資料の特性を簡約に写想的に便化をなせるもの」として捉えている（小室 1909:169-170）。なお、このように考える小室には、次のようなことが前提されていた。「自然物は其草木たるとに論なく、吾人に多大の感動を与へ、暗示を与ふ。感興は意匠の全部に関し、暗示は構造に関すること多し。既に述べたる諸原則皆此自然か示せる形態構造を研究して得たるに外ならさるなり。而して又自然は物象表出の為に、必要なる練習の資料を提出して、多くの便益を与ふ。形状を記憶し任意随処に描出し得る能力を得んが為に、此資料を看取するに当り、正しく之を描写するは、最重要にして且つ有益なることなり」（小室 1909:155-156）。

76 その見取り図としては、（日野 1994）が詳しい。

77 石川県出身。一八八七（明治二〇）年に納富介次郎が設立した金沢区工業学校美術工藝部陶芸科に入学したものの中途退学して、一八八九（明治二二）年に東京美術学校絵画科に入学。卒業後は、東京工業学校付設工業教員養成所に図画担当の助教授として着任し、一九〇二（明治三五）年には東京美術学校図案科の主任教授に着任し、一九三二（昭和七）年まで在職した。

78 その冒頭で「普通の絵画を研究すると違ひ、又絵画の話を聴くと違ひまして、どうも此の圖案と云ふものは、純粋美術と比較して、応用のことでありますから、或は趣味のない、面白味のないことが多いかも知れませぬけれども」と断りを入れることで、先の区別をなぞり返している（島田 1909:5）。

79 ここでも、「森羅万象を資料として能く自らなる個性を表顕し創意的意匠を表示しなければならない」、「新しい圖案者はまづ（ママ）自然に対する真摯なる研究を忘れてはならない」というように（松岡 1917）、美術との区別を前提にした上で、結局は美術と同じような訓練をすべきであると語っている。

80 これについては、二次資料を事実判定の根拠とした。「事実明治のデザイン啓蒙運動が対象とした陶磁器、漆器、金属器などの伝統産業は、明治政府の内国博、共進会など一連の勧業施策にもかかわらず、一部を除いて明治期を通じ工場制工業に移行することが出来ず、零細企業としてとり残される運命をたどっている。近代工業化の波に乗り遅れた伝統産業に代って、デザインに活動の場を提供したのは印刷産業であった。一九〇七（明治四〇）年開催の東京勧業博においては従来の内国博にはない試みとして図案を美術より独立させ、更にその中を第二二類建築図案、第二三類美術工芸図案、第二四類広告・表紙・レッテル・絵画書等の図案に類別しているが、特に第二四類が設けられたことは、印刷における機械化が進み、印刷がデザイン活動の分野として大きな位置を占めるに至ったことを物語っている」（緒方 1978b）。そして、この東京勧業博覧会に出品した東京高等工芸学校の工業図案科の成果物が、小室信蔵の『おだまき』（芸艸堂、一九〇七年）として出版されることになる。

81 なおここでの主張は、翌日の「第五回博覧會の審査方針」、翌々日の「圖案大共進會を開くべし」という論説へと続いていく。というか、一九〇〇年代の『読売新聞』は紙面に「図案界」という覧を設けるなど、積極的に図案に関する数多く記事を掲載している。

82 例えば、一九〇一（明治三四）年には報知新聞社が「意匠広告部」を設け、一九〇四（明治三七）年一月三日には大阪朝日新聞社が広告主に「意匠」を競わせる奨励広告を出すなど、広告における図案が新聞という印刷物において注目されるような動きも、ここになって目立つようになったのである。

第三章　〈広告制作者〉の起源

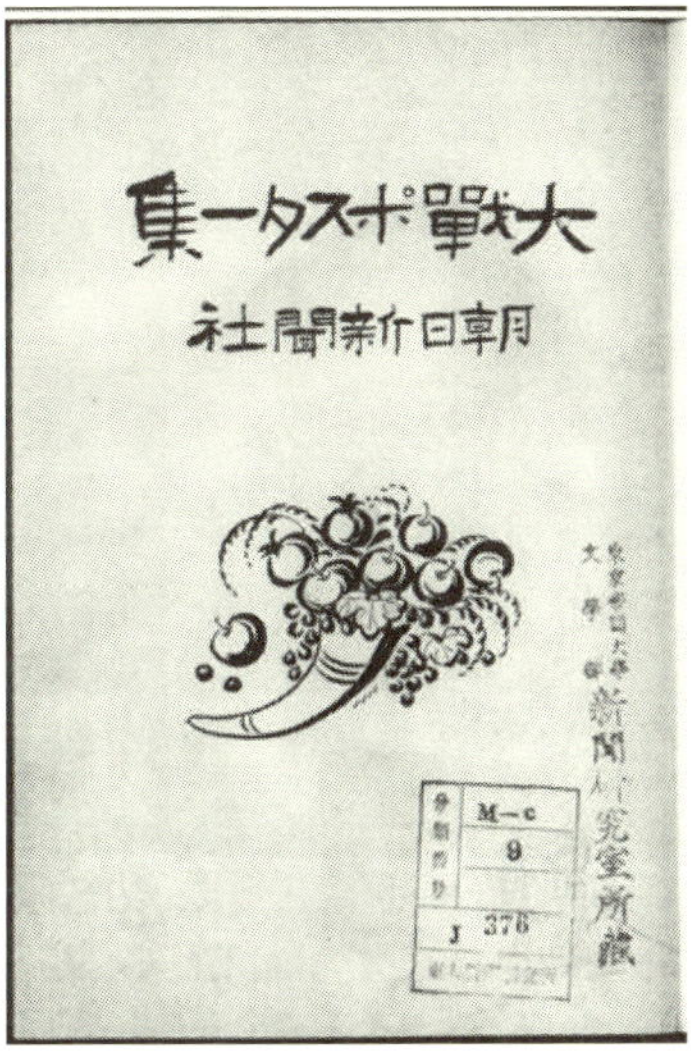

『大戰ポスター集』（朝日新聞社、一九二一年、全国各地で開催されたポスター展の図録）

藤澤龍雄「圖案家組合の設立を望む」『廣告界』（商店界社、一九二六年三月号）

一　広告の全面展開と図案家の揺らぎ

物として存在していたことと、それが語りの対象になることは、時間的に一致しているわけではない。にもかかわらず、物が語りの対象になることによって、物が語られていなかった時のことが当然のように語られ始め、物がいつから語りの対象になったのかということ自体が見えにくくなってしまう。広告やデザインの歴史もその例外ではなく、事実と記述のこうした緊張関係をどこかですり抜けてしまうというか、そう述べたところであまり問題にはならない、制作物という独特の説明方法を持っている。語りがなくても、物があれば、それなりに説明ができてしまい、またその積み重ねが、そのようにしか語れないかのような効果を生み出していくのである。

それでは、このような記述の在り方に注意しながら資料を見つめ直した時、そこでは何がいかに達成されていたのであろうか。以下では、図案を語ることが広告を語ることになり始めていく明治末期から大正期の史料に注目し、本研究なりの記述を試みていくことにしたい。

新聞読者の増加と広告活動の拡大

さて、明治期に工芸との組み合わせにおいて語られ始めた図案は、複製技術として大量生産が可能になってきた印刷と出会うことで、別様の展開を示し始めた。具体的には、図案を語る文脈が工芸から印刷へと移動し始め、その分だけ、図案と広告との組み合わせが浮上したのである。そして、広告という印刷物においてこそ、工芸図案では至ることのなかった気づきが生じることになるのだが、まずはその広告が当時においてどのような動きを示していたのかを確認しておこう。

明治末期から大正期にかけて、広告はそれまでとは異なる意味を持ち始めるようになった。なかでも、新聞広告は急成長し、新聞にとって広告は不可欠な要素となったのである。例えば、政論が中心の大新聞と庶民向け記事が中心の小新聞が接近していく過程で、「中立」や「不偏不党」を掲げた新聞はより多くの読者を求めて販売競争を進めるようになった。また、一八九七（明治三〇）年前後には四ページを一時間に一〇〇〇部程度だった印刷技術は、一九〇六（明治三九）年には四ページを一時間で二五〇〇〇部程度になり[1]、一九二二（大正一一）年には一時間で七二〇〇〇部から八〇〇〇〇部程度にまで大量複製できるようになった[2]。さらに、重工業の発達に伴う都市部への人口流入は、女子も含めた義務教育の普及や中産階級の形成を促し、それらが新聞読者の増加に寄与することにもなった。こうした展開を踏まえ、日露戦争（一九〇四〜一九〇五）から第一次世界大戦（一九一四〜一九一八）の間で新聞の媒体価値は急上昇し、広告は新聞社の収入の約四割を支える要素になったのである[3]。

より具体的に言えば、新聞紙面を埋め尽くすように次々と広告が出稿され始め、いかに与えられたスペースを上手く使うのかという問題意識が生じるようにもなったのである。例えば、一九〇一（明治三四）年には報知新聞社に「意匠広告部」が設置され、また、一九〇四（明治三七）年一月三日には『大阪朝日新聞』が広告主に「意匠」を競わせた奨励広告を掲載している。以下は、その募集で述べられた文言である。

「一、奨励広告は本年より新に添付する日曜付録の記事中、特に目立つべき部分に挿入す。広告依託者は十分に斬新巧妙なる意匠を競はるべし。

二、日曜付録掲載の広告依託者に対しては、三箇月毎に其意匠如何を査定し、面白き趣向を凝して人目を惹きたる最優等の広告主へは、其商品商号姓名等記入の美麗なる金属製金看板及金時計を贈与す。

三、奨励広告は一回分堅二寸六分、横三寸の大きさとし、掲載料を金十五円と定む」[4]。

広告は新聞において「特に目立つべき部分に挿入」され始め、そこで「斬新巧妙なる意匠」が競われる。そして、「面白き趣向を凝して人目を惹きたる」ものこそ、新聞に望ましい広告として評価されるというわけである。つまり、新聞にとって広告は不可欠な要素になってきたからこそ、それをより良く活用することが新聞社と広告主の課題となり、そこで、人目を惹く「意匠」[5]の活用が語られるようになったのである。

このような動きを踏まえ、広告代理業の萬年社[6]は一九〇四（明治三七）年二月二〇日に「広告意匠係」を新設している。また、『東京朝日新聞』は一九〇九（明治四二）年八月六日から一九一三（大正二）年二月一四日まで、毎月一回「意匠廣告当選」欄を設け、「雑報欄内挿入の廣告中審査の結果意匠優等のもの」を紹介し続けた。さらに大正期には、企業そのものが広告用の意匠や図案を新聞読者から募集して（図版①）、その結果も新聞広告で発表するようになった[7]（図版②③）。つまり、明治末期から大正期にかけての意匠や図案は新聞広告において展開されるようになっただけでなく、そこで人材の再生産も行われるような自律性を持ち始めたのである。

もちろん、当時の広告は新聞広告に限らない広がりを持っていた。例えば、一九〇六（明治三九）年の『大阪朝日新聞』において全ページ広告を年間三一回も出稿していた仁丹という売薬会社は、野立看板や町名札、電柱広告にイルミネーションなどをあらゆる場所で展開し、広く知られることとなった[8]。また、一九〇九（明治四二）年に発売された味の素という調味料は、その従来とは異なる新しさを知ってもらうために、新聞広告に限らず、パンフレット、店頭広告、看板、電柱広告、イルミネーション、車内広告、見本瓶の配布といった、あらゆる手段を尽くしたと言われる[9]。さらに、大正期には婦人雑誌[10]や総合雑誌[11]の売り上げが伸び、昭和初頭には円本ブームが起こるなど、出版広告はこれまでになく成長した。新聞読者を増加させた都市部への人口流入は、農村とは異なる生活様式の開発を進め、そのことが様々な商品市場の拡大を招き、都市部において広告が全面展開されるようになったのである。

③ ② ①

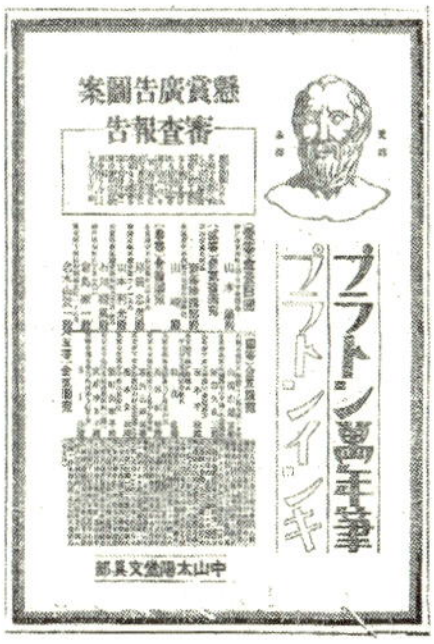

図版①：「仁丹新聞広告図案懸賞募集」『東京朝日新聞』一九一三（大正二）年八月二五日。

図版②：中山太陽堂・プラトンインキ・プラトン万年筆「新聞雑誌廣告図案懸賞募集」『東京朝日新聞』一九二〇（大正九）年七月八日。

図版③：中山太陽堂・プラトンインキ・プラトン万年筆「懸賞廣告圖案審査報告」『東京朝日新聞』一九二〇（大正九）年一〇月二八日。

企業と図案家

このような経緯から、大企業では図案や意匠の制作担当者が必要になってきた。早い例で言えば、一九〇四（明治三七）年に「デパートメントストア」宣言をした三越呉服店は、[12]一九〇八（明治四一）年に杉浦非水（一八七六〜一九六五）を専属の嘱託として雇い、一九〇九（明治四二）年には「図案部」を設置している。[13]また、大正期には、一九一三（大正二）年にライオン歯磨本舗の広告部、一九一四（大正三）年に森永製菓の広告部、一九一六（大正五）年に資生堂の意匠部、一九一七（大正六）年に平尾賛平商店の広告部、一九一八（大正七）年に福助足袋の文案部と図案部、一九一九（大正八）年に寿屋に宣伝部というように担当部署の設置が続いた。つまり、企業の広告活動が今までになく活発になったことで、図案制作を職業にしていく途が拓けてきたのである。

とはいえ、このような企業広告における図案制作が素直に受け入れられたのかと言えば、そんなに単純ではない。工芸において図案を描いていたからこそ、広告においても図案を描けてしまうわけだが、まさにそれゆえに、独特の理解が生まれてくるのであった。例えば、白木屋という百貨店で勤務することになったある図案家[14]は、その初日に「門出に」という随筆を『讀賣新聞』（一九二三（大正一二）年一二月一一日、一二日、一三日）に寄稿せずにはいられなかったようである。

「あれほどきらひな百貨店へ私が入るといふことは、…〔中略〕…、それは妙な巡り合せと云ふことであろう結果からなつてしまつたのです。此大災（引用者註：関東大震災）以来私はかなり考へ苦しんだ。それはお互に作家として今後如何にすべきかの問題からであった。私は山へでも入つて制作三昧に入らうか郷里に行かうか、それとも現状のまゝ居ようかと思ってみたけれどもどれも私の心持にぴつしやりしない。…〔中略〕…。それから私は十字街上に立つて肉体労働から始めようと思つたのです。が、とても此の病気がち私には灰かきは三日とはつゞかないのは知れてゐますので、何か工藝のことでと思つて見ました。さう考へてゐるうちに今度の白木屋の話が浮いて來たのです。…〔中略〕…。それは私がいづれの部にも属さすに社長直属として自由にいづれの商品に手をつけてもよいとのことです。此のことが私の心を一番動かしたのです。それは現今まで日本の百貨店として何れにもある圖案部が直接に商品に手をつけさせなかつたのと、我々作家の作品が店に現れる機会がなかつたことです。…〔中略〕…。我々の圖案と工藝が初めて十字街頭に立つて広く社会と握手が出來るときが来たのです」（藤井 1923）。

ここで重要なのは、このような言い訳をすること自体に意味が見出されている点である。つまり、工藝図案を描いていたにもかかわらず、百貨店の図案部で働くということは、わざわざ説明が必要なことと考えられているのだ。だからこそ、「いづれの部にも属さすに社長直属として自由にいづれの商品に手をつけてもよい」と言われたことを持ち出し、「作家」としての矜持を保とうとしてしまう。要するに、百貨店の図案部は自分の思うように仕事をさせてくれないと想定されているからこそ、そうではないお話をわざわざ持ち出すことに意味があるとされ、百貨店の図案部にいながらも作家的に仕事をさせてもらえるという独特の理解を生み出しているのである。

しかし、このような理解だからこそ、図案はそれとして語ることができず、作家に従属することになる。図案を作家的に制作してもよいということは、その分だけ図案の固有性が見えにくくなり、図案家そのものを積極的に語るには至れないのである。要するに、図案は広告に接近するようになったのだが、それゆえに、わざわざ言い訳をしなくてはならないような仕事として意味づけられていた。図案家は「作家」ではないという、否定的な言及に留まっていたのである。

ここまでをまとめよう。明治期に工芸との組み合わせにおいて語られ始めた図案は、次第に新聞広告といった印刷の文脈でも語られるようになった。そして、都市部において広告活動が盛んになっていく過程で、企業は意匠や図案の担当者を雇い始めたのだが、図案家として働くこと自体への意味づけは揺らいでいたというか、未だ積極的には語り得なかった。図案や意匠を語ることは広告を語ることに近接するようにはなったのだが、まだ固有の意味付けはされていなかったのである。

二　大戦ポスターと美人画

デザイン史における「ポスター」

さて、上述した新聞広告とは別に、明治末期から大正期にかけての印刷技術が劇的に向上したことにも注意が必要である。というのも、江戸末期に持ち込まれた石版印刷術は明治中期から後期にかけて実用化され始め、やがて大正期にはアルミニウムや鉛といった金属版による技術開発を経て、印刷物を高速に大量生産できるようになったからである。[15]

このような複製技術としての印刷を前提として、当時の企業によって制作された「美人画」や「ポスター」を配置していくことは、現在に至るまでのデザイン史の定型句となっている。[16]それは例えば、「三越はデザイン史上に燦然と輝く豪華絢爛たる石版ポスターの黄金期を築き上げた」（中井 1991:136）として、その前後に制作物の図像をなるべく多く並置していくような記述に代表される。制作物を重視するデザイン史は、このようにして物の集積となり、またそのようにしか記述できないかのような効果を生み出すのである。

しかし、ここで当時の史料に目を配ってみると、そこで制作されていたものは「美人画」でも「ポスター」でもなかったことに気がつく。[17]先の記述と対応させれば、一九一一（明治四四）年に三越呉服店が[18]三一七点のなかから一等を与えた橋口五葉（一八八〇〜一九二一）の「此美人」やその翌年に三八一点のなかから一等を与えられた平岡権八郎（一八八三〜一九四三）の「上代美人」は、そもそも「懸賞廣告画」及び「廣告畫圖案」（エビラづあん）として募集されたものなのであった。[19]

つまり、ここには遡及的な読み込みが生じている可能性がある。[20]物としての存在と、それが記述の対象になり始めたことは区別可能なのだが、どういうわけかその差異が塗りつぶされているのだ。そこで、以下では図案が「ポスター」と呼ばれるようになっていくまでを確認し、また、「ポスター」として語られることになって初めて生じた意味についても述べていくことにしよう。

史的記述が生み出した「美人画」

そこで、先のようなデザイン史的な記述を解除して史料を見つめ直すと、「ポスター」という言葉が一般的に用いられるようになったのは一九二〇年代になってからだと言えそうである。もちろん、それまでにも「ポスター」を語る研究者はいたし（井關 1914）、「ポスター」を名乗る広告関係の展覧会も開催されていた。しかし、その数が圧倒的に増えるのは、一九一九（大正八）年から一九二一（大正一〇）年にかけてなのである。[21]

こうした展開のなか、一九二一（大正一〇）年に朝日新聞社や讀賣新聞社によって開催された「大戦ポスター展」は「ポスター」という言葉の普及に大きな役割を果たしたと言えよう。第一次世界大戦におけるイギリス・アメリカ・ドイツ・フランスの戦時ポスターを約六〇〇〇収集したこの展覧会は、五月から一一月にかけて合計三一会場を巡回し[22]、かなりの盛況を呈した結果として[23]、一七〇種の図版と一〇本の講演・論文・感想を収録した『大戦ポスター集』（朝日新聞社、一九二一年）を刊行している。また、小説家の幸田露伴（一八六七〜一九四七）らが顧問を務めた民衆文化雑誌『國粹』（國粹出版社）は、一九二一（大正一〇）年一〇月号で「ポスターと標語の研究」という特集を組み[25]、論文や随筆一一本を掲載している。[26]

ここで興味深いのは、ポスターが単なる鑑賞の対象というよりも、語られるべき対象に設定されている点である。しかし、それはポスターの制作者によってではなく、鑑賞者によってである。大戦ポスターそのものが輸入品だったという性格もあるが、『大戦ポスター集』や『國粹』の執筆者に図案家は含まれず、陸軍少将（河野恒吉）、小説家（内田魯庵）、心理学研究者（菅原教造）、広告研究者（中川静）、新聞記者（内海幽水、渡邊誠吾、重徳泗水、杉村楚人冠）、東京美術学校講師（齋藤佳三）、農民芸術運動の画家（山本鼎）、百貨店広告部の担当者（松宮三郎）などが原稿を寄せていた。つまり、ポスターは軍事やアカデミズム、消費文化からジャーナリズムまで、多様な立場からの語りを誘発したのである。

そして、ここで注目すべきは、このような展開において過去を振り返るような記述が登場した点である。つまり、一九一〇年代半ばから一九二〇年代になって「ポスター」を語らなくてはならないという問題意識が生まれたからこそ、その新しさを強調するために、否定されるべき過去を整え上げるような史的記述が生まれたのである。[27]そして、こうした動きの効果として、「美人画」という捉え方が生み出されていくようになる。[28]

「展覧会、殊に少数団体の小展覧会のポスターには往々趣味の極めて豊かなものがあるが、多数を目的としない道楽本位のポスターはポスターであつて実はポスターで無い。ポスターに非ざるポスターである。ポスターの本義は多数人に対する発表又は声明であつて、其の藝術的形式は多数人の共通趣味を要件とする。狭隘なる範囲の鑑賞を目的とするものでも無く、又少数好事家の蒐集の為めにするものでも無い。上記の如きポスターに非ざるポスターは畢竟小さな書斎で鑑賞するものであつて、街頭に掲示されて行人の足を留める力のあるものでは無い。…〔中略〕…。一番金を掛けたものは汽船会社や鉄道会社や呉服店や化粧品商のであるが、概して此の頃の女の雑誌の表紙の引伸ばしのやうな浮世絵式の美人畫であつて、畫家の頭の無いのを証明し過ぎてゐる。数年前、三越の懸賞に当選した橋口五葉の今様美人、平岡権八郎の天平美人のポスターも亦此等の類に属してゐるので、無用の煩瑣な粧飾に余計な手数を掛けた外には何等の創意の無いものであつた」（内田 1921）。

「ポスター」は「ポスターに非ざるポスター」と区別されることによって、その「本義」が特定される。それは、「多数人」を対象としており、「少数蒐集家」のために制作されるのではない。だからこそ、ポスターは「街頭に掲示されて行人の足を留める力」が必要とされ、「小さな書斎で鑑賞するもの」とは異なる。このような区別に基づき、三越などによる「美人畫」が特定され、かつ古きものとして一括りに否定され、ポスターの新しさが肯定されていくのである。

要するに、かつて「図案」として制作された橋口や平岡の提出物が「ポスター」と呼ばれるためには、史的な整理を踏まえた新旧の区別が必要であり、そうした操作によって事後的に生み出されたのが「美人画」という捉え方なのである。[29] なかったことがあったことになり始めるというか、このような史的記述が可能になってきたことで、特に名指されていたわけではなかった物の見え方が変わってくるのである。物に照準するデザイン史はこうした理解を前提とするので、どうしても「美人画」から「ポスター」へという時系列的な配置をしてしまう。しかし、記述された順番としては「ポスター」から「美人画」へといった逆さまの配置であり、[30] そのような史的記述がここになって可能になり始めたということ自体が歴史として書かれるべきことなのである。[31]

心理学的記述と無視されるポスター

ところで、このようにしてまで美人画とは区別したいという動きは、ポスターに固有の意味を与えることになったという点で重要である。例えば、上の引用においてポスターは「多数人」を対象にして「街頭に掲示されて行人の足を留める力」を持たなくてはならないとされたが、これと同様の主張は美人画を否定していた他の論者においてもなされていた。ある者は「甚残念ではあるが廣告の目的を徹底させるまで人間に働きかけてゐるものは一枚もなかった」（齋藤 1921）と語り、またある者は「画的効果を第一とすべきであり、必要の文字も出來るだけ簡潔にされて画とぴつたり合はねばなりますまい」（山本 1921）と語り、さらに別の者は「宣傳とは、多数人の征服法である。換言すれば群衆心理の操縦法である」（河野 1921）とまで言い切っている。

つまり、「美人画」という否定的な参照項を作り出してまで区別されたポスターは、少数ではなく多数の人間に働きかける確実な効果を伴った動員術でなくてはならないと理解され始め、それが工芸図案の時とは異なる意味での技術語りを紡ぎ上げるようになったのである。このようにして、「ポスターは、今までのやうに、単に「街路の絵画展覧会」とか、「無産者の画堂」とか云ふやうな、定連や定着客のきまらない散漫な団体暗示的な民衆藝術の綽名では済まなくなった」と考える心理学者は、次のようにも語ったのであった。

「ポスターの画面が、出来る丈け了解され易い、出来るだけ強い、しかも藝術的な印象を狙ふとすれば、形の配列や色の関係を、出来る丈け単化して、且つ目立つやうに装飾的に組織して、此処に一定の様式を作り出す事が、必要となって来る。これが即ちポスター様式でありますす」（菅原 1921）。

ポスターはなるべく多くの人々に「了解」され、「強い」「印象」を与えるものでなくてはならない。そのためには、「形の配列や色」に注意して、「目立つ」ような「単化」を用いて、まとめていく必要がある。このように印刷図案に特化した形で意味付けられた技術語りにおいて、美人画と区別されるポスターは「刺戟としてのポスター」（菅原 1921）と呼ばれ、目的や効果に照準した刺激－反応モデルの心理学的実践でなくてはならなかったのである。

また、そのように理解され始めたからこそ、大戦ポスター展の告知においては、「宣傳には耳の宣傳あり目の宣傳あり、各一長一短を免れないが最も直截簡明に当面の問題を象徴して、一瞥の下に観者の趣味性に喰ひ込み肉躍り骨動くの感を抱かせるものはポースター（ビラ）の宣傳に越すものはない」（東京朝日新聞 1921）というように、ちらりとしか見ない人々の注意を強引にでも惹きつけるものとしてポスターが語られたのである。[32]

しかしながら、このようなポスターの固有性に照準した意味づけも、素直に受け取られたわけではない。例えば、大戦ポスター展において同時に展示されていた「日本内地のポスターは総じて意匠や画材にまだまだ研究の余地はあるが広大な会場を一順して相当に疲れた人々の眼を休め気分を休める材料として美しく、おだやかである所から始終その前には群衆が山を築いた」（大阪朝日新聞 1921）というように、なんとか注意を惹こうとする大戦ポスターとは対照的に、既存の日本のポスターは観覧者の目の癒しとして機能し、独特の安心感を与えていたようである。

また、この当時から人々は広告を真面目に見ていたとも言い切れず、基本的には無視してしまうものでもあった。例えば、「ポスターと標語の研究」が特集された『國粋』（國粋出版社、一九二一（大正一〇）年一〇月号）には「宣傳を無視する国民」という短文と挿絵があり、「宣傳を有効ならしむ可く、「煙草は御遠慮下さい」と態と（ママ）、御客を紳士扱ひにして効果如何にと鉄道省では眺めて居る御遠慮下さいなら遠慮しなくつたつて構はなからうと、皮肉の上の又皮肉に宣傳ビラの其下でスパリスパリ紫の煙を吐く、すね者もあり」といった姿を紹介している（図版④）。宣伝はそれ自体で「これは宣伝である」という意味内容を持っているために、宣伝の個別性を無視されて人々に受容されていたのである。

※図版④：「宣傳を無視する國民」『國粋』（國粋出版社、一九二一（大正一〇）年一〇月号）。

要するに、広告やポスターはもはや素直に見られていないということが、それらを制作する者たちの前提になっていたのである。またそうだからこそ、時には美人画で癒されてしまうような人びとの散漫な視線を、なんとか惹きつけようとする技術語りが生じた。史的記述を伴った美人画の否定と、それによるポスターの心理学的な意味づけは、このような言葉の運動として生まれたのである。そして、このような意味づけこそ、絵画や純粋美術との素朴な区別でしかなかった工芸図案とは異なり、ポスターとも呼ばれるようになった印刷における図案そのものを積極的に語っていく基盤となったのである。

三　杉浦非水と七人社

デザイン史における杉浦非水

ここまでを確認しておこう。まず、企業活動が活発になったことに伴う広告の全面展開は、工芸に限らない図案の在り方を示すようになった。そこで、図案を語ることは広告を語ることに接近していくようになったが、固有の意味づけを語るには至らなかった。また、こうした動きと並行して印刷技術の発達が新聞広告ではない広告図案の制作を促すようにもなった。とりわけ、一九二〇年代までに「ポスター」という印刷物が西洋から紹介されたことに伴い、それまでの広告図案が「美人画」と一括りに否定されると同時に、美人画とは区別されるポスター固有の意味づけが登場したのである。つまり、工芸から自律し始めた図案は、広告という印刷物において活動の場を得るようになり、さらにポスターとの出会いによって、芸術との区別を積極的に語れるようになってきたのである。

とはいえ、いわゆるデザイン史においては、こうした意味付けをめぐる試行錯誤が見えにくい。「美人画」から「ポスター」へという記述は、一九一〇年代半ばから大戦ポスターまでに生じた言葉の運動を等閑視したまま、制作物の配置に専念するのである。そして、その積み重ねはそのようにしか記述できないかのような理解を伴い、事後的に制作者を特定しやすい制作物の配置から、その当時を代表するような語りを生み出していくのである。

「わが国初期の商業美術にいちじるしい影響を与えたものは、三越のポスターであるが、初期の美人画の絵看板を切り換えて、近代的な西欧的な図案への一歩を踏み出し、三越の広告に独創的なキャラクターをつくりあげたのは、杉浦非水氏であった。一九一四（大正三）年、第七回児童博の時につくった『エンゼル』と題する三越ポスターや、日本橋『新館落成』の時のものなど氏の評価を決定的なものにしたばかりでなく、当時の図案界に与えた刺激は大きく、商業美術史の第一ページを飾る貴重な作品であろう。…〔中略〕…。氏は先駆者の一人として、わが国の図案、商業美術の近代化につくした功績は大きく、昭和二九年度芸術院恩賜賞受賞者となったことは、国がこの方面で氏の功労を認めたものとして意義深いものがある」（山名 1956）。

杉浦非水（一八五六〜一九六五）は、このような記述にうってつけの存在である。というのも、一九〇八（明治四一）年に三越呉服店に招かれ、その翌年からは図案部の主任を務め、一九三四（昭和九）年まで勤務したというように、制作物として残されている「美人画」から「ポスター」へという時系列的な配置を綺麗になぞっているからである。だからこそ、ここでは一九一四（大正三）年に制作された『エンゼル』や『新館落成』が持ち出され、それらが突然に「商業美術史の第一ページを飾る貴重な作品」とされ、さらには「先駆者の一人」として書かれていくのである。

もちろん、こうした記述自体が問題なのではない。しかし、このように書かれてしまうことが、これ以上書いていくことの無意味さを保証するものではないはずである。つまり、事象にとって記述は事後的にしか生じ得ないからこそ、その事象をどのように書き取っているのかという点についての注意が必要なのだ。その意味で、ここでは制作物を配置すれば、まるでデザイン史を書き始められるような理解が、杉浦非水といううってつけの存在によって生じているということに注意を促しておきたい。ある事象があるやり方で記述されるようになって初めて、その事象に対する理解の仕方に変化が生まれ、またその変化が、さらなる記述の部分的最適化を要求していくようになるのである。[33]

史的記述と技術語りの循環

それでは、このような記述を解除して当時の資料を眺めた時、そこでは何がどのように起きているのだろうか。制作物の配置に専念するデザイン史は、一九二二（大正一一）年から一九二四（大正一三）年までフランスへ遊学していた杉浦が翌年に「七人社」という団体を結成し、その会員たちが一九二五（大正一四）年には三越（東京・日本橋）で「第一回創作ポスター展覧会」を開催し、さらに一九二七（昭和二）年七月から一九三〇（昭和五）年七月までは『アフィッシュ』（全一四冊）という七人社の機関誌を刊行していたことを確認する程度に留まり、[35]それ以上のことは制作物によって語らせようとしている。しかし、当時の資料にもう少し目を配ると、物の配置には還元できないような言葉の分厚さというか、先行して語られてきたことの反復が見えてくる。[36]

「此美人ポスターが民衆の或る範囲には大いなる廣告の効果を挙げて居るのは事実であるが、吾々としてはどうも賛成が出來ない。斯う云つたポスターを御拵へになるのは御自由であるが、私達は最早その御相談に乗るには余りに時代が進み過ぎて来て仕舞った。私の如き老人さへそんな考を持つほどだから、あの若いポスター画家達が美人ポスターを毛嫌ひするのは当然な訳である。だが私は唯ポスターから美人を除外せよとは言はぬ、要はその廣告するものに対して、密接なる、或は暗示的なる内容的の物を言ひ得るものでなければならぬ。日本の所謂美人ポスターなるものは、此廣告の内容と美人とが何等の関係もない、唯単なる観者の色情本能に訴へた遊蕩的興味ばかりな劣等な考の下に並べられた女優や藝者の死せる肖像であるばかりである」(杉浦 1927)。

人びとにそれなりに受け入れられている「美人ポスター」は「どうも賛成できない」。なぜなら、その「廣告の内容と美人とが何等の関係もない」からであり、また、「その廣告するものに対して、密接なる、或は暗示的なる内容的の物を言ひ得るものでなければならぬ」からである。つまり、ポスターにおいては意味内容と伝達形式が有意味な連関を持つべきであるとここでは理解されており、そうした視座から美人画は批判されているのである。

なお、このような語りは杉浦に限らず、七人社周辺で頻出していた。[37] また、その会員の枠を超えて感想を尋ねまわるような議題にもなっていた。[38] ポスターを肯定するために美人画という括り方を持ち出し、またそうした見方を前提にして、美人画からポスターへという順番を描くというやり方は、一九一〇年代半ばから大戦ポスター展にかけて登場した史的記述だと先に確認したが、そのこと自体が杉浦たちによっても反復され始めたので、制作物を重視するデザイン史的な記述には都合のよい根拠になってしまうのである。

また、このように美人画が否定されるからこそ、先と同じようなポスターの技術語りも展開されていく。

「廣告畫の使命は、観者を牽きつけると云ふことが第一の目的であること。尚且つ個人的でなく、衆俗的であらねばならぬ為に、純藝術の如く其作者の印象や信念を伝へさへすれば、他に何等の欲望もないのとは、其行方は大分違つて居ます。ポスターも一つの藝術と見る可きは当然ですが、然かしこれは何もの、掣肘も拘束をも受けない自由藝術ではない。即ち、ポスターの様式は、刺激的であり刹那的であることが、多くの場合有効なことは拒まれない事実であります。従つて其線の配置や色の強弱やが、単化され強烈に若しくは刺激的にあらねばならぬことが、自然必要と成つて来ます」（杉浦 1926）。

広告は「観者を牽きつける」必要があるので、「純藝術の如く其作者の印象や信念」を伝えるものとは異なる。そのように制作したくなる「自由藝術」とポスターは異なり、ポスターは「刺激的であり刹那的」でなくてはならない。だからこそ、「其線の配置や色の強弱」が重要となり、「単化され強烈に若しくは刺激的」であることが求められるというわけだが、こうした語り口は大戦ポスターによって登場した技術語りを綺麗になぞっているのである。そして、このようなポスターの技術語りも、七人社周辺では広く共有された語り口であった。[39] 美人画という括り方を持ち出すことで区別されたポスターは、その固有性を積極的に語るために、刺激に定位した心理学を参照することでもっともらしさを得ていくのであった。逆に言えば、心理学的にポスターを意味づけることがそれなりの説明力を持つと考えられるようになったからこそ、それに安心して美人画を否定できるようになった。要するに、美人画そのものに意味付けは不在であり、心理学を参照できるポスターの登場によって初めて、それらを時系列的に配置した理解が可能になった。史的記述によって、技術語りがそれなりに意味を持つようになり、またそのこと自体が、史的記述をそれなりに理解可能にしていくのである。

「美人画」論争と「哲学」の不在

とはいえ、このような美人画とポスターの区別も、みんなが同じように理解したわけではない。例えば、化粧品店の意匠部と広告部を任されていたある者は「元来私は一画家として育って来た人間」なので、「今以って圖案の眞諦なるものを握むことは出来ずにゐる。あるひは生涯解らずに了るのではないかと思ってゐる」と告白し、さらに「こゝに一小新聞廣告とかポスターとかゞ有るとしても那処がい、のやら解らない場合が多い」とまで述べているように（高木 1927）、決して単純化できないような動きが含まれている。

また、美人画については、それが否定されるようになって初めて、より活発に語られるようになったとすら言える。

「読者よ、しばらく僕の情痴を宥して欲しい事である。…（中略）…。本誌（引用者註：『アフィッシュ』）の創刊号だった、読者よ、多くの斯界の識者は、多く左のような答をして居る。「私は、美人畫ポスターを排します、」其の答へは恐らく、異口同音に発せられたと云ってもよいでらう。そして私は、御苦労にも、どうかして、其の答と、全然反対な答をしてくれる人は居はしないかと、さがし求めた事だった。「私は、美人畫ポスターに、両手を挙げて賛成いたします、そして、其の発達を祈つて止まないものであります」と、声高からに云ひきる人を求めたが駄目だつた。…（中略）…。「美人畫ポスター」の多くが、何故に、多く世の中に存在するか、？（ママ）同時に何故にポスターに美人を配するかその原因を的確に求めたならば、恐らく筆者乃至、廣告家は云ふにちがひない。「それは、多くの人々の要求が其所にあるからだ、」と。しかも、何故、人々の要求が其の一致するか、？（ママ）それを考へた時に、読者よ、！（ママ）「美人畫ポスター」が軽々しく排斥するに価するものでは無い事に気が付かれはしないだらうか、…（中略）…、美人畫ポスター賞賛！　僕は、多くの人々の異論があるかも知れないが、それを敢へて云ひ度い」（鈴木 1927）。

みんなが口を揃えて「美人畫ポスターを排します」と言うからこそ、その逆である「美人畫ポスターに、両手を挙げて賛成」という声を探したくなる。そして、なぜ美人画がなくならないかと言えば、それは広告研究者がポスターを肯定するのと同じように、「多くの人々の要求が其所にあるから」なのである。このようにして、ポスターを肯定するために持ち出された否定的参照項としての美人画は、ポスターを肯定するのと同じやり方によって肯定されるようにもなる。ある事象があるやり方で記述されるようになって初めて、その事象に対する理解に変化が生まれるのだが、その変化はさらなる記述の仕方に再考を促すようにもなるのだ。

しかし、このような豊穣な語りにおいても、図案家やポスター画家そのものへの記述は少ないというか、積極的にはなされていない。明治末期から図案帖が刊行されるようになり、図案の技術は語られるようになってきたのだが、それ自体は画家と同じ訓練を要求していたので、それ以上の語りを生み出す契機と成り得なかったのである。また、大正期に入ってポスターの固有性が心理学的に語られるようにはなったが、それは史的記述と技術語りの循環を描いたのであり、それがそのまま主体語りを導いたわけではない。そのためか、技術語りとは別の次元での自覚を求めるような声が広告研究者から出たりもしたが[40]、そのことを自分自身で紡ぎ上げるには至っていないのである。というか、企業の広告活動が盛んになり、図案制作がそれなりに職業として成立するようになってきたゆえに、別なる「気づき」が生じたとも言える。

「特に、今日の圖案の運動は、生活建築の先駆を成すべき立場でありながら、事実は常に生活に引摺られ、資本主義に駆使される外に圖案家自らの立場を発揚した例しかない。全く資本主義に操られてるのを知って、敢然自らを救つた人を聴かない。圖案家が職工根性に投げ込まれ、資本主義を超ゆる弾力に欠けてるのは淋しい。…〔中略〕…。吾等のポスターは、吾等の哲学を持たねばならない、哲学のないポスターは、資本主義の走狗に過ぎない。…〔中略〕…。圖案家が、藝術哲学の前に、そして自分自らの生活の前に、それから資本主義の前に解放されること」（渡邊 1926）。

図案家として働くことは、「資本主義に操られてる」ことである。また、それゆえに「生活に引摺られ」、「圖案家自らの立場」が積極的には示されない。だからこそ、図案やポスターには「哲学」が必要であり、「資本主義」からの「解放」が必要だというわけである。しかし、どのような「哲学」が必要で、どうすれば「解放」されるのかについては積極的には語られていない。要するに、職業理念の誕生には、もうあと一声必要なのである。

四　商業美術家の誕生

商業美術家協会と濱田増治

ここまでを簡単に整理すると、ポスターの登場はそれと区別されるべき美人画という史的記述を生み出したと同時に、それを心理学的に捉える技術語りも生み出すようになったと言える。またその結果として、芸術との区別を消極的にしか語ることのできなかった図案は、心理学を前提にした広告に接近できるようになった。しかし、このように語り始めたからこそ、今度は資本主義に馴致されているのではないかという別なる「気づき」が生じるようにもなってきたのである。そこで以下では、この気づきに対してどのような意味づけが生じたのかという点に注意して、本研究の記述を進めていくことにしたい。

さて、大正期半ばまでポスターなどの印刷技術は「描き版」が中心であり、原画の再現性は「製版画工」の腕にかかっていた。[41]だからこそ、ポスターに製版者の印が埋め込まれるようなこともあったのだが、一九一九（大正八）年に導入されたＨＢプロセスという写真応用の多色平版印刷は、[42]このような制作物に対する原画制作者と製版画工の関係を変えていくことになった。つまり、「依頼者——原稿作製者↑↓印刷者」という関係から「依頼者↑↓原稿作製者──印刷者」という関係になり始めたのである。[43]

このようにして、制作物の仕上がりを決定できる者の位置は「印刷者」から「原稿作製者」に移動し始め、今までは特に語ってこなかったことを当たり前のように語れてしまう技術的な条件が大正末期には整うようになった。「組合」や「団結」といった労働者の言葉が生み出されたのも、このような条件と先に確認した「気づき」が出会うようになってからのことである。

「工藝作家乃至圖案家の組合が現代の日本に無いことが不思議である。一体どうして今までそれが出来なかつたのだらう。…（中略）…。今日の圖案界はあまりに外に弱い、そしてあまりに内に冷たい。なぜだろう。それは団結による力がないからだ、熱がないからだ。どうしても団結が必要である、組合が出来なければならない──対外政策の為に、相互扶助の為に。そうだ私共は微力ながら、その提唱だけでもある。たとへ工藝作家協会とまで行かずとも、圖案家協会と纒まらずとも、単に商業圖案家組合だけでもよい──それが完成の第一歩であるもの。世の圖案家諸君に告げる。私共も幸こゝに或便宜を与へられた。それはこの「廣告界」の発刊である。理解さる社の後援で私共はこれら為しとげられる時を待ちたい。世の心ある作家は寄つてもらひたい。そして私共生活の力を得やうぢゃないか」（藤澤 1926）。

ここで「圖案家」の「団結」による「組合」は、『廣告界』という雑誌の創刊とともに語られている。[44] いわゆるデザイン史は、この『廣告界』の刊行とほぼ同時に「商業美術家協会」という団体が結成され、またその会員たち[45]が一九二六（昭和元）年九月に「商業美術家協会展」を東京丸ビルの丸菱呉服店で開催し、さらに一九二八（昭和三）年から一九三〇（昭和四）にかけて『現代商業美術全集』（全二四巻、アルス）を刊行したという事実を簡単に確認する程度に留まることが多い。[46] 先に述べた七人社との対応でいえば、制作物が配置されることも極めて少ないのである。[47]

しかし、このような記述を解除して、その当時の史料を見つめ直すと、このような記述には還元できないような言葉の分厚さというか、むしろこれまでにはなかった主体語り――「我等の自覚」「我等の使命」「我等の位置」――が全面展開されていることがわかる。

「商業美術には、其黎明が来たのである。御互が醒めなければならぬ時が来た。今日迄商業美術が外の美術に比して低い位置に置かれたこと、賤しめられたこと、そして作者自らも卑屈であつたことは商業美術の使命に対して大きな不覚であつた。商業美術家は醒めなければならない。そしてその藝術の目的を適確に掴まなければならぬ。商業美術家自身、決して自らの仕事を卑しめてはならない。商業美術の職分は当然純正美術工藝美術と並び立つ水平線上にあることを悟らなければならぬ」（濱田 1926）。

「◇純正美術及び工藝美術（現在の一品製作の贅沢品たる）は享楽の美術である。故に彼等の内に盛られるものは、其最も多くがブルジョアジイであり、アリストクラチックであり而して贅沢である。◇現代多数者の生活には彼等の存在は甚だ微弱であり狭小である。◇商業美術は、印刷に、建築に、照明に造型に、あらゆる文明の形式を利用して最も多数者に話しかけようとする藝術である。故に我々は現代大衆の友として存在するのである」（濱田 1926）。

「我々は今や醒めた。而して我々の使命と位置を考へるとき、商業美術は明かに他の諸藝術の水平線と同じくせられなければならぬことを悟つた。◇商業美術はあらゆる科学と形式を取り入れる。美術の様式に於いてはいづれのイズムをも消化する。而して其創造精神を最も重視することは其効果を必然ならしめる上から見て、この美術ほど大なるものはない。而も一貫した目的の上にたつ。目的の藝術、手段の藝術として、商業美術は正に確立されなければならない」（濱田 1926）。

これは、一九二六（大正一五）年四月に起草された「商業美術家協会設立趣意」である。それによると、「商業美術」は他の美術に比べて「低い位置に置かれ」、「賤しめられ」、「作者自らも卑屈であつたこと」が問題であり、「純正美術工藝美術」と「水平線上にあること」に覚醒した存在こそ、「商業美術家」であるという。また、「純正美術」や「工藝美術」は少数の「ブルジョアジイ」を対象にした「享楽の美術」であるのに対して、商業美術は「あらゆる文明の形式を利用して最も多数者に話しかけようとする」のであり、その意味で商業美術家は「大衆の友」であるともいう。さらに、そのような前提を持つからこそ、商業美術は「あらゆる科学と形式を取り入れ」、「いづれのイズムをも消化する」のであり、その特徴は「目的の藝術、手段の藝術」という点にあるというわけである。

ここには、今までにない言葉が登場している。そして、純正美術と商業美術の区別はブルジョアを対象にしているかどうかという点で判定され、そこから大衆と共にあるのが商業美術家であるという展開を示していく。これまでのように科学的手段や目的志向を強調するだけではなく、その前提に階級闘争の語り口を持ち込み[48]、それによって主体語りを紡ぎ上げているのだ。その意味で、ここでは「商業美術」だけでなく、「商業美術家」そのものが語られている。「大衆の友」として「目的」に照準した制作をする「商業美術家」にとって、「ブルジョア」のために「享楽」的な制作をしてしまう芸術家は闘うべき相手なのである。

馴れ合い的な主体語りと技術語りの反復

とはいえ、このような階級闘争的な主体語りはそもそも資本主義を否定できない商業美術家と共存可能なのかという論理的な難点を孕み[49]、また、その主張も商業美術家協会のなかでは局所的であり、主宰者である濱田増治

（一八九二〜一九三八）に限られたものであった。その濱田曰く、「茲に自分はブルジョア対プロレタリアの言葉を用ひるの故に、自分の所論が今日の政治争闘（ママ）的、乃至階級闘争的意味にとつて、一種の恐怖を感ずる人があるかも知れない」（濱田 1930b）というように、自分の主張が浮いていたことを認めている。しかし、それゆえに商業美術家をめぐる議論は引き延ばされたというか、批判はその点に集中する形で展開されるようにもなった。

「俺の仕事がプチブルのデイレツタントでもなんでもいゝ。お殿様藝でもいゝ。俺れは俺れのいゝと思ふ絵を描いて行くのだ。描く為に一生懸命努力する。あいつ見たいに、やたらにプロレタリアイデオロギーを看板にして大向ふに迎合しようナンテ云ふ野心はない。そいつらはジヤアナリストだ。そいつらは作家としての教養のたりなさを流行の理論に依つてゴマかそうとする卑怯者であり野心家だ」（野村 1930a）。

「マルクスがどこの誰れだつてかまやしない。それプロレタリヤイデオロギーの確立だ、それブルジョアの下から美を醜に代へ、それ大衆の為の美の広野へ猛進せよ、とか何んとかわかつた様な顔をして宣傳大いに努めるのだ。…〔中略〕…。自体商業美術なんて、誰がくつつけた名前だか知らないけど、うまく考へたもんだよ、商業美術ぢやあなくて商業イビツなんだ」（野村 1930b）。

ここには、ある種の馴れ合いがある。つまり、階級闘争を持ち出した主体語りには一応反発しているのだが、その一方で商業美術家を語っていくこと自体は否定しない。むしろ、こうしたやり取りは同人的な愉しみでもあり、またそうだからこそ、「純正美術に対する商業美術確立運動に、幾多の苦闘を続けつゝも直よく今日までその闘志を持ちこたへて来た商業美術協会の努力はその理論の正誤、その実行の可否はさておいて買つてやらねばなるまい。…〔中略〕…。その運動はヂアナリステイクであつても、氏の活動は目醒しいものではなかつたか。…〔中略〕…。

兎角、更正した商業美術協会の今後の進展を期待する」といった裏返しの評価すらあった（野村 1929）。要するに、階級闘争の語り口はどうであれ、『現代商業美術全集』（全二四巻）に結晶していく商業美術家協会の言論活動によって、商業美術や商業美術家を語る言葉は膨らむようになったのである。

そして、このような展開のなかで、これまでと同じような技術語りがさらに反復されるようになる。

「現代を代表する最大の相はスピードである。……〔中略〕……。商業美術は其処で、このスピード時代に於いて、最も端的に直截に、強力に印象的に人人（ママ）をキャッチするものが最も時代的な表現だと云ひ得ることになつたのである。商業美術が最も強烈な刺激的特性を持つに至つたのは即ち時代のよつて然らしむる処である。商業美術に於ける刺激（注意喚起）の創造は今日極めて重大である。……〔中略〕……。現代はスピードの時代であると共に、単化を主張する時代である。スピードのある生活に適合するには単化的手段が必要であることは、これは極めて合理的であつて、必然である。……〔中略〕……。自動車に乗つた人、汽車から人々の視覚に納られんとする廣告物は複雑な表現手段を効果あるものとしない。街衢にしても、今日の人々は甚だ忙しく其足並はかなりに早いものである。この場合に於いて、複雑な内容の吟味や、複雑な味について、それに耽つてゐる閑はない。其処には、最も直感的に訴へられる表現がなければ効果を期すことは出来ない」（濱田 1930c）。

「スピード」と呼ばれるように、人々の生活が加速度的になってきたからこそ、「強力に印象的に人人をキャッチする」必要がある。そこで「単化」という方法が強調され、もはや広告をゆっくりとは見てくれない「人々の視覚」をなんとか捕らえようとする。こうした意味で、商業美術には「刺激（注意喚起）の創造」が重要であり、それによって「直感的に訴へ」なければ、「効果」が期待できないというわけである。

つまり、階級闘争を経由した主体語りを除けば、商業美術は大戦ポスター以来の議論を反復している。また、商業美術家協会周辺においてもそのことに大きな違いはなく、[50]さらに、そうした技術語りはポスターに限らず新聞広告においても展開されるようになった。[51]要するに、商業美術はその主体において階級闘争的に語られるようになったが、その技術においては心理学的に語られ続けたのである。

なお、これまでに激しく否定されてきた「美人画」への意味づけは微妙に変わり始めるようにもなった。というより、目的に合わせてなら、それが選択されても構わないというような意味づけも出て来た。[52]ポスターを肯定するために持ち出された否定的参照項としての美人画は、ポスターと同じやり方によって肯定されるような動きを見せてきたのである。先にも述べたことだが、史的記述によって技術語りがそれなりに意味を持つようになり、またそのこと自体が史的記述をそれなりに理解させると同時に、さらに新しい意味付けが可能になっていくのである。

「商業美術家」の論理構成

それでは、このように語られ始めた「商業美術家」とは、いかなる意味で重要なのか。確かに、この主体語りはその階級闘争的な語り口から、多くの人に納得されたとは言い難い。しかし、当時の史料に目を配ると、こうした理解のされ方に回収されないような議論が組み立てられていることもわかる。それを端的に言えば、美学における主体と心理学における主体の意味づけの差異である。例えば、それは以下のような区別でなされている。

「純美術の場合では、対象に作者の感激をかけて作品が創出されるものであり、この作品は観衆の鑑賞力によつて、観衆の感激に迄達せられるのである。そして観衆は其感激、即ち作品の美を透して、作者の感じた対象の美を感得し、対象と作者との間に創り出された藝術的価値といふものを感嘆するのである。ところが、商業美術の場合では、作者は最初から無対象である。作者は、目的に対して、作者自身の技術をかける。其目的を如何にすれば十分な効果として収め得られるかといふために、観衆の感激を起すに足るべき価値を先づ創造しようとする。即ち目的を感激化すべき努力するのである」（濱田 1930:81-82）。

ここで「純美術」は、その作者の「感激」とその鑑賞者の「感激」とが対になっており、鑑賞者は「作品の美」を通じて「作者の感じた対象の美」を感得し、その組み合わせにおいて「藝術的価値」に到達するとされている。これに対して「商業美術」は商業美術家の「技術」とその鑑賞者の「感激」とが対になっており、商業美術家は「目的」を設定して「十分な効果」を挙げなくてはならないことになっている。

つまり、美術における作者はその制作物を鑑賞してもらうことで作者と鑑賞者の内密的交流に辿り着くことが想定されているが、商業美術家はその制作物を鑑賞してもらうことで制作物の目的に辿り着いてもらうことが想定されているのである。制作物と制作者を一致させるのが美術における作者（芸術家）とされる一方で、そのような一致にこだわることなく、成果を挙げればよいというのが商業美術家なのである。そしてそれゆえに、広告制作は次のようにも意味付けられることになる。

「（引用者註：商業美術の）作家は冷静を要求する。作家は古純正美術家の様に自ら興奮してはならない。飽く迄も冷静に緻密な技師の立場を守らねばならぬのである。…〔中略〕…。商業美術では、たとへば新聞廣告の場合一箇の圖模様は、それは其廣告の組織身体の中の一つの要素であるといふ観念を持たねばならぬ。即ち合目的々な観念において、其圖案は、全体の廣告面の形成中、どんな効果を引き起し、或はどんな関係を招来するかといふことを予じめ究めなければならない。何故に其処に線を引くか、それは文字を目立しめるためであるか、或は注意を誘導するためであるか、そこでは決して偶然な気持ちや、偶然の感じ、単に一寸「やつてやれ」といふやうな心持で線を引いてはならないのである。すべてさういふ偶然の感じといふものは機械観の中では排斥される。即ち商業美術は全く工学的な気持で作圖されなければならないのである」（濱田 1930:85-86）。

新聞広告を制作する商業美術家に重要なのは、その「効果」であり、そのために「注意を誘導」することである。だからこそ、「偶然な気持ちや、偶然の感じ」、そして「やってやれ」というような制作は否定され、「冷静」さが要求される。「純正美術家」のように「興奮」してはならない商業美術家の広告制作は、「冷静に緻密な技師の立場」、そして「工学的な気持」で行われなくてはならないというわけである。

ここで、ポスターから商業美術に至るまで、その固有性が心理学的な技術語りによって成立していたことを思い出したい。それはより多数の人々を対象にしながら、ある目的を設定して、それに対する確実な効果を挙げていくための科学的な方法だったわけだが、まさにそれゆえに、誰がやるのかということは問題にならなかった。一九一〇年代から一九二〇年代にかけての心理学を前提にした広告学の隆盛[53]、また各大学における広告研究会や学生団体の設置[54]、そして広告代理業における講演会や講座といった啓蒙活動[55]は、まさに広告を「科学」として捉えようとしていたからこそ、特定の主体に依存することなく、誰でも似たように語れたのである。つまり、技術としての方法が客観的に示されていれば、誰であっても同じような結果が導けるわけであり、またそうだからこそ、誰であっても同じようにポスターから商業美術までの技術語りを反復できたのである。

これらのことを踏まえれば、芸術家と商業美術家における主体としての差異は、その前提にある美学と心理学の差異から理解されていたことになる。つまり、制作物と制作者の一致を目指す芸術家は代替不可能な主体として制作を行う。これに対して、きちんと目的が達成されることが重要である商業美術家においては、制作物と制作者の一致にこだわる必要がないというか、客観的な技術語りがある分だけ、主体の代替可能性が上昇することになる。要するに、制作物と制作者の一致をめざす美学とは別に、制作物と制作者の不一致を心理学の言葉において肯定できてしまえる点こそ、広告制作が「副業」から「本業」になっていく、意味の転換点なのであった。

だからこそ、濱田においては「商業美術には、集合製作も敢て辭せない。商業美術では個人の名は問題ではない。

商業美術では目的だけが問題である。そして其目的はすべて大衆のために企てられる。商業美術はそれ故大量生産であることが目標である」（濱田 1930:79）というように、より多くの人々を対象にした広告制作における主体の代替可能性を明るく肯定していく。また、ある広告心理学者においても、「自己」へのこだわりを捨て「大衆」と共にあることが「廣告作製者」であると語られていくようにもなる。[56]

商業美術家という主体語りは、確かに階級闘争的な語り口から紡ぎ上げられていた。しかし、その技術語りにおいては心理学が走っており、またそれが主体の代替可能性を肯定する科学の言葉だったからこそ、美学とは区別された主体語りを導くことができたのである。制作物を重視するデザイン史においては、杉浦非水といううってつけの存在によって「商業美術」の誕生を語り、またそこから「商業美術家」を逆照射してしまうが、そうした記述を解除してみれば、「商業美術家」は商業美術家協会をとりまく言葉の厚みのなかで語られるようになったのである。そして、そこで展開された制作物と制作者の不一致の肯定こそ、本研究が〈広告制作者〉と呼ぶ職業理念の誕生なのである。

五　職業理念としての〈広告制作者〉

言葉の運動

ここまでをまとめよう。本章は最初に、物として存在していたことと、それが語りの対象になることは時間的に一致しているわけではないということを述べた。つまり、それまで語られていなかったことが、ある時から語りの対象になることによって、かつてから語られていたかのような理解が生じてしまうことを問題にしたのである。そこで、本章はこのような事実と記述の緊張関係に注意しながら、明治末期から大正期にかけての史料に目を配った記述を行い、以下のようなことが明らかになってきた。

まず、明治期に工芸との組み合わせにおいて語られ始めた図案は、次第に新聞広告といった印刷の文脈でも語られるようになった。そして、都市部における広告活動が全面展開していくなか、企業が図案の担当者を雇い始める動きも登場したのだが、雇われる側においては、わざわざ言い訳して引き受けるような意味づけに留まっていた。図案を語ることは広告を語ることに接近するようになったのだが、その態度は芸術に依存しており、またそうだからこそ、固有の主体語りには至れなかったのである。

次に、印刷技術の発展に伴って新聞広告に限らない展開を見せ始めた図案は、ポスターという印刷物が紹介されたことにより、これまでにない語りが生じるようになった。その一つが史的記述であり、これによってそれまでの図案が「美人画」として一括りに否定された。もう一つは技術語りであり、これは史的記述による区別を前提にして、ポスターを心理学において肯定したのである。工芸から自律し始めた図案は、ポスターとの出会いによって、芸術には依存しない積極的な語りを展開できるようになったのである。

続いて、いわゆるデザイン史が杉浦非水を特権的に記述してしまうことを確認し、そうした記述を解除しながら当時の史料に目を配ってみると、そこには美人画を否定する史的記述や、心理学としてのポスターを肯定する技術語りが反復されていたことが確認された。こうした意味付けは芸術とポスターの区別を明確にし、また史的記述が技術語りを促し、そうした技術語りがさらに史的記述を書き換えていくような動きを孕んでいたのである。

そして最後に、図案語りが広告語りに接近した結果として、資本主義に対する気づきが生じ、そのことが主体語りを導くようにもなったことを述べた。商業美術家は階級闘争の言葉によって語られるようになったのだが、その技術語りにおいては心理学が走っており、またそれが主体の代替可能性を肯定する科学の言葉だったからこそ、美学とは区別された主体語りを導くこともできた。制作物と制作者の一致を夢見るのではなく、その不一致を明るく肯定できてしまえるこの商業美術家こそ、〈広告制作者〉という職業理念の誕生だったのである。

本研究のこのような記述において重要なのは、ここまでを「言葉の歴史」として素朴に読み込んでしまわないことである。つまり、制作物を重視するデザイン史を問題にしながら、デザイナーの思想史を書こうとしていると思ってしまったら、それは本研究のやり方とはズレることになる。本研究がここまでに記述してきたのは、図案やポスターや商業美術といった事象がそれ自身においてどのような記述を紡ぎ上げていったのかという、言葉の運動なのである。

第一章で「事象内記述」という言い方をしたが、それは先行する記述から後続する記述がどのように立ち上がっていくのか、その瞬間をなぞり返す記述である。したがって、それはデザイン史という制作物の配置やデザイナーの思想史といった特定の人称に還元されてしまうような記述、さらにはそこに社会思想や経済的要因といった存在の拘束性を外挿的に指摘するものとは異なるものである。ふとしたことで、ある言葉が様々な区別を伴い、また使い勝手の良い言葉をその都度切り貼りしながら、一つの運動体のように動き続けてしまうこと。それを〈広告制作者〉という職業理念において記述するのが、本研究の「やり方」なのである。

広告制作と「書くこと」

最後に広告制作と「書くこと」の関係を簡単に確認しておきたい。本章で述べてきたように、広告そのものは明治初期より存在していたが、広告について語られるようになったのは明治後期から大正期にかけてである。本章ではそれを史的記述や技術語り、そして主体語りと呼んできたが、そのように「書くこと」自体はいかに意味づけられていたのだろうか。デザイン史では殆ど記述されることのない商業美術家協会の濱田増治は、『現代商業美術全集』(全二四巻)の編集を振り返る月報において、次のように記している。

「商業美術の研究は本全集だけの完了を以つて足れりとするものではない。私の考へでは、少くともまだ商業美術大学の必要がある。今日迄の商業美術全集は、たゞ要するにすべてが一般的常識としての概念を人々に知らしめたに過ぎないものである。…〔中略〕…。商業美術の真の体系は、やがて近い将来に完成されるであらう。それについて、本全集が最も真摯な研究家を見出したことは大きなよろこびである。…〔中略〕…、我々は先づそれに商業美術学会を組織しようと思ふ、其第一着手として、先づ商業美術家協会内には第一部指導会員として、これ等の人々の賛成を得た。商業美術全集は終つても、これ等の人々の努力は最も真摯な学的研究を協会の季刊誌によつて行はれるに到るであらう」（濱田 1930e）。

商業美術の研究は「本全集だけの完了を以って足れりとするものではない」ので、「商業美術大学」や「商業美術学会」が必要だという。そして、一九二九（昭和四）年に「商業美術研究所」を開設していた商業美術家協会は、一九三一（昭和五）年に「商業美術新聞」を創刊し始め、濱田においては『商業美術教本』（富山房、一九三一年）、『商業美術精義』（富山房、一九三二年）、『商業美術教科書』（一九三三年）、『商業美術読本』（高陽書院、一九三四年）、『商業美術構成原理』（高陽書院、一九三五年）、『商業美術講座』（全五巻、アトリエ社、一九三七年）と怒濤のように刊行を続けていく。要するに、濱田は書くことをやめられなかったし、その語りは「全集」や「講座」、「教本」や「読本」、「精義」や「原理」といった、「学」の形式が伴う啓蒙的なものであった。[57] 第一章で述べた「まとまりをもった状態」とは、このような学的記述と重なっていくのである。

しかし、そのような動きが生じたがゆえに、書くことを止められない濱田は人びとから浮いていくことにもなる。

「商業美術、わかりきつた事である。一応、文字通りの意義に就いては誰しも解明出来ることであるが、一部日本に於ける商業美術の指導者達の、手前味噌の意識による歪曲から、其正しい規定を客観的につけておく事は無意義ではない」（多摩帝国美術学校圖案科研究室 1936）。

「一部の商業美術家が「理論よりも実際」だと謂ふやうな幼稚な観念論で理論活動に対する回避的な否定を持ちだす作品主義的な態度も結局は彼等の立場の曖昧さと商業美術に対する積極的意欲の欠亡（ママ）に対する合理化の言葉として持ちだされることが多いのである。…〔中略〕…、商業美術理論の確立も先づ我々作家が絵筆を握る傍ら鍬をとつて耕やしてゆかねばならぬものである」（長谷川 1937）。

商業美術は「わかりきつた事」であるにもかかわらず、「一部日本に於ける商業美術の指導者達」が「手前味噌の意識による歪曲」をしてしまっているので、「正しい規定を客観的につけ」ようとする。といっても、素朴に「理論よりも実際」だと言うのではなく、「我々作家が絵筆を握る傍ら鍬をとつて耕やして」いくべきだというわけである。要するに、理論か実践かとは言わないが、実践なくして理論はないという論法によって、濱田のように制作物なき制作者語りは脇に寄せられていくのだ。

広告そのものは明治初期より存在していたが、広告について語られるようになったのは明治後期から大正期にかけてであり、そこでは史的記述や技術語り、そして主体語りが生じた。しかし、広告がこのように語られ始めたからこそ、その語り方自体にもフィードバックが生じ、そもそも語られ始めた時のことが見えにくくなっていくのである。商業美術が「わかりきつた事」になるためには、こうした言葉の運動が欠かせない。そして、このような語り直しが〈広告制作者〉という職業理念のバリエーションをしばらくは提供することになる。

商業美術家に至るまでの言葉の厚みと、それ自体を明るく忘却してしまう物の説得力。こうした事象と記述の緊張関係に注意しながら、次の章ではもう少し時代を進めていくことにしよう。

1 マリノニ式輪転機を改造した、朝日式輪転印刷機の製造による（内川 1976:95）。
2 東京機械製作所の石川式輪転印刷機の製造による（内川 1976:95）。
3 新聞の歴史における基本的なデータは（内川 1976:87-101）を参照した。
4 一九〇三（明治三六）年一二月二〇日の『大阪朝日』社告。（山本 1984:150）より再引用。なお、一九〇四（明治三七）年三月二八日に第一回の当選発表がなされ、タバコの「日の出」「九重繻子」、実業之日本社の『征露画報』が優等受賞している。
5 当時の新聞広告において、「意匠」と「図案」はほぼ同じ意味を与えられているので、そのまま用いる。
6 一八九〇（明治二三）年、高木貞衛（一八五七～一九四〇）によって開業。
7 一九二〇（大正九）年の中山太陽堂の懸賞広告図案には八九四九点の応募があった。
8 （山本・津金澤 1992:133-134）。
9 （内川 1976:117）。
10 例えば、『婦人公論』（一九一九（大正五）年創刊）や『主婦之友』（一九一七（大正七）年創刊）。
11 例えば、『中央公論』（一八九九（明治三二）年に改題）や『改造』（一九一九（大正九）年創刊）。
12 一九〇五（明治三八）年に浜田四郎を採用して、三越の広告活動は本格的になっている。
13 「　圖案部の新設

晩近我邦にても、純正絵画の外、別に圖案の趣味を喜び、且つ必用を感ずる方面の、暫く増加するに反して、其需要に応ずべき処は、個人を別としては、洵に僅少なるより、往々不便を卿たるゝを聞くこと多きが為め、今回当店に於て、従来の意匠係の外に圖案部を新設し、洽く江湖の御註文に依り高雅に失せず、凡俗に流れず、清新にして、しかも奇警なる圖案を製出するの準備を供へたれば、物の軽重を問はず、陸続御用命あらまほし。今其科目を列挙すれば左の如し

書籍、雑誌類の挿画及表紙、カツト
陶磁器、漆器、金銀、銅器、七寶、竹木、牙角類
メダル、紀念章、徽章、商標類
紀念絵葉書、廣告、引札類
メニユー（献立書）、プログラム（番組）

尚ほ此他一切の装飾に関する圖案をなすのみならず、御希望により、実物に調製の御依頼にも応じ申すなり」(『みつこしタイムズ』(第7巻第2号)一九〇九年二月、三〇頁)。(神野 1994:77-78)より再引用。

14 藤井達吉(一八八一〜一九六四)は、愛知県出身。一九〇四(明治三七)年に渡米し、帰国後に美術工芸家として活動を始める。一九二九(昭和四)年には、帝国美術学校図案工芸科の教授に着任している。

15 「ポスターの制作に用いられる多色平版の製版・印刷術に目を向けてみると、この分野の技術革新と工業化にも甚だしいものがあった。江戸時代の末にプロシアからもたらされた石版印刷術は、明治期に本格的に実用化され、ポスター制作に欠かすことのできない技術として瞬く間に普及した。しかし、石版印刷に用いられる石版石は重くて扱いにくかったことから、早くも明治末には軽くて丈夫なアルミニウムや鉛といった金属が平版印刷における版材の主流となった。金属版は耐久性に優れているだけに、一枚の原版で印刷できるポスターの枚数が石版よりもはるかに多く、その特性である薄さと柔軟性は、高速印刷に欠くことのできない輪転機の使用をも可能とした。つまり、金属版の使用開始とその普及によって、わが国のポスターは高速・大量印刷時代に突入したのであり、ポスター需要の拡大に対応する供給体制が技術的にも整備されたと言える」(田島 2006)。

16 このような記述は、一九二〇年代末には定まっていたと言える。「現在の美人畫ポスターの元祖を、三越呉服店の元禄美人を描いたポスターに多くはしてをりますが、ポスター圖案に美人を描いた事は、かやうにその前にも多くあつたのであります。…〔中略〕…。さきにも、ちよつとふれておきましたが、其後、明治三十七八年頃、三越呉服店が元禄美人を描いたポスターを出しました。…〔中略〕…。このポスターが、実際現在のポスター隆盛の第二次的の根源であつた事は、確かな事であらうと思ひます。この頃もまだ世間ではポスターといふ言葉は使用されず、美人畫を使用したものを「美人看板」と云つてゐました。其後このポスターの宣傳効果が、理想的だつたか非常な勢で美人畫のポスターが使用されるやうになり、ポスターと云へば、美人畫を使用しなければ効果がないやうまでに思はれる位になつたのであります。…〔中略〕…。三越呉服店の元禄美人ポスター以来、現在まで、二十余年程の間に、ポスターの発達は製作上に於いて、殊にその使用される事に於いて、圖案に於いては、めざましい発達をとげたと云はなければなりません」(池田 1929)。

17 一九一三(大正二)年には大阪の日本精版印刷合資会社による第一回広告画図案懸賞募集が行われ、北野恒富(一八八〇〜一九四七)による作品が応募総数三一四点のなかから一等を受賞し、その後に「サクラビール」と刷り込まれて配布されている。その北野は受賞の感想を日本精版印刷の営業案内で、次のように述べている。「広告画は純粋の絵画とちがい、時代の好尚人心の趨向に投じてなるべく衆人の注目をひくを主眼としておりますので、吾々が芸術家として自由に思索し努力してこれならばと思う作品が好まれず、個性を没却して甘い俗受けの方がかえって歓迎される傾向があります。…〔中略〕…。広告の将来ですって、種々の面から観察せねばなりませんが、私の希望を申しますなれば時代の変遷・人心の推移からして彩色その他、多少の西洋的趣味を加えるようになりませうが、私はどこまでも日本画によって東洋趣味を鼓吹したいと思います」というように、「ポスター」という言葉は出てこない。なお、原文は（三好 1984）からの再引用である。

18 一九〇九（明治四二）年に図案部を設置した三越呉服店は、二年前の東京勧業博覧会で第一等に入選した岡田三郎助（一八六九～一九三九）の油絵「婦人像」を原画とした「三越呉服店廣告図案」を同年に制作していた。これも「美人画ポスター」として呼ばれることの多いものだが、「廣告図案」である。

19 「懸賞廣告畫の當選」『三越』（第一巻第一号）三越呉服店、一九一一年。

20 日本におけるポスターの歴史に詳しい研究者においても、この点はやや曖昧に指摘されている。例えば、「ポスターがわが国に登場したのは、十九世紀末の明治後期といわれている」と伝聞調であり、「それらは当初「広告画」「広告絵」「絵看板」「張札」等と呼び表され、今日のように「ポスター」もしくは発音に即して「ポースター」と表記されるようになったのは、明治も末になってからのこと」であり、さらに「ポスターが今日のように発音、表記されるようになるのは、大正半ば以降のことである」という（田島 2006）。

21 田島奈都子による調査結果（田島 2006b）から判定している。調査そのものは、一九〇〇（明治三三）年から一九二六（大正一五）年までを対象とし、全部で一八三件の「明治・大正期に開催された広告関係展覧会」がリストアップされている。そのうち、展覧会名に「ポスター」の名前が使われているのは、一九一二（大正元）年に一件、一九一三（大正二）年に一件、一九一五（大正四）年に一件、一九一六（大正五）年に一件、一九一八（大正七）年に一件、一九一九（大正八）年に三件、一九二〇（大正九）年に三件、一九二一（大正一〇）年に五件、一九二二（大正一一）年に六件、一九二三（大正一二）年に六件、一九二四（大正一三）年に七件、一九二五（大正一四）年に八件、一九二六（大正一五）年に九件である。

22 （田島 2006b）。

23 例えば、大阪市庁舎での会期中における『大阪朝日新聞』の記事見出しは次の通り。「情熱に燃ゆる焔と沈痛悲壮の表徴」（一九二一（大正五）年五月二一日）、「驚異の目を輝す四万余の観覧者　第一日に増す大盛況」（一九二一（大正一〇）年五月二二日）、「『沈鬱な深み』の表象　興味を惹いた露國のポスター　明日は特別団体に観覧」（一九二一（大正一〇）年五月二三日）、「入場者七万余人　白堊宮に満ちた小国民」（一九二一（大正一〇）年五月二四日）、「白熱的に歓迎された世界大戦ポスター展覧も残すところ一日となつた」（一九二一（大正一〇）年五月二五日）、「凡てに満足を以て迎へられ大盛況に終了を告た」（一九二一（大正一〇）年五月二六日）。また、東京の朝日新聞社での会期中における『東京朝日新聞』の記事見出しは次の通り。「ポスター展覧会の初日大盛況　後藤市長や松田勅参　写生する熱心家もある　午前中既に二千人」（一九二一（大正一〇）年六月一七日）、「ポスター展覧会日延べ　二十、二十一両日を団体観覧日とす　観覧希望の方多数につき右の如く会期を延長す」（一九二一（大正一〇）年六月一八日）、「雨傘の行列　雨も厭はず来観　蜂須賀侯其他の名士も」（一九二一（大正一〇）年六月一九日）、「数回満員の掲示　軍人学生の団体から支那教育家まで殺到　女学生は写生迄する熱心」（一九二一（大正一〇）年六月一九日）、「ポスター展　愈今明日　昨日曜の盛況　旅先から駆け付けた入澤博士」（一九二一（大正一〇）年六月二〇日）、「団体デー賑ふ　学生、警官、会社員　将官や博士連の参観」（一九二一（大正一〇）年六月二〇日夕刊）、「ポスター展覧会盛況　愈本日限り　空前の催しに参観者絶えず」（一九二一（大正一〇）年六月二一日）。

24 執筆者と題目は、次の通り。河野恒吉「宣傳に関する予の研究」、内田魯庵「ポスター概説」、菅原教造「刺激としてのポスター」、中川静「ポスター其他の廣告媒体に関する史的観察」、内海幽水「大戦ポースターの蒐集から展覧会を開くまで」、齋藤佳三「ポスター展覧会印象記」、渡邊誠吾「米国の戦時ポスター」、重徳泗水「戦時の巴里で観たポスター」、杉村楚人冠「開戦当時の英国のポスター」。

25 前号に掲載された予告は、次の通り。「いまや宣傳の時である。政府はその意志を宣傳に據つて国民に傳へやうとし、商人は多数の顧客を得やうと努力する。宣傳の必要は言うまでもなく広く一般的に知らさうとするにある。世界戦争に於て西洋諸国の宣傳方法は極度に発達した。新しい藝衛（ママ）をとり入れたそれらのポスターを集めた一二の展覧会も開かれた。汽車や電車で目に触れるさまざまな標語もわれらには等閑に見過ごせない。本誌十月号は「ポスターと標語」研究号として、洋の東西にわたり古きをたづね新らしに及ぼし、ひろく趣味的研究をする筈であるが、本誌が特別号の大部分をこの研究に用ひることは、大きな意義があると信じる」（『國粋』一九二一（大正一〇）年九月号）。

26 執筆者と題目は、次の通り。河野恒吉「宣傳に関する研究の一班」、内田魯庵「ポスター雑説」、松宮三郎「ポスターの生国日本」、山本鼎「美術品としてのポスター」、成澤玲川「大戦ポスターに現はれた米国の標語」、久保田米齋「私のポスター観」、藤澤衛彦「日本古来の宣傳術」、笹川臨風「支那の民衆宣傳」、吉川鈍郎「過激派の宣傳振り」、林和「江戸時代の標語」、善魔路「乗客として見た電車廣告」。

27 「日本でもポスターは寄席や芝居のビラが元祖である。床屋や湯屋に変り目毎に寄席のビラを貼るのはイツ頃から初まつたか知らぬが、（引用者註：式亭）三馬の作に見えるから可成に古いらしい。厳密に云へばポスターでは無いが、引札や番附も辻々や盛り場に貼つてあつたもので、中には立派にポスターの体裁を備へたものがある。日本のポスターの歴史を書く場合にはポスターの先駆者として是等の資料を見免す事は出来ない」（内田 1921）。「即ち今より十四五年前までは、日本のポスターの起源とも申すべきビラ札は、傘屋や提燈屋の片手間の仕事でございました」（中川 1921）。

28 本文に引用したものとは別の語りは、次の通り。「廣告に女をつかふと云へばすぐ思ひ出すのは日本である。何の廣告でも女の顔さへ使へば必ず効きめがあると信じてゐる日本の商人、其の根性を窺ふと直ぐ支那の飲食物に貼りつけてある淫欲教唆の文句などを連想せしめる。…〔中略〕…、或印刷会社などでは美人の廣告圖案を懸賞で募集して置いて、それに註文次第にお誂への文字を填めてやるといふ。苦々しい事である。困った国民である。一室に集められた日本の廣告、成程美人畫が多い。呉服屋も飲食物も汽船会社も悉く千変一律な、美人利用一手販売である」（齋藤 1921）。「矢張り直接に強烈な刺激を與ふるには画でなければいけぬのであろうか。歸つて来て日本のポースターを見ると、色は強烈な原色を使つて、画は言ひ合せたやうに女の顔を使つて、而して入れた文句といふがべらぼうにまづい。画も字も及ばざること遠しと少からずしよげた。恐らくこの感を起したのは私ばかりでありますまい」（杉村 1921）。

29 一九二九年には、次のような史的記述が登場しているが、本文で述べている動きの効果として慎重に読まれるべきであろう。「明治三十七八年頃、三越呉服店が元禄美人を描いたポスターを出しました。…〔中略〕…。この頃もまだ世間ではポスターといふ言葉は使用されず、美人畫を使用したものを「美人看板」と云つてゐました。其後このポスターの宣傳効果が、理想的だつたか非常の勢で美人畫のポスターが使用されるやうになり、ポスターと云へば、美人画を使用しなければ効果がないやうにまで思はれる位になつたのであります」（池田 1929）。

30 ここでは「美人画からポスターへ」ではなく、「ポスターから美人画へ」という記述をしており、こうした史的記述の発生を一九二一年の大戦ポスター展に見ているが、当時の史料をより丁寧に調べると、一九一〇年代半ばにポスターという言葉を使い始めた者は既にその時から「ポスターから美人画へ」という遡及的な記述をしていることがわかる。以下の引用の通り、重要なのはポスターを新しいものとして語るようになってから美人画なるものが古いものとして特定されていく記述の順番であり、それがもっともらしい史的記述として様々な人びとに語られていくようになっていく点である。「本邦では従来ポースター・ペイント看板・掲示廣告・繪ビラなどの性質が能く判明されずに、屢混同されたり、同一のものを別のものに見られたり、又は反対に別種のものが同一に思はれたりしてゐた。其為めにポースターの意味や、形式が徹底せられないで、ポースターとビル・ポースターとが別の意味で用ゐられたり、又は近時流行する呉服店の繪ビラがポースターであると思はれてゐたやうである。繪ビラがポースターなるは固よりであるが、外国で主として云ふポースターは未だ殆ど日本で見ない種類のものである、呉服店のはポースターの一種、寧ろ主たる使途でない室内用ポースターの方である」（井關 1912:248-249）。「粗末ながらも、我々は往時からビラ繪なるものを伝えて来てゐるが、其が仮令室内用ポースターにせよ、近世廣告術の意味に於ける繪ビラを初めて実行したのは、恐らく彼の三越呉服店が明治三九年頃に発行した『元禄美人』の繪ビラであらうと思ふ」（井關 1912:252）。

31 したがって、遡及的な記述に問題があると述べているのではない。むしろ、自覚的に「遡及的な記述だからこそ言えることがある」と記述の前提が示されれば、解釈の多様さが広がると同時に資料の再読可能性も高まると考えている。書かれてしまったことは、書くことの終わりを意味しない。

32 ここに、いわゆる「気散じ」（ベンヤミン）を読み込み、「広告の誕生」という議論を組み立てたのが、（北田 2000）である。

33 これを「ループ効果」と呼び、それを論理的な問題と考えたのが、（Hacking 1995=1998:2002=2012）である。いわゆる「概念分析」はこうした考えを前提にして、「新しい方法によって、新しい選択肢が選択可能になり、行為のための新しい機会が人々に開かれていくこと」に注意した記述をしようとしている。「何が「河床そのもの」として働いており、何が「流れる水」として動いているのかを、区別して記述していくこと」という言明は、その立場を象徴している（酒井・浦野・前田・中村 2009:iv-v）。

34 野村昇、岸秀雄、新井参男（新井泉）、市木彪、神谷駒雄、三好忠臣、田辺尚一。

35 「非水氏は単に作品の上での先駆的作家であっただけでなく、商業美術の中に組織を持ち込んだこと、集団行動を起こしたこと、展覧会形式によつて商業美術の仕事に〝作品意識〟を持たせたこと。これは商業美術の確立に非常に深い意義があり、氏の卓見である。氏は商業美術で最初の指導的作家だといえよう」（山名 1956）。

36 もちろん、このような観察が可能になったこと自体が一九九〇年代以降のデザイン史における復刻版刊行に促されており、それなくして不可能な観察である。

37 例えば、次の通り。「ポスターには、必ず美人を持つて來なくては承知の出來ない人が多く存在する現代日本を嗤はずには居られないのである」（松宮 1926）。「甚しいのになりますと、ポスターは美人畫でなくてはならないと誤信?してゐる廣告主もあります。いや廣告主許りでなく、ポスターと云へば、すぐ美人畫を思ふ人がその辺にも、まだ沢山ゐそうに思へます」（野村 1926）。「到る処の店頭に見るポスター、どれも類型的な美人の絵が殆んど全部と云つてもよい位でこれが現在日本の街頭藝術の姿であると思ふと余りに腹立たしく、また寂しいことです」（赤塚 1926）。

38 「美人ポスター及び外国ポスターに対する諸名家の感想集（一）」『アフィッシュ』（第一号）七人社、一九二七年。「美人ポスター及び外国ポスターに対する諸名家の感想集（二）」『アフィッシュ』（第二号）七人社、一九二七年。

39 例えば、次の通り。「ポスターが人々の注意を惹くに最も必要なものが二つある。即ち圖案と色彩がそれである、此の二つのものはポスターの基礎をなしその成素をなすものである」（松宮 1926）。「つまり、行人の生活意識に喰ひ入って、ポスターの目的（生活）を理解し、その目的への興味と好奇を唆るところの魅力、そういふ力を注射する肉弾の力。この力は、ポスターの魅力によつて、客の心理に喚起された衝動的動向である。この動向を誘発するところに、ポスターの目的は遂行される」（渡邊 1926）。「こんな事はもう、解り切つた話ではありますが一体、ポスターは遠距離から、又短時間に人の注意を惹き得なくてはなりません」（野村 1926）。

40 「ポスター画家は、ポスターの創作に関しては自己が全く画家であると云ふその立場を打棄て丶、商品の製造家であり、またその分配家としての立場から、多種多様なる華客の心理を想像し、またそれを考察して、その効果の多い方に処して行かねばならない、要するにポスター画家は商業の一面をも充分に考究しなければならないと云ふ議論になつて来るのである」（松宮 1926）。

41 「…印刷界に大きな影響を及ぼしたのが、大正後期に登場した写真製版術であった。それまでポスター原画を印刷原版に写す方法としては、製版画工と呼ばれる専門の職人が、自身の肉眼によって何版（何色）に分けるのかを見極め、その数だけ版を描き写す「描き版」しか存在しなかった。しかし、熟練工が場合によっては一か月近くかけて行っていたこの作業を、写真製版はカメラが一瞬にして行い、しかもこの技術を用いれば原画が正確に転写されるだけではなく、基本的に全ての印刷物が赤、薄赤、藍、薄藍、黄、墨、薄墨の七版（七色）で仕上げることが可能となる。このため、製版から印刷に至る全ての工程における大幅な労力と時間の削減を保証する写真製版は、ポスターを主力商品とする印刷会社にとって何より魅力的な最新技術であり、大手の印刷会社はその導入や開発に多額の資金を要しながらも、それを急いだ」（田島 2006）。

42 「一九一四年に導入の始まったオフセット印刷機械は、一時間に六〇〇〇枚の大量・高速印刷を可能とし、一九一九年のH・Bプロセス製版の導入とその実用化は、それまで行われてきた「描き版」に変わる画期的な製版方法として浸透していった」（田島 2002）。

43 「商業活動が盛になり、印刷もマスプロの段階に入ると、依頼者と印刷者の間に原稿製作者が機構として必要になつてきたためである。…〔中略〕…。それはデザインや宣傳の考え方が合理的になつたためで、つまり初期にはこの三者の関係、結びつきが、依頼者——原稿作製者↔印刷者の形をとつていたものが、現在は、依頼者↔原稿作製者——印刷者という形になりつつあるのである」（山名 1956）。

44　一九二六（大正一五）年三月から一九四一（昭和一六）年まで誠文堂商店界社（創刊当時は、商店界社）から発行された雑誌であり、先行して刊行されていた『廣告と陳列』（日本廣告協会、一九二四～一九二五）を改題創刊したものである。

45　池上重雄、濱田増治、富田森三、原万助、吉川正一、多田北烏、中島俊吉、室田久良三、藤澤龍雄、杉坂鎮吉、須山浩。

46　「わが国の商業美術界の草分けとして、流麗なアール・ヌーヴォー風の表現を確立した杉浦非水は、一九二七年、作家集団「七人社」からポスター研究誌『アフィッシュ』を創刊。前年には職能団体「商業美術家協会」（濱田増治、多田北烏ら）も設立され、濱田の編纂による『現代商業美術全集』（全二四巻、一九二八～一九三〇年、アルス社）刊行の頃、欧米に倣って美術に連なるアール・デコ様式が普及した」（竹原・森山 2003:41）。

47　やや踏み込んだ記述例は次の通りなのだが、それがデザイン史であるがゆえに、濱田を強引に制作物による説明に落とし込んでいる。「非水や夢二が開拓した〈商業図案〉は、濱田という理論的才能を得て〈商業美術〉に進化した。ライオン歯磨、雑誌『広告と陳列』（後の『広告界』）での経験を踏まえて、商業美術に賭けた濱田の情熱と広汎な研究成果こそ、新しい時代を画するものだった。その証しが『現代商業美術全集』の充実ぶりで、ポスター、チラシ、パッケージ、タイポグラフィ、キャッチ・コピー、ロゴマーク、モノグラム、ショーウィンドウ、イルミネーション、ポップ広告ほか各種ディスプレイ什器、その演出など、多種多様な内容を誇る」（竹原・森山 2003:41）。

48　「今日の純正美術といふものは、それはブルジョアイデオロギーに支配されてゐる。藝術である故、ブルジョアイデオロギーらしからざる藝術は、此社会では全然認められぬのである。商業美術は、ブルジョアイデオロギーの純正美術から見れば、労働の美術であり、奴隷の美術であり、職人の美術に見える。其処で今日迄の社会では、商業美術の体系に属する目的の藝術は其存在を認められぬものもある。社会も今はブルジョア社会である。多くの権力は生産するものを蔑視と虐待の下に見てゐるだけで、これを上層では認めないのである。実用美術が、今日迄の社会に於ては認められなかた（ママ）のは、それが功利的とか、非功利的とか云ふ問題でなくして、むしろ其体系が階級的或は、其反対の立場に立つの故で、其等の社会から拒否されてゐたものである」（濱田 1930:28）。

49　資本主義を否定できない商業美術家が階級闘争の語り口によって主体を語ってしまえる言い訳は、次のようになされている。「ポスターがポスター画家によつて描かれて、それが資本家の搾取手段に使はれてゐても、其作家はブルジョアではない。それは一つの画作労働者である。それは目的あるものを生産せしめたに過ぎない。そして此等の労働者にとつては、其作品が何であってもかりに消費的であらうが、生産的であらうが、其作家は、其作品に自己自身の極めて強い主張は持つてゐない。唯要求せられるもの、その要求の目的に対してのみ作る。然るにこれに対比して純正美術家の場合を考へて見ると、この場合では、其作家の作品は自己自身の極めて強い主張を持つてゐる。それは彼自身のものだけである。そして、彼はブルジョアの搾取から得た蓄積の消費の対象として提供することを専念する。…〔中略〕…。ポスターを市場に用ひるものは、ポスター作家でなくして、商業家である。其ポスターの直接利得はポスター作家にはない。たゞ彼は手間賃として労働利得を支払はれるだけである。然るに純正美術家の場合では、彼は直接市場の提供者である。而も其目的は悉く消費の目的、即ちブルジョアイデオロギーに向つてゐる。然らば茲に其階級所属性は明瞭である。商業美術家はブルジョアイデオロギーに倚存（ママ）してゐないのである。彼には只生産だけがある」（濱田 1930:90）。

50 例えば、次の通り。「即ちポスターは、一面に販売者に見られるが故に、其の商品を仕入れるやうに刺激する、而して他面に消費者たる一般公衆に見られるが故に、購買動機を刺激することになり、ここに完全に販売の両方面よりの訴求を完了し得る所以である」（井關 1928a）。「ポスターは、ピサの塔の如く憧憬れから見物されるものではない。加之、通行者の眼を、各々惹付る可く、各種ポスターは、相競ふて、全力の焦点を此処に集中し、各自刺激を強調し、又雑居する性質である事をも第一条件中へ附加する必要がある。周囲の有象無象より、遥かに抜群のもので無くては、好結果を収められない事は云ふまでもない。同時にポスターは、敢て関心を有せざる人々の心をも獲えて、無理矢理にでも、注意力を集中させなければならないものである事をも忘れてはならない」（田野邨 1928）。「それでポスターが、実際に用ひられる場合、その究極の目的である効果の点より見て、立案製作者及び使用者とともに、必ず考慮しなければならない心理学的研究の分量は頗る多い。ポスターは単に鑑賞せられるのみでなく、購買運動といふ一大反応を起さしめなければならないからである」（井關 1928b）。「先づポスターとはどんな性質のものであるかと云ふ事を一応調べて置く方が順序であらう。一口で云へば或る意志表示の媒体である。結局他の、例へば壜の形状、レーベル、外装箱などの意匠の様に商品それ自体を美しくすると云ふ事が主たる目的でなく其の内に蔵されて居る、或る意志を第三者に表示して共鳴を喚起させ、遂に目的に迄誘引する有意的な又積極的な性質を持つたものである。然則飽く迄も躍動的で刺激性に富み且つ率直に人々を捉へる力つまり早わかりがい、と云ふ事になる」（多田 1928）。「ポスターの藝術的訴求といふのは勿論観者の美的感覚に訴へるべきでなければなりません。然かも如何にして観者により大なる力を考へようといふところに各方面の科学的考察の必要が生じます。これ等の両要求が完全に一致した時ポスターとしての完全な表現が生れるわけです」（藤澤 1928）。「凡そ廣告媒体のうちでもポスターほど一見観者の心線に強く深い印象を与へるものは他にはない。…〔中略〕…。ポスターの目的は先づ第一に顧客や大衆に向つて何等かの影響を獲得しようと云ふのが第一要件であるからポスター自体が街頭を走つて行く人を呼び留めるだけの偉力あるものでなければいかぬ。そこで単的（ママ）に徹底的に観者を捕捉せなければならぬ事は勿論、而も刺激的であり劇的であり、奇襲的に構想されたものでなければならぬ」（田附 1928）。

51　例えば、次の通り。「それにしても出来上つた廣告面を見ると種々雑多の廣告が現はれて無関係の人にはボウとした印象しか残らぬ場合が多いのである。この時の読者の心理は丁度いやになる程度絵画の展覧会か何かを見て歩いた後のやうなもので、最初こそ丁寧に一枚一枚見て歩いたが後には大きなものとか変つたものとかが印象に残るのみであるのと同様、変つたものとか大きな廣告とかが印象に残るのみで、その他の廣告はすぐ脳裏から消えて行くのが日常廣告を見る人々の心理である。それ故に新聞廣告の効果の上から心得ねばならぬ第一のことは、どんな場所に入れられても目につく廣告を作るやうにせねばならぬことである」(新田 1928)。「廣告は、廣告読者をして廣告主の予期せる或る行動をなさしむるための活動であるが、此の目的を達するには、先づ読者の注意を惹起し、次いで興味を喚起し、商品を信頼せしめ、商品に対する所有の欲望を生ぜしめ、而して行動、即ち購入せしめる事が必要である。これが所謂「廣告作用の五階梯」である」(小川 1928)。「新聞廣告はたとへそれが文字だけで表現されてゐても、それは一個の絵画的の構成を必要とする。何故ならば新聞廣告といふものは最初に読ませようとするために人々の眼を捉へなくてはならぬからである」(濱田 1928)。

52　「其ポスターの目的如何によつて定まる問題で、時と場所を考慮に入れた上で、美人畫なり、装飾畫なり、説明書なり、印象的畫風なりを描かねばならぬのである」(濱田 1928b)。「日本のポスター界では美人ポスターと単化ポスターとが、対抗的な立場で争つてゐる。主として既成作家の大部分と、一般の日本の商店会社の舊慣(ママ)的な人々の間では美人ポスターの方を信頼し、若い圖案家と進歩的な商店会社では単化ポスターの方に傾いてゐる。…〔中略〕…。先般の国際的なドイツのポスター展覧会では、どこの国にも美人ポスターと単化ポスターといふ明確な対抗的な気色は見られない。…〔中略〕…。日本の美人ポスターの全盛は最早十四五年以前の昔である。然るに未だに美人ポスターが、日本の代表として国際場裡に出るのは、何としても妙な気持ちがする。◇美人ポスターを悪いとは云はぬ。然し商業美術の合理的研究といふものからは、もつと表現の自由があつてほしいものである。◇単化ポスターには少くとも合理的な研究結果から生れてゐるものが多い。其点では美人を題材にしたものでは時代的にもすでに最早や影をひそめて然るべきである」(濱田 1930d)。「呉服店の背景は百貨店では金をかけてゐるやうであるが、小売店はそれ程金はかけられない。それでゐて窓を見る人に直接に反響のあるものでなければならぬ。これには日本の呉服店の美人人形が何と云つても最適である。…〔中略〕…。日本の人形に代はるべきものとしての思ひ付きは、美人ポスターを使ふことである。作り方は、まづ美人ポスターを手に入れて、これを首だけ切り抜いてボール紙に貼り付けて、ボール紙を人間の肩の形に切つたものとを接いて、顔相当の高さに小割で台を作る、これに商品たる裂地を着せれば、額がきれいだから、胴の形が悪くても引立つものであつて、簡易な美人人形が出来るわけである。これは美人ポスターの廃物利用かも知れないが呉服店には最も新しい試みである」（室田 1929）。

53　日本における広告学の誕生は丁寧に記述されるべきだが、簡単に示すと次のようになる。まず、一九〇〇年代に「広告は科学になるのか?」という問題意識が生まれ（濱田 1902）、一九一〇年代には「人間をいかに刺激するか」という心理学的な関心から広告学の言葉が紡ぎ上げられる（井關 1914）。そして、「広告学と心理学は異なる」という問題意識が一九二〇年代に生じて、「媒体別にいかに広告すべきか」という広告学が登場するようになる（中川 1924）。

54　一九一四（大正三）年一月一七日に早稲田大学広告研究会が設立され、一九二三（大正一二）年四月には同研究会出身者、関係者による早稲田廣告学会が創立されている。立教大学では販売廣告研究会が一九一五（大正四）四月に発足しており、一九一九（大正八）年秋には神戸高等商業学校に廣告研究会が生まれている。さらに、一九二〇（大正九）年一〇月には明治大学廣告研究会が発足し、一九二二（大正一一）年四月からは井關十二郎を講師に招いた広告研究講座が新設されている。一九二五（大正一四）年六月には慶應義塾廣告学研究会が設立され、翌一九二六年六月には機関誌『三田廣告研究』が創刊されている。この他にも、日本大学廣告研究会（一九二五（大正一四）年四月）、大倉高商廣告研究会（一九二六年七月アートクラブとして設立、翌一九二七年五月改称）、関西学院高商商学会廣告研究部（一九二八（昭和三）年四月）、大阪商科大学廣告研究会（一九三〇年四月）、法政大学廣告研究会（同上）、長崎高商商業美術研究会（一九三二年四月）、大分高商廣告研究会（同上）、高岡高商廣告研究会（一九三三年一〇月商業美術研究会として発足、翌年改称）、立命館大学高商部廣告研究会（一九三四（昭和九）年一二月）などがあり、一九二五（大正一四）年には横の組織として大学廣告研究連盟が結成されている。

55　正路喜社は、一九二四（大正一三）年に「広告諒解運動」という啓蒙運動を始め、同年一〇月第一回「広告文化講演会」を帝国ホテル演芸場で開催している。また、萬年社は広告研究講座を一九二七年から開設し、電通と正路喜社は一九三四年七月から夏期広告講習会を開催している。さらに「日本廣告倶楽部」も一九三〇年以来、広告講座を主催している。

56　「最も気のきいた廣告作製者はかかる廣告読者の気分を第一に置いてかからねばならぬ。彼自身のもつ廣告的気品や、優雅や、或ひは自己の独創に捉はれて居たのでは優秀なる廣告は出来ない。廣告作製者は如何なる場でも廣告読者の動きに迎合せねばならない。恐らく気のきいた廣告作製者の最上の手腕といふのは自己の最も嫌悪に値する最も俗悪なる廣告を平気で作製し得るだけの自信の持主なる事を要する。更に廣告主の矛盾せる廣告的錯覚、即ち無理難題、屁理屈を此の中に織込む事が出来れば彼は典型的の廣告作製者即ち立案家である。…〔中略〕…廣告作製者は如何なる場合でも廣告読者のレベルを対照として自己を其位置に就かして廣告を作製せよといふのである。…〔中略〕…。又廣告作製者の自信は往々にして自己満足に陶酔する結果を来たす。此の自己満足ほど廣告作製者を毒するものはない」（佐々木 1928）。

57 こうした言葉の厚みが、他でもなく主体にしか帰することができない時にこそ、作者／作家論は書かれるべきである。同時代において、濱田は次のように観察されている。「彼は計画に優れた才稟をもつてゐた。自分等友人仲間で彼をプログラミストと仇名をつけ。事実彼は計画を立てることが好きだつた。そしてその計画は微に入り細を穿つてゐた。その点驚くべきビジネスマンであつた。…〔中略〕…。彼は一面ビジネスマンライクな計算もするが、到底は藝術家気質を蔵してゐて熱情の人なのである。喧嘩早く感情を激発させる事がよくある。併し又感激すると利害を捨て、犠牲的奉仕をする事もある。そこに彼の欠点があり、美点もある」（仲田 1929）。

第四章　〈広告制作者〉の自律

今泉武治による報道技術のメモ（今泉武治文庫、一九四一年三月）

今泉武治（今泉武治文庫、一九四一年）

一　企業のなかの商業美術家

ポスターの登場によって生み出された史的記述、心理学の導入による技術語り、階級闘争への気づきから生じた主体語り。これらの練り上がりとして「商業美術家」はあり、本研究はそれを〈広告制作者〉の誕生と述べてきた。制作物と制作者の一致を夢見る芸術家の副業として〈広告制作者〉を理解しないためには、制作物と制作者の不一致を積極的に意味づける必要があり、そのためにも美学を参照した主体の代替不可能性とは区別をして、科学を参照した主体の代替可能性が選択されたというわけである。[1]

ところが、このような職業理念としての意味づけも、人びとに運用されていくなかで一時の情熱は失われていくというか、部分的最適化へと没入していくことになる。そもそもどれ程徹底するつもりがあったのかも怪しいのだが、とにかく職業理念となった商業美術家は、今度はその生存戦略を模索し始めるのである。そこで、本章では昭和初期から戦時下までの史料に注目し、本研究なりの記述を試みていくことにしたい。

技術的媒介の差異

さて、図案を語る文脈が工芸から印刷へと移動し、さらにポスターの登場に伴う固有性への問いがこれまでの展開の前提となっていたのだが、そもそも商業美術はポスターに限られたものではなく、そうした認識を捉え直そうとする動きが一九三〇年代前半に登場し始める。例えば、一九三一（昭和六）年からは大阪毎日新聞と東京毎日新聞によって「商業美術振興運動」が行われ、「廣告ポスター図案」と並べて「新聞廣告図案」の懸賞募集が行われるようになった。[2] また、一九三三（昭和八）年からは新聞広告の総行数が上昇に転じ、[3] 新聞広告こそ商業美術が展開されるべき場所だという意見も出てくるようにもなり、[4] さらには、商業美術の啓蒙に尽力した者までもがポスターの限定的な効果を問題視し始めたのである。[5]

しかしながら、商業美術と新聞広告の組み合わせは、決して高い評価を得たものではなかった。例えば、大阪毎日新聞と東京毎日新聞による一九三三（昭和八）年の第三回商業美術展においても、「私は予想外に進歩してゐない事に、いさゝか期待を裏切られて了つた、と答える他はない」（藤澤 1933）というように、商業美術家における新聞広告への評価は低く、他方では東郷青児（一八九七～一九七八）といった画家たちがポスターを手掛けるような動きも現れ、[6] 商業美術家はどこでどのようにいかなる仕事をすべきなのかという現実的な問題が上昇してきたのである。

こうした動きを踏まえてか、雑誌『廣告界』（第九巻第六号、誠文堂、一九三二年）には「勤労圖案家の改革座談会」という記事が掲載され、企業のなかの商業美術家一〇名が匿名でそれぞれに思うところを述べている。それは例えば、一般社員との待遇の差異をめぐる不満であり、[7] そもそも圖案家が企業に属することで制作物がマンネリ化してしまうことへの危惧であり、[8] 芸術家と商業美術家と区別をめぐる相変わらずの話なのだが、[9] なかでも興味深いのは、制作物の最終的な仕上がりをめぐって商業美術家が独特のこだわりを持っていた点である。

「大売出しのポスターを作った時に、私に見せられたその校正刷から原画と非常に異なってゐる。しかも私のサインが歴然と入ってゐる。私は「圖案家は絵の上の色と線を生命としてゐる。このやうに変へられては困る」と云ふと、「大多数の意見でこうしたので絵かきの思ふ通りにはならぬ」と云ふから、「それならその圖案をポスターにされては困る」と云つてやつた。さうしたら、今ポスターが出来なくなると大売出しのプランが目茶々になるからなんとか考へてくれと下手に出て來たので、結局サインを抜いて印刷することにした。これなんかも圖案家の権威を示した一例でせう。…〔中略〕…。幹部と称する人種の殆ど総ては、原稿で全ポスターを想像することが出来ないらしい」（土居川ほか 1932）。

ポスターの「原画」と「校正刷」が異なっていたために、「このやうに変へられては困る」と言ってはみたものの、「大多数の意見でこうした」と言い返されてしまった。そこで、「それならその圖案をポスターにされては困る」と言い直せば、「プランが目茶々々になるからなんとか考へてくれ」と切り返され、結局のところは「サインを抜いて印刷」したというわけである。文字面通りに読めば、ここには制作物に制作者を一致させたいと願う「圖案家の権威」が見えてくるのだが、より重要なのは、このようなやりとりの前提であるかのように、「幹部と称する人種の殆ど総ては、原稿で全ポスターを想像することが出来ないらしい」と語られている点である。つまり、ここでは広告制作における図案の特異性が指摘されているのである。

このことは、なぜ文案ではなく図案において、商業美術家――〈広告制作者〉という職業理念――が語られるに至ったかという点に関わっている。それを端的に言えば、文案と図案とではその生産から仕上がりに至るまでの技術的媒介の在り方が異なるからである。例えば、ポスターや新聞に文案が掲載される場合、それは原稿の状態をそのまま再現するというよりも、絵筆で特定の書体に描き直されるか、活字に組まれて印刷されることになる。つまり、生産された意味内容を保持したまま、伝達形式を変更していくことになる。これに対して、図案の場合は書体や図柄の大きさや配置、そして全体の色調などを指定した原稿をそのまま再現することが前提になっている。つまり、意味内容が保持されている限り文案の伝達形式は自由に変更できるが、意味内容を文案のように指示するわけではない図案においては、伝達形式が原稿通りに再現されることが極めて重要なのである。

したがって、図案は文案とは技術的媒介の在り方が異なり、図案においては印刷用に作成した原稿と仕上がりが一致することが、それを制作した者の固有性を示すことになる。先の引用における、「圖案家は絵の上の色と線を生命としてゐる。このやうに変へられては困る」とは、こうした意味において理解ができる。このような技術的媒介の差異こそ、文案ではなく図案において、広告制作に対する自意識を生み出すことになったと言えよう。

広告部長という意見の調整役

また、このような技術的媒介が無視できないからこそ、商業美術家と広告主の意思疎通が問題になってくる。「作家が注文者に直面して希望を聞く場合があつても、それは主に作画上のことに止つて、経済上等にはあまり触れない。…〔中略〕…。この考へ不足から、多くの圖案家は、せつかく骨を折つて作り上げた原画が、いつも想像したよりずつと以下のものに仕上つて終ひ、実にはりあいが無いと云ふ悩みを持ち、注文者の方も又、原画を見た時の方が遥かに優つてゐたと云ふ不満を抱く場合が甚だ多い」（田野邨 1936）というわけである。このような事態を事前に回避しようと、雑誌『廣告界』には印刷業者による技術解説文が度々掲載されたりもしたが、現実的な対応としては、商業美術家と広告主の双方の意見を調整していく「廣告部長」[10]といった中間的な存在を求めるような声も上がるようにもなった。

後代のデザイン史は、当時のこうした展開を特定の人称に絞り込んで記述することを好む。その代表例は当時の花王石鹸で広告部長を務めた太田英茂（一八九二～一九八二）であり、その「太田の花王広告部長としての実績は、そういう名称もなかった時代に、現在の広告プロデューサーやアートディレクターを兼ねた仕事を実行し、昭和の宣伝広告界近代化の先駆者として、大きな影響を与え」、「太田英茂が起用し育成した人材は、その後のデザインや出版の世界に大きな足跡を残し、さらにそれらの人たちから影響を受けた人間の数は、数え切れない」と言う（多川 2003:45）。第一章でも述べたように、このような記述はそれが書かれた時の史料の見え方と不可分であり、言い方を変えれば、当時の広告部長と言えば太田しか取り上げられないくらいに記述サンプルは限られていた。しかし、ここで当時の史料にもう少し目を配れば、こうした中間的な存在としての広告部長が素直に信じられていたわけでもないことがわかってくる。[11]

「宣傳部長が圖案家の長所を能く抽出して効用することに努め、圖案家もまた部長の意図を機敏に洞察してそれをうまく表現し得る能力を養ふやうにすればいゝのだが中々理窟通りにはいかないものらしい。宣傳部長に云はせると圖案家が〝下手〟であり、圖案家に云はせると宣傳部長は〝認識不足の馬鹿〟なのである」（今竹 1937）。

ここでは、「宣傳部長」[12]と「圖案家」がわかり合うことが理想とされているが、実際にあてにされているのは、両者のわかり合うつもりのなさである。だからこそ、別の企業の広告部長は「圖案家が余り神経質過ぎる様な気がします。原画に余り正しくなければ御機嫌が悪い。需要者に対してより効果的であれば自分の原画と多少違つても任せて戴けるとやり易いのですが」（堀内 1938）と語る一方で、そうした意見の調整役である「彼等は元来需要家と印刷社の連絡をとる機関なのでせうが、僕等原稿作成者にとつては障害でしかないのです。…〔中略〕…。技術者に逢つて直接話せば直ぐ解る問題も彼等を通すために却つて煩瑣化される」（原 1938）と制作者から語り返されてしまう。

要するに、企業のなかで商業美術家が活動できるようになった分だけ、今度はその両者の関係をどのように捉えるのかという点が問題になり始めたのである。そして、このような問題意識の持ち方自体が提出原稿と最終的な仕上がりの一致を願う図案家に特有であり、印刷という技術的媒介に枠付けられてもいた。また、商業美術家と広告主の意思疎通を円滑に行うための中間的な存在が求められたりもしたが、実際のところは両者の連携のできなさを確認するためにわざわざ語られていた面も少なくはなかったのである。

このように、商業美術家は芸術家からの区別を徹底しようとするのだが、その分だけ文案とは異なる意味での自意識を抱えることにもなり、どうにもすっきりしない展開を示すようになった。ある事象があるやり方で記述されるようになって初めて、その事象に対する理解の仕方に変化が生まれるのだが、その変化はさらなる記述の部分的最適化も促すようになり、それが事象に対する別の理解可能性も与えていくようになる。しかし、このように弛緩した状態も長くは続かず、語り方の前提を変更せざるを得ないような動きと次第に向き合うようになっていくのである。

二　論理の自律

全日本商業美術連盟

さて、一九三〇年代半ばまでには商業美術家の団体が次々と誕生し、[13] その経営方法までもが語られるような状態となった。[14] ここまでを踏まえれば、企業組織のなかで商業美術家はいかにあるべきかという主体語りの新たな展開が生まれてもおかしくないのだが、それらの多くは、むしろ個人という単位を保持したまま連帯の途を辿ったのである。[15] 例えば、一九三五（昭和一〇）年には「全日本商業美術連盟」という団体統合が生じたりもしたが、[16] 興味深いのは、デザイン史の事実確認的な記述に反して、このように個人を前提にした連帯が深くは信じられていなかった点である。

「今日迄の団体は先づ技術上の形向を同じうしたもの同志相寄るとか、或は同窓者とか、比較的利害を共にすることの出来得る事情におかれたもの同志とか、情意投合の連中で結成されたもの等であらう。此の人々が一団となつて、却て運動をすると云つても生活的には夫夫別個経済で、随つて仕事其のものは各自各様の独自自由意志に據て、生活してゐることが現実の状態と云へる、そこで是等の人々が集団を構成した場合、集団の運動として一体何を行つて来たものであつたろう」（池上 1936）。

「団体」を結成すると言ったところで、結局は「同志」や「同窓者」など「情意投合の連中」に閉じたものでしかない。そこで「運動」を行うと言っても、「自由意志」でそれぞれに仕事をしているのが「現実の状態」であり、わざわざ「集団」を構成したところで、「一体何を行つて」いるのかと言うわけである。つまり、ここでは商業美術家が連帯していたというよりも、形骸化を予想して商業美術家は連帯を語っていたことが重要なのである。

このように、とりあえず連帯を語ることと実際には個人として制作することの区別は、本気でまとまるつもりがあるのかどうかがわからない言葉を生み出すようになる。[17] 商業美術家は芸術家からの区別をそれなりに展開しようとするのだが、個人という単位へこだわりも手放せず、結果として独特の落ち着きの悪さを醸し出していくようになるのだ。

このような展開となったのは、当時の商業美術家が広告業界のなかに位置づけられていなかったからだと言える。つまり、商業美術家という職業理念は誕生したのだが、それは当事者における意味づけ以上のものではなかったからこそ、同業者における個々人の連帯でしか展開されなかったのである。それでは、商業美術家の外部環境に相当する広告業界は当時においていかなる展開を示し、またそれは商業美術家にどのような意味づけを促すことになったのであろうか。以下では、そのことを記述していきたい。

自由経済から統制経済へ

一九三一（昭和六）年の満州事変以来、広告業界は軍需産業の恩恵を受けてきた。ところが一九三七（昭和一二）

年の蘆溝橋事件による日中戦争の本格化に伴い、自由経済から統制経済へと広告活動の前提が変わることになった。軍需生産を最優先しようとする展開は、民需における物資の流通を制限するようになり、企業の広告活動はこれまでのようにはいかなくなってきたのである。より具体的に言えば、広告を掲載するための「紙」をいかに調達するのかという問題が生まれ、新聞や雑誌の頁減少や広告欄の縮小、そして広告の小型化や広告量の低下を招いたのである。

　事実を羅列すれば、新聞用紙の使用制限は一九三七（昭和一二）年の商工省による「輸出入品等臨時措置法」に始まり、一九三八（昭和一三）年には「新聞用巻取紙供給制限規則」が公布され、さらに一九四〇（昭和一五）年五月一七日には「新聞雑誌用紙統制委員会」が設置されて、用紙統制は商工省から内閣に移されることになった。こうした展開に伴い、新聞紙面は一九三七（昭和一二）年八月一日に一三段制から一四段制へ移行し、活字を縮小する一方で（六・三ポイント）、一行当たりの字詰めは一五字そのままにするという、広告料金の実質的な値上げが行われた。また、一九四〇（昭和一五）年一月には一四段制から一五段制へ移行し、新聞紙面の活字はさらに小さくなった（六・二八六ポイント）。そして、一九四一（昭和一六）年一二月の太平洋戦争開戦時には朝刊四頁、夕刊二頁にまで落ち込み、一九四四（昭和一九）年三月六日には夕刊が廃止され、一九四四（昭和一九）年五月一日からは一六段制の朝刊二頁にまで縮小するようになったのである。[18]

　また、このような展開と共に新聞や雑誌の統廃合、そして広告代理業の企業整備も進んだ。時局の展開に伴い、政府による直接介入の前に自発的な統制組織を作ろうとする動きは、一九四一（昭和一六）年五月二八日に「社団法人新聞連盟」を生み出し、[19]これが一九四二（昭和一七）年二月一一日には「日本新聞会」と改組され、一県一紙体制が出来上がる。一九三七（昭和一二）年末に全国で一二〇八紙あった新聞は、五四紙になったのである。雑誌においても、約二〇％の自主的な用紙節約は一九三七（昭和一二）年一二月から始まり、一九四〇（昭和一五）年には「日本出版文化協会」による雑誌の整理統合が行われ、一九四三（昭和一八）年二月に設立された「日本出版会」では雑誌の整理統合がさらに強化されることになった。一九四一（昭和一六）年に四四六六種あった雑誌は、一九四五（昭和二〇）年の三月末には一五七四種にまで落ち込んだのである。なお、広告代理業の企業整備は他の業界に較べて遅かったのだが、一九四三（昭和一八）年に商工省物価局が自主的な企業整備を呼びかけた結果、当時一八六社あった広告代理業は、一九四四（昭和一九）年一一月には全国で一二社にまで整備されたのである。

「アドバタイジング」から「プロパガンダ」へ

このように企業の広告活動や広告業界がその活動を縮小させていく一方で、そこに完全には組み込まれていなかった商業美術家は、まさにそれゆえに、自分たちの別なる在り方を見つけることになる。それは何も広告でなくとも、自分たちは仕事を続けることができるのではないかという理解の仕方である。[20] 例えば、雑誌『廣告界』（第一五巻第二号、誠文堂、一九三八年）には「商業美術の戦時体制」という特集が組まれ、かつて濱田増治らと共に商業美術家協会を牽引していた多田北烏（一八八九～一九四八）は、その職業理念を守りたいがために以下のようにも語ったのである。

「今事変は一方に一部の商業美術を否定した形を採ったが、他方に於いてその澎湃とした需要力を以つて、新らしき美術を要求してゐる事を見逃してはならない。そして今日本の印刷界は、その作製に、日もこれ足らない有様である。それは宣傳或は指導に使はれる政治機能としての美術であるが、これこそ吾々が多年主張してゐた指導美術の現はれであつて、明らかに時代が要求する新らしいもの、一つであろう。これに対し吾々はこれを充分にこなす丈けの見識と力量を持つてゐるか？少し淋しさを感ずるのであるが、目的美術として重要な部門であるとするならば、これに対する知識の検討はゆるがせに出来ない問題であらう」（多田 1938）。

商業美術は「目的」に定位した美術なのだから、「宣傳或は指導に使はれる政治機能」も射程に含まれ、そうした展開こそ、長年主張してきた商業美術家において「時代が要求する新らしいもの」だというわけである。これは、何も驚くべきことではない。そもそも、より多くの人々を刺激して動員する方法として意味づけられた商業美術家においては、その論理の徹底でしかなく、決して「転向」などと呼べるものではない。第三章でも述べたように、商業美術家は伝達される意味内容を宙吊りにして、伝達における形式に特化することで職業理念を意味づけていた。また、それは科学の言葉、つまり主体が代替可能な語りの形式に整えられたのである。だからこそ、「商業美術の戦時体制」特集では誰もが同じように意見が展開できるのであり[21]、またそのことによって、商業美術家という職業理念は保持されるのである。

このようにして、連帯の言葉が連鎖していくようになる。一九三八（昭和一三）年以後は、時局を踏まえた商業美術家の団体が相次いで誕生し、その過程で「廣告作家」や「産業美術」、「報道美術」に「実用美術」、「報道技術」に「宣傳技術」というように、拡散的な言い換えが生じた。商業美術においては論理が名称に先行していたが、その論理が定着した分だけ、今度はそれをどのようにでも語れるようになったのである。またそうした諸団体を統合したり、商業美術家たちの名簿作りを進めるような動きも登場するようになった。例えば、一九三九（昭和一四）年には「日本宣傳人倶楽部」が設立され、その参加者の一人は自らの関与を以下のように意味づけている。

「結局宣傳人クラブといふものが集団的な動きをするのには、丁度今日内閣情報部とか、国民精神総動員中央連盟といふやうな所が、その運動を実際的に働きかけるために、民間の智慧を借りたがつて居る様に思へる。……〔中略〕……。ところが向ふでは、我々のやうな斯ういふエキスパートが集団として現存してるといふことを知らない。それがために圖案の団体とか、文藝家の団体とか、写真の団体とかに当つて居るのだが、結局効果的なやり方としてはアドバタイジングがプロパガンダに引きうつる。今日は技術方面が必要となりつゝあるのですから我々のやうな、斯ういふ団体のあるといふことを向ふに知らせれば、我々を集団的の力として採用するといふ点に於ては向ふから飛付いて来ると思ふ」（大智 1939）。

自分たちは宣伝の「エキスパート」である。しかし、「内閣情報部」や「国民精神総動員中央連盟」はそのことを知らないし、「民間の智慧を借りたがつて居る」ようである。そこで「我々のやうな、斯ういふ団体のある」ことを知らせれば、「向ふから飛付いて来る」のではないかというわけである。

このような展開こそ、「アドバタイジングがプロパガンダに引きうつる」過程なのだが、ここで生じているのも、商業美術家の論理の徹底である。企業から国家に依頼人は変われども、広告業界に強く組み込まれていない商業美術家は、その分だけ独自に論理を展開できるのだった。そもそも個別の文脈を問わないものとして意味づけられた商業美術家の論理は、いかなる文脈においても、その有用性が確保できる限りは誰にでも似たように語れるものなのである。

「語り直し」への気づき

しかしながら、このような展開の中途半端さも織り込み済みであった。論理的には言えることと、実際に何が達成されているのかは全く別のことであるということが、当事者においても重々承知されていたのである。「団体は結局何にもならないといふのが現在全国作家の誰もがもつてゐる団体に対する定義なのです」（今竹 1940）と言わずにはいられなかった者において、時局を踏まえた商業美術家をめぐる言葉の過剰はもはや「始末が悪い」お話になっている。

「まだ社会的に名札をもたない吾々はあちこちでどんな悲喜劇を演じてゐるかも判らないのだ。もともと美術家であることだけは動かせぬ事実であるらしいが、職域意識からひところ商業美術家といふ名札が掛けられた。これにや丶自他共馴らされた頃合に突如として事変勃発、最近に至つては、もと商業美術家と称してゐた作家に産業美術家、生産美術家、宣傳美術家、報道美術家、印刷美術家、生活美術家、機能美術家、実用美術家、レイアウトマン、プロデューサー等々、舞台美術家や挿画家の如く特殊なものを除いたゞけでも全く吾々は果してどの名を執るべきかを迷はせるほど新語が続出、而も一人の作家がどの名称にも不可分な関係を有するものだけに甚だ始末が悪いのである。……〔中略〕……。狭義な職名に吾々は既に中毒を起してゐる。狭義な名称は吾々の仕事を自縛させる他に何等の効能も奏しないのだ」（今竹 1941）。

「商業美術家」と呼ばれ始めた「職域意識」は、時局への対応として「どの名を執るべきかを迷はせるほど新語」を生み出すに至ったが、「吾々は既に中毒」状態にあり、それは「吾々の仕事を自縛させる他に何等の効能も奏しない」というわけである。ここにあるのは、商業美術家の論理の徹底とそれに投げ込まれる言葉の過剰であり、またそれらの信じられなさである。[22] 商業美術家は文脈を変えてもその論理を維持することはできたのだが、そのこと自体の中途半端さは十分に気づかれていた。本研究が第一章で問題にした「語り直し」とは、このようにして人びとに気づかれ始め、またそれと同時になんとなく流されていくことで、いつの間にか積み上がっていくのである。

したがって、ここまでを「企業から国家へ」と短絡するより、もう少し丁寧に記述ができそうである。時局の変化に伴い、企業の広告活動が縮小する一方で、軍需が拡大したのは確かなのだが、ここで起きていたのは商業美術家の論理の徹底に限らず、論理として語り続けられることと、実際に達成されることとの乖離なのである。だからこそ、団体活動の結成と解散は繰り返されたが、実際に何が達成されたのかは反省されることもなかった。より正確に言えば、深く反省をしてしまわないことが、当時において商業美術家を語り続けるための条件となり始めたのである。

要するに、職業理念として語ることが可能になった商業美術家は、まさにそれが言葉であるがゆえに、制作物とは別の次元で展開が可能になった。また、そうした言葉の過剰は中途半端さとそれへの不信を生じさせたが、その両者を排除することなく共存させるという形で、「語り直し」が定型化するようになった。文脈を自由に語ることが可能な商業美術家は、その論理が自律的な展開を示し始め、またそのこと自体へのどうでもよさが、さらなる言葉の過剰を促すようにもなったのである。

三　ポスター概念の拡張と美人画の馴致

再定義されるポスター

それでは、このように商業美術家の論理が動き出したなかで、先行していた史的記述、技術語り、主体語りはどのように運用され、またそれらは職業理念といかなる関係を取り結ぶことになるのであろうか。そこで、まずは史的記述を確認することから始めよう。

第三章で確認したように、ここでの史的記述とはポスターの固有性を意味づけるために過去と現在を遡及的に関係付けていく動きのことであり、具体的にはポスターのために美人画との区別を明確にすることであった。そしてこのような史的記述によって、ポスターを心理学において捉えるという技術語りがそれなりに意味を持つようになったのだが、またそのこと自体が、史的記述をそれなりに理解可能にしていくという循環的な動きも生じるようになったのである。つまり、ある事象があるやり方で記述されるようになって初めて、その事象に対する理解に変化が生まれるのだが、その変化はさらなる記述の仕方に再考を促すようにもなるのであった。そして、このような動きゆえに、美人画とポスターの区別には新たな展開がもたらされるようになってきたのである。

「ところで我国のポスターでは、欧米のポスターに比較して特殊の事情にある。…〔中略〕…。といふのは、我国ではポスターの掲出を室内に求めるために、主としてポスターの掲出場所を提供する提供者の意欲を尊重しなければなりたゝぬからで、其処に特殊な態度が育つてゐる。即ちポスターは、発行者の意欲の如何に不拘室内の一個の装飾品といふ傾向を持たなければならぬ。…〔中略〕…。故にポスターが長く人の目に触れ、何回も見られるといふ反覆（ママ）訴求の効果をねらふものでは、其の画面が瞬間的印象的なものよりも、華麗にして興味深きものを選び、絵画的なものを尊重する。故に我国のポスターは繊細でおだやかであり、かつ人情的なポスターが歓迎される。特に喜ばれるのは美人のポスターであつて、これは美人が最も一般的な興味と嗜好とを持つからである」（濱田 1937:27-28）。

欧米と較べると日本は「特殊」である。なぜなら、屋外ではなく「室内」にポスターを掲出するため、その場所の「提供者の意欲」が無視できないからである。それゆえに「特殊な態度」が生まれ、それが「装飾品」としてのポスターを求めることになる。そもそもポスターは「反覆（ママ）訴求の効果」を狙っているのだが、それが掲示されなければどうしようもない。こうしたことから、日本ではまずは掲示されるために「絵画的なものを尊重」し、結局は「美人のポスター」に落ち着いていくというわけである。

つまり、美人画はポスターとの区別を明確にするために語られ始めたのだが、そうした区別の徹底できなさに気が付き、それが日本の「特殊」性として、ポスターの再定義へと跳ね返っているのである。欧米によるポスターは日本を美人画において語ることを促し、美人画しか描いてこなかった日本はいかにして欧米のポスターに接近できるかといういかにも「近代」らしい動きが生じたのだが、そもそもの前提が異なることに気が付き、日本の美人画は欧米とは異なる意味でのポスターなのではないかと新たに理解され始めたのである。

このようにして、もはや美人画とポスターを明確に区別するのではなく、美人画を組み込んだポスターの分類学が史的記述として登場するようになった。上述した引用に先だって、商業美術家を主張してきた濱田は「今日のポスターは第一に純粋美術の手法から其表現方法を得てゐる」として「美人ポスター」を挙げる一方で、「第二の方法は、ポスターはポスター独自の立場から出発して来るもの」として「写真の利用や、モンターヂュ、組合せ、構成活字だけのもの」があるという分類を示している（濱田 1935:226-227）。また、美人画そのものについても、第一期は「絵画」的だったが、第二期には大戦ポスターの影響から「単化」的となり[23]、第三期になって構成派を踏まえ「抽象」的に描かれるようになったという分類も示している（濱田 1936b）。美人画はもはや区別されるのではなく、ポスターという概念を拡張的に書き換えた上で、そのなかに位置づけられていく。そして、このようなポスターの分類学による美人画の馴致は、以下のような史的記述を導くことになる。

「今日、ポスターが非常に進歩して来た原因を作つてゐると考へられてよい、其の啓蒙時代に於て、当時の三越呉服店が、今から三十年も昔に、一等一千円といふ今日でもあまりない賞を懸けて、ポスター圖案を毎年募集された事があつたが、かういふ時の募集の言葉の中にも「美人繪」という名称が可なり用ひられてゐたのを覚えてゐる。それは、その頃までのポスターの殆んどすべてが美人繪であつた事を証明するもので、いはばわが国のポスター題材の伝統であるといつてもよからう[24]」（向井 1941）。

一九一一（明治四四）年に三越呉服店が懸賞募集をした時には、「懸賞廣告畫」及び「廣告畫圖案（エビラづあん）」と記述されており、それが後になって「美人画」と一括りにされてしまったことを第三章で確認してきたが、ここではそれが「募集の言葉の中にも「美人繪」という名称が可なり用ひられてゐた」と記述されてしまっている。そして、このような記憶の書き換えにより、「その頃までのポスターの殆んどすべてが美人繪であつた事を証明する」

とされ、美人画は「わが国のポスター題材の伝統である」とまで語られた。ポスターの登場によって展開を始めた史的記述は美人画という捉え方を遡及的に生み出し、またそれとの区別を明確にするものであったが、そのさらなる展開はポスターという概念の拡張を招き、やがて「美人画もポスターである」という当初とは逆さまの理解に至るのであった。

四　語りのなかのレイアウト

心理学としての写真

ところで、このように美人画を馴致してしまうポスター概念の拡張とそれに伴う分類学にはもう一つの動き、すなわち技術語りが効いていた。というより、美人画とポスターという区別だけでは捉えきれないような印刷物が登場してきたことで、ポスターを含む印刷物は新たに語り直され、その効果として分類学が生じ、美人画はポスターに組み込まれるようになったのである。例えば、先に濱田は「美人ポスター」を挙げる一方で、「写真の利用や、モンタージュ、組合せ、構成活字だけのもの」という分類を示していたが（濱田 1935:226-227）、対立的な関係だった美人画とポスターの縫合は、その対立の外にあった写真技術やそれに伴うレイアウト技術への関心と共振していたのである。それでは、そうした技術語りとはどのようなものであったのだろうか。

「写真は不思議に商業美術として軽視されてゐる傾向があつた。…〔中略〕…。それは新時代の産物である写真を計るに過去に於ける伝統的な美学の準縄規矩（ママ）を以てするところに一切の誤謬が初まるのである。…〔中略〕…。写真家の中には藝術写真家と云ふ特種（ママ）人がある。彼等は以前常套的な古型美的情趣に徘徊して、古来の印象主義的絵画の模倣にこれ努めてゐる。その作品は写真本来の特性を無視し特質を閑却して形態と色彩との均衡によつて創作される筈の絵画手法をその儘襲到（ママ）して、写真それ自身がもつ科学的機能に対する矜持のないのは誠に憐むべきである。…〔中略〕…。併し藝術的写真も亦過去の伝統的な美学から絶縁しなければならぬ。そして時代に適応した写真の特性を十分に発揮し得るところの新しい美学を樹立しなければならぬ」（仲田 1928）。

いわゆる「商業美術」において、写真は「軽視」されていた。なぜなら、写真を「伝統的な美学」において捉え、「藝術写真家」とも呼ばれる彼等は「印象主義的絵画の模倣」に努めてしまうからである。それは「絵画手法をその儘襲到（ママ）」しただけであり、「写真それ自身がもつ科学的機能」を追求しない点で「憐むべき」ことである。そこで、伝統的な美学とは絶縁し、「写真の特性を十分に発揮し得るところの新しい美学」を樹立せよというわけである。要するに、芸術と同じように写真が撮影されている限りは商業美術に組み込むことが出来ないので、芸術の美学とは区別した写真独自の美学[25]の必要性が語られているのだ。

こうした問題意識は、多くの写真家たちをモホイ＝ナジ（一八九五〜一九四六）の『絵画・写真・映画』（バウハウス叢書第八巻、一九二五年）へと向かわせ、その結果、「フォト」「フォトグラム」「レントゲンフォト」「フォトプラスチック」「フォトモンタージエ」といった写真独自の表現技術を誰もが語り始めるようになった（仲田 1928）。例えば、商業美術家を主張してきた濱田において、「廣告写真に於いては其美的訴求は他の絵画の場合と異つて写真といふすでに一種の技術がある故に、其表現に於いては絵画的な方面と、写真技術的の方面とに別れて美の訴求が試みられ」るものであり、とりわけ後者のような「写真が益々魔術的魅力発揮して廣告術中の好位置を占めることは疑ひのない」ことだと意味づけられた（濱田 1928c）。また、商業美術と写真の組み合わせに強い関心を持っていた金丸重嶺（一九〇〇〜一九七七）において、写真を「意識的に廣告目的、廣告使命」のために利用するためには、

「従来の限られたる写真機の機械的描写から脱して、巧な機械の操作によつて個性の表現に全能力を発揮」して、「顧客への訴求と興味を惹くことに努力」しなければならないともされた（金丸 1928）。要するに、伝統的な美学に準拠した芸術との明確な区別が、写真と商業美術との組み合わせをより良くすると理解されたのである。

こうした経緯から、芸術の美学には還元されない写真の美学が模索されるようになり、そこに技術語りが重なっていくようになる。すなわち、「フオト」「フオトグラム」「レントゲンフオト」「フオトプラスチック」「フオトモンターヂエ」といった写真独自の表現を他の素材と比較検討しながら、一枚の紙の上に「レイアウト」していくという技術語りである。そもそもレイアウトが日本で語られ始めたのは一九二九（昭和四）年だが、まだこの時点では写真との組み合わせによる意味づけは弱く、またレイアウトは「良い廣告を簡易に作る」方法以上のものとしては考えられていなかった。[26] しかし、こうしたレイアウトがその構成要素として写真表現を意識し始めると、[27] この組み合わせは心理学という学的記述を招き入れ、語りとしての分厚さを増すようになったのである。

「今迄の廣告画は自然的刺激と注意を通じてのみの働きで、…〔中略〕…、観者の神経と視覚習慣に従つてゐた。ところが近来廣告画は廣告術の進歩と共に自然的刺激や注意より構成的刺激に移り、しかして効果の上にも構成的手法の方が有効となつて来た。これは強度、量、運動、対照、周囲位置等の混成による組織的刺激を云ふのであつて、殊に視覚の錯誤の応用は益々廣告を変化させて来た。…〔中略〕…。要するに、レイアウトは廣告印刷物の特殊案配即ち、見出し、文案、圖案（或は写真、又は罫線）商標、廣告主名、住所の見易く、読み易く、而も刺激と迫力のある廣告面の案配、配置に用ひられる新技術で、現在では、廣告面を作成する技術家に取つては欠くべからず問題となつて来た」（室田 1933）。

今までの広告は「自然的刺激」に集中していたが、これからの広告は「構成的刺激」に注意を払うべきである。また、これは「強度、量、運動、対照、周囲位置等の混成による組織的刺激」によって達成され、特に「視覚の錯誤の応用」は広告を変化させている。このようにして「見易く、読み易く、而も刺激と迫力のある廣告面の案配、配置に用ひられる新技術」が「レイアウト」であり、これは「廣告面を作成する技術家に取つては欠くべからず問題」になっているというわけである。要するに、受け手の素朴な反応をあてにした単純な刺激ではなく、受け手の総合的な反応を先回りした複雑な刺激が必要であり、それが視覚に特化したレイアウトによって可能になるとされたのである。

芸術の美学に還元されない写真固有の表現は、それを心理学と重ね合わせたレイアウトという技術語りを経ることで、広告制作としての落ち着きを見せ始めた。そして、このように記述していくことこそ、私秘的な才能とは別に広告制作の方法を提示することでもあった。写真とレイアウトの組み合わせを心理学的に記述するということは、美学のような主体の代替不可能性を解除すると同時に、科学のように主体の代替可能性を肯定できるからである。だからこそ、写真とレイアウトの組み合わせという技術語りは心理学の言葉によって加速していくのである。「特定の誰か」ではなく、「誰であっても同じように」仕上がる方法を明示することが芸術との区別を明確にするのでもあった。

また、こうした技術語りこそ、先に述べたポスター概念の拡張とそれに伴う分類学が理解可能になるための条件でもあった。わざわざ美人画という捉え方を生み出し、それとの明確な区別において語られ始めたポスターは、その徹底できなさに気が付き、それがポスターの再定義へと跳ね返っていったのだが、そうした動き自体が美人画とポスターを組み合わせて理解しても問題ないと思わせてくれる写真の登場と、それに伴うレイアウト語りの効果でもあった。それをわかりやすく言えば、「美人画／ポスター」から「ポスターにおける絵画的表現／写真的表現」への横滑りである。絵画と写真という区別が先鋭化したことにより、絵画的表現における美人画とポスターという意味付けの差異が塗りつぶされたのである。先に取り上げた濱田による分類――「美人ポスター」と「写真の利用や、モンタージュ、組合せ、構成活字だけのもの」――は、こうした言葉の動きのなかで理解されるべきであろう。

組織への気づき

とはいえ、心理学の言葉によって加速し始めたレイアウトという技術語りが広く理解されたのかと言えば、そんなに単純ではない。例えば、雑誌『廣告界』は一九三七（昭和一二）年に「新聞雑誌廣告レイアウトコンクール」を開催し、[28]七〇〇余りの応募点数を集めている。しかし、その結果においては、「レイアウトの概念を正しく理解されてゐない応募者が可なり多かったと思われたことである。……〔中略〕……甚だしきに至つては圖案だけのものもあつた」（粟屋 1937）という反応や、「まだレイアウトといふことを充分に呑み込んでゐない人が相当にあるという一事であつた。中には単に構図といふ位ひに考へて文字の配列など眼中に置なかつた作品もあつた」（多田 1937）というように、むしろレイアウトへの無理解が確認されたのであった。[29]つまり、レイアウトは学的記述として積み重なっていく言葉のなかにしかなく、そうした語りに関心を持たない一般読者にはどうでもよいことだったのである。そうでなければ、図案に限った応募や構図くらいにしか考えていない応募はそもそもなかっただろう。

しかし、このような語りのなかでのレイアウトは、それ固有の副産物を生み出した点にも注意しておきたい。というのも、写真を構成要素としたレイアウトの技術語りは、その実際の作業において、個人というよりも組織という単位を重視したからである。

「従来は、実際問題として廣告物の作製にあたり、まづ（ママ）圖案家の活動によつて八分通り仕事が出来上り、レイアウトを含めた文案家のお添物によつて完成するのが常であつたが今日は計画に基くレイアウトマンの活動が終始最も大切な役割を果し、写真家が大部分の材料を提供して、レイアウトマンの指示による文字其他の圖案家的工作が付随して仕事が完了する順序となつた。今後此傾向は一層はげしくなるものと予想せられる。こゝに個々人の表現上の「持ち味」が協同者に障害となることなく生かされることの困難と必要とが問題となる。今後の廣告活動は廣告部内に於ける統制が益々重要性をもつに至るであらう」（廣告界 1934）。

これまでの広告制作は「圖案家」によって「八分」出来上がり、レイアウトや文案は「お添物」だった。ところが、「写真家が大部分の材料を提供」するようになってからは、「レイアウトマンの指示による文字其他の圖案家的工作が付随」するようになった。こうした意味で、「計画に基くレイアウトマンの活動が終始最も大切な役割」を果たしており、今後も「此傾向は一層はげしくなる」と思われる。そして「個々人の表現」と「協同者」がいかなる関係を取り結ぶのかが問題となり、今後の広告制作は「廣告部内に於ける統制」が重要になるというわけである。要するに、絵画的表現が多かった時には図案家という個人を中心して広告制作を進められたが、写真的表現も素材の一つに組み込めるようになってからは、複数の人間で組織的に広告制作を行うことが課題になってきたのである。

このようにして、写真を構成要素としたレイアウトの技術語りはその声の届かなさとは別に、議論としては別の展開を進められるようになった。というより、このような組織語りに接続できるようになったからこそ、広告制作はより語り続けていくことが可能になった。実際のところ、広告制作における組織への気づきはその文脈を拡大し始め、時には集団的な映画制作と関係付けられ[30]、また時にはボート競技を例に出して人びとの共同行為を語る批評家の随筆と結びつけられ[31]、とにかく語り続けることだけはできるようになったのである。

ここまでをまとめよう。まず、美人画とポスターの区別を塗りつぶしていくポスター概念の拡張とそれに伴う分類学を促したのは、写真を構成要素の一つとするレイアウトという技術語りであり、それに対する心理学的な意味づけであった。美学的な絵画と心理学的な写真という区別が先鋭化したことにより、美人画とポスターという絵画的表現において区別されていた意味付けの差異が見えにくくなったのである。しかし、心理学によって言葉の厚みを増したレイアウトは人々に広く理解されたというよりは、語りのなかだけで自律的に議論を展開していく途を拓くことにもなった。それは絵画的表現のように個人で作業するのではなく、写真的表現も広告制作に取り入れる場合は、組織的に作業していく必要があるといった議論である。要するに、技術語りは写真とレイアウトの組み合わせによって加速するようになり、またそうだからこそ、もはや個人に限らない広告制作が必要なのではないかという別なる気づきが生じるようにもなってきたのである。

五　レイアウト概念の拡張

戦争とデザイン

それでは、ここまでに確認してきた商業美術家の論理の自律と史的記述、技術語りとそれに伴う組織への気づきは、いかなる展開を見せていくのだろうか。というより、本研究のこのような冗長にも読める記述はいかなる意味を持ち、一体何を書いているのであろうか。それを改めて確認しつつ、このような展開に対してどのような意味付けが生じたのかを記述していくことにしたい。

第一章でも述べたように、戦争に関与した広告人たちが自分史を語り出したのは一九七〇年代から一九八〇年代であり、そうした積み重ねを経て二次文献が出版されるようになったのは一九九〇年代からである。本研究でも取り上げていく「報道技術研究会」という活動に焦点を当てた難波功士の『撃ちてし止まむ』（講談社選書メチエ、一九九八年）などはこうした動きの結果と言えるが、一九九〇年代以降のデザイン史はこれらを踏まえ、さらなる史的記述を展開するようになった。しかし、どういうわけか、それは独特の偏りを孕んだものでもある。

「報道技術研究会（報研）の結成は一九四〇（昭和一五）年、一九三八年に論文「報道美術に於ける集中と分化」を発表していた今泉武治が趣意書を書き、二三人が会員に名を連ねた。今泉、新井静一郎、原弘、堀野正雄、大久保和夫、氏原忠夫、前川國男、藤本四八、小山栄三、祐乗坊宣明などである。活動は敗戦まで五年にわたり、初期会員以外に写真家、建築家、学者、編集者など六〇人余りが参加した。そのメンバーは日本工房や東方社と重なりながら、驚くべき広がりをみせる。デザイン以外では、イタリア文学者の三浦逸雄、三越の岡田茂、演劇評論家の戸坂康二、作詞家の江間章子、漫画家の加藤悦郎などがいた」（森山 2003）。

「戦争とデザイン」と題されたこの項目では、先行研究を踏まえつつも、実際に書かれているのは名前の羅列であり、そこからの人脈の展開である。例えば、報道技術研究会の「趣意書」がどのようなものであったのか、また「報道美術に於ける集中と分化」という論文において何が述べられていたのかを記述するよりも、「そのメンバーは日本工房や東方社と重なりながら、驚くべき広がりをみせる」というように人間関係の記述が優先され、またこうした記述のあとには制作物の並置が始まるのである。このように制作者名を羅列し、それに制作物を当てていくという記述は、ここで取り上げられている「日本工房[32]」や「東方社[33]」においても同様であり、デザイン史においては、こうした制作物と人脈の束として「戦争とデザイン」が理解されるのである。つまり、デザイン史は制作物と制作者の組み合わせにおいて記述を成立させようとするので、制作物として業績を残していない制作者が何をしていたのかを見えにくくしているのである。

しかし、このような記述の在り方に注意しながら史料を見つめ直すと、制作物を重視するデザイン史にはあまり書き込まれることのない言葉の厚みが見えてくる。例えば、上述した引用部分によれば、一九四〇（昭和一五）年に「報道技術研究会（報研）」が結成され、その二年前に「報道美術に於ける集中と分化」という論文を書いていた「今泉武治」が、報研の「趣意書」も書いていたという。そうならば、そうした史料において、何がどのように語られていたのかを検討してみることはおかしな作業ではない。というのも、ある対象が既に書かれていたとしても、それは書くことの終わりを意味するものではないからである。むしろ、その対象を別様に書き取ることができるならば、結果としてその対象の豊かさが見えてくると考えるからである。人脈の動きだけではとても安心することのできない、意味付け自体の動きを記述することができるのであれば、それこそ、当時にそこで何がどのように理解されていたのかを書いたことになると言えよう。

報道技術研究会と今泉武治

さて、本研究がここまでに述べてきたのは、美学的な絵画と心理学的な写真という区別が先鋭化し、それがレイアウトという技術語りを加速させたという点である。そして、こうした展開はレイアウトを語りのなかだけで自律させてしまう途を拓くと同時に、個人に限らない広告制作が必要なのではないかという組織への気づきを生じさせたのである。それではこのような展開と、上述した報道技術研究会[34]や今泉武治[35]（一九〇五～一九九五）はどのような関係にあったのだろうか。例えば、先のレイアウトという技術語りは、今泉において以下のような気づきを促していたのである。

「然し乍らこゝに驚くべきことは、我国の廣告作成の慣例に従へば、廣告を形成することの大部分が技術家たる圖案家にのみ委ねられて来たことである。この認識不足は決して作家たる圖案家に対する儀體（ママ）でもなければ、廣告事務の正当な処理でもない。これ等の諸条件を一つに統合し、形成すべき確然と独立した分野を定むべきであり、その分野を擔ふべき職能を制定することを必要とする、こゝにレイアウトの職制の独立が必須のものとなる。この意味でレイアウトマンは単なる技術家ではあり得ない。レイアウトマンは経営の最高指導者の意志と技術家の作品とのギャップに架けられるべき橋梁にもたとへられやう。そしてレイアウトマンは廣告を形成する一定のプランのもとに、異った幾つかの素材を各個人に求める。そして各作家は自己の技術に対して最高のものをもつことを必要とする。その結果写真のみによる廣告、絵画を主とし商品写真を加へた廣告、異った持味をもつ作家に人物と商品の絵を別々に依頼して作られた廣告等が目的に応じそれ等の素材が任意に取り上げられ、作られるのであるが、それ等を一つの方針と意志と感覚のもとに結合することによって始めて統一され適合された廣告が作られるのである。レイアウトマンにはそれ等の事務的行動を円滑に断行し得るために職能の自主性が付与されねばならない。米国の例に見るアートディレクターがレイアウトマンを兼ねることはその意味で最も便宜とする」（今泉 1937a）。

従来の広告制作の大部分は「圖案家」に委ねられていた。しかし、こうした「認識不足」を改め、「レイアウトの職制の独立」が必要である。そして、この意味での「レイアウトマン」は「経営の最高指導者の意志と技術家の作品とのギャップに架けられるべき橋梁」的な役割を担うと同時に、「廣告を形成する一定のプランのもとに、異った幾つかの素材を各個人に求める」役割も担う。そうした結果として、「一つの方針と意志と感覚のもとに結合」された広告が制作でき、こうしたレイアウトマンは米国で「アートディレクター」とも呼ばれているというわけである。

このように技術語りから派生した組織への気づきは、映画制作などにも文脈を広げながら言葉を積み重ね[36]、間もなくレイアウト概念の拡張を導くようになる。それは例えば、同一平面に多様な要素を配置していくレイアウトは「これ等の技術の間を統合し、目的に適合せしめる中間的介在者としての新しい一団の人々——技術者 Technician——」を必要とするのであり、さらにこうした「レイアウトマン」は「国家組織に於ける軍事、政治、経済の間、報道美術に於ける（国家、又は経営団体）技術者団、国民（又は顧客）との間を、一つの意志と技術をもって統制する技術者」でもあるというわけである[37]（今泉 1938b）。

つまり、技術語りとしてのレイアウトは広告制作における多様な担当者をまとめる中間的な存在であると同時に、そうした制作物によって国家と国民の関係を取り持つ媒介者でもあるという組織語りへ転調し始めたのである。[38] またこのような「個人から集合への転位」（今泉 1938b）こそ、上述したデザイン史において論文名だけが引用されていた「報道美術に於ける集中と分化」論文に書かれていたことでもある。[39] そして、このような組織語りが全面展開するのが一九四〇（昭和一五）年一一月に結成された報道技術研究会の「趣意書」であり、その後の言論活動なのである。

「報道技術とは、国家意志を「知らせる」ことによつて国民を自覚的に結ぶための媒介者であり、このために計画と実践を技術的理念によつて統合させねばなりません。…〔中略〕…。このやうに主体と客体、世界観と意志、理念と実践といふ対位概念を報道の立場において統一するといふことは、非常に広範な技術を要することになるのでありまして、従つて今までのやうな個人的制作だけでは、どうしても包み切れぬ大きなものとなるのであります。…〔中略〕…そこで仕事の深さを持つ多方面の技術家がそれぞれの特徴を持ち寄り、協働するといふことが必要となつて來ます。この分化による協働によつて、表現形式が多様となり深化されて参ります。…〔中略〕…。かうして高い指導理念からの計画性と、画家・圖案家・写真家の深化された技法及び構成企画・印刷化・立体化への特殊技能などが協働して、一つの総合組織体となるべきであります。この縦に並立分化した職域を、横に一丸として総合し、そこに高い報道的機能を創造しやうとするものが報道技術なのであります」（今泉 1940）。

「報道技術」は「国家」と「国民」を結ぶ「媒介者」である。また、このような対を「報道の立場において統一する」には「広範な技術」が求められ、今までのような「個人的制作」ではなく「多方面の技術家がそれぞれの特徴を持ち寄り、協働」していく必要がある。このような「分化による協働」によって、「高い指導理念からの計画」とそれぞれの「技法」や「技能」を組み合わせ、そうした「一つの総合組織体」を「報道技術」と呼ぼうというわけである。[40]

ここには、商業美術家にはなかった言葉が走っている。というより、商業美術家は個人を前提にしていたという話が事後的に盛り込まれ、それとの差異において報道技術は組織を前提にしていると意味付けられ始めた。商業美術家という主体語りが論理として自律的に展開できるようになり、技術語りとしてのレイアウト概念は組織語りにまで拡張されたのだが、そうした動きは商業美術家という主体語りに再定義を促すようにもなり、その結果として、従来とは異なる主体語りが紡がれ始めたのである。このような意味で、ここでは「報道技術」に限らず、それを担う者の在り方が語られており、やがてそれは「報道技術者」（今泉 1943）と呼ばれていくことになる。そして、このように国家と国民を媒介すると同時に、制作において多様な担当者に指示を与える報道技術者こそ、個人という単位を事後的に割り振られた商業美術家という職業理念を書き換えていくようになる。

とはいえ、このような組織語りを前提にした報道技術者が当時において広く理解されたかといえば、そうでもない。例えば、レイアウトはその技術語りにおいても「語りのなか」で展開されるものだったので、その概念的な拡張として組織語りは局所的な展開に過ぎず、また技術語り自体も広がったわけではない。とりあえずは語れてしまうことと、語ってもどうしようもないと思われることが、手を取り合わないまま循環したのである。それゆえか、今泉自身によれば「当時のデザイン界というのは、いわゆる図案家、絵描きさんの世界でしたから、とても理解してもらえなかった。私としては新しい広告の時代に息吹を感じていたのですが、受け入れてもらえる土壌ではなかった」（今泉 1991）と回想され、井上祐子氏による聞き取りによれば、「今泉の独り芝居に終わったという面もありますね」（今泉武治インタビュー：一九九五年一〇月二七日）というように、当時における職業理念の空振りが自認されている。

また、これだけレイアウトが語られた割には「壁新聞[41]」という、どれ程の効果があるのかもわからない情報伝達手段が報道技術研究会において強調されたりもした[42]。そもそもは、一九四〇（昭和一五）年に報道美術協会が主催した「国家総力戦ポスター展」において、内閣情報局が提供した「独英の壁新聞」を訳して展示したら評判が良く、今後はこれに力を入れていきたいという展開であった。しかし、「今の儘では、ポスターの一変型にしか過ぎまい」（新井 1941b）、また、「現在のやうに不定期とも思へる程に緩慢な発行では、国民はそれを期待し、それに就いて行かうとする結び付いた心が出来ないと思ふ。これは何よりも得策ではない」（山名 1942）というように、その限定性も織り込み済みであった。[43] とりあえずのこととして、壁新聞の必要性を語ってみることと、それを実際に制作するつもりがあるのかという点はそれなりに区別されていたのである。

六　報道技術者の弁証法

今泉武治の「報道技術構成体」

このような言葉と物の乖離を踏まえつつも、商業美術家にかわる職業理念としての報道技術者は具体的にはどのような議論を構成し、またいかなる意味を持っていたのであろうか。

報道技術研究会は一九四三（昭和一八）年に『宣傳技術』（生活社）を刊行し、ここに会員の言論活動をまとめている。また、これに収録された「報道技術構成体」は報道技術研究会の言論活動や運営の中心を担った今泉武治の集大成的な論文であり、報道技術者の具体的な在り方はここで示されていく。そして、これによると、報道技術者は「構想技術」「企畫技術」「表現技術」の三つが統合された「技術構成体」だとされ、[44] そのなかでも「レイアウト」とルビが振られた「企画技術」には、以下のような重みが与えられていた。

「レイアウトはかくして、内的思惟から全一的形象へと限定しつつ発展させる媒介的技術の第一段階である。このことは理性的媒介であるとともに感性的媒介をなすものである。したがって、レイアウトは内的意味の論理的延長や合理化でもなければ、単に感性化や美化でもない。この両者の激しい離反・対立をのり越え高めて、円融された一つのかたちとすることがレイアウトの目標なのである。…〔中略〕…。このやうに、考へられた概念から描かれたものへ、描かれたものから新しい概念形成へと環流しつつ、次第に明確なレイアウトを形成してゆくのである。このやうな形成の環流の上に高い意志が働いて居らねばならぬことはいふまでもない。このやうにしてレイアウトは、思惟的なものと表現的なものとを仲介すべき中間的形成領域なのである」(今泉1943:87-88)。

レイアウトは「内的思惟」から「全一的形象」へと展開させるための「媒介的技術」である。また、これは「理性的媒介」であると同時に「感性的媒介」をなすものであり、「この両者の激しい離反・対立をのり越え高めて、円融された一つのかたちとすることがレイアウトの目標」である。このようなレイアウトは「考へられた概念から描かれたものへ、描かれたものから新しい概念形成へと環流」するものであり、その上に「高い意志」が働いていなければならない。こうして、レイアウトは「思惟的なものと表現的なものとを仲介すべき中間的形成領域」だというわけである。

ここには、今までになかった言葉が見出される。それは、正と反をぶつけて合を導こうとする弁証法である。[45] 第三章で述べたように、商業美術家においては感性的なもの＝美学を否定し、理性的なもの＝心理学を肯定することで主体語りは導かれることになった。しかし、ここでは感性的もの＝美学を否定するのではなく、理性的なもの＝心理学との衝突から両者を止揚させていくことが目指されているのである。またそうだからこそ、「企画技術」は主題の選定などを行う「構想技術」と具体的な制作を担当する「表現技術」の中間に位置づけられ、「構想技術と表現技術との間には知的なるものと感性的なるもの、合理的なるものと非合理的なるもの、理性的と直観的なる対立矛盾を含んでゐる。このやうな矛盾が、特に客体化された組織の中の問題としてとりあげられ初め(ママ)たところに現代的意義を認めなければならない」（今泉 1943:105）とまで語られるのである。
要するに、商業美術家という論理の自律は国家と国民を媒介するという語りへ横滑りすると同時に、技術語りとしてのレイアウト概念を組織語りにまで拡張していくことになったが、その展開は商業美術家において否定されていた美学的な主体との区別を強調するのではなく、それとの絶え間ない衝突と止揚を前提とした弁証法的な主体語りになり始めたのである。そして、このような言葉の積み重ねにおいて、報道技術者の条件が以下のようにも語られていく。

「知的なるものと感性的なるものとの断絶的矛盾に充ちた自己は、かへつて矛盾に阻止されることによつて自己を高めてゆく。そして充されぬ表現が充されるまで、このやうな打開の連続がつづけられる。…〔中略〕…。この断絶の間にあつてこの空虚を真に自覚しつつ完全な形を求めて彷徨するこの不満こそ、つねに創造の母体でなければならない。このやうな、知的なるものと感性的なるものとの矛盾を打開し完全なる形を追求することへの深い自覚と熱情をもつといふことは、報道表現の制作者にとつて欠くべからざる条件でなければならない」（今泉 1943:100-101）。

繰り返しておくと、「知的なるものと感性的なるもの」という「断絶的矛盾」は、その「打開の連続」を繰り返すことで「自己」へと至る。そして、このように「充されぬ表現が充されるまで」、また、この「空虚を真に自覚しつつ完全な形を求めて彷徨」う「不満」こそ、「創造の母体」であり、「報道表現の制作者にとつて欠くべからざる条件」であるというわけである。要するに、こうした到達不可能な何か——ここでは、知的なるものと感性的なるものの止揚——への終わりなき努力と断念こそ、美学的な主体と素朴に区別してしまう商業美術家とは異なり、弁証法的な主体語りとしての報道技術者なのである。

弁証法としての組織

なお、このような弁証法的な主体語りも組織語りが前提になっていたことは踏まえておきたい。例えば、報道技術者には「互ひは、まかせる、まかせられることによって、そこからはおのおのの職域に全力をつくす」と同時に、「他と結びあひながら自己の専門化に努める」ことが求められていた。またそうだからこそ、「分化された自己の技術は、当然他と結ばれねばならない」とも言うことができたのである（今泉 1943:106-107）。つまり、組織語りに拡張されたレイアウト概念は広告制作において多様な担い手を想定できるので、むしろそれらをどのように結びつけるのかが現実的な問題となってくる。こうした意味で、特定の担い手を事前に排除しない組織語りとしてのレイアウト概念は、諸要素の止揚を目指す弁証法的な主体語りを事象内在的に導けてしまえると言うことができよう。

とはいえ、このような言葉の展開に外在的な要因を求めたくなってしまうかもしれない。実際のところ、「報研（引用者註：報道技術研究会）のひとつの主張は、技術論（三木清、三枝博音、相川春喜）、組織論（馬場敬治、デュルケイム）、人間論（シューベークラー、ゴッドル、ハイデッガー）的な立場をくんで、それを組織の中に加味しようと考えたことです」（今泉 1991）と回想されており、小山栄三の『宣伝技術論』（高陽書院、一九三七年）や三木清の技術論に関する読書メモが複数残されていることも史料調査において確認している。

こうしたことから、報道技術者という職業理念が当時の思想にそれなりの影響を受けていたと述べることも可能なのだが（加島 2005）、そうしたところで言及関係の指摘以上の知見は導けないというか、そのように書いてみたかったということにしかならない。当事者の論文において言及されたという事実と、実際の議論がどのような構成となっていたのかは区別可能だからである。確かに、今泉は弁証法と重ね合わせて主体語りを展開した。しかし、そのこと自体は今泉という人称や彼の思想に還元されないで説明される可能性もあるのだ。

それでは、いかにしてか。ここで芸術家と商業美術家における主体としての差異は、その前提にある美学と心理学の差異から理解されていたことを思い出したい。つまり、制作物と制作者の一致を願う芸術家は、まさにそれゆえに主体が代替不可能な制作を行うのだが、制作物と制作者の不一致を客観的な技術語りによって補えてしまえる商業美術家は、その分だけ主体の代替可能性が上昇するのであった。こうした主体の代替可能性の肯定こそ、広告制作が副業から本業になっていくための条件であり、またそれゆえに、誰でも似たように語られるようになったのである。

ところが、本研究がここまでに述べてきたように、その展開は商業美術家という主体語りの論理的な自律へと向かい、また新しく生まれた技術語りとしてのレイアウト概念は組織語りにまで拡張され、そうした動き自体が商業美術家という主体語りに再定義を促すと同時に、それとは異なる報道技術者という主体語りを導いたのである。そして、そこでは商業美術家が否定していた美学的な主体と区別するのではなく、それとの絶え間ない衝突と止揚を前提にした弁証法が参照され、その結果として主体語りが構成されたのである。報道技術における「レイアウトは、思惟的なものと表現的なものとを仲介すべき中間的形成領域」であり、「この両者の激しい離反・対立をのり越え高めて、円融された一つのかたちとすることがレイアウトの目標なのである」（今泉 1943:87-88）などと意味付けられたのは、技術語りから組織語りへと拡張されるレイアウト概念をめぐる文脈の展開があったからであり、今泉の思想的背景などに還元されるものではないのである。

要するに、商業美術家において前提とされていた美学と心理学の対立関係は、報道技術者において並列的に扱われると同時に、そのこと自体を観察できてしまえる視点に主体が設定されたのである。確かに報道技術者という主体語りは弁証法的に組み立てられているのだが、それはそのように言えてしまえる組織語りを前提にしており、またこの組織語り自体は、広告制作における多様な素材を並列的に扱うことを可能にしたレイアウトという技術語りから展開されたものであった。このように、美学と心理学の対立を前提にした主体の代替不可能性と主体の代替可能性という関係ではなく、主体が代替可能な商業美術家の論理において技術語りとしてのレイアウト概念を拡張し、そこに主体が代替不可能な芸術家を一度は組み込んだ上で、結果的には組織という主体の代替可能性を上昇させていくという語りになりえたのである。報道技術者という職業理念はこのように紡ぎ上げられ、またそうだからこそ、制作物と人脈の束には還元できないような言葉の分厚さを持っていたと言うことができよう。

七　報道技術者と「書くこと」

組織を語る主体

ここまでをまとめよう。本章は最初に、企業のなかで商業美術家が活動できるようになった分だけ、その両者の関係をどのように捉えるのかという点が問題になり始めたということを述べた。また、このような問題意識自体が原稿として提出する版下と最終的な仕上がりとの一致を文案よりも強く願う図案に特有であり、また印刷という技術的媒介に枠付けられていたという点を確認した。そして、こうした事情だからこそ、商業美術家と広告主の意思疎通を円滑に行うための中間的な存在が求められたりもしたが、実際のところはそうした連携のできなさが確認されていたのである。つまり、商業美術家は印刷における原稿の再現性を重視するからこそ、広告制作を誰とどのように進めていくのかという作業上の問題意識が生まれ、それが「広告部長」という中間的な存在への気づきを導いたのだが、結局のところはそうした存在の信じられなさを確認していく方向へ向かったのである。

本章は次に、時局が変化していくなかで商業美術家という論理が自律し始めたことを確認し、またそのことが、広告業界に完全には組み込まれていなかった商業美術家の団体結成を促すようになったことを述べた。しかし、論理的に言えることと、実際に何が達成されているのかは区別可能であり、商業美術家の団体結成における言葉の過剰な積み重ねは深く信じられているとは言えない状況だったことも明らかになった。職業理念として語ることができるようになった商業美術家は、まさにそれゆえに、制作物とは別の次元で動きはじめ、またそうした言葉の過剰への不信を織り込みつつも、その両者は簡単には手を結ばないという点において循環し始めたのである。文脈の自由度が上昇した商業美術家は、それがどのようにでも語れるようになったと同時に、そのこと自体へのどうでもよさが、さらなる「語り直し」を促すようにもなったのである。

続いて本章は、先行する史的記述の書き換えが事象の内部で生じたことを確認した。つまり、美人画という捉え方はポスターの登場によって遡及的に作り出され、そこから史的記述が生まれたのだが、こうした区別の展開はポスターという概念の拡張とそれに伴う分類学を生み出し、「美人画もポスターである」という当初とは逆さまな理解に至れるようになったことを明らかにしたのである。

さらに本章は、このような史的記述が可能になるための条件として、技術語りにも動きが生じていたことを確認した。その代表例は写真の登場であり、絵画の美学とそれを区別しようとする動きであった。そこで写真はレイアウトという技術語りと組み合わせになり、心理学的に意味付けられるようになったのである。つまり、美学的な絵画と心理学的な写真レイアウトという区別が先鋭化したことにより、美人画とポスターという絵画的表現において区別されていた意味付けの差異は塗りつぶせるようになったのである。しかし、このような技術語りとしてのレイアウトも広く理解されたとは言えず、むしろ「語りのなかのレイアウト」として自律的に展開しようとしていた。またそうだからこそ、今度は広告制作における「組織」への気づきが生まれ、それとして文脈を拡大しながら語り続けていくことだけはできるようになったのである。

このような展開を踏まえ、本章は技術語りとしてのレイアウト概念が組織語りにまで拡張されていく具体的な過程を、報道技術研究会での言論活動や運営の中心を担った今泉武治において観察した。そこでは、商業美術家に対して「個人」という単位が事後的に割り振られ、それとの差異として報道技術者における「組織」が強調されるようになったという点が明らかになった。また、こうした組織語りの前提にあるレイアウト概念の拡張は、広告制作における多様な担当者をまとめる中間的な存在であると同時に、そうした制作物によって国家と国民の関係を取り持つ媒介者でもあるという、二重の意味を孕んでいたことが明らかになった。しかしながら、このような議論の局所性と限界は語り手においても自認され、また報道技術との組み合わせで強調された「壁新聞」という伝達形式への信頼も高くはなかったことも明らかになった。つまり、とりあえずのこととして語れることと、本気でそのつもりがあるのかはそれなりに区別されていたのである。

そして最後に、報道技術者がいかなる意味で商業美術家という職業理念を書き換えたのかという点について述べた。そこで明らかになったのは、組織語りにまで拡張されたレイアウトという技術語りは、商業美術家という先行する主体語りに再定義を促すと同時に、それとは異なる主体語りを導くようになったという点であり、そこでは美学的な主体と区別するのではなく、それとの絶え間ない衝突と止揚を前提にした弁証法的な主体語りが生じたという点である。そして、こうした動きは主体の代替不可能性＝美学と主体の代替可能性＝科学という対立ではなく、組織語りと弁証法によって主体の代替不可能性を一旦は組み込んだ上で、結果的には主体の代替可能性を実行していくというやり方になっていた点を確認した。要するに、芸術家と商業美術家という素朴な区別ではなく、それらを並列的に扱うと同時に、そのこと自体を観察する主体が設定された点こそ、報道技術者が商業美術家という職業理念を書き換えたと言える点なのである。

今泉武治と「書くこと」

なお、最後にこのようにしてまで報道技術者が語られるようになったことの意味として、広告制作と「書くこと」の関係を確認しておきたい。本研究は第三章において、広告が物として存在していたことと、それが語りの対象になり始めたことは時間的に一致しているわけではないということを指摘し、その上で商業美術家という職業理念を語り続けた濱田増治は「書くこと」が止められず、またそうであったからこそ、人々から浮いてしまっていたことを確認した。また、このようにして商業美術家が執拗に語られるようになったからこそ、実践なくして理論はないという後続の議論によって、濱田のように代表的な制作物のない主体語りは脇に寄せられてしまったことも確認した。つまり、商業美術家がそれとして語られ始めたからこそ、今度はそれ自体に別の理解の可能性が生じ、そもそも語られ始めた時のことが見えにくくなっていたのである。

それでは報道技術者と「書くこと」の関係はいかなるものであったのだろうか。デザイン史や広告史で殆ど取り上げられることのない報道技術研究会の今泉武治は、終戦までに二一本の論考を書き残している。同じく報道技術研究会に所属していた山名文夫や新井静一郎も多くの原稿を戦前に残していることを踏まえれば、このこと自体は決して珍しいことではない。しかし、本研究において特筆すべきは、こうした今泉が広告制作について「書くこと」に対しても日記[46]に記録を書き残していた点である。

例えば、今泉が自ら原稿（今泉 1934）を書くようになってからは、原稿の依頼（今泉日記：一九三三年一一月一一日）から、催促（同：二〇日）や下調べ（同：二四日）、そして「写真の近代性を書かうと思ふが散漫になってまとまらない」（同：二六日）という悩みや「七時から十二時までぶっつづけ「写真の近代性と廣告写真」の前半の原稿を書き上げる。骨が折れる」（同：三〇日）という脱稿の瞬間、さらには掲載を確認するまでを（同：一九三四年一月八日）、詳細に書き残している。また別の原稿（今泉 1935）においては、執筆から出来上がりまでを、以下のようにも書き残している。

「夜、レイアウトの参考書調べる。本だけで十二、三冊。十二時すぎる。大体まとまったのであした書かう」（今泉日記：一九三五年二月一六日）。

「二時近くからレイアウト論の参考書を調べる。夕方近くから書き始める。書き出しを苦心する。十二時近くまで殆んど休まずに八枚位しか書けない。どうも僕のもつ言葉が少ないらしい。内容は相当に調べてあるのだが」（同：一七日）。

「八時頃から十二時まで、レイアウト論を書く。いよいよ今夜で完成。でも今迄に書かれた事の無い事迄も調べたので嬉しい。自信で一杯だ」（同：二二日）。

このような自己言及を踏まえれば、今泉は広告制作を単に「書くこと」だけでなく、「「書くこと」を書くこと」により、さらに広告制作を「書くこと」へと接続させていくような自律性を、日記を綴るなかで形成していたと考えることもできよう。また実際に、この後から今泉の言論活動は活発になっていくのである。しかしながら、先にも引用したように、今泉自身によれば「当時のデザイン界というのは、いわゆる図案家、絵描きさんの世界でしたから、とても理解してもらえなかった。私としては新しい広告の時代に息吹を感じていたのですが、受け入れてもらえる土壌ではなかった」（今泉 1991）と回想され、井上祐子氏による聞き取りによれば、「今泉の独り芝居に終わったという面もありますね」（今泉武治インタビュー：一九九五年一〇月二七日）というように、当時における職業理念の空振りが自認されている。要するに、商業美術家とは異なる意味での職業理念として報道技術者が語られるようにはなったのだが、そのこと自体が報道技術研究会の今泉武治という局所的な展開でもあったのである。

商業美術家の論理が自律して展開されるようになり、それとしての働き方や連帯の仕方に多くの言葉が投げ込まれるようになったが、それと同時にこうした意味付けに対する不信というか、言葉として語れることと実際に達成されることとの乖離がそれとして循環しつつ、現象するようになった。とはいえ、こうした展開は史的記述の書き換えや新しい技術語り、そしてこれを拡張した組織語りから弁証法的な主体語りをも導くようにもなり、商業美術家において誕生した〈広告制作者〉という職業理念は書き換えに至ったと言うことができよう。

しかし、そのことも局所的な動きであったことは否めず、論争を引き起こした商業美術家のように反論が生まれることもなかった。その意味で、報道技術者は職業理念としてここまで考え尽くされたという以上のものではない。

またそうだからこそ、一九四五（昭和二〇）年九月に報道技術研究会が解散してからは、それがそれとして語られることもなくなったのである。

とはいえ、終戦を疎開先の福島県梁川町で迎えた今泉は一九四五（昭和二〇）年八月二三日に帰京し、翌二四日に同じく報道技術研究会の会員だった山名文夫（一八九七～一九八〇）から「気持ちをさっぱりする」と会の解散の報告を受けたところ、「報研の存立そのものはもっと深く大きいのだから一寸感情的になりすぎ」（今泉日記：一九四五年八月二四日）と強い違和感を書き残している。戦争は終わっても、報研は終わる必要がないという理解が、今泉の中では成立していたようである。だからこそ、報道技術研究会が解散作業を進める途中でも、「どうもさっぱりとした方法ではない」「、「報研の技術主義的方向はこれからもいよいよ強化されるべき」（同：一九四五年一〇月二七日）と日記に書き残しているのである。

このようなくすぶりを踏まえるならば、ここまでに語られてきたことが、これからどのように語り直されていくのかこそ、本研究が今後も書き取っていく課題となるはずである。商業美術家から報道技術者に至るまでの言葉の厚みと、それ自体の制作物からの浮遊。こうした記述と事象の関係に注意を払いながら、次の章ではもう少し時代を進めていくことにしたい。

1 ある活動が職業理念になるということは、特定の人間関係に依存することなく、公開された条件を踏まえることで、誰もが参入離脱が可能な選択肢になるということである。

2 厳密には、この商業美術振興運動は「創作品の懸賞募集」「商業美術展覧会」「商業美術講習会」の三つからなり、創作品の懸賞募集においては「印刷廣告圖案」と「衣装圖案」があり、その前者には「廣告ポスター圖案」（一等五〇〇円）と「新聞廣告圖案」（一等三〇〇円）が、後者には「裾模様」（一等八〇〇円）と「浴衣」（一等五〇〇円）が設定されていた。第一回（一九二一年）の応募点数は、ポスターが七〇九点、新聞広告が一一七二点、裾模様が五九八点、浴衣が一八二三点だった（毎日新聞社広告局 1993）。

3 「一九二四（大正一三）年の二億二三八万行に始まって、それから昭和恐慌期にかけての約九年間は停滞もしくは減少傾向をたどり、昭和恐慌過程では一九三二（昭和七）年には最低の落ち込みを記録している。しかし、翌一九三三（昭和八）年からは、日本経済の恐慌脱出につれてようやく上昇に転じ、一九三六（昭和一一）年には二億五〇〇〇万行の大台を超えるに至っている」（内川 1976:306）。

4 「すなはち、今日我廣告界の実状は、新聞廣告を本位とし、その他の媒体は殆んど補助媒体たるに過ぎないものである。殊にポスターの如きはそのほんの一部に過ぎないのみならず、廣告物取締等の関係上その利用機会範囲等に於て、むしろ年々に利用価が縮減されんとする傾向があり、また一面新聞廣告利用価値がますます認識せられて来た関係等にもよるものであらうと考へられる。たゞ従来商業美術を論ずる場合、その主体となるものは殆どポスターであつて何れ商業美術展等に於ても、新聞廣告圖案の如きは、日陰者扱にされてゐた観があつたものである」（飯守 1933）。

5 「今日のポスターは製作よりも配給に頭を悩ましてゐるのが周知の事柄である。そしてポスターは費用程に効果の無いこと（ある特殊な営業を除いて）も事実である。廣告手段や販売手段といふものは年と共に複雑に、又科学的に、経済的な処理を以て行はれて來る。この場合に、廣告主が何日迄もポスターに執着してゐるかどうかは疑問である。……〔中略〕……。眼敏い新聞社がポスターの懸賞競技を避けて、新聞廣告や廣告写真の方に余計に力瘤を入れることを見てもこの消息を知ることが出來る。結局ポスターといふものは、それが効果との釣合がとれてからはじめて其需用も盛大になるのであつて、此点から云へば我国はポスターの掲出には恵まれてゐないところである」（濱田 1936）。

6 「僕は油絵を描く場合もそうだが、商業美術に対しては、主義・主張・理論を一切離れて、見る人々の感覚に直接訴へてゐる。だからポスターや雑誌表紙装幀に主観的な理屈は不用だと思つてゐる。僕は商業美術を真実に未だ研究したこともなく、専心、この仕事にもかゝつて居ないが、商業美術家が一つの理想をもつて、あらゆる階級の大衆へ商業美術を当て嵌めると云ふことは困難だと思ふ」（東郷 1932)。

7 「D：圖案家が商店会社に務める場合、社員といふ名目で入ります。しかし、同じ社員と云ふ名であつても、他の社員とは本質的に異つたものだらうと思ひます。と云ふのは、他の会社員諸氏は年を経るに従つて普通の脳味噌を持つた人間ならば幹部に進んでいゆくことになつてゐます。いや少くとも之の可能性があるわけです。ところが圖案家は何時迄も一介の圖案家で幹部級に昇進する望みはありません。而かも会社のする吾々の待遇は他の社員と劣りこそすれ決してよい待遇するところはないと思ひます。我々から云はせれば普通の社員以上の優遇が望みたいのです。そうでなければ会社員としての圖案家の生活と云ふものは非常に不安心であると考へます」(土居川ほか 1932)。

8 「G：一番みじめなのは俺達にちがひない」。「C：私の会社では圖案家の特注の技術才能を一寸も認めてゐるとは思へない。仕事そのものを平社員の帳簿記入などと同一のものとしてしか見てゐないらしい」。「H：私たちのところもさうだ。併し、圖案家が商店会社の社員となると云ふことは会社の一つの型にはめられ、同じ商品を同じやうな見方で取り扱ふことに終始してしまふのであるから、言はゞ、片輪の圖案家が出来上つてしまふのである。…〔中略〕…。この理由から云つても、会社としては圖案家に圖案作成の仕事に対する賃銀以外に片輪にする賠償を出すのが極めて正当な行為だらうと信ずる」(土居川ほか 1932)。

9 「廣告美術家が純粋美術家に打負けるであらうと云ふ観念は、一流の純粋美術家と平凡な圖案家とを対照させるからではなからうか。現在の状態では廣告美術家と純粋美術家はそのレベルにおいて数段の差異を認めないわけにはいかぬ。廣告美術家のレベルが向上したならば、純粋美術家との競争は無意味になるであらう」(土居川ほか 1932)。

10 「廣告部長の地位は会社の性質や、政策や人物や才能の如何によつて決定されるものであつて非常に重要なものである。彼は会社がなした廣告に対して責任者の地位に立つものであつて、理想から言へば、廣告の立案、作成、廣告戦、会社の販売政策等について充分権威を持つてゐる事であり。廣告費の使途に関して権限を持つて居る事である。…〔中略〕…。だが廣告部長は唯それ丈に留らず販売部長や会計部長や其他会社の各部門の人達と相談し、意見を聴取して新らしい（ママ）プランを作り出し、実行して行かねばならない実に枢要な地位にあるものである」(室田 1935:151-152)。「高島屋の宣傳部には廣告課、印刷物課、陳列課、圖案課、計画課、会計課と六つに仕事が区分されてあつて、そこには主任の下に二三名乃至五六名の擔任者が配属する。…〔中略〕…。部長はこれらを政治的に統率する役割である」(今竹 1939)。

11 「A：私の考へてゐるところによれば、圖案家が雇はれてゐると云ふのが根本の誤りだと思ふ。圖案家は一生涯画に親しむのが本当であらう。そして常に新しい画題を新しい観点から見るのが圖案家として正しい行き方なのであらう。…（中略）…。圖案家がやらなければならない仕事は単に圖案を作ることばかりではないかもしれないけれども、例えば廣告部長になると云ふことなどは、圖案家の仕事とは質が違ふと思ふ」（土居川ほか 1932）。

12 「廣告部長」と「宣傳部長」は、ほぼ同じ意味で語られていたので、ここではそのように扱っている。

13 例えば、雑誌『廣告界』（第一一巻第六号、誠文堂、一九三四年）の特集「国際商業美術展交歓展号」に掲載されていた団体名と会員数は次の通り。大阪廣告美術家協会（九名）、ミヤタポスター協会（一一名）、構圖社（一五名、森永製菓広告部の同僚）、神戸創作圖案協会（九名）、商業美術連盟（二四名）、新圖案協会（九名、東京高等工藝学校の出身者）、日本ポスター研究会（一六名）、東京印刷美術家集団（一〇名、東京府立工藝学校製版印刷科の出身者）、東京廣告作家協会（一〇名）。この他にも、中央圖案家集団（一四名、神奈川県立工業学校圖案科の出身者）、H・L・圖案研究会（九名、自営作家の団体）、資生堂廣告美術研究会（一六名、資生堂意匠部）、東京包装美術協会（二〇名、自営作家の団体）、新圖案家集団（七名、多摩帝国美術学校の出身者）などがあった。

14 「各地に商業美術家の様々の団体が壮んに出来つ、あることは斯界のため誠に喜ばしいことと思ふ。尚ほ向後続々その設立を見ることであらう。この秋あたり些か倿うした計画を企図せられる方に必ず参考となるであらうことを述べるのも決して無駄ではないと信ず」として、「真摯な熱情と友情と努力」の必要を語り、「独立営業者で相当世間で認められてゐる者」や「世慣れた手腕ある忠実な事務家」がいることなどが、会費の使い方や展覧会のやり方などと併せて、団体経営のノウハウとして語られていく。「商業美術家の団体は利実関係を超越した愉快な熱心な研究者の集りであり、相互扶助の精神の許に広く進み度いものである」（久保田 1932）。

15 例えば、東京廣告作家協会の結成理由は次の通り。「わが協会は又、忌憚なき言論機関によつて、廣告美術の進展、廣告美術家の反省、向上、社会の認識を求める等の必要を痛感し、昭和八年五月、月刊『廣告』を発刊した。わが協会はこれに據つて、社会が廣告美術家の職能を正当に認識し、廣告美術家が正当なる社会的地位を確保し、廣告美術とは眞にどんなものかを宣明する有力な機関とするつもりである。廣告美術に対する社会の関心は次第に深まつて来たが、未だ正当な認識に達しない。廣告美術家の社会的地位は未だ低く、激甚な生活競争の中で、不当に脅かされてゐる。必然に作品は無気力となり、卑俗となり、無智な又偏狭な廣告主に有能な腕を縛られてゐる。それらの因果関係から、廣告美術の現状は一帯に水準が低く、不活発である。わが協会はこれらを打開して、廣告美術が真に、産業の重要な一機構であり、有力な最前線部隊であらしめる為に、諸団体と共に、廣告美術運動を活発に展開させて行きたいと思ふのである」（山名 1934）。

16　全日本商業美術連盟は、七人社、新圖案協会、日本商業美術協会、八年協会、東京廣告美術クラブ、構圖社、日本レーアウトクラブ、東京印刷美術家集団、実用版画協会、ミヤタポスター研究会、関西廣告美術協会、北海道美術協会、愛知商業美術協会、神戸創作圖案協会、日本ポスター研究会の統合団体。その規約創案は、次の通り。「一、本連盟ハ加盟各団体相互ノ親睦ヲ計リ商業美術ノ進歩発達ト其社会的文化的使命ノ達成ヲ期ス」「一、本連盟ハ全日本商業美術家ノ団体ヲ以テ結成ス」。その実行運動原案は、次の通り。「一、帝展第五部設置運動の研究　一、萬国圖案連盟加入問題　一、意匠権確立運動及其保護法の研究　一、相互扶助　一、廣告法令の改正運動　一、標準料金の決定　一、悪徳需用家の整理　一、其の他商業美術の向上運動」（全日本商業美術連盟 1935）。初代委員長は杉浦非水で、一九三八（昭和一三）年に全日本産業美術連盟に改称している。

17　全日本産業美術連盟の結成直後に、西日本商美連合（関西廣告美術協会、神戸創作圖案協会、ミヤタポスター研究会、日本ポスター研究会、大阪商業美術協会）が結成されたりもした。その主宰者曰く、「西日本商美連合は名古屋以西の商業美術団体をもつて組織され、東京にある全日本商業美術連盟と提携するのですが、今まで我々の社会的水準があまりに低過ぎるのでこの向上を第一に置き、需要家方面の商業美術に対する覚醒をも促したい希望で有意義な展覧会を開く以外に直接需要家ともいろいろ会談したいと思つて居ます、以前と比較しますと各商店側の廣告部長とか宣傳、計画に関与する人々に非常に理解ある人が多くなつて来ましたのは実に商業美術發展のため喜ぶべきことで、一層理解を深めたいと思ひます」というわけである（宮田 1935）。

18　「ところで、この新聞用紙統制は、一九四一年には、基準数量の改訂問題に端を発して、各社の発行部数調査とその公開という画期的な試みを実現させた」（内川 1976:400）。

19　用紙割当ての新基準数量の決定、そのための発行部数調査、新聞共販制の採用、新聞広告料の適正化問題の検討、新聞統合問題の審議などが討議された。

20　「今度の事変を契機として、国防強化、国民精神総動員といふやうな命題が、国家的に強調され大衆に呼びかける情勢になると、広義の宣傳美術といふものが色々な意味で再び問題になるのではないかと思ふ。その場合、まづ第一に問題になるのは狭義の商業美術が果す役割であるが、国家的宣傳への参加といふ点だけから言へば、僕は純美術よりも商業美術の分野の方が、より積極的であり得ると思ふ。なぜならば、本来商業主義の合目的と功利の波に揉まれ、常に商品を前提として成長して来た商業美術は、藝術至上主義の温床で育てられ甘やかされて来た純美術よりも、与へられた主題をよりよく消化し得るだらうし、また、より大衆性を持ち得る形式であるからだ。…〔中略〕…。あまりい、例ではないが、ソヴイエートに於けるアヂテーション、プロパガンダの時代に、宣傳形式の新しい時代としてフォト・モンタージュが生れたやうに、国家総動員の非常時局にこそ、日本の商業美術家は日頃の宣傳的手腕を振って、大衆を奮起せしめ得るやうな迫力ある形式を生み出すべきではないだらうか」（尾川 1937）。

21 「戦時体制が長期に亘つて平和産業が極めて消極的となり、商業美術も前述の如く全くスケールを縮小されることになつた時、といふことだけではなく、戦争目的達成のために国家総力戦下に、われわれも亦そのための直接的な最前線奉公を熱願するもので、平時的商業美術に奮闘することもその一つであると考へはしても何となく心もどかしい焦慮を覚えるのである。といふ気持の実現は何と云つても、プロパガンディストたる熱情と用意を湛えてゐることによつてのみ可能で、さうすることによつて、現時局下の商業美術、商業美術家の困難さを超えて戦時らしい勇敢な積極性が湧いてくるのである」（山名 1938）。「宣傳美術、この機能の本質は論をまつまでもなく全く商業美術と共通するものであつて、而もその手段に於いては商業美術に較べてはるかに切実であり直接的であり、また情熱に燃えてゐる」（今竹 1938）。

22 同様の指摘は、次の通り。「宣傳文化協会の設立が云々され、国家宣傳研究所が噂に上り、宣傳技術者とその各種団体との調査が行はれるなど、関係官僚等の動きも割合に活発なのであるが、熱意が窺はれるだけで、実現したものは殆んどないやうである」（新井 1941）。

23 美人画とポスターの緊張関係を「単化」「レイアウト」「タイポグラフィ」「写真」といった表現技術から詳細に検討した研究はすでに存在するので（竹内 2011）、そちらを参照のこと。なお、竹内の研究と本研究の大きな差異は「美人画」の捉え方にあり、本研究はポスターの登場によって遡及的に語られたものとして扱っており、またその史的記述が変更されていくことも問題にしている。

24 京都高等工芸学校（現・京都工芸繊維大学）の教授・向井寛三郎（一八九〇～一九五九）が、同僚の本野精吾（一八八二～一九四四）や霜鳥之彦（一八八四～一九八二）らと校閲・解説を担当した雑誌『プレスアルト』（一九三七年一月～一九四四年三月）の巻頭言に書いたものであり、それなりの学的意味合いが込められている。

25 こうした写真独自の美学は、写真史において「芸術写真」から「新興写真」へとして記述されることが多い。芸術写真から新興写真への移行は、人々にとって「見ること」の意味が変わっていく過程でもあった。写真を通して社会を視る「眼」についての議論は、一九二〇年代から一九三〇年代にかけて非常に活発になっている。芸術写真が支配的な頃は、それを「画其のものを唯一の目的物」とするような見方から、写真は芸術のための「手段」と考えられていた（むらさき 1904）（飯沢 1999:35-36）。それは写真を絵画として捉えていこうとするものであり、ここにまだ写真の眼はそれとしての自律性をもっていない。しかし、新興写真の頃になると、写真はそれ独自の「眼」を持つことが主張されるようになってくる。例えば、新興写真運動を展開した木村専一は、印刷による大量生産を前提にしつつ、「メカニズムの認識」と「レンズアイの肯定」を主張して、「カメラをカメラ以上に駆使する」写真の対社会的な応用を論じている（木村 1931）（飯沢 1988:48）。また、写真評論家の伊奈信男は「現実写真」という言葉で、「事象性の正確なる把握」、「生活の記録、人生の報告」、「光による造形」の三種の写真の在り方が統合されるべきとした。その伊奈にとって、写真家には目の前の「現実」をさまざまな方法によって撮影していく、「古い対象を新しく見る」眼が必要とされたのだった（伊奈 1932=1978:219-226）。こうしてみると、「芸術写真」から「新興写真」への移行とは、現実を単純に写し取る「眼」から現実を積極的に生産する「眼」への移行だったということもできるだろう。

26 「今迄わが国では新聞雑誌廣告原稿、チラシ、カタログ、案内状の原稿は、概して圖案家の手にまかせられた傾きがあつたが、必ずしも廣告面に於て圖案のみが重要でなくして、文案も然り、又、組版も然りと云つた総括的な調和によつて初めて、一つの廣告が出来上がるのであるから、かへつて、商店ならばその店主がレイアウトして、それに用ふる圖案が描けない場合は圖案家の手に托し、圖案以外に、写真を使ふ場合には写真師の手と云つた分担によつて廣告面を組成する方が良い廣告を簡易に作ることになる」（室田 1929b）。また、その具体的な手順は次のように説明された。「輪郭を付けるか、付けないか、カットを何処の位置にするか、文案は何処に、商品名は、店名は、と云つた順序に考察を丁度、棋盤の上で駒を移動させるやうに、上に置いたり、左に寄せたりして自分の、これだと云ふ迄動かせて見るのである。…（中略）…。これは一寸斯うして順序で考へると非常に面倒くさいやうであるが、二度三度と繰返して行くうちに、この方法でなければ原稿は出来ないと云ふ程になるものである」（室田 1929b）。

27 「あらゆる平面廣告物が絵画から写真へと推移しつゝあることは時代的現象で殊にメカニズムは否定し難いものである。…（中略）…。例へば一つの純画を購入する場合に藝術における写実主義を教へるより、画家の描くどんな絵画より以上に写実的に写真に目を転ぜしむるならば、その説明に決して困難を感じないであろう。…（中略）…。従来写真は多くのレイアウトマンに依つて「非藝術的」であり「機械的」であるとして軽蔑されてゐたものであつたが、その写真を廣告に用ひる場合には不満を持ち乍らも、経済上の事情から使用することの方が多かつた。写真を廣告に用ひる事は明かに不徹底だと感じてゐたのである。レイアウトマンは絵画藝術を理解し、手を染めてゐるから或る場合には独特の手腕を持つた一人前の画家である為め（ママ）に自ら、レイアウトに彼等の藝術的手腕の表現として平凡な見世物的な形式の絵画を特に入れてゐる。挿入される写真は従つて一般に、よく見かける非常に無味乾燥の、そして「本当らしい」写真を使用するに過ぎなかった。…（中略）…。だが然し此等の事実はレイアウトマンの多くはだまされないで、藝術写真以外に着眼した。ほんとうに聡明なるレイアウトマンは此れも又絵画と写真の折衷であり、又絵画の魅力の単純な又は下手な模倣は写真の機能ではない事に気が付いた」（室田 1932）。

28 誠文堂新光社創立二五周年記念企画であり、廣告界と全日本商業美術連盟が主催。その告知は『廣告界』（第一四巻第七号、誠文堂新光社、一九三七年）でなされている。

29 「概評に眼を通すと、全般的にレイアウトを裁く言葉を知らないのは応募者も審査員に判らないなりにこのコンクールをやつたことになる。これは面白い現象で、まだまだレイアウトを論じられてもよいと思ふ」（プレスアルト研究会 1937）。

30 「一本の廣告映画を製作する原作者が、廣告計画家であり、脚色者であり、監督であり、技術家であること、之は、よき廣告映画を造るための一つの理想である。廣告映画の齟齬が、この間の不統一に原因してゐることは、従来の廣告映画で屢々経験されてゐることだ。少くとも、フィルムの回転により映し出される何尺かの物語によつてすら、その商品をアツピールすることが、かゝる理由から至難だとすれば、たつた、一枚のフイルムに、ストーリーを持ち、動きを持たせる廣告写真は、廣告映画の場合よりも、寧ろ、或意味では難しいことなのかも知れぬ。が、超人間的な才能の持主にしか一人数役の理想を易々と要求出来ぬとすれば、当然、廣告写真の生産は、企画と技術の完全なる分業に落着かねばならぬだらう。が、かうなつた場合、問題は、果して之が企業として成り立つかどうかになる、日本の現状では企業として成り立たぬ悲観説が多い様であるが、私は、之は、廣告写真にだけ言へることでなく、廣告界全般の組織の欠陥にあることで、廣告写真の将来性を危ぶむ理由にはならぬと思ふ。組織の欠陥であると言ひ切つたのものの飛びつきたい廣告写真があれば萬金の価値が掲上される時に来つゝあるかも知れぬ或は飛びつきたい廣告写真が出ないから、私に、組織の欠陥であると考へさせるのかも知れぬ」（宮山 1937）。

31 「静かな部屋で心を定めて、描出するものが藝術であると誰でもフト思つてゐる。ところが響々たるエンジンと、油の香りと、幾十幾百の人々の汗の中で藝術が出来ると云ふ十九世紀の批評家達の夢想も出來なかつたことが今実現してゐるのである。簡単な例が映画がさうである。写真が、印刷術が、又新聞がさうである。…〔中略〕…。個人が解体して、大きな人間組織の中にその部署をもちつゝあるのが一九三〇年の段階である。…〔中略〕…。集団藝術のよろこびの一つは、一人専心に働きながら、しかも、遠い大きな一環の中に参加してる様な一種の好奇に似た感情があることである」（中井 1937）。

32 「カメラマン、デザイナー、文化人が集った日本工房が、文化的な対外国家宣傳を旨とする『NIPPON』を発刊したのは一九三四（昭和九）年である。ウルシュタイン社の契約カメラマンだった名取洋之助がナチによる外国人記者就業禁止によって帰国し、〈報道写真を普及させる文化運動〉を目的に第一次日本工房をつくるのは一九三三年、メンバーは、『光画』の同人・木村伊兵衛とその出資者である野島康三、写真評論家・伊奈信男、デザイナーの原弘、俳優でドイツ留学もした岡田桑三など、文学者の林達夫が顧問となり、大宅壮一も関与して「ライカによる文芸家肖像展」、「報道写真展」を開いた。…〔中略〕…。しかし一九三四年に岡田、木村、原、伊奈は日本工房と別れ、後に『FRONT』の出版元となる東方社の前身である中央工房を結成。それに対し名取は共同広告事務所の太田英茂を通じて知った河野鷹思、山名文夫を誘って第二次日本工房を再興し、『NIPPON』を発刊する」（森山 2003）。

33 「メンバーは重なるものの、日本工房が文化人集団だったのに対し、東方社は民間組織ながら参謀本部の対外宣伝機関の性格が強かった。国際報道（旧・日本工房）は七〇人、東方社では一〇〇人を超えるスタッフが働いた。東京・小石川の三階建洋館を本拠に、理事長に岡田桑三、理事に林達夫、春山行夫、岡正雄ほか、写真部長・木村伊兵衛、美術部長・原弘といた陣容で、東方社は一九四一年に発足した。第一次日本工房から分かれた中央工房が母体だった」（森山 2003）。

34 報道技術研究会は一九四〇（昭和一五）年一一月二八日に発足した団体である。報研は一九四一（昭和一六）年二月の「太平洋報道展」や同年四月の「戦ふ独伊の壁新聞展」といった展示会活動を行う一方で、機関誌『報道技術研究』（全六輯）の発行や『宣傳技術』（生活社、一九四三年）の刊行といった言論活動も行い、戦時下において結成された団体の殆どが有名無実化するなか、一九四五（昭和二〇）年九月一〇日に解散するまで活動を続けた点に特徴があり、戦争との関係で〈広告制作者〉の在り方を主張してきた団体でもある。発足時の会員名と担当は次の通り。板橋義夫（宣傳美術）、今泉武治（レイアウト、報道技術研究会委員）、伊勢正義（洋画、報道技術研究会委員）、岩本守彦（宣傳美術）、池邊義路（宣傳美術）、原弘（印刷美術、報道技術研究会委員）、堀野正雄（報道写真）、友金尚（宣傳美術）、大久保和雄（宣傳企画、報道技術研究会委員）、近江匡（宣傳美術）、渡邊豁（宣傳美術）。高田正二郎（宣傳美術）、中谷善三郎（宣傳美術）、奈良原弘（宣傳企画）、村上正夫（宣傳美術、報道技術研究会委員）、栗田次郎（宣傳美術）、山名文夫（宣傳美術、報道技術研究会委員長）、山下謙一（宣傳美術）、松添健（宣傳美術）、前川國男（建築設計、報道技術研究会委員）、藤本四八（報道写真、報道技術研究会委員）、新井静一郎（宣傳企画、報道技術研究会委員）、相原正信（宣傳美術）、齋藤太郎（宣傳美術、報道技術研究会委員）、祐乗坊宣明（宣傳企画）、三井由之助（宣傳美術）、土方重巳（宣傳美術、報道技術研究会委員）、平岡達（宣傳企畫、報道技術研究会委員）、仙波巖（報道写真）、須藤陽一（宣傳美術）、菅沼金八（宣傳美術）、内田誠（特別会員）、小山栄三（特別会員）。なお、報研の結成そのものは内閣情報部の後押しがあったが、その会員構成は商業美術家寄りの「広告作家懇話会」（一九三八（昭和一三）年結成）と広告業寄りの「日本宣傳人倶楽部」（一九三九（昭和一四）年結成）での経験を踏まえたものとなっていた。

35 報研の趣意書を起草した今泉武治は、広告心理学を専門とする井關十二郎がいた明治大学商学部と広告研究会を経て、一九二九（昭和九）年からは森永製菓広告課に勤務し、戦中は対外宣伝誌『FRONT』を刊行していた東方社に所属しつつも、報研における言論活動と団体運営を中心的に担っていた。

36 「輓近の映画製作の多様性はシナリオライター、俳優、カメラ、セット、照明等から音響、色彩の領域にまで拡大したのであるが、これ等を統合し一元化するコンティニュイティを作成することが監督の最大の決定的仕事であつて、廣告の多岐に亘る要素を統一し一元化するためのレイアウトこそ映画コンティニュイティに該当するものであらう」（今泉 1937a）。

37 「伝統的、孤立的形態を保持する技術は、その発展を継続すべき手段を限定されてゐた。それが組織を以て他の部門の技術に結ばれ、又は大なる目的を有する意志（国家或は経営団体）の統率によって技術的成果の領域を広め、そのもつ可能性をより大ならしめたのである。これ等の技術の間を統合し、目的に適合せしめる中間的介在者としての新しい一団の人々――技術者 Technician ――が現れた。工業資本家、労働者、科学者の間に介在すべき工業技術家、依頼者と建築技術者との間の設計家、企業者と工作者と購買者の間の工業圖案家、そして映画に於ける原作者、脚色家、筋書作者、演技者、カメラマン、録音技術其他技術者と観衆とを結ぶ演出家、及投資家と演出家を結ぶプロデューサー、ラジオドラマ作家、演技者、効果係、電気技術者と聴取者とを結ぶ演出家、そして最後に報道美術に於ける大衆と圖案家、写真家、文案家、印刷技術者とプロデューサーを結ぶレイアウトマン、及最高支配者の意志とレイアウトマン、アイデアマンを結ぶプロデューサー等が、各々中間技術者として生れて来た。そして、これ等は、各種部門の異った技術の間、例へば映画の場合の演技、撮影、音響、処理、報道美術の場合は圖案、写真、文案、印刷の各部門間を結合し、又社会領域の異った技術の間、例へば国家組織に於ける軍事、政治、経済の間、報道美術に於ける（国家、又は経営団体）技術者団、国民（又は顧客）との間を、一つの意志と技術をもって統制する技術者なのである」（今泉 1938b）。

38 「新しい機械技術による藝術形式は、既に一部の藝術をして分化せしめてゐるのであり、秘密的、孤独的制作態度から、社会的客観性を要求し、個人から集合への転位を命じつゝあるのである。そして藝術による人間性と科学との統合は、世界本来の全一的文化探索への道を暗示するものとして大なる意義をもつのである。こゝで我々は組織 Oragnization の問題について考へて見なければならなくなった。こゝで謂ふ組織とは事務的連繋ではなく、前述の如く日々に多角化しつゝある各種異った部門の技術を一貫融合せんとする技術的連帯の組織を指すのである」（今泉 1938b）。

39 このような二重の意味での中間技術者の存在理由は、次の通り。「中間技術家の存在理由として（一）科学者の原理的発明を実際家的発明家がその応用に導くやうに、多数技術者の深い専門化の上に立つ各々の技術を、一層高揚した総合体として特定の目的にまでつり上げ、実際化することが中間技術家の役目となるのである。技術家が多数技術者を総合することは事務的命令者ではなく（その場合もあり得るが）あくまで技術的、精神的に多数の技術を同一目的にまで結合し、一段と高きものとする技術をもつ技術家であることに注意したい。次に（二）多数主脳者のもつ技術に対する漠然たる観念的意志を統合し、多数の技術者に伝へるために、それ等を技術的具体さに翻案して技術者に伝へ、又大衆に訴へんとすることも中間技術家の重要な役目となるのである。この技術的翻案者は、政治・経済技術、生産・藝術技術に於ける専門技術の世界的、民族的、国内的競争の激甚なるに従って、益々、専門化し、深化するこの傾向を助長し、補強せしめんために、従ってこの競争によって生ずる縦断的横断的断層を結合整備せんがために生じた中間的存在なのである」（今泉 1938b）。

40 なお、報道技術研究会における「報道」の意味は次の通り。「「宣傳」といふ言葉から受ける悪い感じを消すことは、相当困難なことであります。その上、従来「廣告」と「宣傳」とが甚だ不明確に濫用されて来て居りますために、商業廣告のもたらした良くない印象を「宣傳」が受け継いでゐる点も亦少く（ママ）ありません。このやうに、宣傳が相手を操縦支配し、欺瞞するやうな感じを与へるとするならば、君民一体に融合帰一する日本の現実には、どうも適切な言葉だとは言へないのであります。我国内にあっては、国家と国民との関係は、一方的な操縦支配などであらう筈がなく、国家が所信を伝達し、国民の自覚と決意とを促して協力せしむべきなのでありまます。従ってこの関係に於ては「報道」のみで充分なのだと思ひます。即ち、国家が意志又は政策を正しく実体的に報道し、国民はあくまでこれを素直に受入れ、自発的に実践するものでなければなりません。但しこの「報道」は、正しく実体的であつても、ニュース報道、ありのまゝの報道とは自ら異るものでありまして、報道とは、どこまでもあるべき国家達成への積極的意志をもつて、なされなければならぬのであります」（今泉 1941d）。

41 壁新聞は、基本的にプロパガンダという位置づけで強調されていた。「壁新聞の特色は特殊なものを除いて、多くは情緒的語調を文中に包含することである。同時に又、読者にその内容を納得させようとする積極性を含んでゐることである。この場合、この壁新聞の記事作成者は普通の場合、無意識的に、悪気もなく、表現す可き主体の感情的肉附けや、又は相対的な認識の絶対的表現、疑問的事項の肯定的表現をなすものである。かうした壁新聞の文調は従つて読者の知性よりも感情によつて受け入れられるのである。又壁新聞は多分に主観的であり自我的である。誇張していへば、出来栄えの良い壁新聞の記事は雄弁家の演説にも似てゐる。鋭利・辛辣・強烈・執拗・揶揄・笑殺・慷慨等々の感情を赤裸々に表現するのである。これは一般の新聞が、その記事において一切の主観的感情を挿入せず、感受の一切を読者に一任するのと全く異つてゐるのである」（松本 1941）。

42　「壁新聞は、たしかに、壁面に貼るために作られた新聞の如きものではあるが、その「壁面に貼る」といふ効用と形式のために、新聞とは全く違つた特異性を持つ。又、これは無論、ポスターとも厳然と区別されるべきものである。壁新聞が、充分な効果をあげるためには、この特異な形式の中から、必然的に生れてくる報道内容と深く結びつかなくてはならない」（大久保 1942）。

43　「組ポスター」も同様に、言葉のなかで展開されたものである。「組ポスターは、この集約された主題を表現した二枚以上のポスターを、有機的に結合構成して、同時同所に並示し、単にその一つ一つの主題だけでなく、各々の総合作用によつて、更に高い国家理念を理解せしめんとする方法である。国民は、ここに掲げられた幾つかの報道内容を心にとどめると同時に、統一された数枚のポスターの背後にあるものを強く認識するであらう。また、組ポスターのもう一つ大きな特質は、面積の拡大と類似的或ひは対照的効果による訴求力の幾何級数的な増加である」（山名 1942）。

44　ここでの構想技術とは、国家報道における「主題の選定」やそれをどこでどのように行うのかという「報道種別」や「媒体形式」など、主題と対象をいかに捉えるのかという認識方法のことである（今泉 1943:76-80）。また、企画技術は国家報道における構想と表現の「中間領域」と位置づけられ、目的に応じた表現を組織的に制作していくための「構成企画（レイアウト）」など、計画的に構想を具体化していく方法のことである（今泉 1943:81-94）。さらに、表現技術は企画を踏まえて「写真・絵画・圖案・文章」などを具体的に制作する方法のことである（今泉 1943:94-103）。

45　弁証法が今泉において展開されるようになったのは、一九四一（昭和一六）年の原稿からである。「報道媒体は正に目的に対する手段である。主体的目的意志を国民的感銘にまで伝へるための媒介なのである。報道媒体の作製は政治・経済・文化的な目的に対して単に技巧的・技倆（ママ）的分野と見做されてゐる。…〔中略〕…。報道媒体はこのやうな道具的なものの客観的過程を見ると同時に目的に向ふ行為全体の立場から観ることが大切である。報道媒体の作為過程は結果から見れば物自体の生成過程である。…〔中略〕…。作る者の立場に立つことなしに真にそのものの本質を捉へることができない。報道媒体はそれを主観の側からみて意志または意欲の表現である。意志なしに媒体はあるべきではない。…〔中略〕…。しかしながら媒体は意欲だけでは生じない。そこに制作者の運動の形式が客観的な媒体として現はれることでなければならぬ。このように媒体は主観的なものと客観的なものとの結合なのである」（今泉 1941g）。「報道意志と報道対象との間は容易に相通ずるものではないが、決して断絶し、相容れないものではなく、媒体の制作者の直観と努力によって最短の通路を発見し開墾しうるものである。それゆえ客観的条件（報道意志）を己れの意志とし、そこに没入することによって報道対象を凝視し引きよせる。…〔中略〕…。外部的規制を制作者の自己の情熱によって盛り上げることである。ロゴス的なものとパトス的なものとの統一としての形でなければならない。このことによって報道媒体は外的必然性と内的目的を自己のうちに宥和・包含し全き形となることができる」（今泉 1941g）。

46 今泉武治は一九二四（大正一三）年から一九四七（昭和二二）年までと、一九八七（昭和六二）年から一九九五（平成七）年までの間に日記を記している。そして本研究は、報研時代の今泉について詳しい井上祐子氏と赤澤史朗（立命館大学教授）氏のご厚意により、関連の資料を数回にわたって閲覧させてもらう機会を得ている。資料の所在については、井上氏による論文「太平洋戦争下の報道技術者」（井上 2000）でも述べられており、本研究もその公開情報に従って閲覧している。以下、本研究で引用する場合は『今泉日記』と記す。

第五章 〈広告制作者〉の成立

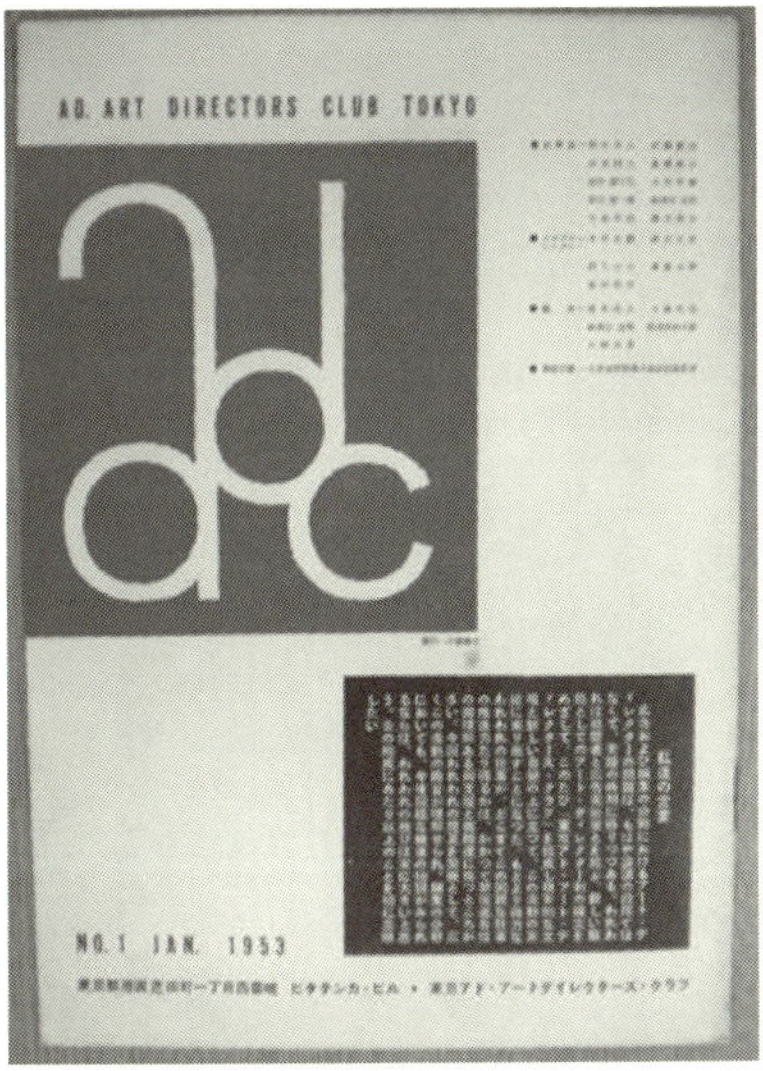

東京アド・アートディレクターズ・クラブの会報第一号（今泉武治文庫、一九五三年）

新井静一郎（今泉武治文庫、一九四一年）

一　戦後のなかの戦前

ここまでに本研究は〈広告制作者〉がそれとして語られるようになったからこそ、今度はそれ自体の理解の仕方に変化が生まれ、またその変化がさらなる記述を促すようになっていく動きを捉えてきた。商業美術家から報道技術者に至るまでの言葉の厚みはそうした結果としてあり、制作物とは強く連関することなく展開されてきたのである。

しかし、このような言葉と物の配置関係も戦後には別様の展開を見せてくれるようになる。戦前までの〈広告制作者〉をめぐる言葉の厚みは、戦後になって広告業界に徐々に組み込まれていく過程で、その局所性が解除されると同時に緊張感も欠いていくのである。それでは、これまでに語られてきたことはこれからどのように語り直されていくのか。以下では、こうした点に注意しながら時代を進めていくことにしたい。

今泉武治の復員

さて、戦時下において「報道技術者」という職業理念は語られたものの、一九四五（昭和二〇）年になると、大政翼賛会や陸軍報道部の無策もあり､報道技術研究会への仕事依頼は減ったようである。それゆえか､今泉武治は｢宣伝技術者としてのわれわれは、宣伝は今の日本に対していかにその責任を果すべきかの根本命題に向かってその追撃力を鈍らせてはならぬ｣、そして「殆んど沈モクを守る軍の報道部、そして低迷する翼賛会の宣伝に対して確固たる建案をすべき」（今泉日記：一九四五（昭和二〇）年二月二一日）と奮い立っていた。しかし、当時の報道技術研究会の内部では、特別会員だった飯倉亀太郎への批判・不信が高まり、東京・駒場の山脇巖邸に事務所を移転するなど（一九四五（昭和二〇）年五月）、活動そのものは小規模になっていった。こうしたなか、今泉は疎開先の福島県梁川町で終戦を迎えたのである。

そうして一九四五（昭和二〇）年八月二三日に帰京した今泉は、翌二四日に山名文夫（一八九七〜一九八〇）から「気持ちをさっぱりする」と報道技術研究会解散の報告を受けたが、「報研の存立そのものはもっと深く大きいのだから一寸感情的になりすぎ」であると強い違和感を書き残している（今泉日記：一九四五（昭和二〇）年八月二四日）。戦争は終わっても、報道技術研究会が終わる必要はないという理解があったからであろうか、実際に解散の作業を進めていくなかでも、「どうもさっぱりとした方法ではない」、「報研の技術主義的方向はこれからもいよいよ強化されるべき」（同：一九四五（昭和二〇）年一〇月二七日）と日記に書き残してしまうのである。多くの者に理解を得られたとは言えないが、それでも戦時下に練り上げた職業理念としての報道技術者をそう簡単には諦められないのであった。

その今泉は一九四六（昭和二一）年二月に復職し、丸見屋ミツワ石鹸広告課に勤務することになった。「報研の連中の仕事もどうも見当がつかず、方向に困ってゐるらしい」（今泉日記：一九四六（昭和二一）年一月二一日）なか、今泉自身は「やり甲斐もある」（同：一九四六（昭和二一）年一月一九日）と自らの就職先に肯定的であり、勤務初日には「今迄のゲラなどを見る。とても硬い原稿ばかりだし、親しみ難いものが多い。包装など何か低いモダニティーで変に品格に欠けてゐる。もっともっと近代性を与へたい」（同：一九四六（昭和二一）年二月七日）と張り切っている。そして、一九四九（昭和二四）年にはミツワクリームの広告（色刷り香料入り）で第二回広告電通賞（新聞広告）を受賞し、一九五〇（昭和二五）年からは言論活動を再開するようになったが、そこで書かれたのは、戦前から何度も論じてきた「レイアウト」や「組織」[1]についてであった。

「レイアウトの企画は、眼に見えるもの（文字・挿画など）をいかにして廣告内容にふさわしいよう配置整理して一つの廣告をまとめあげゆくか、というような仕事である。アメリカのアートディレクターの仕事はこれにあたる。この仕事は頭の中のものを外に描きあらわすことであり、ふわふわした廣告のアイデアをピッタリととのった形ある廣告とすることであるから、デッサンのように一気に美しい線を愛情の流れるまゝに描きあげるというような直観的なものではなく、廣告の目的と作家の感情が一つにとけあうよう組んではほぐし、ほぐしては組みあげる下描きの連続、十枚二十枚の下描きをつづけてはじめてどうやら一つの気に入ったレイアウトができあがるというようなものなのである。廣告表現、経営方針と廣告デザイナーとの間の深いギャップをいかにして結ぶか、である」（今泉 1951）。

ここで確認しておくべきは、本章でこれから述べていくことになる「アートディレクター」という職業理念の殆どが、ここで述べられている点である。具体的には、「レイアウトの企画は、眼に見えるもの（文字・挿画など）をいかにして廣告内容にふさわしいよう配置整理して一つの廣告をまとめあげゆくか、というような仕事である」という技術語りや、その担当者が「廣告表現、経営方針と廣告デザイナーとの間の深いギャップをいかにして結ぶか」という組織語りにまで拡張されていく点なのだが、これらは一九五二（昭和二七）年の東京アド・アートディレクターズ・クラブ（以下、「東京ＡＤＣ」）の結成以前から、つまり戦時期における報道技術者においても語られていた点である。そして、このような議論の反復を踏まえつつ、「アメリカのアートディレクターの仕事はこれにあたる」というのが、今泉における戦後の主体語りの始まりなのであった。[2]

要するに、戦後になっても〈広告制作者〉をめぐる議論構成に大きな変更はなかったのである。その意味において、戦争は終わっても、報道技術者は終わる必要のない職業理念であった。今泉自身の回想によれば、「私はずっと以前から組織論・技術論というのが好きで、これは戦前からやっていますけれども、組織論と創造技術との矛盾をうまく総合するにはどうすればよいか、という大問題について悩んだものです。それが次第にアートディレクターの制度化や主張につながっていった」（今泉・新井・山城 1977）というわけである。戦後の〈広告制作者〉は、戦時下の試行錯誤を引き伸ばしながら動き始めたのである。

二　アートディレクターと新井静一郎

業界のなかの史的記述

ところが、どういうわけかそのように記述された例を見ることができない。そこで、ここではアートディレクターという職業理念を支えていくことになった東京ADCの発足をめぐる、定型化した史的記述を確認しておきたい。というのも、前節で述べたことを踏まえれば、以下の引用に何が書かれていないのかがよくわかるからである。

「東京アートディレクターズクラブ（東京ADC）が発足したのは、戦後の混乱からやっと落ち着きを見せた五二年の九月である。その母胎になったのは、五〇年に結成されたAグループの広告研究会（八名）によるところが多く、AD制度もその研究テーマの主題であった。五二年の六月、電通の制作部長であった新井静一郎が、第四八回全米広告大会に招かれて、日本代表の一人として渡米した。その大会の模様や、アメリカ各地で見聞きした広告事情を〈アメリカ広告通信〉のタイトルで著書を出版し、同時にその報告会を電通銀座ビルの八階で開催した。会場は当時の広告人で一杯になり、大変な感動と熱気に満ちたセミナーになった。その席の主題とはアートディレクター制度であった。それがすぐさまAクラブの気運となり、その秋、東京アートディレクターズクラブが設立されたのである」（中村 2003）。

ここでは、いくつかのことが語られている。一つには、東京ＡＤＣの「母胎」として「五〇年に結成されたＡグループの広告研究会」があり、そこで「ＡＤ制度」も検討されていたということ。二つには、一九五二（昭和二七）年六月に「電通の制作部長であった新井静一郎」が「第四八回全米広告大会」に参加して、その報告が『アメリカ広告通信』（日本電報通信社、一九五二年）として出版されたこと。三つには、その「報告会」が電通で行われ、「会場は当時の広告人で一杯になり、大変な感動と熱気に満ちたセミナー」となり、「その席の主題とはアートディレクター制度」だったということである。要するに、日本でも検討されていたアートディレクターは、新井静一郎の渡米経験をまとめた『アメリカ広告通信』によって、広く知られるようになったというわけである。

本研究が注目したいのは、ここでアートディレクターという職業理念が新井静一郎との組み合わせにおいて成立したように見えてしまう点である。確かに新井にとってアメリカにおけるアートディレクターは目新しく見えたようであり[3]、実際に新井はそれを多弁に語っている。『アメリカ広告通信』によれば、これからの日本の広告には「個性的表現」が重要であり、そのためにも広告制作を「総合統一する責任者が必要」とされ、その具体的な役割は「経営者と宣傳技術者とを結ぶ紐帯」だと述べている（新井 1952=1977:116-117）。また、「組織の中枢にいて、社会活動の個性的表現の軸心をなしているアートディレクターが、アメリカ全体では二千人以上いるのに、日本にはこれにピタリと該当する人が一人もいないという事実は、果たしてこれでいいのか」（新井 1952=1977:124）と、悩んでしまうほどでもある。つまり、『アメリカ広告通信』においてはアメリカにはあって日本にはない職業理念としてアートディレクターが記述されており、渡米して直接見聞きした新井の話が説得力を増す分だけ、それ以前に日本で議論されていたことが吹き飛んでしまうのである。

新井静一郎の残され方

ところが、興味深いことに『アメリカ広告通信』は発行部数が一〇〇〇部だったこともあって、「反響も、ごく一部を除いてあまりなかった」と回想され、「むしろ、広告の戦後史が興味を持たれ始めた最近のほうが、取り上げられる場合が多くなってきたようである」というように、事後的に評価されたことを新井自身が認めている（新井 1952=1977:134）。また、『アメリカ広告通信』は山名文夫の『体験的デザイン史』（ダヴィッド社、一九七六年）のなかで、「私はむさぼるように読んだが、なかでもアートディレクターの立場や仕事に関する記事には、殊のほか感銘を受けた。…〔中略〕…、新井さんがそれを書きながら、わが国の広告界をふりかえっては、「こんなことであってよいのか」とつぶやいたにちがいない気持ちを読みとって、それが私を感動させたのであった」（山名 1976:419）と言及され、その翌年には山名の感想文も加わった『復刻版　アメリカ広告通信』が刊行されている。

ここには、やや奇妙な動きがある。つまり、現在の史的記述おいてはアートディレクターという職業理念と新井静一郎を組み合わせてしまうことが多い。しかし、新井自身の回想によれば、その反応は限定的であった。また、別の当事者による自分史で『アメリカ広告通信』が言及されてから、復刻版が刊行されてもいる。とすれば、新井がアートディレクターという職業理念を導入したと理解してしまうことは、当初からのことというよりは、ある時期になってから生まれたものではないかと考えられる。つまり、新井とアートディレクターが組み合わせで理解される前にこれとは別の理解が存在していた可能性があり、またどういうわけか、別の理解が見えにくくなっているのである。

こうした可能性を示唆する史料として、『復刻版　アメリカ広告通信』と同じく一九七七（昭和五二）年に刊行された、東京ＡＤＣによる『日本のアートディレクション』（美術出版社）がある。東京ＡＤＣの結成から二五年を経て出版されたこの書には、デザイン批評家の勝見勝（一九〇九～一九八三）による序文があり、「戦後、アートディレクター制の必要に、最も早く着目されたのは、今泉武治氏だったと理解しているが、ＡＤＣ結成の直接のひきがねとなったのは、新井静一郎氏たちの渡米（一九五二年）であったかと思う。特に同氏の「アメリカ広告通信」は、私などもいろいろと教えられる所が少なくなかった」（勝見 1977）という、やや込み入った記述がある。つまり、東京ＡＤＣの結成には新井の渡米を踏まえた『アメリカ広告通信』が効いていたのだが、アートディレクターそのものについては今泉が議論していたというわけである。

また、『日本のアートディレクション』には、新井と今泉が主に語り手となった座談会が収録されている。そこで新井は、戦後の日本で「アートディレクターというものの具体的な論議が出てきて、そういうものが日本に必要だという考えを主張した一番早い一人は今泉武治さんなんです」と述べている。また他方の今泉も、「我々としては戦争中から報研、つまり報道技術研究会というのをつくっていましたが、それが戦後平和になったのでこのへんでコマーシャルの制作の世界を組織化したいということになり、…〔中略〕…、アートディレクターというものはまだ日本にはないんだけれども、こういったクラブをつくったらどうかというようなことを持ちかけたわけです」と、自分の先見性をきちんと述べている。さらに今泉は、「ぜひ新井さんにアメリカのアートディレクターというものを、よく見てきてくれないか」とお願いをしたことを述べ、新井はそれを「大変難しい注文を箇条書きにしてよこしまして、少なくともこれだけのアートディレクターに会えというので、たしか四、五人の名前が書いてあった」とも回想している（今泉・新井・山城 1977）。

このようなことを踏まえれば、アートディレクターという職業理念は記述上の捻れを孕んでいると言えそうである。つまり、これを当初から主張していた者とある程度安定してからこれを語るようになった者とでは、歴史の見え方が異なっているのだ。その例が、アートディレクターという職業理念をめぐる新井静一郎の「残され方」であり、今泉武治の「消され方」である。とはいえ、本章では今泉を広告制作の「思想家」として救出すべきだと言いたいのではない。むしろ、広告制作をめぐる記述において、どういうわけか今泉が書き取られないことの意味、つまり「今泉の残されなさ」こそ、本章が注目していく点である。

三　今泉武治の消され方

歴史のなかの今泉武治

そこで、今泉がこれまでどのように書かれてきたのかを確認してみたい。まず、広告史において、今泉への言及はまれに名前が挙げられる程度である。というのも、広告を一つの自律した領域として捉え、その歴史を「広告史」として記述するようになったこと自体が歴史的な現象であり[4]、その記述体系においては、どうしても広告全体を把握しようとする意図から、制作者そのものへの言及は部分的にならざるを得ないからである。そのため、一九七〇年代以降に「日本の広告（あるいは広告物）の歴史をまとめようという風潮」（嶋村・石崎 1997:42）が高まったとはいえ、広告制作の記述は全体的な構成の最後に近い章に配置されることがいつの間にか定型となり、辛うじて以下のように名前だけが言及される程度であった。

「一九四一（ママ）年一一月二八日には、新井静一郎、今泉武治、山名文夫、原弘が中心となって組織した広告宣伝技術専門家による報道技術研究会（「報研」）が発足している。戦時態制下の宣伝美術の革新をうたって出発した報研は、その後戦時宣伝の分野に活動の場を見出している」[5]（内川 1976:452）。

「山名文夫、今泉武治らによる「報道技術研究会」結成は一九四〇年のことであり、四二年には大政翼賛会運動のもと「日本宣伝文化協会」が設立された」[6]（山本・津金澤 1986=1992:302）。

このような広告史の事情から、広告制作についての記述は美術史を引き延ばした形で展開されるデザイン史において、ある程度の居場所を確保している。とはいえ、第一章でも述べたように、デザイン史において「あの戦争」が語られ始めたのも一九七〇年代からであり、今泉自身による戦争語りとは別に（今泉 1970=1978）（山名・今泉・新井 1977）、デザイン史において今泉が記述対象となった例も多いとは言えない。それというのも、「何を制作したのか」を重視するデザイン史において、今泉にはこれといった代表的な制作物がないからである。だからこそ、どこか奇妙な表現によって、今泉は書き残されていくことになる。

「私の数ヶ月あとに東方社美術部に入社した今泉武治は、それまで森永製菓の宣伝部にいたが、当時の広告技術者の中にあって、新しい宣伝のあり方に情熱を燃やしていた一人であった。報道技術研究会という会が、主として広告関係者によって一九四〇年十一月に結成されている。今泉は新井静一郎、山名文夫らとともに、この会の設立と運営に奔走した」（多川 1988=2000:86-87）。

「報道技術研究会の結成は一九四〇（昭和一五）年。一九三八年に論文「報道美術に於ける集中と分化」を発表していた今泉武治が趣意書を書き、二三人が会員に名を連ねた」（竹原・森山 2003:63）。

サンプル不足なのは重々承知の上だが、一般的に入手可能な資料において、これら以外の記述がなかなか見あたらないのも、一つの社会的な事実である。こうした事情を踏まえつつ、当事者の回想に基づく前者においては、今泉が他の制作者とは相対的にやや異なる存在であったことが仄めかされ、デザイン史の教科書でもある後者においては、今泉をデザイナーとしてではなく、論文の執筆者として紹介している。つまり、今泉は一方の広告史においては周縁化されてしまい、他方のデザイン史においてはどこかその記述の体系から溢れ出てしまうような存在なのである。しかし、だからといって今泉が忘却の対象であったかと言えば、そうでもない。むしろ、今泉は奇妙な拾われ方をしている。

「今泉武治（一九〇五年九月二三日〜）　いまいずみ・たけじ　デザイナー。福島県生まれ。一九三〇（昭五）年明大商学部卒。森永製菓に勤務。岡田桑三、春山行夫、林達夫、岩村忍らによってつくられた東方社に四二年入社。東方社は参謀本部の対外宣伝機関として活動をした組織である。ここから『FRONT』という宣伝雑誌が出された。この雑誌のアートディレクターは原弘。今泉はこの雑誌のデザイナーとして参加した。そのデザインは、ロシア構成主義のデザインを思わせるようなモダンなものであり、当時としては考えられる限りの表現技術を結集したものであった。戦後博報堂に勤務し、広告制作にたずさわる。著書に『戦争と宣伝技術者』『宣伝技術』など」（柏木 1990）。

これは「政治、経済、学術、芸術、スポーツから風俗や事件まで、あらゆるジャンルの人物を網羅。激動の昭和を彩った人物群像、平成のキーパースンあわせて一一〇〇〇人」を掲載した『「現代日本」朝日人物事典』（朝日新聞社、一九九〇年）の一項目である。掲載の経緯は不明だが、その記述からして今泉の説明というよりも、東方社や『FRONT』の説明に重点が置かれていると言える。一九八九（昭和六四）年から一九九〇（平成二）年にかけて『復刻版 FRONT』（平凡社）が刊行されたという文脈を踏まえれば、こうした記述もある程度は理解可能である。しかし、それゆえにこの記述は東方社には接近していても、今泉自身からは遠ざかってしまっている。

今泉武治の記述しにくさ

こうしたなか、今泉そのものに注目した記述は以下のものに限られている。その執筆者によれば、従来の広告史やデザイン史は、ベテラン作家による大きなポスターの制作、アシスタントによる新聞や雑誌の小スペース広告の制作、ビジュアルに従属させたコピーという序列を暗黙の前提にしているという。その典型が、東京ADCによる『日本の広告美術』（全三巻、美術出版社、一九六七年）であり、そうした偏向を持つ「広告史とは別の、独自のクリエイティブ史が書かれなければならない」ということが（中井 1991:2-3）、記述の前提として設定されている。

そこで、この執筆者はその著書に「広告表現の一二〇年を担ったクリエイターたち」という副題を持たせ、グラフィックデザイナー、アートディレクター、コピーライター、広告写真家、CMクリエイターを全七三章にわたって述べていく。そのなかの第四九章「ADCの作家たち（一）」の第一節「戦中戦後の混乱期に身を投じた今泉武治」は、以下のように今泉を書き記している。

「今泉の業績はミツワ石鹸のアートディレクションと、著作活動を通じた啓蒙運動である。…〔中略〕…。今泉がクローズアップされたのは昭和一五年一一月に結成された「報道技術研究会」の頃からである。その後ADCの結成を経て、世界デザイン会議まで多くの発言や実績を残した。…〔中略〕…。（引用者註：報道技術研究会における）今泉の論旨は一言でいうとデザイナーも最終目的は国家的使命に同調しなければならないということを説いたものだった。ところが戦後は一転してアメリカ流のアートディレクターズ・システムを唱え、デザイン会議で「コミュニケーションとしてのデザイン」を説いたりした。…〔中略〕…。これ（引用者註：戦後の今泉による議論）を見ると、彼が戦時中に書いた「報道技術構成体」の思想と、戦後書かれたものの間には一八〇度の展開（ママ）が行われているのに気付く。今泉の戦時中の論文は、池島信重が指摘しているようにハイデッガーに対する関心と理解から生まれたナチ支持的な論拠のものだったが、ここでは場所と時間をかえて、戦時中とは対極の地点から、大衆消費社会を論じている。このように今泉はいつの時代にも時代の潮流に身を投じ、彼流の視座で時代の本質を整然と解き明かそうとつとめている。ところが論旨が明快であればあるほど、時代のねじれ現象は、逆に、彼は、コントラディクトリーな理論家であるという印象を与えている。これは戦時中から戦後にかけて活躍した多くの理論家が歩んだ、思想的な漂流現象だといえるだろう」（中井 1991:498-499）。

このような記述は今泉を広告制作における書き手として捉えようとしている点で興味深いが、その分だけ偏りのある記述にもなってしまっている。確かに、今泉は広告制作の作り手としてはどうにも説明の付かない過剰な存在である。しかし、この記述は今泉の議論の変化を素朴に読んでおり、これをそのまま書き取ってしまってもいる。だからこそ、「報道技術構成体」と「アートディレクターズ・システム」は一八〇度の転回を経たものとして捉えられ、戦前と戦後の断絶が事後的に強調されている。また、第四章までに詳細に述べてきたことから判断すれば、今泉の議論自体が「ナチ支持的」であったわけではないので、それを前提に「コントラディクトリーな理論家」や「思想的な漂流現象」といった評価をするのは、やや書きすぎである。つまり、この記述はこれまでとは異なる今泉への接近可能性があることを仄めかそうとはしているのだが、記述そのものは今泉から遠ざかってしまっているのである。

今泉に対するこのような外在的な批判は、時代的に後続する者であれば、無限に展開できるであろう。しかし、これでは今泉を理解するというよりも、事後的な歴史記述の正当化に読者を付き合わせてしまうだけの可能性が高い。要するに、広告史やデザイン史において、今泉はどうも記述しにくい対象なのである。またそれゆえに、簡単な言及に留まることもあれば、素朴ななぞり返しにもなってしまうのである。そこで、以下ではその今泉が語ったアートディレクターという職業理念に注目すると同時に、それ自体がどのように記述されていくようになったのかということを述べていくことにしたい。

四　新井静一郎という偶然

今泉武治とAグループ

さて、アートディレクターはいつからどのように語られ始めたのか。先に本章は渡米して直接見聞きしてきた新井の話が説得力を増した分だけ、それ以前に日本で議論されていたことが吹き飛んでしまったと指摘したが、ここではその議論を行っていた「Aグループ」と、そもそも新井と渡米の関係について確認しておきたい。

本研究の史料調査においてAグループに関する資料を発見することはできなかったが、当時をよく知る者の回想によれば、「東京のADCの創立の直接的な動機になったのは、広告技術の新しい研究を目的とした「Aグループ」の活動であった」という（川崎 1970）。また、その誕生には一九四七（昭和二二）年二月に結成されていた電通技術グループの影響があったようであり[7]、その活動拠点は東京朝日新聞広告部にあった[8]。今泉はこのAグループに黒須田伸次郎（神奈川新聞広告部）、祐乗坊宣明（東京朝日新聞出版局）、岡本敏雄（東京朝日新聞広告部）、川崎民昌（ヒゲタしょうゆ）らと共に参加し、週に一回のペースで研究会を行っていたようである[9]。

また、このような回想を踏まえてか、今泉自身も「ADCを始めるひとつのきっかけは、その一年前、一九五一年にAグループという集まりがあった、…〔中略〕…、そこでアートディレクションについての話合いがあったわけです」（今泉・新井・山城 1977）と述べている。このような回想を根拠にするのなら、戦後になって初めて今泉が書いた論考「廣告写真の諸問題」（今泉 1950）や「商品廣告とレイアウト」（今泉 1951）などが、その刊行年からして、当時の今泉がAグループで議論した題材と考えることもでき、またそれが東京ADCの基礎になっていったと理解することもできる。

新井静一郎のアメリカ出張

それでは、他方の新井にとって当時のアメリカ出張はいかなるものであったのか。新井自身の回想によると、当時の電通社長・吉田秀雄から一九五二（昭和二七）年の全米広告連盟大会への参加を指示された時には、「こちらは全然行く気もなかったし、アメリカなんていうのは、およそその国で、自分には縁がないと思っていた」らしく、またそれゆえに、「どこでどうやって尋ねて行くかもわからない中へポッと行かされた」ようである。また、今泉はそうした新井に「これは願っていないチャンスだから、ぜひ新井さんにアメリカのアートディレクターというものを、よく見てくれないか」とお願いしたのであった（今泉・新井・山城 1977）。このような回想を根拠にすれば、新井にとっての渡米はそもそも偶発的に生じた業務の一つであり、アートディレクターへの関心が内発的に生じていたとは言い難い。帰国後の報告会は「大変な感動と熱気に満ちた」ものだったのかもしれないが、そうした効果そのものが事前には期待されていなかったのである。

これにさらに加えると、新井は『アメリカ広告通信』において、広告制作には「総合統一する責任者が必要」であり、その具体的な役割は「経営者と宣傳技術者とを結ぶ紐帯」だとしている（新井 1952=1977:116-117）。しかし、このような語り自体が報道技術者という職業理念をなぞり返しているという点は、ここまでの本研究の記述を踏まえれば明らかだと言えよう。

このように複数の記述を付き合わせていくと、アートディレクターと新井静一郎を組み合わせてしまう史的記述は、やや拙速であることがわかる。東京ADCの「母胎」と言われたAグループにおいては、今泉が戦前以来の議論を展開していた可能性が極めて高い。また、たまたま渡米の機会を得た新井が『アメリカ広告通信』を刊行したとはいえ、アートディレクターそのものについては今泉に依頼されて調査したことであった。

要するに、アートディレクターという職業理念に新井静一郎が果たした役割は勿論少なくないのだが、[10] その組み合わせだけで充分に説明できるものではない。しばしば、新井はアートディレクターという職業理念をアメリカから輸入した人物として語られてしまうが、その組み合わせはかなり偶発的であり、またその組み合わせに還元されないような動きがあったのである。

五　アートディレクターという冗長さ

東京アド・アートディレクターズ・クラブ

それでは、アートディレクターを語る東京ADCはいかに結成され、そこでは何が語られたのであろうか。今泉自身の回想によれば、新井が帰国後の報告を終えた一九五二（昭和二七）年八月二九日に、藤本倫夫、川崎民昌、土居川修一の「三人、規約草案は今泉がやるということでADC発足の準備活動が始まった」ようであり（今泉・新井・山城 1977）、同年九月五日に東京ADC（当初は、東京アド・アートディレクターズ・クラブ）が発足している。[11] この創立総会では会員が分科会別に配属され、[12] さらには東京ADCの結成をわざわざニューヨークADCに通知したりもした。[13] このようにして動き出した東京ADCは、[14] 会報誌での活動報告[15]や展覧会の開催、[16] そして啓蒙書や年鑑を刊行するなどして現在にまで至っている。[17]

ここで注意しておきたいのは、アートディレクターを語る東京ADCは戦前までの諸団体とは異なり、広告業界の内部に組み込まれた点である。その規約によると、[18] 東京ADCの事務所は当時の広告業界団体である「日本広告会」[19]に設置され、会員資格は「広告企画及表現技術の両域を兼ねる実務担当者」となっている。要するに、単なるデザイナーとしてではなく、広告業界においてそれなりの仕事をしていることがアートディレクターの前提条件とされたのである。

それでは、アートディレクターとは何なのか。東京ADCは、その会報誌『ADCレポート』（第一号、一九五三年）の表紙に「私達の言葉」という短文を掲載し、またその冒頭において「アートディレクターの立場」という宣言を載せている。

「私達の言葉　広告および編集の分野におけるアートディレクターの問題は、もはや論議の段階ではなくて、実践の時期に移りつつある。われわれは経営者と広告美術家とを結ぶ、新しい職能としてのアートディレクター制の確立をめざして、このたび「東京アド・アートディレクターズ・クラブ」を結成し現実的な立場と新しい自覚の上に立って、この運動の実践に乗り出すことになった」（東京ＡＤＣ 1953）。

「経営者が、広告活動における表現技術者の働きを正当に認めている例は殆んど無いと言ってもよいのではあるまいか。大抵の場合、こゝには二つのタイプがあるだけである。表現技術上の工夫も約束も一切無視して、自分の考えや好みにより、勝手な注文や訂正をする場合、何の意志表示もせずに、まるきり任せておく場合とである。…〔中略〕…。この経営者と表現技術者との間にある断層を埋め、経営に表現を与えるという廣告の本格的主題に取組もうとするのが、アートディレクターなのである」（東京ＡＤＣ 1953b）。

ここで注目すべきは、「アートディレクターの問題は、もはや論議の段階ではなくて、実践の時期に移りつつある」と前提されている点であり、東京ＡＤＣ結成の時点でアートディレクターは改めて語り直す職業理念ではないとされている点である。その上で、アートディレクターは「経営者と広告美術家とを結ぶ、新しい職能」とされ、また「経営者と表現技術者との間にある断層を埋め、経営に表現を与える」存在であると意味づけられている。これに加えて東京ＡＤＣの規約によると、「二　本会は広告の文化向上と経済的価値達成のために広告活動における経営者と広告技術者の中間を総合媒介するアートディレクター制を確立し、もって広告作製機構における合理化専門化を図ることを目的とする」とも記されている。要するに、経営者とデザイナーを媒介する中間的な立場こそ、アートディレクターというわけなのである。

ここで注意したいのは、このように中間的な立場を強調するアートディレクターという職業理念が、「経営の最高指導者の意志と技術家の作品とのギャップに架けられるべき橋梁」（今泉 1937a）とされた報道技術者における組織語りを弱くなぞり返している点である。ここで「弱く」というのは、これまでに述べてきたような意味での報道技術者の職業理念の分厚さからここだけを抜き出しているように思われるからである。実際のところ、戦後になって今泉が展開したアートディレクター論においても、「アートディレクターは、相反する要素、商業と美術を融合させ、両者の質的な高度化を促進する」（今泉 1954）、「アートディレクターは、広告の経営的、対象的、技術的制約の上の無限の表現のなかから、ただ一つの表現を描き出すコンダクターの役目をはたす新しい職能」（今泉 1954b）、「アートディレクターは、芸術と経営を結ぶ媒介者である」（今泉 1954c）というように、他でもなく中間的な立場だけを抽出するようになったのである。

参照点としての現場

それでは、なぜこのような部分的な抜き出しとしてアートディレクターは語られるようになったのか。それはアートディレクターを語る前提が「経営者と表現技術者との間にある断層」（東京ＡＤＣ 1953b）に置かれたからである。商業美術家においては美学と区別された心理学的な個人制作が、報道技術者においては美学と心理学を弁証法的に止揚させた集団制作が前提とされてきたのとは異なり、アートディレクターにおいてはこのような学的記述ではなく、広告制作がなされる現場の具体的な問題が参照されたのである。

重要なのは、それゆえに今までになく多くの人びとが語りの前提を共有できるようになった点である。具体的に言えば、「経営者のいう「わが社の個性」なるものも、甚だ概念的な場合や、過去への固執的な観念に捉われている場合が多いのであるが、デザイナーが、自己の意欲的な方向へ走りすぎると、「どうも、これはウチらしくない」と云う反発に出合う。この場合、デザイナーの意見なり見解を、相手に理解させるには大変な努力と、時には非常な勇気をさえ必要とする」（近江 1953）というように、また「「わけの分からぬ経営者が多い」とデザイナーはいう。「勝手なものばかり描いて困る」と経営者はいう。どちらも尤もで、どちらも困ったものである」（藤本 1955b）というように、広告制作の現場にいれば誰でも似たようにその前提を共有できるようになったのである。[20]

　このように職業理念を語るための参照点が学的記述から実務上の問題へ変更されたことにより、アートディレクターは今までになく多くの人々によって語られることになった。[21] 経営者とデザイナーのギャップを問題にして、その中間的な立場としてアートディレクターを主張することは、思想的な言葉よりも現場の問題意識に根ざしている分だけ理解がしやすい。またそうだからこそ、アートディレクターをよりよく理解してもらおうとして、そのギャップがいかなるものであるのかを図解や単純化によって説明する動きが登場したのである。

①

アートディレクター制におけるデザイナー、アートディレクター、経営者の関係。

　これらは東京ADCの展示会で示されたもので、図版①では「ディレクター」が「デザイナー」と「経営者」の手を取り合う存在として描かれている。また、図版②と表①では「デザイナーの性格」と「経営者の性格」とが対立的に示され、そのわかり合えなさが二分法的に強調されている（今泉 1954c）。そして、このような展示会そのものが「芸術と経営を媒介するもの」（一九五四年七月）や「経営に表現を与えるもの」（一九五五年五月）と名付けられ、アートディレクターを語る前提の共有が図られたのである。

②

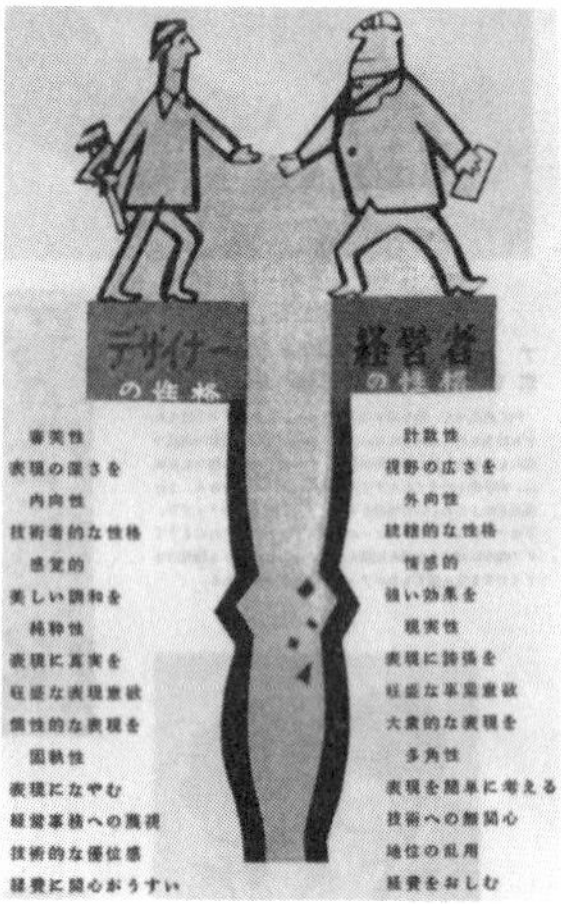

デザイナーと経営者の性格の違い。

③

デザイナーの性格	経営者の性格
経費に関心が薄い	経費を惜しむ
技術的な優越感	地位の乱用
経営事務への蔑視	技術への無関心
表現になやむ	表現を簡単に考える
固執性	多角性
個性的な表現を	大衆的な表現を
旺盛な表現意欲	旺盛な事業意欲
表現に真実を	表現に誇張を
純粋性	現実性
美しい調和を	強い効果を
感覚的	情感的
技術者的な性格	統轄的な性格
内向性	外向性
表現の深さを	視野の広さを
審美性	計数性

②のテキスト部分。

ここまでをまとめれば、アートディレクターは報道技術者において分厚く構成されていた組織語りを部分的に抜き出した形で語られ始めた。またそのような語りを可能にしたのは、職業理念の参照点が学的記述から実務上への問題へと変更されたからである。経営者とデザイナーのギャップだけが強調されたのは、こうした経緯からである。またその結果として、こうした単純化がより多くの人びとの理解を可能にし、その分だけ報道技術者のような言葉の厚みは解除され、誰でも似たようにアートディレクターを語ることができるようになったのである。

しかしながら、それは「ここ一、二年というもの、ずいぶんたくさんのアートディレクター論を読んだり、また書いたり」するようになった分だけ、「正直のところ、同じようなセリフの繰り返しは、少々くたびれてしまった感じ」を抱かせてしまうような状態を引き起こしたようでもある（祐乗坊 1954b）。こうした理解も踏まえるのであれば、戦後におけるアートディレクターは、戦前の報道技術者のような言語的な緊張感が吹き飛んだ分だけ、広く緩く冗長に理解されるようになったとも言えそうである。

六　広告業界から語る／デザイナーから語る

日本宣伝美術会からの抗議

それでは、このような意味でのアートディレクターはどのように受け入れられたのか。今泉によれば、「なんにもない時点からこういったアートディレクター制を考えだし、制度を確立しようというようなことは、相当気負った抱負に満ちた時代だった」と回想されるが（今泉・新井・山城 1977）、それは具体的にはいかなるものであったのか。

その導きとなるのが、東京ＡＤＣの一年前である一九五一（昭和二六）年に結成された「宣伝美術の向上と作家の社会的地位の確立、相互扶助を目的として創立されたわが国唯一の全国団体」（日本宣伝美術会 1954）である日本宣伝美術会（以下「日宣美」）会員の反応である。新井の回想によれば、「ＡＤＣができてしばらくして日宣美から申し入れがあって、一応意見交換しようじゃないかということだったんですが、実際は抗議」であったという（今泉・新井・山城 1977）。また、当時は日宣美会員だった山城隆一の回想によると、「新井さんがわざわざ高島屋へお見えくださって、ＡＤＣのメンバーになりませんかなんて言われて、僕はびっくりして、すぐ亀倉さんに話したら、おまえそんな所に入ったらだめだ、やることはまだいっぱいあるよ」と言われてしまったという（今泉・新井・山城 1977）。

このような回想を踏まえると、デザイナーの団体として結成された日宣美と、広告業界を前提にして結成された東京ＡＤＣは緊張関係にあったと言えそうである。そこで、その一端を知るために、『ＡＤＣレポート』（第二号、一九五二年）の「ＡＤについて」という両会員による座談会記事に目を通しておきたい。

高橋錦吉（日宣美）：「ＡＤＣの会報を拝見したり、話をきいたりしていますが、ＡＤＣがこれから一体何をやろうというのか、将来どんなことを計画し、どんな方向に発展しようとするのか分らないのです」。

河野鷹思（日宣美）：「ＡＤＣに希望することは、広告効果をあげるという口実で、うすぎたない広告をつくることではなくて、広告の文化性をもっと高めることです」。

亀倉雄策（日宣美）：「いつも堂々めぐりの議論になるんだが、いったい広告効果とは何ですか。…（中略）…。もう一つ、現在のADCについて云いたいのは、どこまでの人をアートディレクターと解釈しているのか知らないが、現役のデザイナーまでがメンバーになっているのはおかしい」。

今泉武治（東京ADC）：「アートディレクターの立場を純粋に規定するよりも、今の段階ではなるべく発足しやすい形で、仮にいろいろなものが混っていても、その中から生まれてくるものを、順々に純化していくことによって、将来が期待できるのではないかと考えます」。

河野：「結局それは、いままでの宣伝部長というものと、二重人格的なものになる場合が多いが…」。

今泉：「日本の現状からいうと、デザイナーがアートディレクターになるというより、むしろ宣伝部長にそういう資格があり、二つの立場を使い分けられるような人でないと、実際には経営者の立場からは、広告全体の表現を継続して委せられないのではないか。だから当分は、宣伝部長が同時にアートディレクターを兼ねることも、已（ママ）むを得ないと思う」。

亀倉：「とにかく、非常に高い立場でないとアートディレクターを組織化するときの第一歩が難しくなる」。

今泉：「単なる宣伝行政家でも、アーティストでもない中間的な存在が、将来生れてくるのではないか」。

祐乗坊宣明（東京ADC）：「ざんねんなことだが、ADCは出来たが、厳密に言えば、「私はアートディレクターだ」と名乗れる人は一人もいないのが実情で、あり得るのは、それに近い仕事をしてきた人だけのことです。それだからこそ、このクラブを作った目的がある」。

亀倉：「デザイナーも、アートディレクターも、お互に理想ばかり云い合っていたのでは歩みよらないし、結局アートディレクターに、いい仕事をみせてもらうより仕方がない」（亀倉・河野・菅沼・高橋・新井・川崎・今泉・祐乗坊 1953）。

東京ＡＤＣによれば、アートディレクターはデザイナーと経営者を媒介する中間的な立場である。しかし、ここではその「中間」をどのように理解すべきなのかが話し合われている。つまり、デザイナーを経てアートディレクターになるのか、それとも宣伝部長を経てアートディレクターになるのかでは、同じ職業理念ではあっても、随分異なるのではないかというわけである。

そこで、こうした問題に対して「今の段階ではなるべく発足しやすい形で、仮にいろいろなものが混っていても、その中から生まれてくるものを、順々に純化していく」というような声があがる一方で、「「私はアートディレクターだ」と名乗れる人は一人もいない」という実情がこぼされ、さらには「デザイナーも、アートディレクターも、お互に理想ばかり云い合っていたのでは歩みよらないし、結局アートディレクターに、いい仕事をみせてもらうより仕方がない」というように、言葉ではなく物で示してほしいという話にもなっていった。

つまり、アートディレクターはそれとして語られるようになったからこそ、それ自体をいかに理解するのかという問題意識が生まれるようになり、それによってアートディレクターを広告業界の側から語るのか、それともデザインの側から語るのかという区別が生まれたのである。その結果として、広告業界側からアートディレクターを語る東京ＡＤＣから見れば、デザイナーの集合でしかない日宣美の在り方が問題であるかのようにも見えてくる。例えば、東京ＡＤＣは日宣美の第一回公募展に対する合評において、「あの展覧会には演出家がいないんだ」、「最初から計画がなく、殺到した作品をどうやらあそこに並べた、それを並べきってほっとしたらしいのですね。その程度の計画性なんです」、「事務的な無計画さでそのままやっちゃったということはやむを得ないとしても、演出といいますか、これが全然なかったのですね」（東京ＡＤＣ 1953c）と酷評している。日宣美は東京ＡＤＣに批判的だが、デザイナーの集合でしかない日宣美における計画性のなさは、広告としての計画性を重視するアートディレクターという職業理念から十分に批判できるというわけである。

ここまでの意味において、アートディレクターという職業理念は素直に受け止められたのではない。しかし、こうしてアートディレクターが語られ始めたからこそ、広告業界から語るのか、それともデザイナーから語るのかという区別が登場したのである。アートディレクターという職業理念によって〈広告制作者〉を語ること自体は活性化したのであり、[22]またそのことがさらなる語りを誘発していくようになっていくのである。

七　組織における技術語りの多重化

経営学やマーケティングへの接近

それでは、〈広告制作者〉をめぐる議論はいかにして活性化したのか。アートディレクターを肯定するにしろ、否定するにしろ、それとして語ること自体が棄却されなかったということは、一体どういう状態において可能になったのか。そこで、今度はアートディレクターを語り得た外部環境についても述べておきたい。

そもそも用紙が統制されていた頃の新聞は二頁から四頁だったが、一九五三（昭和二八）年の夏頃には朝夕刊一二頁にまで回復し、広告欄が増えるようになった。また一九五二（昭和二七）年度の全国推定広告費の総額（電通調査）によると、新聞広告は二四〇億円で全体の六八％を占めており、[23]新聞広告は売り手市場から買い手市場に転じた。こうしたなかで虚偽情報を掲載した「不良広告」が社会問題になり始め（朝日新聞 1954e）、「唯俗悪でヒンシュクを買うだけの広告を一掃したい…〔中略〕…。その為にも、新聞広告を構成する各要素が、一貫した計画性のもとに、優れた専門的技術の成果を集めたものであって欲しい」（新井 1954）と言えるようになってきたのである。[24]つまり、広告欄が増えた分だけ多様な広告主に対応していく必要が生まれ、そこに広告制作の専門家としてアートディレクターが求められるようになったというわけである。

また、企業の広告活動や雑誌の刊行が盛んになるにつれて、[25]広告制作における人員構成にも変化が及ぶようになった。それは例えば、「個人では、どうすることもできない大きな仕事には、それだけの人員や職能や機構が生まれ、分化してくることが判る。私達の仕事が、それ程変化しないのに、宣伝という仕事の内容や環境や運営の仕方が、うんと複雑になり、総合的な智恵や事務的な運び方は変化している」（上村 1954）というように、[26]個人として広告制作を続けることの困難が、それこそ実務的に気づかれるようになった。

このようにして、「組織がないとデザイン活動はできないともいえるんです。一人でやると雑務が多すぎるので、大きな組織体でいいところをふんだんに生かしていかないとおっつけない時代になる」（中井 1958）と言えるようになり、また「経営の中へＡＤの組織を受け入れる場を作らなきゃいけない。たとえば、外国の優秀なＡＤ兼デザイナーという人たちはほとんど広告代理業の会社に入って、その中で十分腕を発揮しています」（藤本 1958）というように、組織を前提にした広告制作をもっともらしく語れるようになってきた。つまり、広告制作をめぐる人員構成の変化に対応していく必要が生まれたからこそ、組織を前提にした広告制作の専門家としてアートディレクターを語ることが可能になってきたのである。

さらに、このような展開は広告の効果について関心を高めると同時に、その不確実さをどのように制御すればよいのかという問題意識を生み出し、複数の広告業界誌の刊行に至った。[27]企業が広告費を無駄なく使うためには、市場の購買力や消費者の傾向を業界の知識として踏まえた広告制作が欠かせないというわけである。このようにして広告を語ることは経営学にも接近するようになり、[28]その結果が戦後の「広告学」と呼ばれるようにもなった。[29]

それゆえに、「グラフィックデザインの中でも特に広告におけるグラフィックデザインというものは、広告の目的のためには十分な科学的な裏付けを持った効果のある広告をしなければならない。と同時に、そのヴィジュアルな面に見られるところの広告というものは、少なくとも効果を伴った芸術でなければならない。いわば経営と芸術というものをいかにして結び付けるかということに焦点が絞られてくる」（藤本 1958）というように、[30]「マーケティング」[31]を前提にした広告制作としてアートディレクターの必要性を語ることが可能になったのである。

したがって、職業理念としてのアートディレクターはその意味内容においては戦前の報道技術者を希釈したようにも聞こえるのだが、そのように語れてしまうこと自体が戦後になって急増した広告主への対応であり、また組織を前提にした広告制作への対応であり、さらには経営学やマーケティングを前提にした広告制作への対応でもあった。そして、これらが広告制作現場の具体的な問題としてそれなりに理解できることだったからこそ、賛否はあれ、アートディレクターを語り続けること自体は棄却されなかったのである。

アイデアやデザインポリシー

このようにして、アートディレクターは誰であっても似たように理解することができるようになり、またそれゆえに、それぞれの立場から技術語りが展開されていくようにもなった。これは報道技術者において、その技術語りが「レイアウト」に収斂していったのとは大きな違いである。勿論、戦後においてもレイアウトは語られたのだが、それは戦時下のように組織語りや主体語りに拡張されることはなく、技術語りの一つとして局所的に展開されることになった。[32]もう少し言えば、当時の広告は印刷物を前提にしていたために、紙上の諸要素を配置していくレイアウト以上の技術語りを生み出すことは困難な状態にあった。それゆえに、このような物質的な操作とは別の次元、つまり「アイデア[33]」や「デザインポリシー[34]」といった抽象的な操作の次元で技術語りが登場したのである。[35]

「従来、広告活動の上に於けるアイデアの問題は、軽く見過されて来た嫌いがある。しかしアイデアこそが、広告活動の生命なのである。…〔中略〕…。色々なアイデアの中から、今ならこれ一つというものを採上げ、これに創造というのにふさわしい表現を与えるものがアートディレクターなのである」（東京ＡＤＣ 1953b）。

「デザインポリシーは企業政策の一部門で、生産品を始め、販売、宣伝といったマスコミュニケーションの媒体や、事業用の建造物に至るまで、企業政策の本質と結びついて一貫したデザインの統一的方針をいう。アートディレクターは企業体の中にあって、デザインポリシーを樹立する役割を果たすものであり、デザインポリシーのもとに統一されたデザインは、企業体に一つの性格を与え、事業を個性的に印象づけるものである」（山口・塚田・山崎・福井 1955:141）。

拡散しつつある記述をわかりやすく整理すると、こういうことである。戦後の〈広告制作者〉であるアートディレクターは、誰にでも似たように語られてしまう職業理念であった。またそうだからこそ、今度はこれを広告業界から語るのか、それともデザイナー側から語るのかという区別が見えてくるようになった。しかし、両者による賛否は今まで以上に〈広告制作者〉を語ることを活性化させ、またそのこと自体が急増した広告主への対応、組織を前提にした広告制作への対応、経営学やマーケティングを前提にした広告制作への対応でもあった。そして、ここまでのことが前提となってアートディレクターをめぐる技術語りもそれぞれの立場から展開されるようになり、「アイデア」と呼ばれる企画技術が広告業界において、また「デザインポリシー」と呼ばれる企画技術がデザイナー側から語られるようになったのである。

人間を消すか、語るか

ここで興味深いのは、アイデアであれデザインポリシーであれ、それを考えるアートディレクターが「人間」として強調されている点である。というのも、当時において進行しつつあった広告学やマーケティングは、そうした人間による不確実性を消去していく方向に動いていたとも言えるからである。それは例えば、「広告を、一種の芸術と解し、美的技術の範疇に止めて置くようなことは、趣味家或いはビジネスと無関係な人たちにとっては、興味があることかもしれない。しかし、産業人とし、ビジネス人としての立場から要請せられる広告の研究は、非ビジネス的な抽象的な広告学や、単なる美的な広告技術論の範囲のものであってはならない」（土屋 1957）というように、科学的であろうとする広告学やマーケティングは特定の人間に依存することなく、誰であってもそこそこの成果を挙げられるような方法を提案しようとしていたのである。

つまり、経営学に接近した広告学やマーケティングにとっては消費者＝受け手をいかに捉えるのかという点が重要であり、〈広告制作者〉という送り手そのものには関心が低い。またそうだからこそ、ここまで〈広告制作者〉を語り続けてきた者たちは、以下のようにも「人間」を語らされてしまうのである。

「最近の広告製作は次第に総合的になり集団的な協同作業になってきた。この現象は心理的な面と調査科学の面の両方から生まれた結果である。…〔中略〕…。したがって個人の個性は解けてしまって光彩を放つということは出来ない。しかし個性を越えて、もっと強大で、しかも安定性を持った別の総合力が生まれることはたしかである。ここで私達が一番悩み、考え、そして苦悩する事は個性と創造である。人間であり、芸術家であると考える人は個性から生まれた創造を目的に進むだろう。また人間臭をさけて、むしろ科学的な技術家と考える人は集団総合による創造を目的に進むだろう」（亀倉 1962）。

「「創造」に対する姿勢という言葉を前にふれたが、この「姿勢」ということが私達の大きな問題点なのである。それは個人か集団かという点に掛ってくるからである。個性という極めて人間的な苦悩を背負った行者のような創造と、総合性というなかの歯車のひとつを形どったような悩みをいだき合っている創造との違いである。…〔中略〕…。私は個人の力を＝個性を支持するものでもない。また総合の力＝イメージを支持するものでもない。この両極端から生まれた創造を、正しく、しかも聡明に判断する優れた人間の知能を求めているのである」（亀倉 1962）。

経営学に接近した広告学やマーケティングの導入に伴い、広告制作は「個人」というよりも「集団」を重視せざるを得なくなってきた。そしてこの区別は「科学」を前提にしており、またそうだからこそ、「個性」の居場所が問題になってきたのである。こうした文脈において「人間」は意識されるようになり、「個性という極めて人間的な苦悩」を背負うのか、それとも「総合性というなかの歯車のひとつ」になるのかという理解に至ったのである。

ここまでの意味において、アートディレクターを語り、またそれぞれの立場から技術語りを展開できたことは、その外部環境である制作現場の組織化と、経営学に接近した広告学やマーケティングの動きなどと不可分であったと言えよう。そして、このように広告制作そのものが広告業界に深く組み込まれようとしたからこそ、そのこと自体をどのように考えるのかという問題意識が当事者には生じて、さらにアートディレクターは語られていくことになったのである。「アイデア」や「デザインポリシー」といった人間が抽象的に考えることを前提にした技術語りは、人間による不確実性を消去していこうとする動きが出てきたからこそ、もっともらしく語ることができたのである。

八　東京ＡＤＣの「再スタート」と広告業界の再編

五年間の反省

このような揺らぎのなか、東京ＡＤＣは結成から五年を経た一九五七（昭和三二）年に、会員の年間制作物が一覧できる『年鑑広告美術―一九五七』（美術出版社）を刊行している。ここで興味深いのは、その刊行にあたって「年鑑の発行とＡＤＣ賞の贈呈が、東京ＡＤＣの再スタートになることは、年来の強い願望であり確信でもあった」

（藤本 1957）という、奇妙な意味づけがなされている点である。そこで、以下では東京ＡＤＣによる年鑑の刊行が、なぜ「再スタート」と語られたのかということから述べていきたい。

「思えばこの五年間、東京ＡＤＣとは一体なにをやるものか、厄介ものにされたり、非難されて来たのだった。……〔中略〕……。さて発足はしたものの、理想は高く現実は余りに低く、手がかりも掴めない有様であった。元来こうした運動には事務的な進行が必要であり、政治的な交錯も伴わなくてはならないのに拘わらず、会員の殆んどが勤務者であり、寸暇のない現役人であるだけに、会の運行もなかなかスムースには行かない。加えて、アメリカと日本の広告界の土壌は異質であったし、当時はあらゆる意味で広告界全般がようらん期であったから、新しいアメリカ式のシステムを簡単に移植することは至難であったのは当然である」（藤本 1957）。

これは「東京ＡＤＣ五年間の反省」と題され、東京ＡＤＣの初代委員長によって書かれたものである。これに従えば、「この五年間、東京ＡＤＣとは一体なにをやるものか、厄介ものにされたり、非難されて来た」のであり、「発足はしたものの、理想は高く現実は余りに低く、手がかりも掴めない有様」でもあった。また、会員の忙しさに加えて、そもそも「アメリカと日本の広告界の土壌は異質」であり、「新しいアメリカ式のシステムを簡単に移植することは至難であった」。だからこそ、年鑑の発行とＡＤＣ賞の贈呈を「東京ＡＤＣの再スタート」にしようというわけであり、それゆえに、『年鑑広告美術―一九五七』の序文は先に引用した『ＡＤＣレポート』（第一号、一九五三年）における「私達の言葉」に比べて、随分と抑えた語りになっている。

「デザインが表面的な装飾だけではすまず、しかも企業体の性格とマッチして複合統一していかなければならず、そのうえ機能の異った多くの広告媒体の上に確固とした企画と表現とを一貫していかなければならないとしたら、すでに一人の商業デザイナーの能力の範囲を超えているし、また現実的に広告表現の多角性は、各広告技術者との協同作業を行わざるを得なくなっているのである。こういう実情から、研究や模索の程度を超えて、広告表現の統一者であるアートディレクターに対する要望が、いよいよ大きくなってきたのであろう。本年鑑は、以上述べた諸情勢を基盤として、わが国の広告美術がいかなる推移と進展とを示しつつあるかを、正確に汲み取ってもらうことを趣旨として、編集されたものである」(藤本 1957b)。

先に述べてきた東京ADCにおいて、アートディレクターはデザイナーと経営者を媒介する中間的な存在であった。しかし、「再スタート」を決意した東京ADCにそのような強い主張はない。むしろ、「企画と表現とを一貫していくためには「すでに一人の商業デザイナーの能力の範囲を超えているし、また現実的に広告表現の多角性は、各広告技術者との協同作業を行わざるを得なくなっている」というように、広告制作の現場を状況追認するかのようにアートディレクターを語る程度である。

また、翌年の年鑑には今泉武治が論考を寄せてはいるが、「日本では主要な広告の多くは、アートディレクターのディレクティングによってつくられ、成果はあげてはいる」としつつも、「アートディレクターは、芸術的要素と機能的要素(引用者註:積極性、計画性、感受性、芸術性)の賢明な調整者でなくてはならない」と、議論が少しずつ横滑りを始めている[36](今泉 1958)。さらに、一九六〇(昭和三五)年の年鑑に寄せた序文では「日本におけるアートディレクターの立場は、すでに啓蒙段階、実行段階から拡大段階に入ったといってもよい。今後企業が急速な市場拡大に立ち向かっていくためには、アートディレクターをふくめた芸術行政の組織コミュニケーション技術をますます高度に機構化して、企業の運営のなかに参画させ、統合させるべきであろう」とも展開されるようにもなった(今泉 1960)。些細な変化に読めるかもしれないが、本研究は次の点を指摘しておきたい。かつてのようにデザイナーと経営者の断絶を指摘して、その調整を図るのがアートディレクターであるという語りはここになって弱くなったというか、そうしたことはぼんやりと既成事実にされ、わざわざ強調されなくなってきたのである。

なお、こうした動きはアートディレクターを語る当事者の外部環境の変化と不可分であったことにも注意したい。それというのも、一九六〇年前後に日本の広告費は急激に上昇し、[37] 広告業界そのものが再編されたからである。[38] またそれゆえに、「マーケティングのなかのデザインは、マスマーケットの中の消費欲望に合わせてゆくだけでなく、欲望をつくりだしてゆく機能さえももつようになった。…〔中略〕…。企業のイメージビルダーとしてのデザイナーは、新しい市場の特性と広告意欲の上昇にともない、その経済的・社会的地位はいちじるしく高くなった」（今泉 1959）というように、広告を語ることの前提が変わりだし、またそうしたことを踏まえた上で〈広告制作者〉をさらに捉え直していく必要が生まれたのである。

要するに、東京ＡＤＣの「再スタート」、そして「日本におけるアートディレクターの立場は、すでに啓蒙段階、実行段階から拡大段階に入ったといってもよい」（今泉 1960）とは、このように広告業界の再編を踏まえてこそ、語れることであった。職業理念の反省やその状況追認は、それらをもっともらしく理解可能にしてくれる文脈との関係において成立したのである。

アートディレクターの拡張とその分類学

こうした動きを踏まえて、アートディレクターはさらに語り直されていくことになった。具体的には、一九六一（昭和三六）年に原弘、伊藤憲治、亀倉雄策、山城隆一が新規会員となり、[39] クラブの名称を「東京アド・アートディレクターズ・クラブ」から「東京アートディレクターズクラブ」に改め、規約を変更して編集と広告の両分野に活動領域を含めた時である。その一人曰く、「この一、二年の間にわが国の広告は、かなりな変わり方をしている。広告が変わったというよりは、広告の作り方が変わった、その結果であるといってもいいかも知れない。広告というものが個人で作れなくなってきているし、またそのような広告に対する要求が強くなってきている」（原 1963）というわけである。
つまり、広告の在り方が変わってくれば、その制作者の在り方にも変化が及び、またそうした変化を前提にして、これまで日宣美会員だったデザイナーたちもアートディレクターを東京ADCの会員として名乗るようになったのである。興味深いのは、このような語り直しがアートディレクターの分類学を生み出すようになった点である。

「アートディレクターには二つのタイプがあるように思う。そのひとつは技術を他の人から求めて、自分は方向と出来上がりに責任を持つ人である。もうひとつは方向、技術、出来上りまで自分一人で責任を持つ人である。…〔中略〕…。私自身は後者に属するわけだが、この姿勢が広告製作上絶対正しいとは思っていない。しかし自分自身の限界を知り、その区域を守るなら、あるいはこの方がよいかとも思う」（亀倉 1962b）。

そもそも、アートディレクターはデザイナーと経営者を媒介する中間的な存在として意味づけられたのであった。しかし、ここではそれに「二つのタイプがある」とされる。そして、「そのひとつは技術を他の人から求めて、自分は方向と出来上がりに責任を持つ人」であり、「もうひとつは方向、技術、出来上りまで自分一人で責任を持つ人」だというわけである。この区別はアートディレクターを広告側から語るのか、それともデザイナー側から語るのかという先に登場していた区別に対応している。そして、デザイナーと区別されていたはずのアートディレクターは、デザイナーを兼ねたアートディレクターという理解を生み出したのである。[40] アートディレクターという職業理念はそれとして記述されるようになって初めて、これに対する理解の仕方に変化が生まれ、またその変化がさらなる記述を促し、別なる理解が生み出されていったのである。
ここまでの意味において、東京ADCの「再スタート」は広告業界の再編と不可分な関係になる。またそれを踏まえて、日宣美の会員が東京ADCに新規加入するようになり、その結果としてアートディレクターの分類学がなされるようにもなった。このようにして戦時下の報道技術者のように緊張感のある語りは解除され、広告業界であれデザイナーであれ、誰にでもどのようにでもアートディレクターを語ることができるようになったのである。特に一元的な定義がなくても、それぞれにアートディレクターを語れてしまうという冗長な状態はこのようにして成立するようになったと言えよう。[41]

九　アートディレクターの上書き

史的記述と今泉武治

ここまでの展開を踏まえ、東京ＡＤＣは一九六二（昭和三七）年に「東京ＡＤＣ　一〇年のあゆみ」（『広告美術年鑑　一九六二〜六三　別冊』）という史的記述を行っている。そしてこれによると、東京ＡＤＣは結成されるまでに四つの脈を持っていたと記述されたのである。

その一つには、「広告と編集の分野におけるＡＤ制の問題は、東京ＡＤＣ設立にも、いくたびか関係者の間でとりあげられたことがある」という話で、その先駆者として太田英茂（花王石鹸宣伝部長）や名取洋之助（日本工房）を挙げたものである。二つには、一九五〇年に結成されたＡグループにおいて「広告とＡＤ制の問題が再びとりあげられ、さらにそれを実現するための具体案が検討された」という話である。三つには、「今泉武治が戦時中所属していた報研（報道技術研究会）当時から持論である広告技術の組織論の発展として、ＡＤ制の確立を提唱し日本広告会の二渡亜土（当時山之内製薬）らに働きかけたことがあるが、これは実現をみるには至らなかった」という話である。四つには、一九五二年の新井静一郎がアメリカ視察から帰国した後、「Ａグループを中心とするクラブ結成のための世話人会がつくられ、間もなく東京ＡＤＣは、歴史的な発足をするに至った」という話である（東京

ＡＤＣ 1963b）。

ここで重要なのは、本章の冒頭で確認したようなデザイン史における定型的な記述は、ここで言うところの二つ目と四つ目の組み合わせになっている点である。これに対して、本章がここまでに明らかにしてきたのは、三つ目の史的記述が二つ目と四つ目へと具体的に展開していく過程であった[42]。つまり、そもそもアートディレクターはデザイナーとは明確に区別されていたわけだが、それが人びとに語られていく過程で分類学が生じるようになり、誰でもどのようにでも語れるようになってきたのである。

このタイミングでアートディレクターをめぐる史的記述が走り出したのは、こうした動きを踏まえてのことであろう。それでは、このような展開はいかにして三つ目の史的記述の放置に至ったのであろうか。より具体的に言えば、いかにして今泉は書き残されなくなったのか。本章はこの点を最後に確認していくことにしたい。

東京ＡＤＣは、一九六八（昭和四三）年に『日本の広告美術――明治・大正・昭和』（全三巻、美術出版社）という大型本を刊行している。これは『年鑑広告美術』の一〇巻刊行を記念したものらしく、これまでの広告美術を「ポスター」（第一巻）、「新聞広告・雑誌広告」（第二巻）、「パッケージ」（第三巻）に分類し、長文の解説と膨大な図版によって、近代日本を描き出そうとしたものである。

それでは、なぜこの時期にこのような出版がなされたかと言えば、それは第七章でも詳細に述べていくことになるが、一九六〇年代後半に日宣美が行き詰まり、それまでの共通前提とされていたモダンデザインとは異なるグラフィックデザインの在り方を肯定する必要に迫られたからである。またこれに加えて、戦前・戦中・戦後を通して広告制作に直接関わって者たちが、この時期になって現役を引退し始めたということも挙げられる。

このような経緯で史的記述が促されるなか、アートディレクターも歴史の一部として書き込まれたのだが、それは以下のようなものであった。

「闘いに疲れて、終戦を迎える。しかし、敗戦後の日本は、奇跡的にも近いすばやい立ち直りを見せ、産業界は目ざましい回復、それから成長を遂げた。それにつれて、打ちひしがれたような商業美術家たちも、新しく動き出した産業界の宣伝活動、さまざまな団体の社会活動や文化活動を結びついて、ふたたび第一歩を力強く踏み出した。昭和二五年（一九五〇年）には、今泉武治・川崎民昌らによって「Aグループ」と呼ばれた広告研究会が開かれ、膨張する産業界に対応するため、アートディレクター制度をめぐる問題が討議された。昭和二七年（一九五二年）には、現在の「東京アートディレクターズクラブ」の前身である「東京アド・アートディレクターズ・クラブ」が誕生した」（小川 1968）。

ここでは、「今泉武治・川崎民昌らによって「Aグループ」と呼ばれた広告研究会」が「アートディレクター制度をめぐる問題」を討議したという、先の引用との対応で言えば一つのことしか述べられていない。また、同書には「概説・日本の広告美術」という論考も所収されているが、これによると「本書を企画・編集した東京ADCは、当初広告のAD制を確立するために、昭和二七年九月に結成したが、その結成過程や事業については、一九六二～三年度の年鑑広告美術別冊にくわしく記載されている」と記されてもいる（山名 1968）。さらに、同書の編集担当者あとがきには、「そして敗戦から立ち直り、日宣美、ADCの創立を経て、年鑑創刊の年、一九五七年をもって戦後の部を結んでいる。『年鑑広告美術』がその後の歴史をなしている」とも書かれている（原 1968）。つまり、東京ADCの初期における試行錯誤は、その史的記述に十分に書き込まれることのないまま、先に刊行されていた別冊や年鑑を参照すれば、それなりに理解することができるとされてしまったのである。

しかし、このような史的記述の中途半端さこそ、後続する記述の前提になってしまったのかもしれない。というのも、このように明確には書き込まないという処理こそ、事後的な充填を誘発してしまうからである。思い出してみれば、本章の第二節でも述べたように、新井静一郎の『アメリカ広告通信』（一九五二年）の当時における影響力は限定的だった。また、その本がたまたま山名文夫の『体験的デザイン史』（一九七六年）によって言及されたために、『復刻版　アメリカ広告通信』（一九七七年、ダヴィッド社）が刊行されたのであった。要するに、新井の『アメリカ広告通信』が復刻されるまでは、東京ＡＤＣにおいても新井を前面に出した史的記述をしていたわけではなく、またそうだからこそ、復刊後にこのような史的記述が出てきた可能性があるのだ。

例えば、『復刻版　アメリカ広告通信』と同じく一九七七（昭和五二）年に刊行された、東京ＡＤＣによる『日本のアートディレクション』（美術出版社）は、こうした史的記述の揺らぎを隠しきれていない。その序文において、勝見勝は「戦後、アートディレクター制の必要に、最も早く着目されたのは、今泉武治氏だったと理解しているが、ＡＤＣ結成の直接のひきがねとなったのは、新井静一郎氏たちの渡米（一九五二年）であったかと思う。特に同氏の「アメリカ広告通信」は、私などもいろいろと教えられる所が少なくなかった」（勝見 1977）と、まるで思い出したかのように新井の話を挿入してしまうのである。

勿論、同書には新井と今泉が語り手となった「ＡＤＣの結成まで」という座談会が収録されてはいる。しかし、それも「アートディレクティングの理念と技術と作業の流れが、どのようにして現在にまで至ったのかを、しかもその周辺の制作技術とどのように触れ合い融け合って作業の質を高めてきたか、解明しようとする」話以上のものではなかった（新井 1977）。

このように史的記述の中途半端さを事後的に埋めてしまえた新井の『アメリカ広告通信』は、それなりの揺らぎを孕みながらも、結成三〇周年を祝い一九八四年に東京ＡＤＣが刊行した『アートディレクションツディ』（美術出版社）において定まりを見せるようになる。ここには「アートディレクター・きのう・きょう・あす」という論考があり（向 1984）、そこでは今泉の回想から新井の『アメリカ広告通信』の重要性が引き出されている。そして、『アメリカ広告通信』の内容を要約しながら、「次の一節が東京ＡＤＣの出発の骨格になったように思われる」、また「この新井静一郎の情報が東京ＡＤＣの結成を触発することになった」という物語を紡ぎ出してしまうのである。

勿論、こうした史的記述に悪意はなく、今泉を完全に無視しているとも言い切れない。しかし、このように振り返ってみれば、アートディレクターという職業理念の形成において、今泉が果たした成果が明確に書き込まれたのは、一九六二（昭和三七）年の「東京ＡＤＣ一〇年のあゆみ」（『広告美術年鑑　一九六二～六三　別冊』）までだったと言える。だからこそ、一九九〇（平成二）年の以下のような記述は唐突に見えてしまうのである。

「今泉武治（一九〇五年九月二三日～）　いまいずみ・たけじ　デザイナー。福島県生まれ。一九三〇（昭五）年明大商学部卒。森永製菓に勤務。岡田桑三、春山行夫、林達夫、岩村忍らによってつくられた東方社に四二年入社。東方社は参謀本部の対外宣伝機関として活動をした組織である。ここから『FRONT』という宣伝雑誌が出された。この雑誌のアートディレクターは原弘。今泉はこの雑誌のデザイナーとして参加した。そのデザインは、ロシア構成主義のデザインを思わせるようなモダンなものであり、当時としては考えられる限りの表現技術を結集したものであった。戦後博報堂に勤務し、広告制作にたずさわる。著書に『戦争と宣伝技術者』『宣伝技術』など」（柏木 1990）。

本章の第三節で確認したように、この記述は当時刊行された『復刻版　FRONT』には近接していても、本章が明らかにしてきた今泉からは、かえって遠ざかってしまっている。このようにして、今泉は広告史やデザイン史の脇役として名前が登場することはあっても、制作物には還元されないあの過剰さが書き取られることはなくなってしまった。また、そうした分だけ上昇したのが山名文夫のデザイン史経由で再発見された新井静一郎なのであった。これは、今泉を今泉として記憶していく記述の不在を意味している。またそれゆえに、アートディレクターと今泉の組み合わせも、どのように語り直せばよいのかがわかりにくくなってしまったのである。要するに、忘れられているということ自体が忘れられた存在として今泉は私たちの前にあり、またそれこそ、アートディレクターという誰にでもどのようにでも語れてしまえる職業理念の姿なのである。アートディレクターをめぐる語り手の拡散は、その分だけ史的記述を制御できなくなり、偶発的な要因から特定の語りが定型化するようになったとも言える。

アートディレクターと今泉武治

最後に、ここまでをまとめよう。本章は最初に今泉武治の日記や論考を参照にしながら、戦後のアートディレクターという職業理念は戦時下の報道技術者を部分的に抜き出した方向で動き始めたと述べた。しかし、デザイン史においてはそのことが記述されないというか、むしろ新井静一郎との組み合わせにおいて記述されてしまうことを指摘し、「今泉の残されなさ」こそ検討されるべきであるとした。そして、広告史やデザイン史を再度確認した上で、今泉はどうも記述しにくい存在になっていることを指摘した。そこで、今度は新井静一郎とアートディレクターの組み合わせを検討したところ、その組み合わせの必然性のなさというか、偶然だったことが明らかになったのである。

これらを踏まえ、本章はアートディレクターがデザイナーと経営者を媒介する中間的な存在と意味づけられたことを確認すると同時に、こうした職業理念は学的記述ではなく実務上の問題を参照点にしていたゆえに、誰にでも似たように語れてしまうようになったことを明らかにした。そして、これを広告業界から語るのか、それともデザイナー側から語るのかという区別が生まれるようになり、それぞれに「アイデア」や「デザインポリシー」といった技術語りが展開していくまでを明らかにし、さらにそうしたこと自体が、急増した広告主への対応、組織を前提にした広告制作への対応、マーケティングを前提にした広告制作への対応でもあったことが明らかになった。このように広告制作そのものが広告業界に深く組み込まれようとしたからこそ、そのこと自体をどのように考えるのかという問題意識が当事者には生まれ、さらにアートディレクターは語られていくことになったのである。

このような経緯を経て、東京ＡＤＣは「再スタート」を語り、そもそもデザイナーと区別していたはずのアートディレクターは、デザイナーを内部に組み込んだアートディレクターの分類学を生み出すようになった。またそれと同時に、ここまでを振り返る史的記述も登場した。しかし、ここで複数の脈が用意されていたアートディレクター語りは、それを記述する者の偶発的な書き込みに委ねられるようになり、独特の中途半端さを孕むようにもなった。新井静一郎の『アメリカ広告通信』は、こうした過程で事後的に再発見された可能性が極めて高い。そして、その復刊が歴史の再記述を促し、またその分だけ見えにくくなったのが、今泉なのであった。このようにして、今泉武治はアートディレクターという職業理念からは切り離されるようになり、またその分だけ新井静一郎との組み合わせが目立つようになったのである。山名文夫によるデザイン史は制作物が前提になった一九七〇年代以降の文体であり、そこで言及された新井静一郎が言及されなかった今泉武治を見えにくくしてしまったのである。

本章が述べてきたのは、アートディレクターが職業理念として語られるようになったからこそ、今度はそれ自体の理解の仕方にも変化が生まれ、またその変化がさらなる記述を促すようになっていったという動きである。そして、これは戦前までの〈広告制作者〉とは異なり、誰にでも似たように語れてしまう分だけ、それ自身の史的記述の制御を難しくしてしまうものでもあったのだ。「新井の残され方」や「今泉の消され方」とは、こうした動きの効果なのである。次章ではこうした語りの拡散と揺らぎを踏まえ、今度は広告と区別して語られ始めたデザイナー側の語り、具体的には「グラフィックデザイナー」という職業理念について事象の内部から述べていくことにしたい。

1 「廣告表現とはご存知のように、たいへん多角性をもつ一つの文化技術であって、それは、経営全体への認識、販売市場の状態判断、廣告政策の樹立、廣告表現傾向の決定把握などに対する事務的処理と創作的技術を一つに表現することが要求される。廣告写真家は、作家の立場から廣告表現に参加する。そしてアートディレクター（美術監督と直訳しておく）は、廣告表現の総合的な立場に立って、適当な写真家を起用する。こうしたそれぞれの技術分野は、廣告が高度化するにしたがっていよいよ細分化する傾向があるし、この分化を前提とする総合技術もまた必然的に要求される。作家の中には、すぐれた総合能力をそなえた人もすくなくはないが、一般的に考えた場合、写真家はあくまで専門的に深く、つゝこまねばならぬ表現者であり、アートディレクターは、経営と表現の間にたつ企画技術であるから、両者は、原則として分業、分化すべきであることを強く主張したい」（今泉 1950）。

2 「作家に個性的味わいがあるということは、個性的作家はすべての廣告には、適合しないということである。いわゆる所をえないで、腕を充分にのばしきれない個性ある作家を発見し、抜擢して発見し、生かすことがアートディレクターの一つの重要な役目であろう。いまの日本には、この個性技術の総合者、媒介者がない。よい廣告が生まれるためには、作家を生かすアートディレクターが生まれなければならない。そして企業家の廣告意欲と作家の制作意欲との間の深いギャップをつなぐよきアートディレクターの存在こそ、廣告作品の水準を引きあげるための必要不可欠の条件であろう」（今泉 1950）。

3 一九二〇年代のアメリカ広告に詳しいBogartによれば、アメリカにおけるアートディレクターの登場は、第一次世界大戦におけるポスター制作と不可分な関係にあった。連邦政府や赤十字のためにイラストレーターと広告人が共同制作した大戦ポスターは、人々に「絵画的宣伝（pictorial publicity）」に対する関心を向上させ、戦争による市場の拡大は、広告制作において新世代の作家の雇用を大きく生み出すことになったのである。その結果、当時の広告関係者にとって「芸術と宣伝の融合」は「約束された」ものと考えられ、さらには「未来はアートディレクターの手の中」にあるとも考えられたのだという（Bogart 1995:128）。Art Directors Club of New York（以下、「NYADC」）は、こうした背景を抱えつつ、一九二〇年六月に五三名の会員で結成され、アートディレクターはアメリカの「新しい専門職（new profession）」として構想されるようになった。その初代会長のRichard Walshによれば、アートディレクターを「法律や医療のような」、人々の日常生活と産業に貢献できる「専門性」と捉え、「芸術の活用に商業性を助言し、商業の必要性に応じて芸術を演出していく非常に専門化された職業」として考えていたと言う（Johnson 1957）。その実態については別に議論を組み立てる必要があるが、本研究においては、アートディレクターという職業理念をめぐり、まずは日米間には時差が存在し、それが日本におけるアートディレクターの初期設定になっていたことを歴史的な事実として確認しておきたい。

4　「政治史は古く且つ多様であるが、経済史、社会史は新しくまた少数である。歴史の表層を興味中心に描くことは比較的容易であるが、深く本質の流動を究めなければ、歴史の総合性を欠く怨みがある。歴史観は常に実践的なるを要し、歴史学は単なる過去の追懐詠嘆に終わってはならない。…〔中略〕…。いうまでもなく、廣告は各時代の政治、経済、文化の社会的反映そのものである故に、それを綴る歴史は総合的客観性を以て、むしろ率直簡明なものを縮写され得るはずである」（坂本 1951:1）。（瀬木 1955）。

5　第Ⅴ期「日中戦争から太平洋戦争の終結まで」における全四章中の第四章「戦争と広告代理業」・第三節「広告関係団体の消長」・第二項「日本宣傳協会と「報研」」にて。

6　全八章中の第七章「図案家・文案家の系譜」・第二節「図案家から商業美術家へ」・第五節「昭和初期における商業美術家集団の結成」にて。

7　電通技術グループの第一回のメンバーは、新井静一郎（リーダー）、山名文夫、小山栄三、伊藤憲治、大橋正、村上正夫、遠藤健一、新保民八、二渡亜土、古口謙二、宮崎博史で構成されていた。この会は、毎回ゲストを招いて話を聴く形式をとっていたらしく、ゲストが「次回から会員となることが多かった」という。会合に常連として、登村変里、殖栗文夫、藤本倫夫、土居川修一、今泉武治、金子健次郎、川崎民昌、汐辺八郎、三井由之助、板橋義夫、青木清、横田昭次、島田晋などがいたようである（宮崎 1955:138）。

8　なお、戦後において広告を語り始めたのは、一九五一（昭和二六）年五月一日に用紙統制が撤廃されるまで紙を優先的に使用できた電通、博報堂、萬年社、正路喜社といった広告代理業に関係する者たちだった。なかでも、広告代理業を横断する「日本広告会」（一九四七〔昭和二二〕年二月一三日創立）は、後の「全日本広告連盟」（一九五三〔昭和二八〕年一〇月創立）につながる大組織であり、日本広告会の「技術部会」は「電通技術グループ」（一九四七年二月結成）と共に積極的に活動していた。

9　Aグループのメンバー構成については、別の記述も存在しており、そこでは岡本敏雄が抜け、新井静一郎が入っている（藤本 1955）。

10　新井の訪米から『アメリカ広告通信』刊行までは、おおよそ次の通りである。新井の訪米（一九五二年五月）↓電通での報告会（今泉武治、藤本倫夫、川崎民昌ほかが参加）↓夏期電通広告講座で新井が「アメリカの宣伝美術」を発表し、アートディレクター制を紹介（八月）↓Aグループによる世話人会の結成（藤本、川崎、土居川修一ほか。規約の草案は今泉が執筆。八月二九日）↓東京ＡＤＣ発足（九月五日）↓『アメリカ広告通信』刊行（一二月）。山名文夫の回想によれば、新井の訪米とアートディレクター制の紹介とは、東京ＡＤＣ結成のための「裏付けが取れた」という性格があったという（山名 1976:424）。

11　本研究の調査でその規約草案を確認することはできなかったが、電通八階の会議室を借りた第一回の創立総会には赤羽喜一、新井静一郎、土居川修一、藤本倫夫、二渡亜土、今泉武治、金子健次郎、川崎民昌、黒須田伸次郎、西郷徳男、椎橋勇、島田晋、上村瑛、若林唯一、渡辺八郎、山名文夫、祐乗坊宣明の一七名が集い、藤本が初代委員長を務め、事務室は銀座並木通りの金盛ビル内にあった広告代理業アドエーの分室が提供されたようである（川崎 1970）。

12　創立総会で打ち合わせされたことはこれまでに公開されたことがないので、ここで史料的な意味合いも持たせて記述しておく。「一．例会を毎月第二金曜日に開く。二．会費を九月分より集める。三．略称を「A・D・C」とする。四．会員が各方面で出稿する場合当会々員と表示する。五．プレスアルト月評を毎月会員で交互に担当する。六．委員会は毎週火曜日に開くこと、次で委員会に於て分科会設置を定め、全員の仕事分担を決める。（一）研究：二渡、島田、祐乗坊、今泉、上村。（二）事業：赤羽、土居川、金子、椎橋、渡辺、新井。（三）渉外：西郷、若林、川崎、黒須田、藤本」（藤本 1953）。ここでいう「研究」が何を意味するのか不明だが、またそれほど重要性が高いとも思えないが、東京ADCに分科会が設置され、今泉が「研究」に配属されていた点は、これまでの記述との関係で確認しておきたい。

13　「この度本会の委員長藤本倫夫氏を通じ、東京アド・アートディレクターズ・クラブより御挨拶申し上げる機会を得ましたことを欣快に存じます。廣告の先進国たる貴国に比べ、我国は歴史的に見ても半世紀後れておりますが、殊に廣告の組織的活動と廣告技術の専門化に於いては立後れが甚だしく、学ぶべき多くのものがある訳であります。廣告の表現面に於いてアートディレクターの存在の必要は、我国でも数年前から識者の間で唱えられ、実質的にはアートディレクターの仕事をしている人達もいない訳ではなかったのですが、それが廣告界の重要課題として想起されるようになり、一部の人達がその自覚に於いて仕事をするようになったのは、極く最近のことであります。東京アド・アートディレクターズ・クラブは一九五二年九月に結成され、以来一ヶ年を経過しました。会員は現在二十二名でその殆んどが廣告主や代理店にあって実際にアートディレクターとして努力しています。会の仕事も会報の発行、研究会の開催など僅かな範囲を出ませんが、着々と会員の結束と社会的地盤を固め、範を貴会にとって堅実に活動範囲を拡げてゆきたいと思います。今後さゝやかながら日本にもアートディレクターズ・クラブが存在することを御記憶願い、何かと後進のために御連絡御支援頂ければ幸いであります。一九五三年九月十八日　東京アド・アートディレクターズ・クラブ　東京・銀座電通気（ママ）付　事務局長
新井静一郎　ニューヨーク・アートディレクターズ・クラブ　御中」（東京ADC 1953d）。

14　一九五三年三月には大阪ADCも結成されたようだが、これは「まったく開店休業の状態」だったとされる（今泉・新井・山城 1977）。「大阪アド・アートディレクターズ・クラブは、三月の下旬、左の十一氏を会員として愈々発足。事務所は大阪市東区北浜四ノ五五　第二

ビル（プレスアルト会）。重成基（東洋紡）、中本久彌（住友銀行）、岸本水府（福助）、田村晃（電通）、上月木代次（国鉄）、竹岡稜一（松下）、布施庄三（ダイハツ）、牧野登次（大映）、山崎隆夫（三和銀行）、上野隆一（住友信託）、播磨慎次郎（テイチク）。委員長：竹岡、委員：田村、重成」（東京ＡＤＣ 1953e）。

15 『ＡＤＣレポート』（全八号、一九五三〜一九五九）。例えば、一年目の活動は次のように報告されている。「☆一年のあゆみ　Ａ．出版関係　一．会報発行　二．博報堂広告作品集の編集（山名、今泉、川崎及びゲスト一名参加、隔月発行）　三．ダヴィッド社「新聞、雑誌」十月発行予定　四．山名文夫装画集の発行あっせん（美術出版社より十月初旬発行予定）　Ｂ．対談会の開催　一．二月十二日、独立書道会　二．二月二十七日、稲生、衣笠両氏との懇談　三．六月十二日、日宣美委員との対談　四．六月十九日、大阪Ａ・Ｄ・Ｃとの懇談　五．七月二十二日、勝見勝氏との対談　Ｃ．広告講演会に会員派遣　一．福島民報社（二月）福島、郡山―金子、椎橋、藤本、若松―西郷、川崎、久保田　二．山形新聞社（六月）山形市―椎橋、西郷、土居川　三．北海道放送（七月）札幌市―金子、久保田、藤本　四．下野新聞（七月）宇都宮―金子、藤本　今後の方針　一．広告年鑑の発行（編集）　二．前記各事業の続行による啓蒙活動　三．会員個人の勉強と職域に於ける実力の養成　四．各賛助員会社との有機的れんけい（ママ）　五．諸関係団体との活発な提携　六．各業界関係紙を通じて会員個々の意見発表」（東京ＡＤＣ 1953f）。

16 一九五四（昭和二九）年七月には「芸術と経営を媒介するもの」、一九五五（昭和三〇）年五月には「経営に表現を与えるもの」という展示会を東京・銀座の資生堂ギャラリーで開催。

17 一九五四年には東京ＡＤＣが編者となって『広告デザイン』（デザイン大系　第二巻、ダヴィッド社）を刊行し、一九五七年からは『年鑑広告美術』（美術出版社）を毎年発行している。

18 東京アド・アートディレクターズクラブ規約（一九五四年）：「一．本会は東京アド・アートディレクターズクラブと称し事務所は東京都中央区銀座西六日本広告会内に置く。」「二．本会は広告の文化向上と経済的価値達成のために広告活動における経営者と、広告技術者の中間を総合媒介するアートディレクター制を確立し、もって広告作製機構における合理化専門化を図ることを目的とする。」「三．本会の目的達成のために左に事業を行う　イ．広告の科学的、美術的調査研究　ロ．アートディレクターの社会的地位の確立と向上、拡大に関する啓蒙活動　ハ．海外のアートディレクター団体との交流　ニ．会員相互の親睦及び友誼団体との連絡協調　ホ．研究調査の発表　へ．その他必要と認める事業」「四．本会の会員は、広告企画乃表現技術の両域を兼ねる実務担当者とする」「五．本会に客員をおくことができる。その資格はアートディレクター並びに本会事業に関連ある有識者にして、委員会の議を経てこれを推薦する」「六．本会の入会は会員の紹介によるものを委員会が決定する」「七．会員は会費月額金一〇〇〇円を納めるものとする」「八．本会は、会務処理のため左の役員をおく　委員長　一名　委員　若干名（会計委員一名を含む）」「九．委員は会員中から、総会で選挙する。委員長は委員によって互選する」「一〇．役員の任期は一ヶ年とし、再任を妨げない」「一一．委員会は毎月一回開き、必要あるときは随時例会を開くことができる」「一二．会員例会は毎月一回開き、必要ある時は臨時例会を開く　例会の議事は出席者の過半をもって決定する」「一三．本会の資産は、会費、賛助金その他の収入からなる」。

19　一九四七（昭和二二）年二月一三日に設立。有力広告主、広告代理業・媒体の経営者、実務担当者を会員として、会長は高橋龍太郎。

一九四八（昭和二三）年九月一六日から二三日まで「ニッポン・ルネッサンス広告展」（日本橋三越）を開催。

20　「「この線を、もっと太くしてくれ給え」「ハイッ」………「これでよろしゅうございますか」「ウーム、い、けれど思い切って細くするか」「ハイッ」………「如何でしょうか」「ウーム、よかろう。どうだ丁度い、だろう」「ハッ丁度い、ですね」。…〔中略〕…。とかく、こうして首を大事がるのが一般に勤務デザイナーの現実である。…〔中略〕…。我々勤務デザイナーの周囲を見渡した時、デザイナーとはどんなことをする人間かさえ、真に認識している者は、先づ指を折る程度か、時には皆無に等しい場合がある。「絵描きどもが何を云うか」といった程度で昔のいわゆる「カット屋さん」「図案屋さん」「絵描きくづれ」位に思われているのではあるまいか。一般には、いわゆる純粋美術家は、誠に尊敬すべき芸術家であり、デザイナーは彼等が顎で使える使用人なのである」（横田 1953）。

21　「脚本もなく、演出もなく、舞台に上って何か演技をやれと註文されるが、さもなくば自分の好みや考えだけで、操り人形のように舞台で踊らされるか――このような事を幾度繰り返しても、筋の通った広告、宣伝活動は出来ないし、デザイナーも個性的な良い作品を制作出来ません。結論を先に云ってしまえば、アートディレクターが必要なのです。心ある経営者も、デザイナーも、早く立派なアートディレクターの出現することを望んでいるのが現状でしょう。そして、経営者とデザイナーの中間に立ったアートディレクターが、立派な脚本を採用し、演出するならば、デザイナーは割り切った気持で個性的な演技をやってのけるでしょう。…〔中略〕…。問題は無理解な経営者が、近代的な組織をつくらないで、勝手な註文や訂正を出して、デザイナーに無理な制約を強要する現実を早く是正することです」（大橋 1953）。「広告における、アートディレクターの問題は、もはや一部のひとびとだけの間の論議に、時をかさねている段階ではない。それは、大きくいえば、広告界全体が当面する課題として、その日本的移植の方法を、具体的にとりあげるべき時期にきていると思う。…〔中略〕…。日本の商社が、その宣伝広告の製作部門に少なからぬ人たち（デザイナー、コピィライター、レイアウトマンその他）をかかえ、その上さらに、必要に応じて、社外から洋画家写真家などに作品を委嘱することは、一般によく行われていることである。ところで、これらの経営の内部にある広告制作面のスタッフたちは、とくに専門的な広告技術者としての待遇や、有利な条件を与えられているわけではない。これらの人々はいわゆるサラリーマンの一人として、単に身につけた「技術」の切り売りを、余儀なくされている場合が多いのである。といったところで、もちろん、これらのひとびとが、必ずしもつねに不当な条件のみを押しつけられてきたというのではないが、それはそれとして、とにかく、このへんで一度、今日までの宣伝広告組織のあり方について反省してみる余地はないものだろうか」（祐乗坊 1954）。

22 またそうだからこそ、アートディレクターをめぐる論争は、別の雑誌にも飛び火していった（アイデア編集部 1954）。

23 雑誌広告は二四億円で七%、ラジオ広告は三〇億円で八%、屋外広告は六〇億円で一七%の合計三五四億円である。

24 なお、この前提として増大した新聞広告への対応も挙げられる。「不思議なことに、一流のデザイナーは一流の新聞広告には、ほとんど手をつけていないのが現状である。これにはいろいろの理由も考えられるが一流のスポンサーは、それぞれに所属のデザイナーによって広告がつくられているから、外部のデザイナーに依頼する仕事が無くなってしまうし、一流のデザイナーは一社の所属よりも限定されずにより多いカセギをした方が有利であるから、両者が結合する機会というものが少なくなってしまう。また一流デザイナーは作家的な観念がつよく、白黒だけの新聞広告には気のりがしないといった理由もあり、広告主から見れば莫大な費用を投下する新聞広告に道楽気を出されてはたまらない、といったことから両者の溝はいよいよ深まるのであろう。こんな理由も、アートディレクター制が確立していれば、案外に早く解決のつく問題であろうし、またデザイナーとしては新聞広告は全広告費の七割も占めている重要な分野であるということを十分認識してもらって、ただポスターだけに熱を上げることではなく、新聞広告にも真剣な努力をしてもらいたい」（今泉 1953）。

25 一九四八（昭和二三）年には四六〇〇社だった出版社は、一九五三（昭和二八）年には一五四〇社になる。また、一九四七（昭和二二）年には七二四九誌だった雑誌は、一九五一（昭和二六）年には一五七二誌になる。とはいえ、雑誌の総発行部数と、総発行金額は上昇した。「雑誌部数の飛躍的増大による広範な大衆への訴求の可能性の増大、週単位の刊行雑誌（週刊誌の伸長）の増大による訴求頻度の増加、カラー雑誌化による視覚的アピールの増大など、広告媒体としての雑誌の新鮮な魅力を増し始め、広告主の広告意欲を強く刺激する傾向がはっきりと出てきた」（内川 1981:101）。

26 「一人前の宣伝人が、人から指示されたくないことは、人間の本質論から云っても当然のような気がする。ことに宣伝とか、美術のような、特殊な仕事をもつ者は、すでに異質的だし、個性も強い。仕事や生活の習慣からみても、独創性が身について、本心は孤独的な自由人が多い。けども仕事というものは、大抵の場合、個人が集団の中の一員になる場合が多い。大雑把に区別すれば使う者と使われる者が常に存在する必然性を認めないわけにはゆかない。個人では、どうすることもできない大きな仕事には、それだけの人員や職能や機構が生まれ、分化してくることが判る。私達の仕事が、それ程変化しないのに、宣伝という仕事の内容や環境や運営の仕方が、うんと複雑になり、総合的な智恵や事務的な運び方は変化している」(上村 1954)。

27 こうした展開が、広告の業界誌を生み出すことにもなった。当時における代表的な雑誌の立場は以下の通りである(東京ADC 1955)。

・亀倉英治(広告美術):「〝いいデザインはいい広告だ〟という非常に割り切った考えでその考えを中心にしてやっております。…〔中略〕…。つまりデザイナーのための雑誌であって、結局広告界全般の実態にならないという批判もあるが、…〔中略〕…、宮山さんがかつておやりになった『広告界』のある一つの部門が、私のところに大きく引継がれて、それをほかの雑誌があゝいう傾向を採らない先きに、一応戦後の空白を埋めさせていただいたような形になっております」。

・蛭田栄二(電通出版部):「電通では『電通週報』『電通月報』それから月報の別冊というべき『宣伝技術』と『市場の調査と分析並にPR』それからあと広告に関する単行本を出しております。…〔中略〕…。要するに週報は特に国内の動きと、もう一つはそうした広告界の向上、アイデアとか技術とかいろんな問題について示唆を与えたいのです。単行本は、広告に関する個々の立場の方々の、立派な研究を出したいと思っております」。

・宮山峻(アイデア):「創刊の目的は諸外国のいいものを日本に紹介する、日本のいいものを諸外国に紹介する、その橋渡しの役目を、その雑誌で果したらいいじゃないかという、非常に大きな望みで発行したわけなんです。…〔中略〕…。それとご承知のように『広告界』を復刊した形ではじめたわけですが、たとえば以前の『広告界』時代ならば、海外のものをネタ本にしてダイジェストすればやって行けた。ところが最近では各国のものが入っておるし、それをダイジェストしたんではこれは無意味です。従って向うの作家なり団体に直接交渉して、そうして未発表のものをエアメールで送ってもらう、そこには非常な時間と労力がかかるわけなんですが、それは敢然としてやらなければならない」。

・増田太二郎(宣伝):「ただ編集方針を私が述べても、実際はその通りにいっていないというむづかしい問題があるのです。それにしても私はざっくばらんに批評しあったり、よそさまの作品を遠慮なく攻撃することができるという、野党の立場といった、そんなふうな気分で、いきたいと思います。…〔中略〕…、いまはむしろデザインよりも、デザイナーと広告の関係を世間が取り上げていますから、広告の一般的な向上といった面に力を入れたいと思って、いままで来たんです。…〔中略〕…。最近いろんな雑誌が出ましたし、またそれから私の方の雑誌も漠然と原稿をいただいて、それを編集しているという現在の状態はいけないから、近いうちに私は思い切って新しい方向を見つけたいと思っております」。

・藤田龍一（三正堂ニュース）：「私のところが小さい代理店であるのに、ああいうパンフレットを出したということは、うちの会社が広告界にお世話になっている以上、なにものかを出して、それによって日頃お世話になっている業界に、いくらかでも貢献することができればいいじゃないか、という程度の考えではじめた。…〔中略〕…、雑誌である以上、広告界の一般に即したものは出さなければならない。またむづかしい論文をぶつけても、容易に理解できない人々もあるわけです。それで毒にも薬にもならない石黒敬七みたいな随筆も入れて、なにか広告に関するいい話であればいいじゃないかということで、やっているわけなんです」。

・中川規矩丸（博報堂月報）：「機関紙として甚だ相すまないけれども、そのことをあえて考えるのは、広告界が大きく変りつつあり、発展しつつある段階だろうと思うからです。代理店もいままでの通りであってはならないのです。どうかその線に副ってゆきたい、いくらかでも、機関紙的ではあるが広告界の役に立つものになりたいというのが念願です」。

・久保田孝（宣伝会議）：「毎号扉に出ておりますが「広告の社会的信用の向上と、技術の進歩、その他あらゆる正しい広告宣伝の利益のため」にこれを役立ててゆきたいという建前で編集をやっております。…〔中略〕…。約三割前後の返本があるということは判っていますが、いわゆる日本広告会、日本宣伝クラブとか、の広告界以外の人が読んでいることはたしかなんですが、どういう人が読んでいるかということは、全然判っておりません」。

・永田久光（日経広告手帳）：「私の編集しております『日経広告手帳』は、当初日経のPR誌として、社でやるように命ぜられたわけなんですが、…〔中略〕…、現在は企画とかデザインはぬきにして、皆様がお作りになっている広告がかもし出している文化現象、社会現象を、新聞社の持っている機動力と経済力で、的確につかまえて、皆さんにお知らせしたいということに、方針、内容が変って来たわけです。…〔中略〕…。殊に最近特に編集で経済評論家、あるいは社会評論家というようなものを重要視して、執筆を依頼しているのは、これは広告人の社会的地位というものを、そういう人たちと同等の線まで、どうしても持ってゆきたいと考えているわけでして、その人たちと、皆さん方の原稿を、同格よりもそれ以上よくして、その人たちの手許に届けるということをしております」。

28 「経営と宣伝広告の関係は、どんなに複雑で、こんがらがった場合でも、創業的な形態に戻して考え直すと、すじみちが立ってくるものだ。また一方で、厳密に科学的に分析することによって、施策の誤りを発見することも容易である。この二つのことが、絶えず平行して行われれば、逆循環をまぬがれて、経営を前進させることができるし、経営内部における宣伝広告の位置は絶対的である」（朝日新聞社 1954:19）。「現代広告の著しい特徴は、その活動が計画的であり、科学的である点にある。…〔中略〕…。宣伝広告は、企業経営の良心であり、推進力である。そして、それは経営体の血液として生命を支える大きな要素なのである」（朝日新聞社 1954:21）。

29 「広告費が有効に使われるためには、投じられる市場の購買力、消費者の購入動機が根本条件になる。このことが、最近ようやく前面にとりあげられてきたし、広告が学問的な裏付けをもつという方向をとって来た。経済・広告を専攻する大学教授団を中心とする業界間との研究機関の設定、各大学の広告研究会の活発な動きなどがそれである。特に、大学生の広告に対する研究態度は、熱心なもので、この人たちが学問的に広告学を身につけ、実社会に出て、これを実際の面に活用していくことは、広告の価値や社会性を正しく高めていく上に非常に役立つこと、思う」（宮山 1956）。

30 「広告においては、現在マーケティングであるとか、新しい科学的な裏付けを持った新しい広告のあり方というものが反省されて、近時それがめざましく進展しております。マーケティングの中において特に広告というものは大きくその必要性が認められ、現在、そのために、日本でも、経営の首脳部が徐々に広告に自らタッチしてくるようになって参りました。グラフィックデザインの中でも特に広告におけるグラフィックデザインというものは、広告の目的のためには十分な科学的な裏付けを持った効果のある広告をしなければならない。と同時に、そのヴィジュアルな面に見られるところの広告というものは、少なくとも効果を伴った芸術でなければならない。いわば経営と芸術というものをいかにして結び付けるかということに焦点が絞られてくるのであります」（藤本 1958）。

31 マーケティングという言葉そのものは戦前にも使われていたが、それが本格的に語られるようになったのは、一九五五（昭和三〇）年三月に発足した日本生産性本部が九月にアメリカへ派遣した第一次トップ・マネージメント視察団の報告だと言われる。「こうした動きと並行して、理論の紹介も活発に行われるようになり、企業はこの時期の初めからこぞってマーケティングという考え方を取り入れるようになった。一九五七年には日本マーケティング協会をはじめ、総合マーケティング研究所、日本マーケティング研究会などがつぎつぎと発足する運びとなり、マーケティングは全産業を通じて経営戦略の中核となるような状況を呈した。…〔中略〕…。こうして市場調査、製品計画、販路政策、価格政策、広告宣伝など、個々には前から行われていた経営技術が、マーケティングの名のもとに統合され、明確な意識をもって総合的に実施されるようになった」（内川 1981:239）。

32 「いままで、よいレイアウトを作るためには、いろいろな形式論や技術論が多く書かれてきました。…〔中略〕…。しかし一面に、レイアウトという言葉がとかく、わが国では、感覚的存在か形式のおしつけとして感じられてきた点を認めざるをえないということは、まことに残念なことであります。これらの誤解や固定化をとくために、そしてレイアウトのほんとうの力を示すために、われわれは自らの手で、形式論からぬけでた力と、働きをもつたレイアウトをすすんで作り実証し理論づけてゆくこと以外にないのでありましょう。私はレイアウトが働きかけるために考えられるいろいろなポイントのなかから、次の三つを要約することにいたしました。一、レイアウトはまず視覚をとらえること。二、レイアウトは機能と美しさをもつこと。三、レイアウトは顕著性をもつこと」（今泉 1950b）。「レイアウトということばも、もう広告人のなかで日常のものとなってしまった。ことばというものは、砂地の水のように、それが耳なれないものであっても、いつのまにかしみとおっていく。それにしても、戦後、ジャアナリズムのなかをくぐりぬけ、大衆のあいだを縫って、たくさんのことばが新しいニッポン語となったおそろしい速度にくらべると、レイアウトなどといった、このような、うちわな技術語のひろがりかたの緩慢さは、その畑にいるものに一種の感慨をおこさせるのである。じっさい「いつのまにか」ではあるが、レイアウトということばが、われわれの会話のなかに使われるようになるまでには、二十年もかかっているといったら、いまの人は本気にするであろうか。われわれの仕事に必要なことばで、こんなにもゆっくりと行きわたった例もめずらしい」（山名 1962:8）。

33 「アイデア」に関する書籍は一九五〇年代になって刊行されるようになり（藤本 1958b; 遠藤 1958; 室田 1959）、またその参照先として、ジェームズ・W・ヤングの『アイデアの作り方』が広く読まれたようだが（Young 1944=1956）、この後も「イメージ」や「コンセプト」というように不可視な発想を実在的に語るような言葉は次々と生み出されていくことになる。また、当時におけるアイデア語りは次の通り。「一つの廣告原稿が成功するかどうかは、アイデアで決まると言われている。アメリカではその大事なアイデアを創り出す為には、大金をかける事を惜しまないし、よいアイデアを生み出し、又アイデアをまとめあげる人達は原稿製作の中心におり、待遇的にも充分報いられているのである」（新井 1952=1977:108）。「アイデアのない広告は、気のぬけたビールのようだといわれる。広告は、平凡・単調・陳腐であることをもっとも嫌うから、「広告ではアイデアこそが生命である」といわれるのは当然のことである。アイデアが効いてくると、はじめて広告が生きてくる」（新井 1954b）。「広告のゆき方なり、スタイルなりを決定するものは、デザイナーではなく、アートディレクターなのである。アートディレクターによって、できるかぎりの広告範囲から、その広告にふさわしいデザイナー、イラストレーターをひろく集める。一つの統一あるアイデアによって、一貫した多彩の変化に富んだ広告体系ができあがるのである」（今泉 1954）。「かつてヒントという言葉が、広告技術者の間でよく使われた。また思いつきとか、着想ともいっていた。ところが、アイデアという言葉が新語のように流行し、加えて、マスコミと共に、マーケティングに大きく取り上げられてきた。…〔中略〕…。「広告はアイデアだ」――全く、新聞・雑誌・テレビ・ラジオ・印刷物・サインなどの広告メディアを通してアイデアで競争し、勝負する時代である。それほど、アイデアが尊重されてきたのである」（室田 1959: 序）。

34　「デザインポリシー」という言葉そのものは、一九五一（昭和二六）年の秋にロンドンで開催された第一回国際デザイン会議における議題「産業におけるデザインポリシー」に由来している。「小は個人商店から、大は商社・銀行・ホテル・デパート・劇場・メーカーに至るまで、いや、公共施設としての美術館や、図書館や、交通機関に至るまで、すべてその経営活動の視覚的要素を通じて、たえず社会の眼に、企業体の性格を印象づけているわけである。しかし、このように社会に印象を与える視覚的要素というものは、決してコントロールできないものではない。そこにデザインのスタイルをどうするかという、企業体としての最高意志の決定がなされねばならない。これがすなわちデザインポリシー（政策）の問題である」（勝見 1953）。「アメリカのＣＣＡ（包装容器会社）にせよ、イタリアのオリヴェッティ社にせよ、デザインポリシーの優れているといわれる企業体では、すべてこの原則を守っている。書体や色が一定していれば、個々の文字がはっきり見わけられないような遠距離からでも、は、はあ、これはペンギン社の広告だとか、ＣＣＡのトラックだということがわかる。これはごく手軽でいて、大きな効果をあげる方法であるが、どうもわが国では、あまり重視されていないような気がする」（勝見 1954）。

35　他方で、誰が文案を書くべきかという問題意識も生じたのだが、それは明確な職業理念の形成には至らずのまま、一九五八（昭和三三）年に「コピー十日会」を結成するに至っている。「いまの日本の広告界では、職業としての文案家の位置が、きわめてあいまいな状態におかれている。…〔中略〕…。もちろん、中には早くから、専門的な文案家を育てることに努力してきた広告主もあるが、とにかく、一般に文案を書くという仕事が、本当に、正しく理解されていないのは否めない事実である。なるほど、単に文章を綴るだけなら、いちおう誰にもできる。絵を描くのと違って、デッサンなどという面倒な修業がいらぬ。だから、ややもすると、無難の仕事が広告部員の片手間仕事が、乃至は「筆の立つ器用な」ひとびとの小手先で安易に片付けられやすい」（祐乗坊 1953）。「「文案」は広告の構成要素として、「デザイン」と比肩し得る重要さを持つ。ところが妙なことには、「デザイン」の研究機関や団体はたくさんあり、又、その道への志望者も数限りない。一流デザイナーと呼ばれる人たちも、相当いるのである。しかし、「文案家」には、その一つのものもない。…〔中略〕…。「文章」は誰でも書ける。――この観念が大きく掩いかぶさっている。ところが「文案」は、文章でも、文字でもなく、読んで字のごとく、文と案の結合である。その大切な「案」が無形なものだけに、最も重要なものが、重要視されないという始末の悪いことになっているのである」（宮山 1953）。

36　この傾向は、一九五九年の年鑑に寄せた序文にも見られ、「アートディレクターは、ここで商品や広告に適したデザイナーを選び、表現に方向を指示し、ヴィジュアルイメージを決定することになるわけである。日本のデザイナーにおける〝芸術家〟と〝職人〟とのギャップを埋めるためには、このような分業の上の組織化からもう一歩すすめた〝新しい組織〟――〝才能の組織化〟が必要だと考える」と展開されていく（今泉 1959）。

37「日本の広告費」の推移を見れば、一九五五年に六〇九億円（前年比：110.7％）だった総広告費は、一九五八年に一〇六五億円（前年比：113.3％）、一九六一年に二一一〇億円（前年比：121.3％）、一九六三年には二九八二億円（前年比：122.5％）と右肩上がりに上昇し、一九七三年には一〇七六八億円（前年比：122.6％）にまで達している。「一九五九年において日本の広告界は、特筆すべき飛躍を遂げた。まず広告費の総額は一四五六億円、即ち前年比三八九億円の増加が示された。…〔中略〕…。これらの傾向は、マーケティングの進展の成果ともみられる。日本のトップマネージメントが、広告への正しい見解を抱きはじめたのは、マーケティングの実践によって教えられた効果とみられる点が多い」（藤本 1960）。

38 この成長の背景には、「週刊誌ブーム」（一九五九年）、新聞の広告収入が販売収入を抜いたこと（一九六二年）などが挙げられるだろうが、特筆すべきは「テレビ放送の拡大」であり、「皇太子の結婚パレード」（一九五九年）や「東京オリンピック」（一九六四年）はテレビ受信者の契約台数を爆発的に増加させたのである（一九五六年に四一万九〇〇〇台→一九六五年に一八二二万四〇〇〇台）。これにより、民放テレビの広告価値が急上昇し、新聞・雑誌など印刷を中心とした広告業界には拡大再編成がもたらされたのである（内川芳美 1980：360）。その勢いは電通や博報堂に限らず、新興の広告代理店にも及んだ。その一つである「第一広告社」の社員数と売上高の経緯を見ると、一九五五年（五五名、二億三二〇〇万円）、一九五七年（一〇七名、二億七四〇〇万円）、一九五九年（二〇五名、一九億四〇〇〇万円）、一九六一年（二九〇名、四四億五二〇〇万円）、一九六三年（三八七名、六六億五二〇〇万円）、一九六五年（四五五名、七七億八四〇〇万円）というように、一〇年間で急成長を遂げているのが分かる。

39 新規加入の五名は初期東京ＡＤＣと緊張関係を持っていた日宣美会員であり、彼らの加入によってクラブの名称から「アド」が削除されたのは、まさしく「再スタート」としか呼びようのない出来事であった。

40「日本のグラフィックデザインの世界が若く、また若い人たちの関心をあつめている…〔中略〕…。しかし、ここにもうひとついそびれてならない点は、この若いグラフィックデザインの歩みも、もう早くも大きな〝曲がり角〟にきているということだ」。…〔中略〕…。「河野さんにしろ、亀倉さん、山城さんたちにしろ、この人たちはみな五九年あたりからアートディレクター的な仕事をかなり示してきたように思えるのである。…〔中略〕…。こうしたベテランたちの一連の動きとともに、もうひとつ関連した問題として注意したいのは、グラフィックデザインは、実際問題として個人の仕事から集団、ないしはグループの仕事に変ってきたことである。これは新聞社などが主催している新聞広告賞などの審査において、一般から応募してくる作品の大部分にもはっきり示されている。以前なら、こうした応募作品の多くは、個人の実験的な試みとしての仕事がほとんどといった具合だったが、このごろはデザイナーを中心にカメラマン、コピーライターの協同になるものが圧倒的にふえてきたのである。このことはグラフィックデザインが、グループの制作に移行してきていることを何よりも雄弁にものがたっている証拠である」（浜村 1960）。

41　『年鑑広告美術　一九六三』に収録された東京ADCの座談会「アートディレクターは、どうあるべきか」（東京ADC 1963）は、その冗長さを象徴している。

久保田孝：「最近、日本でも、アートディレクターという職業の人が非常にふえてきました。…〔中略〕…。ところが、そんなに発展した割合には、その人たちの中にも、また、その人たちと関連をもつ広告管理者、経営者、その他、いろんな広告関係の人々の中にも、アートディレクターという職能を正しく理解していない向きが多いといわれています」。

西尾忠久：「要するにアートディレクターというのは、メッセージアイデアを正確に、しかも相手によくわかるように、そして新鮮に、ビジュアライズする人のことだと思います」。

向秀男：「アートディレクターというのは、ビジュアライズするファクターを消化して、自分の造形思想の手もとにもち込んできて、それをビジョンに置きかえる演出者だと思います」。

丸元淑生：「要するに、企業が作戦と表現の両方に精通した存在を必要としているわけなんですね。…〔中略〕…。その表現の仕事を作戦にそって大いに効果的に表現することがアートディレクターの仕事であろうと思うのです」。

亀倉雄策：「僕は最後まで責任をもつ人がアートディレクターではないかという気がする」。

中井幸一：「ADCはやはり作家団体でなければならないと思うのです」。

今泉武治：「戦術だけやる人、戦術と表現を合体してやる人、主として表現ポリシーをやる人など、いろいろあるでしょう。そのどれでもよいと思う。いちばん大事なことは、アートディレクターは単なる作家団体にとどまってはいけないという気がする」。

亀倉：「専門に徹してくれればいいのです。単なる会社の組織上〈アートディレクター〉という名前をもらったシロウトは、僕は認めるわけにはいかないということです」。

42　一つ目は、こうした動きのなかで遡及的に語られるようになったものである。「日本では、かつて太田英茂さんというような方がございました。花王石鹸の宣伝部長で当時、非常に革新的な仕事をし広告を作られた。もちろん太田さん自身が書かれるというのじゃなくて、有能な作家、デザイナーをその下におきましてそしていろいろ新らしい（ママ）芸術的な広告を作られておる。…〔中略〕…。当時、少年図案家募集というので亀倉さんとか、氏原忠夫さんなんかが太田さんのもとに馳せ参じられ、今日の大作家になられたというわけでありますがこの太田さんなどは当時のＡＤとしてりっぱな仕事をしておられます。…〔中略〕…。その当時はもちろんアートディレクターという言葉はございません。いわゆる宣伝部長という名前の中でそうした仕事をやっておられたわけです」（藤本 1958）。

第六章　〈広告制作者〉の展開

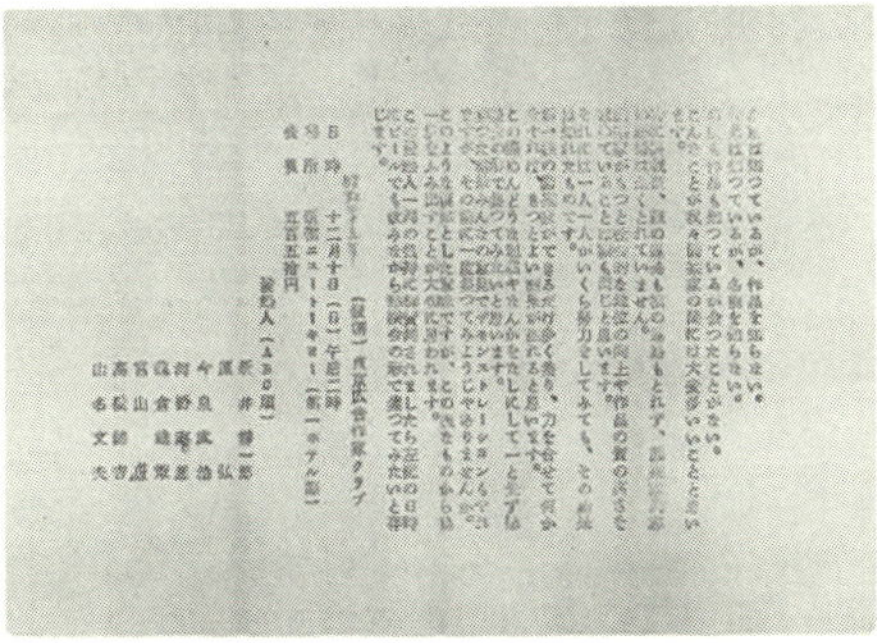

「東京広告作家クラブ」への呼びかけ文書
（今泉武治文庫、一九五〇年）

亀倉雄策（一九六〇年、『Creation』
（第二一号、リクルート）より転載）

一　商業デザイナーと批評家

戦後のなかに戦前は観察されたのだが、それは戦時下のように言葉の厚みを経由しなくても多くの人びとが似たように広く緩く語れるものだった。戦後の〈広告制作者〉であるアートディレクターは学術的な言葉から解放された分だけ、実務上の問題意識を参照するようになり、これまでになく広告業界に接近するようになったのである。

ここで重要なのは、戦時下までは広告を語ることとデザインを語ることが、芸術との区別において同じように展開可能だった点である。そして、戦後にアートディレクターが語られるようになってからは、広告を語ることとデザインを語ることがそれぞれに展開されるようになった点である。あることがそれとして理解されるようになり、今後はそれが前提となって、別なる理解の仕方が可能になっていくとは、このような動きのことを意味する。以下では、このような言葉の振れ幅に注意しながら、「グラフィックデザイナー」に注目して記述を進めていくことにしたい。

定義の不在

さて、芸術との区別において広告とデザインは同じように語られていた戦前までに対して、戦後になって広告とデザインがそれぞれに語られるようになったのは、服飾がいち早く「デザイン」という用語を積極的に使い始め[1]、また生活日用品が「インダストリアルデザイン」と名乗るようになり[2]、それらが全体として「デザインブーム」と呼ばれる事象を生み出したことと関わっている。[3] つまり、広告とデザインの区別をもっともらしくするためには、広告産業に組み込まれていくアートディレクターへの動きとは別に、デザインの在り方が広告には還元されない形で意味付けられる必要があった。[4] 本章で取り上げていくことになる「グラフィックデザイナー」とは、このような戦後の展開のなかで、広告との緊張関係を保ちながら少しずつ姿を見せてくるものである。

それでは、「グラフィックデザイナー」とは何か。今日では当たり前のように使われる「グラフィックデザイナー」という言葉が語られるようになったのは一九五〇年代後半である。しかし、これは本研究がこれまでに記述してきた「商業美術家」「報道技術者」「アートディレクター」とは異なり、明確な定義を伴ったものではない。それゆえに、こうした展開は一九六〇（昭和三〇）年にある批評家によって以下のように回想されている。

「かつては商業美術とよばれた分野が、商業デザインとなり、グラフィックデザインとよばれ、さらに最近のように、ビジュアルデザインとか、コミュニケーションデザインとよばれるように変化した跡をたどると、人びとがデザインの機能として、なにを期待するか、デザイナーの社会的役わりの本質をどこにおくかという事が明らかに看取されるであろう」（勝見 1960）。

デザインと広告を区別して語る動きが出てきたのは戦後になってからのことだが、その結果、「商業美術」の次には「商業デザイン」、そして「グラフィックデザイン」「ビジュアルデザイン」「コミュニケーションデザイン」と名称が変化していったというわけである。ここで考えてみたいのは、このように明確な定義がないにもかかわらず、グラフィックデザイナーがそれとして定着していったのならば、それなりの理由があるのではないかという点である。そこで、本章ではこのように曖昧に運用されていった言葉の動きをなぞり返しつつ、私たち自身がそれを理解するようになるまでを事象の中から記述していきたい。

東京広告作家クラブ

さて、戦時下には「報道技術者」という職業理念が報道技術研究会で語られたが、それは数ある国家宣伝の一つでしかなかったことには注意をしておきたい。戦後に雑誌『暮しの手帖』の編集長として知られた花森安治(一九一一～一九七八)は大政翼賛会宣伝部に所属しており、また先行研究が豊富な対外宣伝誌『FRONT』を刊行していた東方社には原弘(一九〇三～一九八六)や木村伊兵衛(一九〇一～一九七四、写真家)らが所属し、さらに対外宣伝誌『NIPPON』ほかを刊行していた国際報道工藝株式会社(旧・日本工房)には亀倉雄策(一九一五～一九九七)や名取洋之助(一九一〇～一九六二、写真家)らが所属するなど、戦時下の国家宣伝はそれぞれに展開されていたのである。[5]

それでは、彼等の戦後はどのようなものであったのか。例えば、ある者は「追放令にひっかかって編集業務につけなくなりましたが、私はデザイナーですからね、追放令なんかおかまいなく焼け跡に早速デザイン事務所を設立して、東芝乾電池のパッケージデザインを手始めに、はりきって仕事を始めましたよ」(亀倉 1978)と回想する。また別の者は、「戦前はフリーでやっていましたから、すぐに仕事に戻る場所も何もない」状態であり、「板橋(引用者註:義夫)さんには仕事を回してもらいましたし、新井静一郎さんには三井化学の宣伝部を紹介いただいて、…〔中略〕…、今泉武治さんや友達たちの世話になりました」(伊藤 2001)という。さらに別の者によれば、「当時、阪急百貨店にいた山城隆一の紹介で近鉄百貨店の宣伝部に入社」したものの、「デザイナーと呼べる人が誰もいない」ので、「新聞広告からポスター、リーフレットの類など全部手掛け」(早川 2001)なくてはならないような状態だったという。要するに、それぞれ復員することで精一杯であり、またそうだからこそ、一九五〇(昭和二五)年一二月になって以下のような案内が出されることに意味があったのである。

「名前は知っているが、作品を知らない。作品は知っているが、名前を知らない。名前も作品も知っているが会ったことがない。こんなことが我々図案家の間には大変多いことと思います。特に終戦後、縦の連絡も横の連絡もとれず、図案家同志の連絡は全くとれていません。図案家がもっと社会的な地位の向上や作品の質の高さを求めていることは誰も同じと思います。それには一人一人がいくら努力をしてみても、その結果は知れたものです。第一線の図案家ができるだけ多く集り、力を合せて何かをやれば、きっとよい結果が生れると思います。この際めんどうな理屈やなんかをなしにして一と先ず懇談会の形で集ってみたいと思います。集った結果みんなの意見でデモンストレーションもやれますが、その前に一度集ってみようじゃありませんか」[6]（今泉武治資料 1950）。

これは一九三八（昭和一三）年に結成されていた「広告作家懇話会」の会員が一九五〇（昭和二五）年一一月に再会する際に、「いろいろ雑談をしたあげく、われわれが世話人になって、東京で仕事をしている図案家を一堂に集まってもらい、各人の意見や抱負を語りあうのも無駄ではない」（板橋 1970）として呼びかけられた「東京広告作家クラブ」の招待文である。総力戦体制へと進むなかで連帯の言葉が連鎖するようになっていたことは第四章でも述べたが、あの時のような「めんどうな理屈やなんかをなしにして一と先ず懇談会の形で集ってみたい」というわけである。

その結果、「だれが、どこで、どうしていたか判らなかった旧友と久しぶりに会うことのできたよろこびに、この集りは異常なふんいきをかもし出した」という。そして「もっとひろい範囲で、できれば全国的に、同じ仕事を持つ人たちとも連絡をとりたい。もっとたしかな意味を持たせたい。われわれの仕事を本当のものに立て直したい。強い組織の集団を持ちたい。他の地方の人たちにも呼びかけようではないか」（山名 1957）という考えに至り、一九五一（昭和二六）年六月九日に五五名を会員として、[7]「日本宣伝美術会」（以下、「日宣美」）が結成されたのである。[8]

日本宣伝美術会

ここで興味深いのは、日宣美の設立趣旨がぼんやりしていた点である。例えば、そこでは「われわれが宣伝美術の主人になること」が宣言され、「この是認と行動の上に立たないかぎり、宣伝美術を、社会と直接の関係に置く美術とすることは不可能であり、われわれの地位の設定さえも困難であろう」と続くのだが、その後になると、「われわれの職能の在りかたを明らかにし、宣伝美術の認識を決定的なものとし、仕事についてのすべての権利をまもり、共通の利益と共同の幸福のためにお互いをつなぎ合わせ、仕事の向上と有効化のために各界と結び、世の中を美しく、楽しく、世界の新しい美術運動に参加する」というように[9]（日本宣伝美術会 1951）、日宣美の設立趣旨は抽象的な態度表明に留まり、具体的にはどういうことなのかを述べていないのである。

それでは、なぜこのような曖昧な連帯となったのであろうか。ある者によれば、「私たちが今日、団体をもち、展覧会をもつ意義は、コマーシャリズムに悩まされ、脅迫されている頭や感覚を解放」することにあるという。そして、「宣伝美術家としての、或いはアートディレクターとしての、のびのびと羽根をのばした姿態をこそ主張するのでなければ、この会をつくり、展覧会をもった意義は大へん乏しくなると思う。私たちは自由になるためにこの会を結成した」（山城 1951）という。つまり、既に広告関係者によって議論され始めていた「アートディレクター」を意識しつつ、そのような「コマーシャリズム」には強く回収されないよう「自由」なデザイナーの在り方が模索されたというわけである。

しかし、このような定義なき宣言ゆえに、日宣美の性格はかえって不明確となり、その三年後の一九五四（昭和二九）年には職能団体から「作家団体」への変更を宣言することになった。日宣美は「宣伝美術の向上と作家の社会的地位の確立、相互扶助」を目的とし、「その性格を明確に作家団体と決定し、展覧会を真に作家表現の場で在らしめ、その質的向上を期する」というわけである[10]（日本宣伝美術会 1954）。日宣美はアートディレクターのように職業理念を言明するのではなく、制作物によって自らの在り方を示していく方向を選択したのである。

こうした初期の揺らぎを踏まえつつ、日宣美は会員の展覧会と同時に一九五三（昭和二八）年から公募展を行い、また機関誌として『日宣美ニュース』[11]や『ＪＡＡＣ』[12]を刊行しつつ、さらには東京・大阪・名古屋・北海道・九州で「商業デザイン講座」[13]を行い、国内活動の海外への紹介[14]や海外とのゲスト交流[15]をも進めていくようになった。また日宣美に限らず、一九五一（昭和二六）年には「二科会商業美術部」が、一九五二（昭和二七）年には「東京商業美術家協会」が結成されるなど、アートディレクターに回収されない形でデザイナーの連帯は進んでいった。そしてこのように複数の動きが見えてきたからこそ、当時において全体を見渡そうとする批評の言葉が現れたのである。

「デザイン運動はここ数年、目立って活発になってきた。ポスター描き、広告屋などと美術家たちから悪口をいわれてきたこの人達も、今や商業デザイナーの地位を確保して、花々しく活躍しはじめた。…〔中略〕…。いままで社会的なグループ活動に経験の乏しかったこうした集いは、ともすれば、自分たちのギャランティーをつり上げようという運動になりかねなかったといわれ、一方広告主の方も、デザイナーのネーム・ヴァリューにひかれ、その広告の適正さ、効果は第二の問題になるという現象さえ生まれてきた。…〔中略〕…。商業デザイナーは次の三つのタイプに分けることができる。①広告主のためのデザイナー　②デザインのためのデザイナー　③市民のためのデザイナー」（朝日新聞社 1954b）。

アートディレクターを語る東京ＡＤＣが登場した一方で、デザイナーの連帯が日宣美ほかで進められるようになり、前者を「広告主のためのデザイナー」、後者を「デザインのためのデザイナー」と分類していく言葉が登場したのである。なお、ここでの「市民のためのデザイナー」とは①や②と相対的な関係にあり、①や②であることを前提にして「市民」に役立ててほしいといった程度の意味づけでしかなかったのだが、このような分類が可能になるくらいに「商業デザイナー」は人びとに理解されるようになってきたのである。第四章でも概念の拡張が分類学を生み出したことが観察されたが、このようにして広告の側からデザイナーを語るのか、デザインの側からデザイナーを語るのかということが、同一平面でなされるようになったのである。

デザイン批評家の登場

それでは、このように分類がなされたことの意味は何か。それは日宣美ほかのデザイナーによる連帯が、何をあてにしていたのかという点に関わっている。

「日本の商業デザイン界の動きはここ数年の間に、きわめて活発な様相を呈して来た。…〔中略〕…。さらに注目されるのは作家活動と批評活動もしくは理論活動とが、ようやく分化しはじめたということである。この点については、筆者自身も関係があるので、どうも客観的に述べにくい気がするが、従来わが国の美学者や美術批評家の間には、この方面に親切な関心を向け、正当な評価を与えるという努力が、ほとんど見られなかった。板垣鷹穂、外山卯三郎、森口多里諸氏の啓蒙的な業績はあったが、多くは持続性を持たず、わずかに小池新二氏だけが一貫した立場で、デザイン問題の重要性を説きつづけて来たのである。…〔中略〕…。しかし、世界のいかなる国のデザイン運動をとり上げても、それが社会的な高まりを見せるところには、必ず活発な批評精神が登場し、理論化の方向をとっている。そのような理論的指導者を欠くところには、デザイン運動の高まりは期待できない」（勝見 1954b）。

ここでは、商業デザインをめぐる「作家活動」とは別に「批評活動もしくは理論活動」が「分化」し始めたことが指摘されている。今までのデザイン批評は美術批評の延長であったために「持続性」に欠いていたが、「デザイン運動」を高めるためには、「批評精神」や「理論的指導者」が必要であるというわけである。つまり、デザイナーが制作物を通じて自らの在り方を示す方向を選択するようになった分だけ、そのこと自体を専門的に語る批評家の居場所が見えてきたのである。

これは、とても重要な展開である。というのも、このように批評家がもっともらしく登場することは、広告を制作する当事者が職業理念を語っていた「商業美術家」「報道技術者」「アートディレクター」とは物と言葉の配置関係が異なるからである。批評は制作者の多弁さが吹き飛んだところに、それとして意味を持ち始めているのだ。要するに、ここになってデザイナーは作品制作に注力し、そのこと自体を批評家が意味付けていくという、物と言葉の新しい配置関係が生まれつつあったのである。

このようにして、日宣美、二科展商業美術部[16]、東京商業美術家協会[17]などでデザイナーが展覧会を行う度に、批評家がそれらに対する評価を新聞や業界雑誌で毎年述べていくようになった。しかし、こうした展開の大部分は「美術批評家」によるデザインへの批評対象の拡大でもあり、またそれゆえに、制作物の評価を中心にした記述が増していったことには注意をしておきたい。とはいえ、こうした物と言葉の配置のなかでデザイナーにおける課題も批評家によって提起されるようになり、それに対してデザイナーがどのように応じていくのかといった循環が成立するようになったのである。

「創立以来四年目になるのに、未だ定期的な機関誌も持たず、正規の展覧会カタログも発行していない。「作家団体」であるとすれば、もっとデザイン運動を推進するため、身銭を切っても、文化活動に乗り出すべきであり、地方巡回講演会を派遣するとか、後進を育てる講習会を開くとか、打つべき手はいくらでもあろう。また、「職能組合」とすれば、会員のデザイン料の協定、著作権の確立、盗用その他の罰則、納税・医療・保険・材料購入などの共済活動という風に、なすべきことがいくらでもあるはず。いずれにせよ、日宣美の幹部諸君は、もう少し個人の利害を離れて、集団の利害に献身する義務があると思うがいかに」（勝見 1954）。

ここではデザイナー本人から主張されてもおかしくないような日宣美の課題が、批評家から提出されている。またこれを踏まえて、その同年に「日本宣伝美術会は、宣伝美術の向上と作家の社会的地位の確立、相互扶助を目的として創立されたわが国唯一の全国団体であります。…（中略）…。日本宣伝美術会は本年度公募展開催に先だって、その性格を明確に作家団体と決定し、展覧会を真に作家表現の場で在らしめ、その質的向上を期すると同時に、宣伝美術本来の使命に基いて、その公共的意義を昂揚することになりました」（日本宣伝美術会 1954）という、先にも引用した応答がなされた。このようにして、デザイナーと批評家は物と言葉の関係を循環させ始めたのである。

さらに、この時期にはかつての雑誌『廣告界』を引き継いだ『アイデア』（誠文堂新光社、一九五三〜）、デザイン全般を扱う雑誌『リビングデザイン』（美術出版社、一九五五〜一九五八）が創刊され、『商業デザイン全集』[18]（全五巻、モーニングスター社＋ダヴィッド社、一九五一〜一九五三）や『デザイン大系』（全七巻、ダヴィッド社、一九五四〜一九五五）といった全集が刊行されたのも、このようにデザイナーが作品制作に注力し、そのこと自体を批評家が意味づけていくという、物と言葉の新しい配置関係と不可分だったと言えよう。

要するに、アートディレクターをめぐる動きとほぼ同時に、デザイナーも連帯を進めたのであるが、そこでは職業理念が明確に語られるようなことはなかった。その典型が日本宣伝美術会であり、それは職能団体ではなく、作家団体を名乗ったのである。またそれゆえに、デザイナーは作品制作に注力し、そのこと自体を批評家が意味づけていくという、物と言葉の新しい配置関係が生まれた。これらのことを前提にして、グラフィックデザイナーと呼ばれる以前の「商業デザイナー」は明確な定義もないままに動き始めたのである。

二　模倣の社会問題化

亀倉雄策と模倣

それでは、このような物と言葉の配置において、グラフィックデザイナーはどのように語られていくようになったのか。そこで、ここでは当時に社会問題となった「模倣」に注目したい。というのも、これこそ日本とデザインの関係を問い直すきっかけとなり、また日本におけるデザインの意味付けを水路付けていく事象になったからである。

例えば、どれだけの読者がいたのかわからないのだが、一九五一（昭和二六）年の広告業界誌『広告と広告人』には以下のような記事がある。

「近頃、廣告界の話題として模倣とか盗用とか余り香しくなく（ママ）話が専らである。今更事新しくとり立てて言うのが可笑しい位である。次に最近問題になったのは亀倉雄策氏の「包装」の表紙図案である。美術批評家植村鷹千代氏が辛辣な筆弾を朝日の文化欄にぶっ放した。スイス・グラフィース所載 RIRI のチャックの廣告「河馬」の絵を盗用したというのである。模倣と創作の限界はまるで鶏と卵のように難しく、模倣と盗用も時に於てデリケートな問題にぶつかる。模倣とは善意の盗用か、盗用は文字どおり悪意の模倣か…全くややこしい。…〔中略〕…。ベテラン亀倉、彼が有名人だけに風当たりは彼がまともに食ったのである。成程、盗用と言われれば盗用であろう。そうなれば叩けば濛々たるホコリはあながち廣告作家の世界だけに限らぬことは知れきっている。…〔中略〕…。亀倉氏は「正しい批評だよ」と言っているだけに男らしい。[19]」（狛江 1951）。

①伊藤貞三「タイプライター(B)」
(一九五四(昭和二九)年公募展、日宣美賞)。

これによれば、当時の広告界では「模倣」や「盗用」が目立っており、デザイナーの亀倉雄策もそれをやってしまっていたことが、美術批評家の植村鷹千代によって指摘されたようである。『朝日新聞』の記事データベースでは当該記事を発見することができなかったのだが、亀倉自身は「正しい批評だよ」と認めている。また、その数年後には「ちょうどスイスから初めて薄っぺらな雑誌が届いて、それにカバの絵があった、これがいけなかったのです。…〔中略〕…。しょうがないから書（ママ）いちゃった」（亀倉 1958）と本人が振り返っている。[20] つまり、当時の日本においては外国雑誌の流通が限られており、またそうだからこそ、その稀少性をあてにした制作がなされ、それが結果として「模倣」や「盗用」と呼ばれてしまったというわけである。

また、こうした傾向は日宣美でも問題になっていた。具体的には、一九五四（昭和二九）年の公募展で日宣美賞を受賞した伊藤貞三の「TYPEWRITER」（図版①）が、オリベッティ社のポスターと類似していることが問題になったのである。[21] そして、これを踏まえて「今日の日本のデザインの世界には、残念ながら指導理論というものがない。直訳デザインともいうべきものが、あまりに多すぎる」（岡 1954）といった指摘や、「模倣の罪　いまだに多い。有名作家でもやっている。モチーフだけいただいたのはまだいゝが、中にはトレーシングペーパーでしき写したようなのがある」（やなせ 1954）といった指摘が続いたりもした。

重要なのは、模倣をめぐるこのようなやりとりがデザイナー本人というよりは、デザイナーと批評家という物と言葉の配置関係のなかでなされた点である。デザイナーが制作物に集中するようになった分だけ、そのこと自体を意味付けていく批評家の居場所が見えてきたのであり、こうした分業のなかで「模倣」は制作者本人が告白するというよりも、他者によってもっともらしく指摘されるものとして登場する。そして、このような模倣への指摘の積み重ねが日本にとって「近代」とは何だったのかという記述を導くようになるのである。

「たしかに戦後の日本における宣伝美術の領域は、乾燥し切ったスポンジのように、近代デザインにたいして旺盛な吸収能力をもっていた。吸収力——これもたしかに能力の一つである。この吸収（模倣から応用まで）の能力が、現代日本の宣伝、広告デザイン近代化の地ならし事業を遂行したことを見のがすわけにはゆかない」（植村 1955）。

戦後日本の宣伝美術は「乾燥し切ったスポンジ」として「近代デザイン」を吸収してきた。そして、この「模倣から応用まで」が日本の「能力」の一つかもしれず、こうした積み重ねが日本の宣伝や広告デザインの「近代化の地ならし」になっているというわけである。このように日本の近代化には西洋近代の模倣が不可避だったと批評が記述することで、広告やデザインをめぐる歴史はデザイナーたちの歴史というよりも、近代日本という大きな歴史のなかに組み込まれていくようになった。その意味で、広告やデザインをめぐる模倣の指摘は物と言葉の配置関係が変わってきたことを示す重要な指標なのである。

先にも述べたように、デザイナーは制作物に焦点を絞って連帯を進めるようになった。しかし、そうした物への傾斜は、模倣という連鎖を伴っていた。デザイナーであることを物から示していきたいわけだが、学的記述に頼らない分だけ、今度は先行する作品との関係が見えやすくなってきたのである。そして、今度はそのこと自体を批評家が記述するようになり、日本の近代化という文脈において広告やデザインを理解していくことが可能になり始めたのである。

模倣問題とグッドデザイン

しかし、このような動きは何も商業デザインに限られたことではなかった。模倣は単なる意匠盗用の問題というよりも、大量生産しながらいかに効率的に利益を上げられるのかという経済的な問題として[22]、そして西洋諸国の「猿真似」で安心してしまう「日本」への自嘲を孕みつつ[23]、「インダストリアルデザイン」と呼ばれる工業製品の社会問題にまで発展していくのである。

それは具体的には、一九五五（昭和三〇）年に「日本繊維意匠センター」が設立され、また一九五九（昭和三四）年に「輸出デザイン保全法」が制定され、さらには一九六〇（昭和三五）年に「ジャパンデザインハウス」が設立されるまでの動きにおいて観察可能である。

まず、日本繊維意匠センターは一九五四（昭和二九）年八月に日本の輸出向け繊維品がイギリスの意匠を盗用していると指摘されたことに始まり、一九五五（昭和三〇）年五月の日英織物意匠会議で共同声明が出されるまでの過程で設立されている[24]。日本では「外国のものマネがもっぱらハバを効かし」、「ちょっと売り出したデザインがあれば、先を争って物真似ごっこをする始末」だったからこそ[25]（朝日新聞社 1955）、イギリスからの指摘に繊維業界は応じる必要が生まれたのである。

またその二年後には、イギリスを訪問した藤山愛一郎外務大臣がインタビュー番組で唐突に工業品の模倣問題への意見を求められ、その一部始終が「デザイン盗用　藤山外相いじめられる」[26]と日本で報道された。その結果、「すぐマネをするというのは、明治以来の日本人の習性で、国際的にも定評がある。…〔中略〕…。これがデザインの盗用問題などになって、外務大臣にどえらい恥をかかせることになる。…〔中略〕…。特許庁は特許法の一部を改正し、外国の雑誌書籍などから盗用したものは認めぬことにするそうだが、余りに遅すぎた」（読売新聞社 1957f）

というように、[27]国家としての対応が求められるようにもなった。こうした経緯から、一九五七（昭和三二）年一〇月には通産省通商局に「産業デザイン課」が設置され、デザインは国家の輸出振興政策に深く組み込まれるようになる。また、一九五七（昭和三二）年一二月末にはJETRO（海外貿易振興会）による「デザインセンター」構想が登場し、これが一九六〇（昭和三五）年四月の「ジャパンデザインハウス」の設立にまでつながっていくのであった。[28]

さらに言えば、一九五八（昭和三三）年に今度はアメリカ商務省から金属洋食器の意匠盗用問題で警告を受け、さらには魔法瓶や刃物の輸入規制を検討するような動きも出て来た。[29]そうした結果、一九五七（昭和三二）年九月から検討され始めていた特許法の一部改正が、[30]一九五九（昭和三四）年には「輸出デザイン保全法」[31]制定という形となって、デザインは急速に法の言葉によって囲い込まれていくようになったのである。

ここで重要なのは、いわゆる「グッドデザイン」がこうした動きの結果として登場している点である。そもそも日本におけるグッドデザインは、一九五四（昭和二九）年に創立された「国際デザインコミッティー」[32]が、一九五五（昭和三〇）年秋から東京・銀座の松屋に「グッドデザインコーナー」を設置するようになり、やがて「グッドデザインコミッティー」（一九五九（昭和三四）年）、「日本デザインコミッティー」（一九六三（昭和三八）年）と名乗りながら展開してきたものである。そして、ここでのグッドデザインは「むしろ、よけいなことをしないこと、最小の材料と費用で、最大の機能と効果をもたらすものである。したがって、それは大量に作られ、丈夫で安くて、だれの手にも入って、使い勝手がよく、所有したり、ながめたりするよろこびを与えるものでなければならない。つまり、良いデザインとは、まず需要者にとって「良いデザイン」なのである」（勝見 1956）と考えられていたのである。

ところが、このような展開に上述したような模倣の社会問題を重ねて処理するような動きが出てきたのである。例えば、一九五七（昭和三二）年には特許庁において「意匠奨励審議会グッドデザイン専門部会」が設置され、[33]「Gマーク」による選定制度[34]が動き出すようにもなった。そして、このような重ね合わせにおいて、以下のような意味付けがもっともらしく語られるようになったのである。

「日本人のデザイン能力は、外国模倣に頼らなければならぬほど劣っているのであろうか。そうではない。世界的にみてもそれは相当高いレベルにあると思われる。…〔中略〕…。同委員会〔引用者註：グッドデザイン専門部会〕では、近代デザインの本質から、グッドデザインの選定基準として、①機能と形態の総合性とその独創性②多量生産性③材料の性質に応じた適切有効な使用④科学技術性⑤経済性⑥人間性の六項を定めている。…〔中略〕…。ともかくわれわれは日本人のデザイン能力について誇りをもちたい。そしてたがいにデザインを尊重する感覚を、もっと徹底させたい。日本のデザインの優秀性が世界の注目をひくにいたる根源はそこにある」〔井上 1957〕。

つまり、こういうことである。日本におけるデザインは「外国模倣」として社会問題になった。だからこそ、日本のデザインに対する理解の仕方に変化が生まれ、業界や法制における対応もなされた。「グッドデザイン」とは、こうした動きの結果として登場したものである。デザインはそれとして語られるようになったからこそ、模倣の社会問題化という新しい理解の仕方を生み出し、またそうした動きがさらなる記述としてグッドデザインという新しい意味づけを生み出すようにもなり、その結果としてデザインへの理解そのものが書き換えられていくようになったのである。

日本調モダンデザインの誕生

なお、こうした動きで興味深いのは、このように模倣を問題にしてグッドデザインを語ることが、「日本人のデザイン能力」や「日本のデザインの優秀性」といった話に接続されていった点である。というのも、西洋近代の模倣を否定して日本の独自性[35]を肯定することが、ここになって論理として自律するようになり、誰であっても似たように語れる話になり始めたからである[36]。またそれゆえに、そもそも工業デザインの文脈で生じた話が、別の領域においても当たり前のように語られていくようにもなったのである。

「もう日本のデザインは、とくに商業デザインの場合、なにを犠牲にしても、日本的特色の発揮を意識して心掛けるべき時期であるといいたいのである。それはかならずしも、いま西欧に流行している素朴なジャポニズムに迎合する方向に限った意味ではなく、日本の近代感覚が納得するジャポニズムを日本人の手で創り出すべき時期にあるといいたいのである。その理由は後述するが、この問題は、商・工業デザインの領域では、デザインの盗用や模倣の問題と直接重なり合ってくる問題でもある」（植村 1958）。

「日本のデザインは、戦後めざましい発展をとげたといわれるが、それだけにあらゆる困難な問題が一挙にのしかかっている観がある。近代デザインとしての国際的な水準と、民族性に根ざした独自な表現、という矛盾もそのひとつだろう。昨年、海外諸国での非難をまねいた日本製品のデザイン盗用の問題は、国際市場の容赦ない生存競争をあらためてわれわれに感じさせたが、ことは徳義上の問題にとどまらず、また工業デザインの分野にかぎったことでなく、ひろく日本の文化全体にかかわる意味をもっている」（針生 1958）。

これらは批評家によって語られたものだが、それぞれに西洋近代の「模倣」や「盗用」を問題にしている。またそれゆえに、「日本的特色」や「民族性に根ざした独自な表現」の可能性を探ろうとするわけだが、その前提には「工業デザイン」からの拡大適用がある。このような論理の自律と適用範囲の拡張こそ、誰であっても似たようにデザインを語れてしまう仕組みなのである。

とはいえ、このように西洋近代の模倣を否定しながら日本の独自性を肯定していくことは、実際においては独特の捻れを生み出すことにもなった。というのも、「あまりにも性急な民族性への要求は、けっきょく、ジャポニカへの道につうずる危険性をはらんでいる」からである。そして、「日本のデザイン運動が、欧米のそれより、はるかに困難なのは、和服と洋服、和家具と洋家具、和風建築と洋風建築という風に、あらゆる分野にデュアリズム（二重性）がよこわたっている」からだとされ、「欧米の場合は、伝統と近代主義の対決といっても、もともと同質文化の地盤にたっての対決」なのだが、「日本の場合には、デザインにかぎらず、あらゆる分野において、そういう伝統と近代主義の対立のほかに、異質文化の対立がくわわってくる」という「近代日本の不幸」が問題視されたのである（勝見 1958b）。

このようにして、日本は西洋近代に気づいていてもその通りにはできず、かといって西洋に迎合されてしまう日本趣味にも落ち着くこともできなくなった。西洋近代には「後進国」であることを認めざるを得ないと同時に、国内では「海外のエピゴーネンから急速に脱却しなければならない」として、「日本のデザインに日本的風土の特色を発揮」するべきだという（植村 1958b）、西洋近代に回収されない日本近代の在り方を模索していくわけである。37 以下のような自虐的なイラスト（図版②）は、こうした捻れの効果として生み出されたものと理解することができよう。

このイラストには、いくつかのことが書き込まれている。それは西洋近代が何を承認するのかであり、また日本が何を近代だと思うのかである。ここにあるのは、素朴な日本趣味ではない。日本は西洋近代の模倣を問題にしたわけであり、その結果としてグッドデザインという概念の書き換えまで行ったあげく、提灯を持った和装姿に落ち着いているのである。ここに書き込まれているのはお互いの変われなさであり、それでも両者のやりとりがどういうわけか成立したことになってしまうという奇妙さなのである。

いわゆる「日本調モダンデザイン」や「ジャパニーズモダン」は、こうした動きのなかで登場することになる。

「日本のデザイナーが、目下共通に当面している問題として、いわゆる日本調の問題がある。この問題に、最も早く言及し、「ジャポニカ」と「ジャパニーズモダーン」の区別を立てたのは、剣持勇であったが、日本のデザイン運動が、欧米のそれより、はるかに困難なのも、この点である。西洋の場合には、伝統と近代主義の対立といっても、もともと同質文化の地盤の上に立っての対立である。ところが、日本の場合には、そういう対立の上に、異質文化との対立が加わってくる。…〔中略〕…。しかも、最近の世界的な日本調ブームは、そのような日本のデザインの持っている、根本的なデュアリズムを克服することなく、いわゆる「ジャポニカスタイル」の流行に、人々をひきずろうとする危険をはらんで来た。そして、一部の浅薄なデザイナーのなかには、明らかに、迎合的なデザインを、とり上げはじめている人々がある。しかし、近代デザイン運動の開拓した原則の上に立って、日本の伝統を活かすのでない限り、永続的な価値を持つことはあるまい。むしろ、日本人として持って生まれた感覚が、近代造型の原則の上に、ごく自然ににじみ出る時に、はじめて、ジャパニーズモダーンの名に値するデザインが生まれるであろう」（勝見 1957）。

②「グッドデザイン 流行は日本から」『読売新聞』一九五七（昭和三二）年一二月二六日夕刊

日本のデザインは「ジャポニカ」と「ジャパニーズモダーン」に区別できそうである。というのも、西洋は「同質文化」の上で「伝統と近代主義の対立」と捉えたが、日本の場合は「異質文化との対立」と「伝統と近代主義の対立」が組み合わせになってしまったからである。このようにして、日本のデザインには世界に対して迎合的な「ジャポニカスタイル」と、「根本的なデュアリズムを克服」するなかで日本の伝統を活かす「ジャパニーズモダーン」は異なるというわけである。[38] 要するに、日本趣味に還元されない伝統を強調することが、日本近代にとってのデザインであると理解され始めたのである。

日本としては西洋近代を目指したい。しかし、その徹底は模倣と言われてしまう。かといって、西洋の日本趣味に回収されたくもない。そこで、日本のためのデザインを考えようと理解するようになる。興味深いのは、こうした結果として、人びとにおける歴史の見え方が変わってきた点である。例えば、それはある建築家において以下のように語られている。

「自分の中にもそういう伝統的なものがあるということを自覚するようになっただけでも、なかなかいいところがあるように思うんですよ。最近ね…いままでは自覚しないで美しいと思っていたけれど、やっぱり…だけれども、自覚したというのはたしかに一歩前進で、自覚しなければそれを乗り越えられない。そういう意味で、ちっとも美しい筈のないものが美しく見えているのはなぜだろう、という自覚をしただけでも大したことなんだ。…〔中略〕…。たとえばお祭をする時に紙を切ってたらしますね。それを見てちっとも不思議とも感じない、醜いとも感じない、別に感動もない、たゞこれでいいと思っていた。そういう長い時代があったと思う。しかしよく考えてみると、あんな変な紙をぶらさげる、あんないやったらしさはない、それが、いやったらしいと感じるまでは、なかなかいいなと思った時期があった。だから、自覚の前にあのいやったらしさがわかって来るんじゃないかな、全くいやらしいですよ、あれ…」（丹下 1956）。

「自分」の中にある「伝統的なもの」を「自覚」することで「一歩前進」する。「いままでは自覚しないで美しいと思っていた」ものを、「自覚しなければそれを乗り越えられない」と捉え、その結果として「ちっとも美しい筈のないものが美しく見えて」くるようになる。別に「感動」もなく、「たゞこれでいいと思っていた」ものが、そうではなくなっていくのである。このようにして、西洋近代との出会いが日本の伝統の再評価へと水路付けられ、それまでどうでもよかったものが、どうでもよくないように見えてくるのである。

また、このような歴史の見え方の変化自体が、[39] 批評家には記述されるべき対象であった。そのことをある批評家は、「私は何か日本のデザインに対して注文したい気持ちをもっているのだが、それを適格に言えずに筆をおこうとしている」と書き、以下のように続けるのである。

「日本のデザインの独創性ということは、やはりわれわれ内部の矛盾としてしか実現されないだろう。最近は美術の世界でも、デザインの世界でも、皮肉にも海外からの刺激で日本的なものの意識が起こってきているが、低い日本趣味は論外として、かれらを打つのは必ずしも一般に考えられているような日本的なものではないのだと思う。ここのところは微妙なのだが、われわれのあいだに意識が分裂しているあいだは、この日本的なものも変に意識的なものに落ちてしまう。結局、非常に強烈な表現の独創というものはこの分裂した意識を忘れさせてしまうものだと思う」(瀧口 1957b)。

日本のデザインは「われわれ内部の矛盾としてしか実現されない」。「日本趣味」に回収されることのない「日本的なもの」を目指しているわけだが、「われわれのあいだに意識が分裂しているあいだは、この日本的なものも変に意識的なものに落ちてしまう」というわけである。西洋近代との出会いにより私たち自身の歴史の見え方が変化していることにも自覚的なのだが、かといって決定的な解決策があるわけでもないので、結果的にはこうした「分裂した意識」の忘却を嘆くしかないのである。

ここまでをまとめておこう。日本におけるデザインは「模倣」として社会問題になった。だからこそ、デザインに対する理解の仕方に変化が生まれ、またそれゆえに、「グッドデザイン」という新しい意味づけが登場するようになった。さらにこうした展開は、西洋近代の模倣を否定して日本の独自性を肯定していくという論理として自律的に展開するようになり、誰であっても似たようにデザインを語ることが可能になるような状態になると同時に、デザインを語ることと日本を語ることが今までになく近接するようになった。しかし、こうした動きは「模倣」と「日本趣味」の間を揺らいだ。そして、その結果として両者に回収されることのない「日本調モダンデザイン」という苦肉の策を探求することが可能になったのである。

三　日本調モダンデザインとグラフィックデザイナー

亀倉雄策をめぐる語り直し

さて、前節の後半で述べたことは、現在のデザイン史では「ジャパニーズモダン論争」と呼ばれている。それによれば、「一九五二・五三年と続けてアメリカに渡った剣持勇（産業工芸試験所意匠部長）」が、「米国市場で良質で簡素な北欧製品が「スウェーディッシュモダン」と称されているのになぞらえ、「ジャパニーズモダン（近代日本調）」を提唱」したことに由来し、それらが「悪しき日本を売り物にするジャポニカと変わらないと吉阪隆正らモダニストたちから批判を浴び、論争まで発展した」ものだという（紫牟田 2003）。

ここで興味深いのは、そのデザイン史が「この問題はグラフィックにおいては声高な論争に発展することはなかった」と記述している点である（紫牟田 2003）。つまり、模倣の社会問題化を経てグッドデザインに至り、その過程で日本調モダンデザインを語るようになるまでは、まさにそれが工業デザインにおいて生じた議論だからこそ、そこで話が閉じられているというわけである。

ところが、本研究がこれまでも述べてきたように、こうした動きは工業デザインに限ったものではなかった。またそのことを、あるグラフィックデザイナーは「剣持の悩みも私の悩みも同じだったと言い切れる。そして西洋と日本の谷間にあえいだ筈である。…〔中略〕…、日本のデザイナーのほとんどが、ぎこちないまま、盲人的な努力で西洋に同化しようとした。考えても悲しいことだが、これしか私たちが切り開く道は無かったのだ。西洋にこびて日本的エキゾチシズムで売り出しても、それは根本的な問題解決にはならないことをよく承知していたからである。…〔中略〕…、そしてこの時代に日本的なスタイルを強調したら恐ろしく嫌らしく、いやしい心情だけが表面に浮かび上がってしまうに違いない。このような悩みは恐らく西洋人には理解出来ないと思う」（亀倉 1972）と回想している。[40]

つまり、確かに日本調モダンデザインは工業デザインにおいて生じたが、それは西洋の模倣を否定しながら日本の独自性を肯定するという論理の自律を伴っていたからこそ、領域を横断してデザイナーにおいても語られ、またそれゆえの展開を孕んでいた。そこで、以下ではこうした回想を踏まえつつ、どのようにして「グラフィックデザイナー」が意味づけられていくようになったのかを記述していくことにしたい。

さて、西洋近代の模倣を否定しながら日本の独自性を肯定することは、一九五〇年代後半の批評家であれば、誰であれ似たように語れることだった。ここで興味深いのは、そのように理解可能になったからこそ、今までには考えてもいなかったことが、改めて述べられ始めたことである。例えば、それは以下のような遡及的な評価を生み出してもいる。

「わたしはデザインが日本的特色をおしだすために、過去のある時代に完成された美意識や技法の型を再現することは、まちがいだと考えている。…〔中略〕…。われわれのデザインが民族的なオリジナリティをみいだすのは、いわゆる日本的とか東洋的とかいわれる世界とは一見対立する、ドライで現実的な追求のなかからではないか、と考える。…〔中略〕…。亀倉雄策も機能主義的な追求を骨格に、幅ひろく多彩な実験をくりひろげてきた作家だが、わたしはかれの力学的な空間や重厚な色彩に、かえって伝統的なものをつよく感ずることがある。…〔中略〕…。あらゆる現代の事象のなかに、形態のユーモア、色彩のポエジー、空間のファンタジーのなかに、かれは日本の伝統のモニュメンタルな側面を、かなり個性的に生かしていると思うのだ」（針生 1958）。

これによれば、「日本的特色」と「過去のある時代に完成された美意識や技法の型を再現すること」は区別されなくてはならない。そして、デザインの「民族的なオリジナリティ」は「日本的とか東洋的とかいわれる世界」というよりも、「ドライで現実的な追求」にあるというわけである。そうして、「亀倉雄策」が見出され、彼こそ「日本の伝統のモニュメンタルな側面を、かなり個性的に生かしている」と評価されていくのである。この亀倉とは、前節の冒頭で述べたように一九五〇年代前半において批評家から模倣を指摘されてしまったグラフィックデザイナーだが、ここではその亀倉がかなり肯定的に評価されているのである。

模倣の技術語り

これは一体どういうことであろうか。そこで以下では、当の本人について記述を進めていくことにしたい。その亀倉の回想によれば、「僕も正直なところを告白するとね、今から十何年前、日本的なものからのがれようとしたわけだ。で、日本のグラフィックデザインの歴史をみると、何もないところから出てきているんですよ。…〔中略〕…。われわれは極端に、外国の真似をしよう、日本のカラを捨てたいという時期がかならずあったと思うんです。これはもう悲しいようなことなんだけど、僕はしかたがなかったと思う」（亀倉 1967）という。それでは、ここでいうところの「外国の真似」とは具体的はいかなるものであったのか。

ここでの外国の真似とは、次章でも述べていくことになる「モダンデザイン」の模倣であり、亀倉自身の回想によれば、モダンデザインは「無駄な装飾をすてさって機能だけを追求すれば、その結果が新しい造形美だという考え」（亀倉 1970）である。そして、このような意味でのモダンデザインをいかに模倣すればよいのかについては、一九五〇年代前半に以下のような技術語りにおいて具体的に展開されていた。

「上図は「梨の木の鷓鴣」という本のさしえと文字。これはアメリカのベン・シャーンの作品。人物と文字の強さと量が大体平均をたもっている。下図は、LETTERING ART IN MODERN USEという本の見開きの頁。バールンガァのレイアウト。左の二図は上と下のレイアウトを面つぶしして分解してみた。ベン・シャーンの方は分量が平均していて形態もきわめて面白い。文字が水平なのに人物は左上の方に運動していて、動きが表現されている。バールンガァの方はモンドリアンを想わせる量のバランスだ。このまま文字のかわりに写真を入れ変えれば新しい感じのグラフが出来るだろう」（亀倉 1953）。

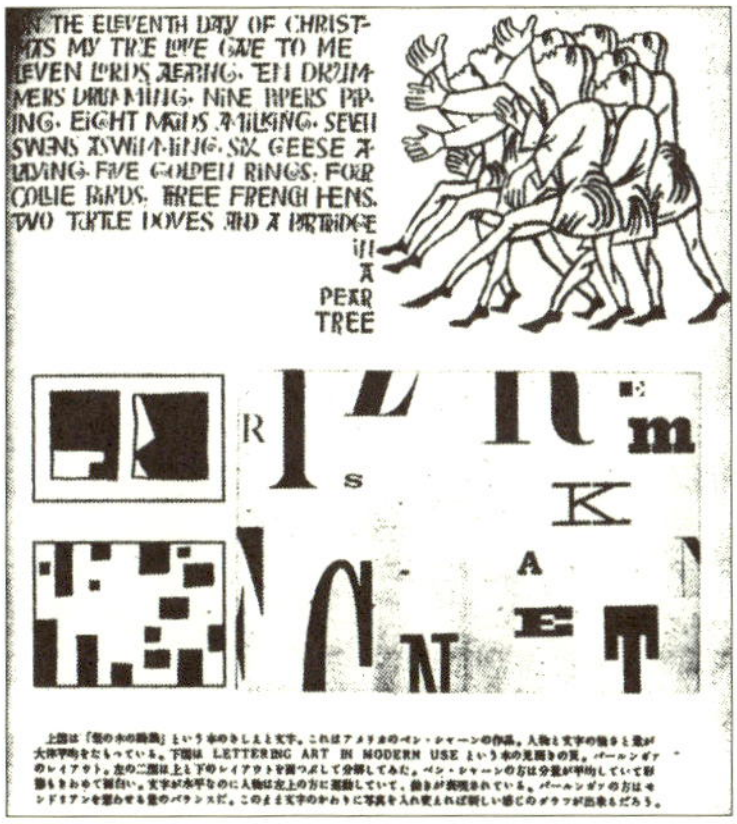

③梨の木の鷓鴣

ここでは、ベン・シャーンによる「梨の木の鷓鴣」とバールンガァによる「LETTERING ART IN MODERN USE」が取り上げられ、それらの「レイアウトを面つぶしして分解」したものが図版③左下の二つに示されている。そして、「分量が平均していて形態もきわめて面白い」、また「モンドリアンを想わせる量のバランスだ」というように、それぞれのレイアウトにおける特徴が確認された上で、「このまま文字のかわりに写真を入れ変えれば新しい感じのグラフが出来る」というように、ある先行する制作物から別の制作物を作り出してしまえることが説明されている。[41]

要するに、モダンデザインを前提にした西洋の制作物を丁寧に観察し、その構成要素を割り出すと同時にそれらの輪郭を抽出し、そこに別の素材を挿入することで、結果的に新しい制作物に仕上げていくことが、レイアウトという技術語りにおいて実行されていたのである。このように西洋近代の模倣は制作物における意味内容ではなく伝達形式においてなされ、意味内容さえ入れ替えてしまえば、いくらでも制作物のバリエーションが生み出せるというわけである。日本において不在だったグラフィックデザインとは、このような外国の真似を技術語りとして展開し始めたのであり、またその中でも精度の低いものが、批評家によって模倣ではないかと指摘されていたのである。

亀倉雄策の敗北感

ところが、しばらくして、ある気づきが生じるようになる。というのも、亀倉は一九五〇年代中頃から海外渡航を繰り返すようになり、西洋から見た日本への視線に敏感になっていたからである。[42] それは例えば、一九五八（昭和三三）年のニューヨーク・タイポディレクターズ・クラブの国際ゼミナールに招待されてからの発言によく表れている。

「お前の作品は日本的でないということを、よく外国人にいわれます。その人たちは日本的というものの固定概念ができていて、それからはずれるとみとめないという考え方です。私はどんどんアメリカのよいところもヨーロッパのよいところもとり入れて消化したいと思います」[43]（亀倉 1961）。

「私はこの（引用者註：ニューヨーク・タイポディレクターズ・クラブでの）展覧会を見て、自分の力のなさにがっかりした。私のものはたった一枚『アイデア』の表紙だけが陳（ママ）べられていた。これは自分でも自信のあるものだが、しかし私の他の作品は、欧米の作品に対抗できるだけの新しい構造をもっていないことをさとった。言葉ではうまく表せないが、空間というものにたいする感度は、日本のデザインでは遠くおよばぬという感じがした」（亀倉 1959b）。

亀倉としては、「どんどんアメリカのよいところもヨーロッパのよいところもとり入れて消化したい」。しかし、その制作物は「日本的でない」と言われてしまい、実際に「自分の力のなさにがっかり」するようになってしまった。その結果として、モダンデザインを前提にした「欧米の作品」に対する新規性のなさを知り、西洋近代を模倣してきた「日本のデザイン」に限界を感じてしまうのである。またそうだからこそ、「このゼミナールで、私もずいぶん勉強になった。作品の方向も変わりそうだ、というより考え方が変わるだろう」（亀倉 1958b）とも述べるようになり、グラフィックデザインを今までとは別様に肯定するようになっていくのである。

とはいえ、ここで素朴に日本の独自性が肯定されたわけではない。曰く、「うすっぺらなエキゾティシズムを売りものにするのは、はずかしいこと」であり、これは「日本のものでも西洋のものでもない、まったくグロテスクでアナクロニズムなもの」である。それゆえに、「伝統を売りもの」にして、「伝統の幅のなかで、グラフィックデザイナー自身の自由を失うことはやりきれません」というわけである。また、「われわれの将来には、伝統芸術のなかから必要なものと、いらないものを見わける仕事が残って」おり、そこで「必要なものを抽出し、そして西洋から純度の高いものだけを選りわけて結合させることが可能」だともいう。これらのことを通じて、グラフィックデザインは「全人類のもっとも高度な共通の言葉となりうる」のであり、また「その目的に進んでいく」というわけである（亀倉 1961）。西洋の模倣を回避しつつ、かといって日本趣味に回収されることもなく、モダンデザインと伝統を組み合わせながら、グラフィックデザイナーの在り方が探られ始めたのである。

世界デザイン会議

デザイン史が好んで記述する[44]一九六〇（昭和三五）年の世界デザイン会議における亀倉の講演「KATACHI」と

は、ここまでの動きの結果としてある。そもそも世界デザイン会議[45]は一九六〇（昭和三〇）年五月一一日から一六日まで東京・産経会館で開催され[46]、これに至る文脈としては一九五〇年代の日本におけるデザイン運動の領域を超えた連帯意識の上昇があった[47]。また、この会議のねらいは「来たるべき世紀において、デザイナーが負うべき役割や責任の重大さを自覚」して、「数多いデザイン分野の総合的な会議として持とうとしている」点にあったのだが[48]（浅田 1959）、亀倉の講演に対しては「会議全体の流れのなかからみると、この講演はその本流からはずれたような印象を与え」たが、「独立したスピーチという角度からみると、なかなか充実したもので、出席者に感銘を与えた」とも評価されている（浜村 1960b）。これらを踏まえつつ、グラフィックデザイナーは世界デザイン会議で以下のように語られたのである。

「永い日本の伝統は今なお様式を残しているし、その様式は静止しているのではなくて、実際に生活圏内で呼吸しているのです。…〔中略〕…この様式の支配からのがれることが新しい運動のように考えられた時代さえありました。そして多くの修正が第一次大戦のあとに、またもっと大きな修正が第二次大戦のあとに行われました。この戦後の様式の革命は「流行」という浅薄な商業主義の波になかでおぼれたといってよいでしょう。しかし先に申し上げました高踏的で感情の導入をゆるさない様式だけは、流行の波に押し流されることなく今なお呼吸しています。この様式が空間的性格をおびた場合、私はこれをKATACHIという言葉に置き換えても良いと思っています」（亀倉 1961b）。

「ところでわれわれ日本のデザイナーはこの伝統のなかの、しかも良質な遺産を受けついでいるのです。遺産とはKATACHIであります。しかしこの遺産をそのまま有難く、しかも気楽に受け取るわけにはいかないのです。遺産を拒否し反抗することも一つのデザイナーの良心のような気がします。この遺産を素直に受け入れれば、それだけで立派なデザイナーとなり得る可能性が強いわけです。しかし可能性に満足するわけにはゆかないのです。むしろ可能性に挑戦して不可能を追求することがまず大切だと思います。……〔中略〕……。われわれ日本のデザイナーに課せられた問題の一つに伝統がある。伝統はデザイナーにとって重荷であるが、これを拒否することはできない。われわれはわれわれの伝統を一度分解して、新しく組み立てる義務がある」（亀倉 1961b）。

日本の伝統は「様式」にあり、それは「流行」と区別されなくてはならない。こうした意味での様式が、ここでは「KATACHI」と言い換えられているのだが、そこにおいてはその「遺産をそのまま有難く、しかも気楽に受け取るわけにはいか」ず、デザイナーには「遺産を拒否し反抗すること」が求められていく。そして、このような「伝統」への「挑戦」こそ「日本のデザイナーに課せられた問題」であり、「われわれはわれわれの伝統を一度分解して、新しく組み立てる義務がある」というわけである。つまり、日本の伝統を「様式」と組み合わせ、西洋におけるモダンデザインを「新しい運動」や「流行」と組み合わせて、後者に還元されない前者の固有性こそ、グラフィックデザイナーには必要であるという話になり始めたのである。[49]

このようにして、先に述べた建築家と同様に日本の歴史の見え方に変化が生じる。自分のなかにある伝統的なものを自覚することで、一歩前進したことにしようとするあのやり方である。どうでもよかったものが、どういうわけかどうでもよくなくなってしまう、あの見え方である。

それを具体的に言えば、日本の歴史のなかでグラフィックデザインと呼んでも良さそうなものを探求するという遡及的な視座であり、わかりやすい例を挙げれば、「日本の紋章」である。家紋などの「優れた価値については欧米のデザイン界の注視のマト」になっているのだが、それは日本近世の産物だからこそ、「紋章の近代化をとなえる人がいる」。しかし、亀倉においてその必要はない。というのも、「すでに紋章は造形的には近代化の極に到達しているからである」。そして、さらには「紋章がなぜ近代的産業や、企業団体のシンボルになり得ないのか」が疑問だというわけである（亀倉 1967b）。

このようにして、西洋の模倣を回避しつつ、かといって日本趣味に回収されることもなく、モダンデザインと伝統を組み合わせながら、グラフィックデザインやグラフィックデザイナーをそれとして語っていくことが可能になったのである。

ここまでをまとめよう。西洋の模倣を否定しながら日本の独自性を肯定することは、一九五〇年代の批評家であれば、誰にでも似たように語ることができた。また、現在のデザイン史はこうした意味での「ジャパニーズモダン論争」を工業デザインに限って記述するが、実際はもう少し幅のある展開だった。例えば、このように「日本調モダンデザイン」が語られるようになったからこそ、かつて模倣を肯定していた亀倉雄策においても、伝統と絶えず挑戦している姿がそれとして見えてくるようになったのである。さらに亀倉自身において観察すれば、モダンデザインの模倣を技術語りにおいて肯定していた時期があり、またそれゆえに、模倣の限界にも気が付くようになった。こうして西洋の模倣を回避しつつ、かといって日本趣味に回収されることもなく、モダンデザインと伝統を組み合わせたグラフィックデザイナーを、それらしく語ることが可能になったのである。

事象内記述として

ここで注意したいのは、こうした展開を特定の人間の思想や特定の領域に限った話に還元することや、関連性が不明確な理論によって抽象度を上げた議論に接続させていくことは、本研究の狙いではない点である。それが事象内記述を宣言している本研究のやり方であり、またデザインの「思想史」や制作物をジャンル別に列挙した「デザイン史」、さらには「文化研究」とも異なる点である。重要なのは、物と言葉の配置がそれなりに定まってくれば、誰であっても似たような語りを展開できるようになるという点である。またそうだからこそ、ここまでに記述してきたことは、さらに工業デザインを語っていくための前提になったのである。[50]

なお、このような工業デザインとグラフィックデザインにおける言葉の循環に対して、一定の冷めた視線があったことも忘れてはならない。例えばそれは、世界デザイン会議の事務局を務めた建築家に「デザイナー諸君に早くマンネリズムから脱出してほしい」、そして「全く新しい時代を迎えようとするにしては、あまりに勉強しなさすぎるし、了見が狭い」と語らせたのである（浅田 1960）。また、別の建築批評家には「建築以外の分野は、非常に理論水準が遅れており、若い有能なグラフィックデザイナーたちが関心をもっているのはバウハウス頃の理論であり、一方、工業デザイナー――とくに大企業に勤めている人たちを包含した組織をつくろうと懸命になっている若い人たちの意識は、ちょうど新日本建築家集団初期のそれと似て」おり、「そのようなことから、私はデザイン界を横につなぐということは、空想にも等しいこと」だと言わせたのである（川添 1960）。

つまり、西洋近代の模倣を否定し日本の独自性を肯定することでデザインを横断的に語ること自体は事象内在的に生じたわけだが、それによって広く連帯が強まったというよりも、そうした語り口で盛り上がれる領域とそんなことは前提でしかない領域の差分が見えやすくなったのである。だからこそ、それぞれに似たようなことを語り合いつつも、それ以上深く連帯するわけでもなく、世界デザイン会議以降はさらにそれぞれで展開していくようになったのである。[51]

四　広告業界における組織の強化

「科学」的な経営学への接近

西洋の模倣を回避しつつ、かといって日本趣味に回収されることもなく、モダンデザインと伝統を組み合わせていくことでグラフィックデザイナーはそれらしく語ることが可能になってきた。それでは、このような展開は当時の広告業界とどのような関係にあったのか。本章の最後は、これについて述べていく。

さて、一九五五（昭和三〇）年に六〇九億円だった日本の広告費は、一九六五（昭和四〇）年には三四四〇億円まで伸びている。[52] 戦後日本の高度経済成長の前期に相当するこの期間は、一九五七（昭和三二）年に岸信介内閣で策定された「新長期経済計画」を踏まえた一九六〇（昭和三五）年の池田勇人内閣による「所得倍増計画」が予想以上の成果を上げ、企業活動はこれまでになく活発になったのである。また、一九六〇（昭和三五）年には「貿易為替自由化大綱」が策定され、競争力の高い産業から輸入が自由化されていく話が動き出し、企業には国際市場を視野に入れた競争力が求められるようにもなった。

重要なのは、このような展開を踏まえ、利益の維持を狙う企業が「生産性」[53]や「創造性」[54]という言葉を語り始めたことである。また、そうした新しい用語が経営学と組み合わせになることで、「発明は、もはや偶然になされるものではなく、前もって計画され成就される」と考える「創造工学」なるものを語り出すようになったことである（加藤 1963）。高度経済成長はそれを更に進めるための学的記述を必要としたのであり、そのなかで生産性、創造性、創造工学といった実学的な用語がもっともらしく使われるようになったのである。

こうしたなか、広告業界の見え方にもそれなりの変化が生じるようになった。

「ここ二、三年というホンの短いあいだに、広告に対する考え方は急速に変わってきている。…〔中略〕…。まず、広告代理店に働く人たちは、過去の広告人から完全に脱皮していると思う。…〔中略〕…。また広告主のマーケティング計画における広告の役割を確信し、科学性と創造性との融合点を、個々の業務の上に実現するために努力している。広告を創造する人たち、つまりコピーライターやアート関係、また電波関係の専門家たちは、すでに前時代的広告技術者ではない。広告というものを特殊な技術分野として、みずからの殻の中に閉じこもることなく、自分の才能とか勘とか、経験とかを唯一のよりどころとしてはいない。才能を広告の科学性に裏打ちさせることを知っているのである」（瀬木 1961）。

高度経済成長を踏まえ、「広告に対する考え方は急速に変わってきている」。広告代理業は「過去の広告人から完全に脱皮」し、マーケティングにおいては「科学性と創造性との融合点」が模索されている。そして、「広告を創造する人たち」は、「前時代的広告技術者」とは異なり、「自分の才能とか勘とか、経験とかを唯一のよりどころとしてはいない」。要するに、広告制作を「才能」に回収することなく、「科学性」を重視するようになったというわけである。

このような理解を踏まえ、広告業界は再編を進めていくことになった。具体的には、代理業とスポンサーとの関係を深める一業種一社制[55]の導入、両者の調整役となるアカウントエグゼクティブ制[56]、調査を前提にした科学的な広告活動[57]などである。つまり、代理業とスポンサーの信頼関係を今まで以上に深め、マーケティングに基づく予測可能性の高い確実な広告活動が重視されるようになったからこそ[58]、才能に依存する不確実性をいかに消去し、誰であっても同じように効果を上げるための方法への追求が、「科学」的な経営学として実行されるようになったのである。

なかでも、広告制作においては「コピーライター」[59]の位置づけ[60]と同時に、科学的な調査に基づく組織的な作業の在り方が広告業界において強調されるようになった。とりわけ後者においては、「創造性とは個人の領域であり、それもきわめて特異な立場なり、才能をもった、ある特定の人間の中にしか存在しない」という考え方を問題にして、「創造の最高の水準を個人の中に認めながらも、その最高の水準が、グループの創造の中に流れてゆき、ここにグループの創造性の可能性の糸口をさぐり出せないものか」と考えられるようになり（中井 1962）、アートディレクターやコピーライターの上に「クリエイティブディレクター」という広告制作の責任者を設けるという、より大きな話に展開したのである。

「アメリカのクリエイティブ関係の会社や、スタジオで、実際に仕事をしてみたり、あるいは調査をして、特に感じることは、クリエイティブ作業の内容と、その作業を行っている会社の組織と、そこで作業に従事している人間という三つの違った要素が、一つの目的のために、じつにうまく組み合わされて、強力な機構を生んでいるという点である。すなわち作業の内容を例にとっても、一貫した流れが節度正しく切断され、その切断された一つ一つの位置にそれぞれの専門の人間が配置され分業をしている。そうしてその分業と分業をつなぐ接着剤的役割を果たしているのが機構である、という仕組みだ」（中井 1963）。

「わが国ではよく、一つのアイディアを巡って、アートディレクターとコピーライターとの間に論争が起こっている。それも問題の本質を巡った論争ではなく、問題以前の、どちらかといえばアイディアの先陣争いのような論争である。…〔中略〕…。しかしアメリカでは、上述のように、クリエイティビティを生み出すシステムが明確に出来上がっているため、このような職能性を帯びた論争はすでに起こる余地がない。コピーライターとアートディレクターは同一位置に立っており、アイディアのヘッドになる部分は、プロダクトグループからクリエイティブディレクターを通じて、下達されているので、コピーライターと、アートディレクターは、その同一位置から、これを消化すればよいだけである」（中井 1963b:119）。

アメリカでの広告制作は「組織」を前提にしており、作業の流れがしっかり管理され、「分業と分業をつなぐ接着剤的役割」がある。他方で日本は「アートディレクターとコピーライター」で「アイディアの先陣争い」が起きてしまうが、それは「クリエイティビティを生み出すシステム」が不在だからである。そこでこのような論争を回避し、業務を円滑に行うためにも、「コピーライターとアートディレクターは同一位置」に置き、その上に「クリエイティブディレクター」を配置すればよいというわけである。要するに、企業の広告活動がこれまでになく活発になり、広告制作における個人とそれを前提にした偶発的な表現の限界が指摘され始めたからこそ、組織として管理を徹底させながら科学的な広告制作を行うことが強調され始めたのである。

とはいえ、このような展開も素直に信じられていたわけではない。広告制作における個人の偶発性を問題にして、組織による科学性を強調することは、話として理解しやすい分だけ、それとは異なる理解も生み出すのである。それは例えば、「「大本営発表」のごとく「〇〇調査資料」が、デタラメであってもいっこうにさしつかえなく、「……だからAであり、Bである」とさえやればことたりる」としてしまうマーケティング調査への疑念や（小林 1961）、「アドエージェンシー、AEシステム、一業種一社制、アートディレクション、エディトリアルデザイン、ノングラフィック、パブリシティ、トータルマーケティング、クリエイティビティなど、これらのことばなり要素が、主として横文字で導入されるたびに、日本の広告界、デザイン界は、大なり小なり動揺する。…〔中略〕…。明日の誌面には、さらに新奇な要素が導入され、また聞きなれぬことばが耳に入ることを思えば、なおさらである」というように（谷口 1963）、ここになって新用語を乱発するようになった広告業界は、その分だけ疑わしく見られるようになった。「科学」的な経営学に接近し始めた広告業界においても、「語り直し」は気づかれていたのである。

人間を消すことは可能なのか？

かといって、デザイナーもこうした展開を放置していたわけでもない。一九五一（昭和二六）年には「ライトパブリシティ」[61]、一九五七（昭和三二）年には「ナショナル宣伝研究所」[62]、一九五九（昭和三四）年には「日本デザインセンター」[63]というように、グラフィックデザイナーは広告業界に回収されない形で広告制作会社を設立している。

こうしたなか、「グラフィックデザインは、実際問題として個人の仕事から集団、ないしはグループの仕事に変ってきた」と理解され始め、「デザイナーを中心にカメラマン、コピーライターの協同」作業が進められたのである（浜村 1960）。アートディレクターはその管理者的な機能から広告業界に深く組み込まれたが、そこから距離をとったグラフィックデザイナーはアートディレクター的な機能も担う形[64]でカメラマンやコピーライターと組織的に制作していく道を選択したのである。

しかしながら、これもそう簡単には進まない。例えば、日本デザインセンターに勤務していたあるグラフィックデザイナーによれば、「生活がまるでかわってしまったので、慣れるまで大変である。…〔中略〕…。チームワークの仕事はくさらないことだ。これがなかなかムズかしい。最初にぼくがクサってしまうこともある」（山城1960）というわけである。またそれゆえか、日本デザインセンターの取締役でもあった亀倉雄策は、一九六〇（昭和三五）年の世界デザイン会議における討論で以下のようにも語ったのである。

「現代の企業の中でのデザインは—特に私はグラフィックデザインについて申しますが—現代の激しい資本主義の企業のなかに溶けこんでいく訳なのですが、この溶け込み方が非常にまずい。社会機構の中に人間が溺れているというようになっていまして、個性がだんだん削られていって、人間が機械みたいになる—あるいは職人芸みたいなものを要求されてくるように思うのです。そういう場合、我々がどこまで現代の企業の中で、自分の個性というものを目的にむかって表現するか、あるいは生命を長らえることができるか、そのところが非常に難しい問題だと思います」（亀倉 1961c）。

「一年半前にアメリカに行って、実際にアメリカの人達の仕事ぶりを見たのですが、日本人から見ると余りに細分化されすぎている。たとえば、レイアウトする人、活字を選ぶ人、紙の質を選ぶ人といろいろに組織が細分化されている感じがしたわけです。…〔中略〕…わたしはこの細分化に反対している一人であります。日本はアメリカの非常によい影響も受けましたけれども、非常に悪い影響も受けています。…〔中略〕…。そういうなかで、このような組織の中に入れられてしまったら、個性がなくなってしまうのではないか、私が一番心配しているのは、日本にアメリカのものとそっくり同じものを持ち込むということです」

（亀倉 1961c）。

デザインが企業に溶け込めば溶け込む程、「個性がだんだん削られていって、人間が機械みたいになる」。だからこそ、「現代の企業の中で、自分の個性というものを」考えなくてはならない。そこでアメリカに行ってみたら、「日本人から見ると余りに細分化されすぎ」であり、こうした動きに「反対」でもある。なぜなら、「このような組織の中に入れられてしまったら、個性がなくなってしまう」かもしれず、「日本にアメリカのものとそっくり同じものを持ち込む」のは「心配」だからというわけである。

ここで重要なのは、亀倉において西洋近代を否定して日本を肯定することと、組織的な制作を否定して個性を活かした制作をすることが、論理として二重写しになっている点である。つまり、組織的な制作を否定することは西洋近代を否定することであり、その上で個性を活かした制作をすることは日本の肯定に接続されるというわけである。このようにして、組織を前提にしたアートディレクターに回収されず、またモダンデザインの素朴な模倣でもない、グラフィックデザイナーをもっともらしく語ることができるようになり、またそれとして同業者にも理解されるようになり始めたのであった。[65] 要するに、組織での調査を前提にした広告制作からの区別こそ、[66] 商業デザイナー以来の職業理念の曖昧さをグラフィックデザイナーとしてそれなりに定めていった動きなのである。[67]

なお、亀倉の回想によると、「どうしても管理職になりたくない。日本デザインセンターをやめた理由はそこにある」として、「そんなことをするよりやっぱり自分で作品を作りたいわけ」で、「その組織に、僕自身が犠牲になるのがいやだった」という（亀倉 1967）。広告業界には回収されないグラフィックデザイナーであり続けようとして会社まで設立したのだが、結局のところはそこも「組織」ではあり、またその「管理」は避けられず、自ら辞するしかなくなったというわけである。その翌年、亀倉は村越襄（フォトディレクター）と早崎治（カメラマン）と共に東京オリンピック用の第三作ポスターを仕上げ、以下のようにもコメントしている。

「村越・早崎両君は一生懸命やってくれたし、私自身もアートディレクターというものの本当の仕事をしたという実感がこの場合した。アートディレクターが無性格で、いつもコピーやデザインにふりまわされている事実が多いだけに、この第三作が終わって、はじめて、アートディレクターはしっかりした個性をもたねば本当の仕事でないと感じた」（亀倉 1963b）。

あれだけアートディレクターに回収されまいとしていた亀倉が、ここでは「私自身もアートディレクターというものの本当の仕事をした」と語っている。しかし、別の史料によると、この第三作ポスターは東京オリンピックの「組織委員会の一部から、「水上日本であるのに、外人を使うとは何事か」と不思議な横槍が入って、このネガはついに陽の目を見ないで終わった」後に、撮影され直したものである（村越 1963）。さらに別の史料によれば、そこで「組織委員会の上層部は私（引用者註：亀倉雄策）と政治家の間で板ばさみ」になり、「結局、頼み込まれて私が引きさがることになった」という（亀倉 1963c）。

このような事情[68]を踏まえれば、先の引用における「実感」が「この場合」とわざわざ記され、さらに「この第三作が終わって、はじめて、アートディレクターはしっかりした個性をもたねば本当の仕事でないと感じた」と言ってしまうことの、意味を確認することができよう。要するに、制作物に対して自分自身で責任をとることのできない組織を前提にした制作からの区別こそ、亀倉の言葉を水路付けていたのである。

西洋近代でも、組織でもなく

ここまでをまとめよう。本章は第一節で、アートディレクターをめぐる動きと同時に、デザイナーも連帯を進めるようになったが、そこでは職業理念が明確に語られるようなことはなかったことを述べた。例えば、その典型は日本宣伝美術会であり、それは職能団体ではなく、作家団体を名乗ったのである。またこのような動きゆえに、デザイナーは作品制作に注力し、そのこと自体を批評家が意味づけていくという、物と言葉の新しい配置関係が生まれたことも明らかになった。こうしたことを前提として、グラフィックデザイナーと呼ばれる以前の「商業デザイナー」は明確な定義もないままに動き始めたのである。

次に第二節では、日本におけるデザインの「模倣」が社会問題になったことを述べた。デザインはそれとして語られるようになったからこそ、その模倣が問題になり始め、その効果として、「グッドデザイン」という新しい意味づけが登場するようになったのである。さらにこうした展開は、西洋近代の模倣を否定して日本の独自性を肯定する論理として自律し始め、誰であっても似たようにデザインを語れる状態になり、デザインを語ることと日本を語ることがこれまでになく近接したのである。しかし、こうした動きは「模倣」と「日本趣味」の間を揺らぎ、その結果として「日本調モダンデザイン」という苦肉の策を生み出すに至ったことが明らかになったのである。

続けて第三節では、工業デザインに限られて語られる「ジャパニーズモダン論争」が、実際にはもう少し幅のある展開をもっていたことを述べた。むしろ、このように「日本調モダンデザイン」が語られるようになったからこそ、かつて模倣を肯定していた亀倉雄策が、伝統に絶えず挑戦していたかのように見えてきたのである。また亀倉自身においても、モダンデザインの模倣を技術語りにおいて肯定していた時期があり、またその限界にも気が付くようになった。このようにして、西洋近代の模倣を回避しつつ、かといって日本趣味に回収されることのない、モダンデザインと伝統を組み合わせたグラフィックデザイナーがそれとしてもっともらしく語られるようになったのである。

最後に第四節では、グラフィックデザイナーをそれとして語ってくことがいかにして可能になったのかという点を、外部環境である広告業界に注目しながら述べた。一九六〇年前後には企業の広告活動が今までになく活発になった結果、広告制作における個人とそれを前提にした偶発的な表現は問題視されるようになり、その分だけ、組織とそれを前提にした科学的な表現が強調されるようになったのである。これに伴い、広告業界はさらに組織を強化してクリエイティブディレクターを語り始め、またこれに回収されまいとするデザイナーも同業者で会社を設立するようになった。しかし、このような動きが深く信じられたとも言い切れず、またそうだからこそ、組織を否定して個性を強調するような話が成立し得たのである。

ここで興味深いのは、亀倉において西洋近代を否定して日本を肯定することと、組織的な制作を否定して個性を活かした制作をすることが、論理として二重写しになっていた点である。そのため、組織的な制作を否定することは西洋近代を否定することであり、その上で個性を活かした制作をすることは日本の肯定になり得たのである。したがって、西洋近代の模倣を否定した日本の独自性を語ることは事象の内部的な展開であったわけだが、そのこと自体が組織を前提にした科学的な広告制作を進めていこうとする広告業界への対応にもなっていたのである。このようにして、西洋のモダンデザインを素朴に模倣するのではなく、また組織を前提にしたアートディレクターに回収されるのでもない、グラフィックデザイナーはそれとしてもっともらしく語られていくようになったのである。

本章は冒頭において、明確な定義がないにもかかわらず、グラフィックデザイナーがそれとして定着していったのであれば、それなりの理由があるのではないかとした。そこで、本章ではその曖昧に運用されていった言葉の動きをそのままなぞり返し、私たち自身がそれとして理解できるようになるまでを記述してきたのである。そこで明らかになったのは、グラフィックデザイナーはそれ自身で明確な定義を持っていたというよりは、一方で西洋のモダンデザインを素朴には模倣しないこと、他方で組織を前提にしたアートディレクターには回収されないこと、この二つの否定のバランスにおいて肯定された職業理念だったということである。次章では、こうしたバランスそのものが揺らぎ、さらに意味が上書きされていくグラフィックデザイナーについて記述を進めていくことにしたい。

1 「デザイン——という言葉が、ここ二、三年盛んに使われてくるようになったと思っていたら、昨年あたりからは「デザインブーム」という、デザイン界の動きに皮肉な言葉がまた口にされ出した。流行語になろうと、冷笑の対象になろうと、とにかく「デザイン」という言葉が、かなり一般の人たちの意識にのぼってきているのは、よろこばしい現象であろう。…〔中略〕…。もっとも、デザインという言葉が一般化してくる一つのきっかけは、戦後非常に発展した洋裁学校が、積極的にこの言葉を使い出したことにも、この誤解の生まれでる原因があったかもしれない」（浜村 1955）。

2 朝日新聞では一九五〇年代中頃までに日用品を「デザイン」と呼び変え、連載を続けるようになった。例えば、「東西デザインくらべ」（一九五三（昭和二八）年一月六日夕刊〜二七日夕刊、日本インダストリアルデザイナー協会会員による執筆）では、「時計」（七日夕刊）、「電気スタンド」（八日夕刊）、「ナベ」（一一日夕刊）、「ミシン」（一五日夕刊）、「陶器」（二〇日夕刊）、「電気アイロン」（二三日夕刊）、「スプーン」（二七日夕刊）などが取り上げられた。また、「街にみるデザイン」（一九五四（昭和二九）年六月二五日〜七月一〇日）では、「デザイン——この言葉が急に使われだしたのはここ数年、商業、工業デザイナーたちの作品も海外に紹介されたりして年ごとに活発な動きを示しているが、街に見かける公共的デザインはどんな状況か。都心を中心に拾い上げてみた」として「広告塔」（二五日）、「ベンチ」（二六日）、「電車」（二七日）、「街灯」（三〇日）、「公衆電話」（七月一日）、「公衆便所」（二日）、「郵便ポスト」（三日）、「売店」（四日）、「バス」（六日）、「交通標識」（七日）、「安全地帯」（八日）、「水飲場」（一〇日）などが取り上げられた。このような連載はその後も続き、日本において「デザイン」という用語は物自体を名指すというよりは、文脈が異なる物と物を結びつける「視点」の水準で語られるようになっていく。そうした積み重ねとして、一九七〇（昭和四五）年の大阪万博が近づく頃には「日本列島のデザイン」（一九六八（昭和四三）年一月九日〜二四日、朝日新聞）という拡大適用した言い方が可能になっていく。

3 「ところで近ごろは世をあげてデザイン、デザインとさわぎます。まさにデザインブームの観がいたします。デザインという言葉を戦後もっとも早くとり入れ普及させたのは服飾界であります。そのため最近までは、デザインといえば一般に服飾デザインのことだと考えられておりました。…〔中略〕…。ところがいつの間にか一般のあいだでのデザインも範囲を広げ、このごろでは服飾ばかりでなく、ポスター、工業製品、クラフト製品、建築、都市など、およそ形のあるものならば何でもがデザイン、デザインであります。わけても商品広告などによるデザインの強調は、デザインを日常用語化し、大衆の日常的関心事とするのに大きく働きました」（GKインダストリアルデザイン研究所 1965:31-32）。

4 「デザイン学会」は一九五三（昭和二八）年七月に建築デザイン、工業デザイン、商業デザイン、工芸、色彩、歴史、デザイン教育などに関わる約八〇名によって設立され、一九五五(昭和三〇)年には『デザイン小辞典』(ダヴィッド社)を刊行して学的記述の整序を試みている。しかし、それは記述しきれないということを記述することでさらなる記述を生じさせるための文体の制度化でもあった。「わが国においてもデザインについての関心はきわめて深く、かつ広くなり、デザインの技術的研究はもとより、その理論の体系づけに対して、各方面で多くの努力が払われるようになった。デザイン理論の基礎づけは、諸外国においても十分完成されてはいないが、その前提の一つは用語または述語の整理である。一九五三年に設立されたデザイン学会で、最初に問題となったのも用語のそれであった。専門家の間でも、用語については様々な解釈や意見があり、その学的定義づけはきわめて困難である。まして一般文化人やデザイン入門者や初心者をとまどいさせるのは当然である。…〔中略〕…。しかし、デザイン用語について、一応の指標を与え、デザインの理解と研究に資し、今後の学的検討のための捨石となることをむしろ希望しつつ、この小辞典を編纂して、一般の要望にこたえることとした」(山口・塚田・山崎・福井 1955)。

5 この他にも、大智浩(一九〇八~一九七四)は南方総軍報道部に派遣され(大智 1970)、河野鷹思(一九〇六~一九九九)はジャワ派遣軍報道班に派遣されるなどもあった(河野 1978)。さらに、参謀本部第二部第八課の多田中佐ら中心に大陸でばらまく「エロ漫画伝単」を制作していた「田中商会」というのもあったようである(渋谷 1987=1991:172)。

6 続きは次の通り。「このような漠然とした意味ですが、この様なものから第一歩をふみ出すことが大切に思われます。この発起人一堂の気持に御賛同されましたら左記の日時にビールでも飲みながら懇談会の形で集つてみたいと存じます。(仮称)東京広告作家クラブ　日時(昭和二十五年)十二月十日(日)午后二時　場所　新橋ニユートーキヨー(第一ホテル際)　会費　五百五拾円　発起人(ABC順)新井静一郎　原弘　今泉武治　河野鷹思　亀倉雄策　宮山峻　高橋錦吉　山名文夫」(今泉武治資料 1950)。

7 近江匡、赤羽喜一、石井一郎、熊田五郎、奥山儀八郎、多田桂一、益永端、入山素之、相原正信、岩本守彦、青木清、登村変里、中田美穂、松川烝二、伊藤幸作、三井由之助、岩本平三郎、椎橋勇、大智浩、栗田次郎、土方重巳、大橋正、大島正、原正治郎、橋本徹郎、三宅竹雄、板橋義夫、落合登、石川三友、伊藤進一郎、新井静一郎、山名文夫、河野鷹思、亀倉雄策、高橋錦吉、氏原忠夫、藤好鶴之助、二渡亜土、今泉武治、浜田熙、原弘、伊藤憲治、桜井善朗、永田久光、宮河久、高橋春人、今田旬、長野日出雄、村上正夫、田村晃、村瀬静孝、上村瑛、菅沼金六、谷口健雄、宮山峻。これは一九五〇(昭和二五)一一月の高橋錦吉のメモによるものである。

8 一九五二(昭和二七)年には各地で会員の作品展を開催するために組織を整備し、「評議員」(名取洋之助、伊奈信男、小池新二、新井泉、勝見勝、植村鷹千代、宮山峻、新井静一郎、太田英茂、瀧口修造、松崎福三郎)、「中央委員」(大智浩、橋本徹郎、原弘、山名文夫、沢村徹、重成基、早川良雄、深井敏夫、中山文孝、栗谷川健一）、「地区委員」（東京：板橋義夫、伊藤憲治、今泉武治、岩本守彦、大智浩、大橋正、亀倉雄策、河野鷹思、高橋錦吉、登村ヘンリー、橋本徹郎、原弘、二渡亜土、宮永岳彦。大阪：土田健一、太田健一、奥野英雄、小林葉三、金野弘、沢村徹、重成基、田中輝夫、中島康夫、早川良雄、ひらがすえたか、山城隆一、藤波勉、松井幸雄。名古屋：浅井道次、長谷川寅二、深井敏夫、堀田能雄、狭間寿郎。九州：岩崎恭輔、内野富士雄、西本滋、平野見通夫、福永尚一、中山文孝、友枝翁太郎、松本清張。北海道：神山茂司、栗谷川健一、佐々木貴士児、仙洞田文一郎、原田英三、松見百造）を設けている。また、その会則によると、日本宣伝美術会は「視覚デザインを職能とするデザイナーの全国組織であり、デザインの向上をはかると共に社会・分化の興隆に寄与することを目的」としている。また、この目的を達成するために、「デザイン運動を強化推進する」こと、「海外との交流をはかる」こと、「関係各諸団体と提携協力する」こと、「著作権の確立と保護にあたる」こと、「会員の互助共済を講ずる」こと、「展覧会、講演、講習、後進の指導育成、その他必要な事業を行う」ことが挙げられているが（瀬木 1971:394）、これらが記述された年度を特定することはできなかった。

9 「われわれが宣伝美術の主人になること。この是認と行動の上に立たないかぎり、宣伝美術を、社会と直接の関係に置く美術とすることは不可能であり、われわれの地位の設定さえも困難であろう。日本宣伝美術会はこうして生まれる。この名称のもと、われわれの社会を設営する。われわれの職能の在りかたを明らかにし、宣伝美術の認識を決定的なものとし、仕事についてのすべての権利をまもり、共通の利益と共同の幸福のためにお互いをつなぎ合わせ、仕事の向上と有効化のために各界と結び、世の中を美しく、楽しく、世界の新しい美術運動に参加する。日本の宣伝美術会は、こうして生まれる。宣伝美術の作家はもとより各界の熱心な賛同を切に期待する」（日本宣伝美術会 1951）。

10 「日本宣伝美術会は、宣伝美術の向上と作家の社会的地位の確立、相互扶助を目的として創立されたわが国唯一の全国団体であります。…〔中略〕…。日本宣伝美術会は本年度公募展開催に先だって、その性格を明確に作家団体と決定し、展覧会を真に作家表現の場で在らしめ、その質的向上を期すると同時に、宣伝美術本来の使命に基いて、その公共的意義を昂揚することになりました」（日本宣伝美術会 1954）。

11 東京地区は一九五二（昭和二七）年から一九六〇（昭和三五）年まで通巻五二号を、大阪地区は一九五三（昭和二八）年から一九五六（昭和三一）年まで通巻一二号を、中央事務局が一九五九（昭和三四）年一月から一九六一（昭和三六）年九月まで通巻五号を発行。

12 一九五四（昭和二九）年三月から一九六九（昭和四四）年七月まで通巻三七号を発行。

13 一九五六（昭和三一）年五月には、デザインの普及と啓蒙のために「新しい商業デザイン講座」を東京商工会議所と共催。一九五七（昭和三二）年四月には、東京商工会議所と共催で第二回「新しい商業デザイン講座」（生命協会ホール、聴講者二八〇名）を開き、六月には大阪で五〇〇名を超える第一回講座を開催、「デザインブーム」を盛り上げた。一九五八（昭和三三）年三月には第三回「商業デザイン講座」を開催するものの、機関誌は六号までで休刊。一九六〇（昭和三五）年三月には、福岡で第一回「商業デザイン講座」を開催し、東京の会員六名が講師として参加（板橋 1970）。

14 例えば、一九五二年に東京都工芸指導所の斡旋でスイスの雑誌『Graphis』に、作品を一〇五点送っている。『Modern Publicity』にも送付したようだが、こちらの詳細は不明である（板橋 1970）。

15 一九五七（昭和三二）年、「海外活動としてはトリエンナーレ展出品委員会に日本代表として亀倉雄策を選出した。エグバード・ジャコブソン氏を囲む会をＡＤＣと共催、ジョージ・ネルソン氏の講演会など専ら国際交流も日毎にその数が増したし、亀倉雄策の毎日商業デザイン受賞祝賀会を催すなど」もした（板橋 1970）。

16 「第一に、二科展の中における、商業美術部のディスプレイの貧弱さは救いようがない程、みじめではないか。…〔中略〕…、二科のショウ意識とは、単に水ましされて膨張した安っぽい見せ物で観客を釣る、ゲテモノ興行主の狡猾さにすぎない」（東野 1955）。

17 東京商業美術家協会の会員一三八名、委員長は岡秀行であった。「東商美の構成メンバーは、どちらかというと職能的な色彩が濃く、それだけに仕事も地味なものも多いわけだ。…〔中略〕…。今度のパッケージ展の狙いは実に良かったのだが、その扱いかたには未だ研究の余地が多くあるように思う。全般に言って余りに多種多様な商品陳列に傾いて、適当な省略が行われていないので、せっかく興味あるポイントが弱められている」（アイデア編集部 1955）。

18 編集委員：新井泉（商業デザイナー）、原弘（商業デザイナー）、土方定一（美術評論家）、今竹七郎（商業デザイナー）、勝見勝（美術評論家）、亀倉雄策（商業デザイナー）、河野鷹思（商業デザイナー）、小池新二（美術評論家）、瀧口修造（美術評論家）、山名文夫（商業デザイナー）。顧問：今和次郎、宮下孝雄、恩地孝四郎、杉浦非水、和田三造。「コマーシャルデザインは、かつて商業美術とも呼ばれ、その創作活動の範囲を、ごくせまいものに考えられていましたが、今日はあらゆる産業部門の経営の発展の上で、一日も揺るがせには出来ない重要な役割を持つに至っています。すなわち商業デザイナーの多岐にわたる仕事は、それぞれ何等かの形で大衆の日々の生活に結びつき、大きな影響を与えているわけであります。商業デザインは純粋に鑑賞を目的とするいわゆる純粋美術とは、全く異る独自の立場をもっていますが、遺憾ながらわが国では、一般に商業デザインへの関心と理解の程度が浅く、これが日本の商業デザイン界の正しい発展を阻んでいる実状であります」（「商業デザイン全集　内容見本」ダヴィッド社 1953）。「商業デザイン全集は単なる図案集ではありません。

ここには日本と海外の最新の資料と貴重な文献を網羅した商業美術界の代表的作品が一貫した編集企画の下に五冊に分類され美しい印刷によって収められています。記事と解説は現在日本を代表する第一線の専門家ぞろいです。本全集こそ戦後はじめて完成した商業美術一九五三年の鳥瞰図です」(ダヴィッド社 1953)。

19 続きは以下の通り。「植村氏も批評家として当然なことを言ったのだろうが、公憤の余りか盗用という字句は、些か感情に走って激越過ぎるし、正しく聞こうとしても底意地の悪いものを感じて不快だったのは筆者だけだろうか、ともかく、結果に於いてこの「植村台風」が、はからずも廣告の世界に進路をとったことは、外国雑誌偏愛の収れん作用になったことは事実であろう」(狛江 1951)。

20 「実は私は今から八年か九年前、日宣美ができる以前、日本ではまだデザインというものが社会的に認められないころ「盗用作家」として一度朝日新聞で非常に大きくたたかれた人間で、…〔中略〕…。そのころ二千部か三千部ようやく出していたような雑誌に私は表紙をかいたのです。ちょうどスイスから初めて薄っぺらな雑誌が届いて、それにカバの絵があった、これがいけなかったのです。アイデアに困って苦心していたのですが、実は私もそのころは今みたいではなくもっとずっとやせておりまして、とにかく何とかしなければならない、カバを書きたい、そう思ったのですが、そのカバを写生するだけの気力もないわけです。また動物園にもカバはいなかった。何かいいのはないかと思って写真を一生懸命探したが写真もない。しょうがないから書いちゃった。もちろんうまくない、へたですけれども、そのカバの首を原画と逆に左へ曲げればよかったのを右へ曲げたのがいけなかった。カバの首を左に曲げて、おしりにラジオが乗っかっていてちょっとしたものでしたがそれを何のことなしに首を右に曲げた、それがぼくの失敗です。その首をぐっと左に回せば目につかなかったかもしれない」(亀倉 1958)。

21 「本作はイギリスのF・H・K・ヘンリオンによるオリベッティ社のポスターとの類似性が一部で問われた。模索と試行期にあった初期の公募部門では、起こるべくして起きた事態というべきであろうが、盗用問題がしばしば発生した。ときに過度の反応が、事態の判断をいたずらに混乱させもした」(臼田 2000)。

22 「従来の美術工芸品はいわゆる一品制作が中心であり、作者の個性を尊ぶ純然たる美術品として鑑賞されていたが、業者はこうしたものより実用的な、ある程度量的生産のできるものを望んできた。美術工芸品の大量生産は現在のような生産機構のもとでは当然芸術性を喪失することになり、図案権さえ確立されていない今日、工芸作家が大量生産のなかへ入ってゆけない大きなむじゅんがあって、量と芸術性をいかに調査させるかは輸出工芸品のみの問題ではなく、ひろく社会問題として早急に解決せねばならぬところへきている。欧米諸国では既に確立されている図案権もわが国では全く認められていないため、優秀な作品は業者から盗用、模倣されてきた。それは新しいものへの意欲を消極的に押さえるという結果をきたし、更に作者に一品制作を強いる結果となっていた」（読売新聞社 1947）。

23 「日本商人はデザインを盗み、真似を上手にし、粗悪品を作って輸出するしようのない奴だという非難が以前からあり今日もその非難に値する事実がある。それは良くないからメーカーをはじめ関係者は猿真似製造、猿真似輸出をやめて自分のデザイン、自分の責任ある製品を売ってもらいたい」（読売新聞社 1952）。

24 その過程は次の通り。「在日イギリス大使館チャドリック商務参事官は六日外務省に朝海経済局長を訪ね、さいきん輸出向け日本繊維品がイギリスの意匠盗用をしているとして日本政府の善処方を申入れた」（読売新聞社 1954）。その後、愛知通産相が八月二〇日の閣議でイギリス側が意匠盗用に関して日本側に厳重抗議を行ってきた事実を説明。その結果、「実情は英国のいうような意匠の盗用ではなく、たまたま注文者の要望に応じて規格、デザインをしたのだが、結果的に盗用の印象を与えたものであるから、英国の誤解をとくために英国から実情調査団を招いてはどうかなどという意見が（引用者註：閣議で）かなり強く主張された」（朝日新聞社 1954c）。そして、一〇月になって「日英両国の織物業者代表は三日間にわたる意匠盗用に関する会議」（読売新聞社 1954b）を行い、綿製品意匠問題調査団（団長：岡鶴美行）が帰国して、その一員（小杉真：綿糸布輸出組合専務理事）が次のように説明。「一、イギリス側は①点、格子模様は公知公用の意匠だがその他のものは登録の有無にかかわらず考案者の所有権が認められていること②したがって注文の柄が模倣であると判断された場合は輸出業者がこれを拒絶することがイギリスの商習慣である点を強調、既存の意匠をそのまま写用することは道徳的罪悪であることを主張した。一、これについてはわが業界の間にかなりの見解の相違があるようだが綿業界としても善処すべきだと思う。いずれにせよ近く来日するH・E・バードらイギリス代表とわが国業界の間で円満解決する見通しが強くなってきた」（読売新聞社 1954c）。こうした展開のなかで、「財団法人日本繊維意匠センターは二十五日綿業クラブで発起人会を開き正式に発足した。イギリスの意匠盗用抗議に対処するため紡績協会、化繊協会、綿糸布、絹、人繊糸布繊維製品三輸出組合、織物染色同業会、綿工連、絹工連の八団体で設立されたもので懸案のイギリス意匠使節団を二月下旬から三月上旬に招請して大阪で日英意匠会議を開催、意匠問題にからむ誤解の一掃を期待している」（読売新聞社 1955）という流れとなる。そして、一九五五（昭和三〇）年五月三日から一六日まで、イギリス意匠盗用問題使節団が来日し、日英織物意匠会議による共同声明が次のように報告された。「日英双方は登録、未登録にかかわらず他人に属する現存意匠の写用はもっとも好ましくなくまた黙認すべきでもないという根本原則に同意しこれを効果あらしめる方法について英側代表団は日本が新意匠の創造を奨励している手段を重要だとしとくに日本の図案家の創造力には感銘している。日英双方は意匠写用に関する究極的解決は他人の意匠を尊重する習慣をつけることにあることならびにこの点について日本の業者はいうに及ばず海外バイヤーを教育するためには時間を必要とすることに同意した」（読売新聞社 1955b）。

25 「日本では洋裁のほかにはデザイナーがいないと思っているのは普通というほど、欧米各国とは比べものにならぬほどたち遅れているという。専門デザイナーなどはほとんどいないし、デザインの競争もどんな色に塗るか」「どんな形にするか」だけしか考えず、しかもそのうわべの意匠や形すら、外国のものマネがもっぱらハバを効かしている有様。日本のデザインが外国に買われて外貨をかせいだという話はもちろんゼロ。半面「盗用だ」と訴えられたケースはあり余るほど。ネクタイ、綿布の模様や陶器、万年筆、写真機から最近イギリスのフーバー社から抗議を受けた電気せんたく機にいたるまで、外国製品そっくりの品物が街にハンランしている。そのほか国内の同業者同士でも、ちょっと売り出したデザインがあれば、先を争って物真似ごっこをする始末である」（朝日新聞社 1955）。

26 「時間がないからとせきたてられながら「藤山さんは実業界から外相になられたのですね」「イエス」「日本商工会議所の会頭だったのですね」「イエス」「ではお尋ねしたいが日本の商社がイギリスの商社のデザインをそっくりそのまま、まねて商売していることをどう思いますか」間をおいてそばの書類の下から二つの小さな箱（離れて見ていると同じものとしか見えない）を取出して「ここに二つの商品があります。一つはイギリスのボールベアリングで、もう一つは日本のものです。これについて意見をうかがいたい」藤山外相の答を待たず通訳に当った書記官が「ヤブから棒にそんな問題を出して即答を迫るのは無作法なやり方で失礼ではないですか」「イギリスの商社は日本の商社こそ無作法だと思っています」緊張した空気の中でさらにやりとりが続いたあと、そばで見ていた大使館側から横ヤリが入って藤山外相は結局一言もしゃべらず、そのままパーティへ、あとに残った日本側からテレビにかけるのを止めさせようという意見が出たが「ここは自由な国だ」というのがデイ記者の意見だった」（読売新聞社 1957）。

27 これについては、次のような論評も出ていた。「すぐマネをするというのは、明治以来の日本人の習性で、国際的にも定評がある。…〔中略〕…。これがデザインの盗用問題などになって、外務大臣にどえらい恥をかかせることになる。…〔中略〕…。特許庁は特許法の一部を改正し、外国の雑誌書籍などから盗用したものは認めぬことにするそうだが、余りに遅すぎたウラミがある。…〔中略〕…。せいぜい一月や二月の海外旅行中の見聞や、むこうの刊行物を見て、すぐアイデアを失敬する根性は確かにこの国に伝統的にあるものだが、それが大して悪徳と思われなかったことも事実である」（読売新聞社 1957f）。

28 ここまでの過程は次の通り。「外務省は二日、日本の業者がイギリスの商標、意匠を盗用しているとの非難に対し、情報文化局長談の形で日本の業者が悪意をもって外国の意匠、商標を使用したことはなく、海外のバイヤーからの指定注文通りに作成した点を明らかにした」（読売新聞社 1957b）。そして、一九五七（昭和三二）年一〇月には通産省通商局が「産業デザイン課」を設置して、意匠盗用への対策を打ち出すと同時に、デザインを輸出振興策の柱の一つに位置づけていくようになる。「優良雑貨の輸出伸長　購買力の大きい欧米市場への輸出を促進するためにデザインの改善をはかる。このためデザインセンターを設け、模造品を防止するだけでなく、新しいデザインの保護を行う。またデザイナーの育成も実施する。これらの製品の改善に必要な資金は中小企業金融公庫を通じて融資する」（読売新聞社 1957c）。またＪＥＴＲＯ（海外貿易振興会）においては、「デザイン改善のため意匠展示室の設置、外人デザイナーの招へい業等を行う」方向へ動き出し、先進諸国への輸出振興策として「総合デザイン展示室を設け、また現存のデザインセンターを拡充・強化する」方針も示されるようになった（読売新聞社 1957d）。さらにこれに加えて、機械業界では「意匠センター」設立の動きが生じつつ（読売新聞社 1958）、「通産省ではデザインの保全、外国意匠の盗用防止その他意匠行政の振興を図るため、これら以外にも品目を指定して直接法律による特殊法人としてデザインセンターを設立し、これによって意匠の登録、輸出認証などを行おうとするものである」（朝日新聞社 1958）といった展開に発展していく。こうして、ＪＥＴＲＯによるジャパンデザインハウスが東京八重洲口・国際観光会館内に設置され、「わが国の特産品はじめ産業機械、自動車、自転車、光学機械、ビニール、繊維、陶器、オモチャなどのわが国最高のデザイン商品を一堂に集め、外国バイヤー、国内関係業者の参考にしようとする」（読売新聞社 1959）ことが目指されたのである。なお、初代館長は小池新二である。

29　ここまでの過程は次の通り。アメリカで日本製の金属洋食器の意匠盗用問題が浮上し（読売新聞社 1958b; 朝日新聞社 1958b）、一九五八（昭和三三）年七月に「米商務省は三十日在米日本大使館に対しデザインを盗用した日本商品の輸出が今後も続けばこれらの商品の輸入を差しとめると警告」（読売新聞社 1958c）してきた。さらに「米国務省のビール経済担当次官補代理は三十一日、在米日本大使館の下田公使、佐藤参事官を国務省に招き、アメリカのデザインを盗用した日本洋食器およびその他の商品の対米輸出について抗議、日本側が早急に善処するよう要求」（読売新聞社 1958d）してきたため、政府はその対応に迫られたのである（読売新聞社 1958e）。また、これに続いて魔法瓶の輸出規制が問題になり（読売新聞社 1958f）、「こんどはイギリス、フランス、ベルギーなどヨーロッパ九か国の刃物業者が九日ロンドンで会議を開き、価格の安い日本製品の輸入規制を各国政府に要請」（読売新聞社 1958g）するような動きも現れた。

30　その主旨は「外国の刊行物に記載されたもの」は「新規な発明として認めない」（読売新聞社 1957e）点にあり、一九五九（昭和三四）一月には法案が固まって、意匠の登録、意匠や商標の認証などが定められるようになった（朝日新聞社 1959）。また、一九五九（昭和三四）九月一日には「輸出雑貨センター」が設立され、「一、共同検査場を東京、神戸の二カ所に建設する（各四千万円）。明年度は横浜、名古屋、大阪にも設立する。一、デザインの登録、認定を輸出入取引法に基いて実施する。また新出事案の考案、盗用防止の指導、デザイン巡回研修会コンクールの開催、デザイン相談所の開設。一、輸出検査法による雑貨の輸出検査および証明を行なう。一、品質、経営の管理講習会の開催を行う」といった業務がなされた（読売新聞社 1959b）。

31 その主な内容は次の通り。①輸出貿易デザインの模倣を防止することが特に必要である貨物であって、輸出入取引法に基づく協定等ではその目的達成が困難であるものを、政令によって「特定貨物」に指定する。②特定貨物を輸出しようとする者は、デザイン及び商標について認定機関の認定を受けなければならない。③国内で特定貨物の製造、加工、集荷、販売又は輸出の事業を営む者は、認定機関に申請して、デザインについて登録を受けることができる。④認定機関は、一定の指定基準により通商産業大臣が指定することとし、業務その他について監督を行うとともに、国が援助を行う（『第三一回国会参議院商工委員会会議録』第二三号、昭和三四年三月二五日、四〇頁）。

32 メンバーは次の通り。丹下健三（建築）、清家清（建築）、吉阪隆正（建築）、柳宗理（インダストリアル）、剣持勇（インテリア）、渡辺力（インテリア）、亀倉雄策（グラフィック）、石元泰博（写真）、岡本太郎（絵画）、瀧口修造（評論）、浜口隆一（評論）、勝見勝（評論）。また、顧問として坂倉準三、前川国男、シャロット・ペリアンがいた。さらに、その活動項目は次の通り。「一．海外のデザイン機関およびデザイン団体との交流　二．国際会議への参加　三．国際展への出品　四．グッドデザインの国際交流と普及　五．グッドデザインの進歩に必要とされる展覧会・講演・会議・出版その他の推進と後援」（勝見 1977b）。

33 メンバーは次の通り。井上尚一（意匠奨励審議会会長）、坂倉準三（グッドデザイン専門部会会長）、浜口隆一、豊口克平、渡辺力、川勝堅一、勝見勝、亀倉雄策、芳武茂介、高田忠、丹下健三、成田時治、土井健一、永井宏、長井清治郎、野町克利、柳宗理、柳悦孝、山口茂、山本正三、松崎福三郎、剣持勇、小池岩太郎、小池新二、小山富士夫、小杉二郎、淡島雅吉、斎藤鎮雄、佐々木達三、北山暢彦、木村正彦、由良玲吉、三輪智一、水谷良一、水野智彦、清家清、杉本正雄、末吉菊麿、高城元、山室源作、池田秀穂、加藤幸兵衛、宮之原武雄、八井孝二。

34 グッドデザインの選定基準は、次の通り。「(一) 機能と形態の融合を目ざし、しかも独創性をもつものであること」、「(二) 量産に適すること」、「(三) 材料の性質の正直で有効な使用に成功しているものであること」、「(四) 科学技術に立脚すること」、「(五) 経済性を有すること」、「(六) 人間性をもつこと」（高田 1958）。

35 なお、工業デザインまでを含めれば「日本的なるもの」は一九三〇年代から語られていた。しかし、「一九三〇・四〇年代に叫ばれた「日本的なるもの」は合言葉の域を脱出できなかったのである。そして、それぞれ、「日本的なるもの」を叫んだデザイン界の人々は、敗戦とともに、問題だけを置き去りにして、新しいテーマへと移って行ってしまったのだ。日本の近代を、いかに乗り越えるのか。日本の近代の問題をいかに総括するのか。何も回答は得られなかった。また、「日本的なるもの」を叫んだデザイン界の人々は、それぞれの考え方に対しての敗北感すら体験しなかったのである。敗戦とともに問題を置去りにしたのだから」（柏木 1979:148）。

36 「最近海外の反響から刺激されて問題になっているのは、日本的デザインの独創性ということだが、これを率直にみれば、これまで欧米の生産技術に追いつくことで躍起になっていたわれわれが、ここでようやく独自の形を生む段階にきているともいえよう。日本調の復活というような表面の問題ではなく、かつて生活のすみずみに生きていた無言のデザインと今日のもっとも進んだデザインとのあいだに正しい脈略を見いだすことが大きな課題のひとつだと思われるのである」（瀧口 1957）。「最近外国のデザインを日本が盗用したとか、あるいはそれは外国のバイヤーがわれわれに押しつけたのだといったふうに、いろいろデザインのオリジナリティについて、問題が起っております。そこで、日本のデザインのオリジナリティということから、伝統をどう活かすかというような主題が浮かび上がってくるわけで、その点、私がどう考えているかというようなことをしゃべれば、いいのだろうという気持で、出て参りましたのですが、なかなか難しい問題でございます」（勝見 1958）。

37 「後進国である日本の近代デザインの領域では、日本のデザインを独立させるという課題、海外のエピゴーネンから急速に脱却しなければならないという課題に直面している。…〔中略〕…。ということは、これからは、なにを犠牲にしても日本のデザインに日本的風土の特色を発揮することに努力する決意を固めるということを意味する」（植村 1958b）。「民族性が自然に出るのをよしとする、という建前に立つと、では意識して努力する部分はなにかという逆の問題が出る。その答えは、おそらく、近代的な国際用語、国際的スタイル、国際的文法の使用に努力するということになるだろう。だが、それは抽象的な観念としてあるものではないから、実際には、先行的な作品のどれかに具体的にひきずられることになって、意識とは逆に、模倣的影響が結果としては強く印象されてくることになる。そこで、もう、国際用語にかなり習熟した日本のデザインとしては、意識して民族性を独自のスタイルとして押し出すように努力すべきではないかと私は思う」（植村 1958）。

38 日本のデザインは「これまでの西洋模倣からはなれ、独自のものとして育ってくることが期待される」が、「いきなり〝ジャポニカ（日本調）〟の輸出のことを考える前に、日本人のために」デザインを考えることが、「日本のデザイナーの重要な課題」だというわけである（剣持 1958）。

39 建築や工業デザインにその動きはよく観察できる。例えば、雑誌『リビングデザイン』（一九五六年一〇月号、美術出版社）では「日本的機能の原型を見る」という特集を組み、清家清が「箪笥」について、吉阪隆正が「下駄」について、白井晟一が「豆腐」について、遡及的な視点から伝統を再評価していくという記述を行っている。また、同一一月号では、「障子」「番傘」「めし」が、同一二月号では「畳」「箸」「くじら尺」が取り上げられている。

40 「剣持も私も日本のデザインの創世記に心労した作家である。…〔中略〕…。西洋文化に近づき、咀嚼するために、とにかく日本をすて、東洋をすてようとした時代である。…〔中略〕…。そのために西洋側からは日本のデザインは自分の国の優れた文化を伝承しようともしない国籍不明な、しかも平凡なモダニズムにすぎないと決めつけられた。この批判を前にわたしたちはどうしようもない後進国のデザイナーの運命というものを暗澹たる気持でたえしのんだ」（亀倉 1972）。

41 この他の例としては、次の通り。「〔引用者註：雑誌の表紙に描く〕大工道具を描くについては、本物を参照するひまがなかったので写真を参考にした。日本の道具だから頭に入っているようなものの、いざ描く段になると、その印象がいかに漠然としていたかがわかる。やはり写真を参考にしたので形を単純化するにも現実性を失わずにすんだのは大変よかったと思う」（亀倉 1956）。

42 例えば、亀倉はポールランドとのやり取りを次のように述べている。「日本のデザイナーはなぜ外国の作風にほれこむのかわからない、自分の国に偉大な芸術があるじゃないか、たとえばこのカリグラフィーをみろという。このカリグラフィーは私が勅使河原蒼風さんに雪月花という字を書いてもらったのを〔引用者註：ポール〕ランドにやったものである。彼はこの字のような筆勢と味と造型とをデザインでやったら、世界に革命がおこせるはずだという。それはわかりかけてきているが、完全に消化してデザインのなかで新しく生かすのには、もう少し時期を待たねばならないと答えた」（亀倉 1959）。

43 この内容が講演されたのは、一九五八（昭和三三）年である。

44 「この会議は海外の生のデザイン思潮に触れる絶好の機会となって参加者に大きな刺激を与えると同時に、東京オリンピックなどその後の国際イベントに活かされた」（紫牟田 2003）。

45 最終日には、坂倉準三によって世界デザイン会議東京宣言が次のようになされた。「我々は本日「世界デザイン東京会議」の幕を閉じるに当り、会議に参加したすべてのメンバーの名において次の事を宣言する。我々は人種・言語・国家の相違を超え現代に生きる人間として互いに会い、知り、話す事の価値をここにあらためて確認する。我々は今日の世界がこのような相互理解と相互寄与の場を必要としている事を確信する。我々は来るべき時代が人間の権威ある生活の擁立のために現代よりも一層強い人間の創造的活動を必要としている事を確認し我々デザイナーに課せられた次の時代に対する責任の重大なる事を自覚する。我々はこの東京会議によって点ぜられた灯を消す事なく、次の時代に対する我々デザイナーの共同の責任を手をたずさえて、はたさん事を誓う。我々はこの東京会議の後、やがてしかるべき国際的機構の活動が開始され、次の時代の人間の幸福のために確固たるイメージの探求が行われる事を提唱する」。

46 二〇日には、大阪で関西セミナーを開催。参加国は二七ヵ国で、建築家、デザイナー、評論家、教育者など二二七名が参加。

47 「これまでの段階では、建築家にも工業デザイナーにも商業デザイナーにもデザインという造型活動を通じて、共通の地盤の上に立っているという意識が、まだ十分成熟していないように思われる。…〔中略〕…。もちろん、過去の伝統や学歴の相違などによって、一般に建築家と工業デザイナーと商業デザイナーとの間には、社会的自覚の深浅があり、現実の共同歩調をとるということは、なかなか困難かもしれぬ。しかし、少くとも、現実的には、デザイン活動として、共通の基盤をもっているはずである。この事実の認識から出発して、わが国のデザイン運動を、大きな波にまで高めてゆかないかぎり、いつまでもデザインに関する社会通念は、改められる日がこないであろう」(勝見 1954c)。「国際デザイン協会というのが、一昨年あたりから発足していて、建築家、インダストリアルデザイナー、グラフィックデザイナー、写真家、画家、デザイン評論家…といった各種のデザイン分野の人間が横断的に集まっている。〔具体的には、丹下健三、清家清、柳宗理、渡辺力、亀倉雄策、石元泰博、勝見勝、岡本太郎といったメンバーである〕こうした各種の分野の人間が一緒に集まってデザイン論議に花を咲かせるとき、各人の異なった職能にもかかわらず、そこに何か共通するものが生まれてくるから妙である。そしてそれは同じ職種の人間の集まりでは生まれえない、新しい雰囲気でもあるとおもう」(浜口 1956)。「建築のところにI・Dがダブって、I・Dのところにグラフィックがダブって、グラフィックの尻尾と建築の尻尾とが合わさって、ぐるぐる輪になって回っているように思えるのですよ。…〔中略〕…。そこまでダブりながらいって、あくまで協調することで、はじめて高度なものができていくと思うのです」(亀倉 1959)。

48 「この会議は、これまで日本で開かれた数多くの国際会議とは、かなりちがった様相のものとなるだろう。第一に、…〔中略〕…、この会議の基礎は、全く自由な意志で、個人の資格で、その職業上の身分や地位にかかわらず、来たるべき世紀において、デザイナーが負うべき役割や責任の重大さを自覚して自発的に集まってくる人びとによって構成されるカンファレンスであるということである。…〔中略〕…。第二に、この会議は、今日もっとも新しい問題となってきたデザインのすべての分野—工芸、服飾、商業美術、産業意匠、室内設計、建築設計、造園、都市計画など—で、現在世界各国の第一線に活躍している有名、無名の人びとがこの古い芸術的伝統をもつ日本に集まり、数多いデザイン分野の総合的な会議として持とうとしているということである」(浅田 1959)。

49 こうした語り口や区別は、一九六〇年には定まっていたようである。「要するにわれわれは課せられた伝統というものを選択して、一応分解して、もう一度組み立てる義務があると思うんです。ところが組み立てるときに、いわゆる世界的、国際的な造型水準を保たなければいけない。ところが造型といってもパターンだけヨーロッパのマネをして、ヨーロッパの水準の半分もいかないようなものがワンサとでるのでかなわないですよ。ヨーロッパに勝ってもらわなくては困る。勝てないやつが結局エキゾチシズムに乗り、芸者みたいに自分の身を落としちゃうわけですよ。そうした状態を国際的だ、民族的だなんていうのはおかしいんだ」（亀倉 1960）。「様式というものは、必ず蓄積されていって残るものです。優れた様式でも発生当時のある期間は流行だったに違いないと思う。発生からしばらくのあいだの流行はやはり浮ついたものだが、その中でいいものだけが蓄積され、洗練されていって様式として残っている」（亀倉 1960b）。

50 「今日、日本人の日常生活におけるシステムと物の形（form）は、西洋では正しく理解されているというよりは、一つの流行の型として人気をはくしているようです。これらの現象に対して私達日本のデザイナーはジャポニカスタイルなるニックネームを与えています。しかもこのことはコマーシャリズム（商業主義）を通じて日本人の生活様式を時代逆行と、悪趣味への耽溺へ誘いこもうとしているようにさえ思えます。私の懸念は、私の国をこのような憂慮すべき傾向からどうしたら立て直せるかという点にあります。もう一つはあまり急速に近代化の進んだこの国は同時に大変表面的に westernize（西洋化）され、古くからあった我々のものも、また正しく吸収すべき西からの知恵も、双方を失いはしないかという懸念であります」（剣持 1961）。「東洋と西洋、伝統と創造、機械製品と手工芸品、古いものと新しいもの、安物と良質、そしてもちろん良いものと悪いもの、このお互いに相対立するもの。最も激しい渦を生んでいる今日の日本において、貧しいデザイナーの一人である私はいつも悶え苦しんでいます」（柳 1961）。

51 一九六四（昭和三九）年の東京オリンピックにむけたデザイン懇談会は、グラフィックデザイナーを中心に結成されたが、これについて建築家の丹下健三は次のように発言している。「わたくし、皆さんの前で差しさわりがあるかもしれないが、亀倉さん、勝見さんもデザイン懇談会のメンバーだから大いに期待していた。だから、われわれは、なにも出る幕ではないと考えておったが、じつは主催者側でなにもできないのだというようなことが、だんだんわかってきて、それならもうちょっと、なにかできるようなものに作らなければいけないのじゃないか、というようなことを、たびたびカゲでは提案している」（丹下 1963）。

52 一九五五（昭和三〇）年は六〇九億円、一九五六（昭和三一）年は七四五億円、一九五七（昭和三二）年は九四〇億円、一九五八（昭和三三）年は一〇六五億円、一九五九（昭和三四）年は一四五六億円、一九六〇（昭和三五）年は一七六〇億円、一九六一（昭和三六）年は二一一〇億円、一九六二（昭和三七）年は二四三五億円、一九六三（昭和三八）年は二九八二億円、一九六四（昭和三九）年は三四九一億円、一九六五（昭和四〇）年は三四四〇億円。

53 例えば、一九五五（昭和三〇）年に「日本生産性本部」が設立されている。

54 例えば、一九六二（昭和三七）年に「創造性」に焦点を絞った特集が、雑誌『ブレーン』（五月号、誠文堂新光社）に掲載されている。

55 「本格的な広告活動を展開していくためには、広告代理店に全面的な信頼をよせて、企業の将来の計画や販売高、販売利益などの社内の秘密資料を提供して、代理店と一体となって広告計画をたてなければならない。また重要なマーケティング関係の重役会議などにも参加してもらわねばならない」（ブレーン編集部 1961）。

56 「アカウントエグゼクティブ（以下、ＡＥ）は、広告のエキスパートとして重要な地位をしめており、代理店内においては得意先の代表者であり、得意先にとっては代理店の代表者である。ＡＥの任務は、広告主の広告活動を計画し実施し統制して、広告主の利益を計る一方、新規スポンサーの開拓と既存スポンサーの維持につとめ、代理店を企業として発展させることにある」（ブレーン編集部 1961）。

57 「広告活動はいい加減な勘だけにたよって、無計画に実施することは許されなくなってきている。広告戦がはげしくなればなるほど、広告費の無駄遣いはできなくなり、多くの科学的な調査資料を分析、検討して科学的な広告活動を展開していかねばならない。…〔中略〕…。広告の企画は単に広告だけではなく、スポンサーのマーケティング活動の立場に立って、多面的なマーケティング要素を検討した後に、その重要な一部として割出された広告企画でなければならない」（ブレーン編集部 1961）。

58 その結果として、次のような動きも現れた。「最近のわが国の広告界の目立った動きのひとつに、ＡＰＣの結成がある。ＡＰＣはアドバタイジング・プロデューサー・クラブの略語であるが、いまや広告戦略、広告戦術、広告管理の重要性がいよいよ喧伝されてきているだけに、この団体がこのほど創設されるようになったものと思う。いままでのＡＤＣ（アートディレクターズクラブ）の他にＡＰＣが生まれたことは、このことはわが国の広告界を発展させる上で、大きな原動力になると考えてよいだろう。ＡＰＣが結成され、これがそろそろ動き始めてきたのは、見方をかえれば広告部門、広告部長、アドマンの重要性が関係筋からいよいよ認識されてきたといった現実の姿を裏付けているものと考えられる」（小林 1961）。

59 文案がコピーと呼ばれるようになったのは、一九五〇年代から一九六〇年代にかけてであり、これについては雑誌『ブレーン』などで精力的に執筆した西尾忠久などによく観察できる。「幸い、ここ二〜三年来、コピーライティングという仕事を専業に近い形で行う人たちがでてきた。…〔中略〕…。いままで、ともすれば、自己のパーソナリティや個性（individuality）を表現することが、あたかもうまいコピーであるかのような錯覚にとらわれていた文人気質的コピーライターは、もはや通用しなくなろう。そして、アメリカ産のものであったとしてもいい、とにかく、各種の調査が明らかにしたコピーテクニックのひととおりはマスターして、しかも、広告される製品のマーケットの状況に応じてそれを活用できることが、コピーライターとしての最低の条件になる日が近いと思う」（西尾1962）。

60 「広告界ではずいぶん以前からコピーライターの重要性がいわれ、その地位の向上が叫ばれているようですが、現実のコピーライターの生活は少しも改善されておりません。コピーライターが単に文案家ではなく、アイデアマンなのだから、マーケティングや広告の知識はもちろん企業や商品に対する深い知識を要求されることは私自身も痛感しております。…〔中略〕…同じ代理店の社員でもデザイナーの方が、はるかに優遇されています。これではコピーライターが育つわけがありません。現在の広告界はコピーライターに非常に多くの要求をつきつけていますが、コピーライターの立場を守ってはくれません。…〔中略〕…。業界のリーダーたちは、コピーライターをどのように使うのか、また育成していくのか真剣に考えて欲しいものです」（山上1962）。「だから、デザイナーの方たちにお願いしたいのです。アートディレクターになるより、まず、コピーライターに協力して下さいと。アートディレクターになって、コピーライターを指揮下においても、いい広告は作れません。デザイン面で、いかに芸術にすぐれていても、商品を売る手助けはできません。デザイナーでなければ、アートディレクターになれないような感覚をおもちの、デザイナーがあまりに多く、コピーライターをムリヤリねじ伏せているI・A（引用者註：インスタント・アートディレクター）への非難をしばしば耳にするものですから、あえてひとこと申し上げたしだいです」（菅原1962）。

61 信田富夫、村越襄、波多野富仁夫らが、一九五一（昭和二六）年四月に東京・銀座で設立。

62 一九五七（昭和三二）年創立。戦前に日本ゼネラルモータースでアートディレクターをしていた竹岡稜一が取締役社長。八名のグラフィックデザイナー、四名のプロダクトデザイナー、四名のフォトグラファーを抱える制作部。六名を抱える企画・コピー部など。

63 「メーカーと商業デザイナーが共同出資して出資会社のカレンダーからPR映画に至るまで商業デザインの一切を専属で一手に引き受けるという、時の流れに乗った会社。出資会社は朝日麦酒、旭化成、大和証券、富士製鉄、日本光学、日本鋼管、東芝商事、トヨタ自動車の八社。デザイナーは原弘、亀倉雄策、山城隆一らを中心とするグループで、重役陣も会長は朝日麦酒山本為三郎社長、社長は当分空席で、専務が亀倉雄策氏という珍しいとり合わせである。この会社に属するデザイナーは他の競争会社の仕事は一切引き受けないという一種の専属制をとることになっている」（朝日新聞社1960）。

64 「これからのデザイナーは作家でありディレクターでなければ、デザイナーというものは成り立たない、あくまでクリエートということは作家としてやる、しかしそれをコントロールして、いかにそういう未来像に乗っからせるかということはディレクター的な才能です。だからその二面性を持っている人をデザイナーと呼ぶといってもいいわけです」(永井 1960)。

65 「私も早くからアメリカのアートディレクターのシステムとか、あるいはエージェントのシステムを日本にそのまま持ち込むことに非常な疑問をもっているのであります。……〔中略〕……。市場調査の仕方とか、あるいは、そういう組織でも、だいたい、形式だけをまねるおそれが非常にあると思うのです。たとえば一つの問題を大勢でもみ合ってブレーンストーミングをやりますが、これは極端に言えば、創造に役に立たんのじゃないかと思います。……〔中略〕……。私はあえてここではっきりアートディレクターシステムとかいうことに反対するのではなくて、その現実的な在り方に問題があると思っているのです」(原 1961)。「集団化が進み、そのことによって人間ひとりひとりの類似する部分が多くなればなるほど、人間としての生き方が非常にむずかしくなってくる。しかし、量産されたロボットにおちいらないためには、人間がなんらかの個性をもたねばならない。……〔中略〕……。さらに、マーケット・リサーチというものを重視する。これは一見科学的なようであるが、現在の調査方法では〝どういうものを好むか〟とか〝AとBではどちらがよいか〟といった単純な〝人間の情緒面〟だけにはたらきかける方向しか導き出せない。こうした方向でデザインされたものは、当然のことながら、人間の知覚性は無視されてしまう」(杉浦 1960)。

66 「デザイナーの個性やセンスなど無用の長物であるという新説が出て来た。アメリカ広告術の新影響である。個性は万能ではないが、センスは万能であると思う。どんな精密な市場調査が出来たからといって、良い広告ができるとは限らない。センスが悪ければ、せっかくの調査が死ぬことくらいのことはアメリカさんでもよく承知している筈だ」(亀倉 1963)。

67 同様の語りはインダストリアルデザインにおいても観察される。「自分の用いる道具は自分でつくれるならばともかく、現代では道具の企画―生産―消費とつながる経路の上に、大量生産という巨大な組織機構がかぶさっております。……〔中略〕……。組織機構とは実に便利なものであります。しかしそれはもともと人間に対して非情かつ強大なものです。人間のひとりやふたり、あるいは多勢を押しつぶすことぐらい平気でやってのけます。ある組織機構が人間のためのものになるかどうかは、ひとえにそれにかかわる人間の力によると思います。手をこまねいていてうまくいく組織機構を見たことはいまだありません。大量生産という組織機構を通しての道具づくりはいかにあるべきか。何が問題となるか。何をなすべきか。どうなすべきか。この本はそうしたことについて、私たちGKのメンバーがつね日ごろ語り合い考え合ってきたことをまとめたものです」(GKインダストリアルデザイン研究所 1965:261-262)。

68　「オリンピックの公式ポスターは、このところ亀倉雄策氏が一手にひき受けて行っている。日の丸にシンボルマークをつけたものと、陸上のスタートの作品は御存知のことと思うが、今年は第三作の水上の飛び込みシーンの撮影にとりかかった。モデルはメルボルンで金メダルを得たアメリカのヨージック選手で、神宮プールを使っての大がかりな撮影を行いやっと一枚だけ傑作ができ上った。その際に日本選手もモデルに使ってみたが、とてもヨージック選手のものには及ばなかった。ところが、某代議士により強硬なこのポスターに反対の意見がでたのである。水上日本であるから、モデルは日本人でなければならないというのである。そこでやむなく、日本の選手を使って再度の撮影を行なった。そのために四〇万の予算はオーバーしてしまうし、しかも作品はとてもヨージックの時のものに及ばない」（アイデア編集部 1963）。

第七章　〈広告制作者〉の並存

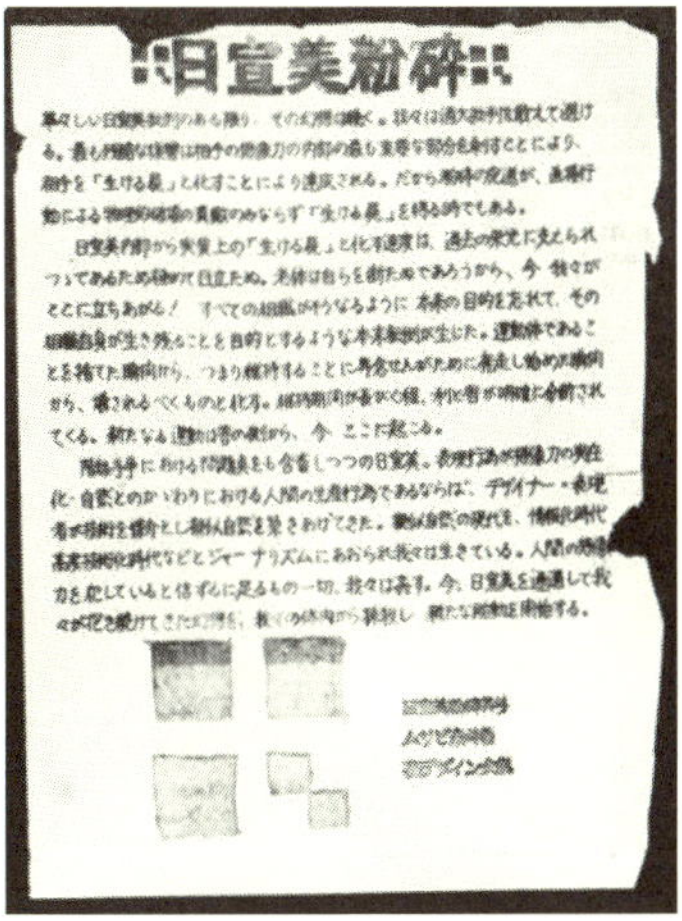
日宣美粉砕

日宣美粉砕共斗・ムサビ商斗委・姦デザイン会議による「日宣美粉砕」チラシ（一九六九年）

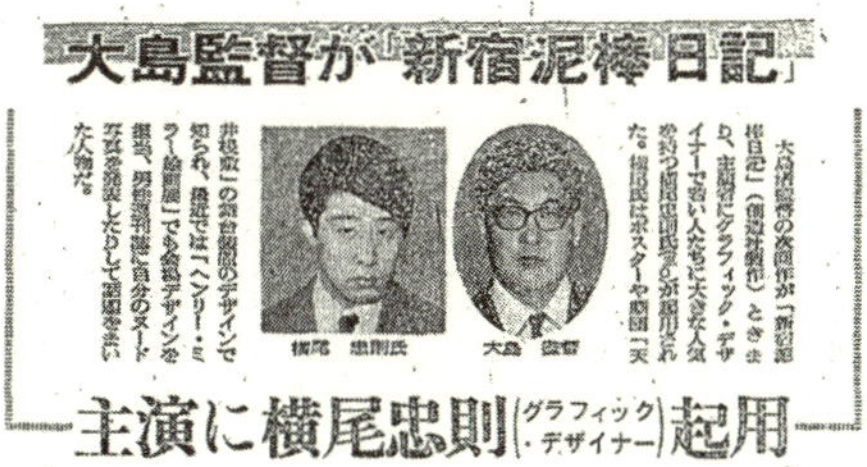
大島監督が「新宿泥棒日記」

主演に横尾忠則（グラフィック・デザイナー）起用

横尾忠則（『読売新聞』一九六八年六月二〇日夕刊）

一　なんとなく、デザイナー

戦後のなかの戦前はアートディレクターとして語られ始め、またそれとは別にグラフィックデザイナーも語られるようになった。広告制作は組織をあてにして語られるようになったからこそ、今度はそれに回収されまいとする理解も生じるようにもなり、さらにそれが西洋近代との区別とも重ね合わせになって、独自の展開を見せるようになったのである。

広告を語ることとデザインを語ることとは、このようにして動き出した。しかし、後者は積極的に意味づけられていなかったために、一九六〇年代にはさらに言葉が投げ込まれ、そのことで意味が書き換わっていく。また、こうした意味の書き換えにおいて、広告やデザインをめぐる語り手が変わり、さらには物への評価の仕方も変わってくる。以下では、このような言葉の揺らぎに注意しながら、今一度「グラフィックデザイナー」に注目して、記述を進めていくことにしたい。

デザイン史という文体

さて、一九九〇年代以降のデザイン史によると、「一九六〇年代末から一九七〇年代初期を境にして日本のデザインは、ほとんどの領域で、根底から変質した」という。曰く、「デザイナーは、「自分が信じるデザインを創作する専門家」から「消費者ニーズを形象化する専門家」へと、その社会的役割を変え」たようであり、それは「人間社会のあるべき形についての「夢と理想」を語るデザインから、「社会にプレゼンテーションする自己表現としての「個的デザイン」」への変更だったという（佐野 2006）。これは一九六〇（昭和三五）年の世界デザイン会議のように理想を追求するというよりも、それとは別の理解の仕方が一九六〇年代後半には登場したということを意味している。

しかし、デザイン史はその転換を一九六五（昭和四〇）年の展覧会「ペルソナ」の開催とそれに伴うイラストレーションやエディトリアルデザインの登場として扱い[1]、また一九六〇年代後半に流行したサイケデリックアートやヒッピーなどの外国文化と結びつけ[2]、さらには日本宣伝美術会が解散するまでの騒動と一九七〇（昭和四五）年の大阪万博開催をめぐるデザイナーの参加問題などを取り上げるのだが[3]、その具体的な記述は制作物と制作者名の羅列になってしまう[4]。

横尾忠則（一九三六〜）は、このような記述において特権的に扱われる対象である[5]。美術史を拡張したデザイン史において、「六〇年代後半から、横尾忠則のデザインが一世を風靡する時代が一挙にやってくる」と書かれるように（倉林 1996:105）、一九六〇年代のデザインは制作物とその制作者名の組み合わせで見えてくるのである。しかし、本研究が注目するのは、そもそもこのような展開と記述がいかにして可能になったのかという点である。これは物の記述だけを積み重ねるデザイン史だけではなかなか見えてこないところである。というか、このように物に定位して記述するデザイン史という文体が、この時代に生まれた理解の仕方であるということを本章は明らかにしようとしている。そのためにも、特定の人間を所与にして記述を始めるのではなく、まずはデザインをめぐる概況を記述することから始めていきたい。

デザイン学生の増加

さて、日本宣伝美術会（以下、「日宣美」）における公募エントリー数を通覧してみると、一九五七（昭和三二）

年度	1953	1954	1955	1956	1957	1958	1959	1960	1961	1962	1963	1964	1965	1966	1967	1968	1969
出品点数 と 前年比	677 ---	1040 1.53	1566 1.50	1573 1.00	2128 1.35	3426 1.60	3657 1.06	4623 1.26	4301 0.93	4383 1.01	3890 0.88	3672 0.94	3455 0.94	3245 0.93	3291 1.01	3320 1.00	3144 0.94
出品者数 と 前年比	306 ---	470 1.53	705 1.50	750 1.06	1100 1.46	1437 1.30	1618 1.12	2153 1.33	1627 0.75	2473 1.51	2360 0.95	2216 0.93	2058 0.92	1923 0.93	1680 0.87	1784 1.06	不明 不明

表①：（瀬木 1971）を参考に筆者が作成

年から一九六二（昭和三七）年にかけて出品者が二倍以上に増加していることがわかる（表①）。また、この時期までに美術系教育機関の新制化が進み、[6]グラフィックデザイナーを育成する専門学校の創立も続いたようである。[7]そして、これらのことを踏まえてか、一九六一（昭和三六）年には以下のような俯瞰がなされたのである。

「デザイナーの養成機関、大学、短大のデザイン関係科には、いま志望者が殺到している。東京芸術大では、工芸科の募集定員七十人に対して、今年は応募者が一一一四人、ざっと十六倍の競争率だ。女子美術大、多摩美術大の図案科、武蔵野美術学校のデザイン科など、いずれも、ここ四、五年、入学志願者がうなぎ上りにふえている。好景気の波にのるデザインは、昔の美術学生とは全く違った学生かたぎがあるようだ。…〔中略〕…。戦前、美術学校を受験するような学生は、大体、自己の天分についての自覚をもっていたが、戦後はそうした学生は少なくなった。文科系や理科系の学校を受験するのと同じ気持ちでやってくるのもいる。絵画に興味を持ったこともないという勇敢な学生さえあらわれる。…〔中略〕…。そのためか、基礎の勉強をいやがる風潮があり、デッサンには手を触れず、初めから絵の具で描きたがる」（朝日新聞社 1961）。

日宣美の創立から一〇年、そして高等教育機関も整い始め、一九六〇（昭和三五）年前後には「昔の美術学生とは全く違った学生」が登場し始めたのである。そして、そうした学生は「自己の天分についての自覚」が昔に比べて少なく、「文科系や理科系の学校を受験するのと同じ気持ちでやってくる」者すらいる。だからこそ、「基礎の勉強」や「デッサン」には関心が低いというわけである。

また、当時の学生によると、「東大受けたら落っこって、たまたま募集要項を見たら、教育大（引用者註：現・筑波大学）の受験の科目が少なかったので受けたんですよね。…〔中略〕…。だからデザインという言葉に対していませんぜんぜん自信もないし、これから先、自分がどうなって行くか見当もつかないんですけれどもね」（滝沢 1961）というように、デザインを学ぶこと自体に強い動機があるとは言えない状態にもなってきた。[8] 人口の多い世代が高等教育を受け始める一九六〇年代になって、なんとなく、デザイナーを目指す若者が増えてきたのである。

だからこそ、先行するグラフィックデザイナーにおいては「この生存競争のはげしい時代に、甘い考えでデザイナーになる人達がいつまでも続くとは考えられないが、自然淘汰をまつまでもなく、何とかしなければならない問題」（永井 1962）という意見や、「日宣美も展覧会どころか、このデザイナー人口問題に対して真剣に取り組まなければならないところに来ていると思う」（亀倉 1963）といった意見が出てくるようにもなった。また、グラフィックデザイナーの服装に対して「流行に敏感ともいうべきか、トップモードを身につけている」[9]や「グラフィックデザイナーは、たいへんおしゃれ」[10]といった容姿への気づきが生じるようになり、さらには金銭的な成功まで結びつけて語られるようにもなった。

「最近の若い人に、グラフィックデザイナー志望が激増していると聞きます。…〔中略〕…。グラフィックデザインをやっているもののひとりとして、私はそのことをたいへんうれしく思う半面、少々不安にもなってくるのです。いったい、そのデザイナー志望の人たちはグラフィックデザイナーという職業をどう考えているのだろうか。デザイナーとは、ちょっとした感覚のひらめきや思いつきで、ぼろいもうけをし、派手なジャケットを着て、スポーツカーを乗りまわす、カッコいい種族のことだ…などと考えている人も多いのではあるまいか」（永井 1966）。

ここでは職業そのものが理解されないまま、職業のイメージだけが流通していることが危惧されている。しかし、このような状態はしばらく続くことになった。そして、一九六六（昭和四一）年には東京デザイナー学院が定員超過を起こし、学生からの不満が噴出して、それが問題として報道されたのである。[11] 他方で教員を引き受けたグラフィックデザイナーにおいても、これには「ひどい目にあいました」と回想されており、[12] それくらいにデザイナーを目指す学生の増加は広く認識され始めたのである。

このような展開を踏まえ、「だれもが気づいているように、この数年来デザイン学生の数は急激に増加している。…〔中略〕…。しかし、デザイナー人口が増大する比率よりも、デザイン学生の増加の比率のほうがはるかに大きい」（阿部 1968）というように、「デザイン教育のインフレ」[13] が指摘されるようにもなった。グラフィックデザイナーがどういう職業であるのかという理解とは別に、なんとなくグラフィックデザイナーを目指す若者が急増したのである。

雑誌の読者投稿欄と素人の上昇

ここで注意したいのは、このような動きにおいてグラフィックデザイナーをめぐる物と言葉の配置関係が変わり始めた点である。それは例えば、世界デザイン会議の生真面目さに対する「なんかすごく理想論ばかり」といった疑問[14]や、先行世代への違和感として現れるようになってきた。

「ポスターにしろ、ブックカバーにしろ、ダイレクトメールにしろ、はたまたパッケージにしろ、ああもう私はアキアキした。それでいて、やれデザイン計画だ、やれデザイン会議だと、口をとがらせてドナリあってい

①

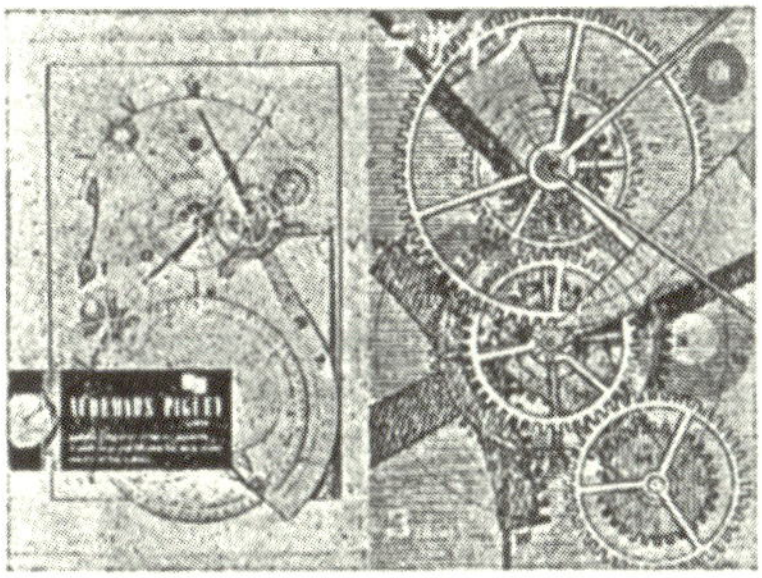

スイスの雑誌広告とデザインの表紙

②

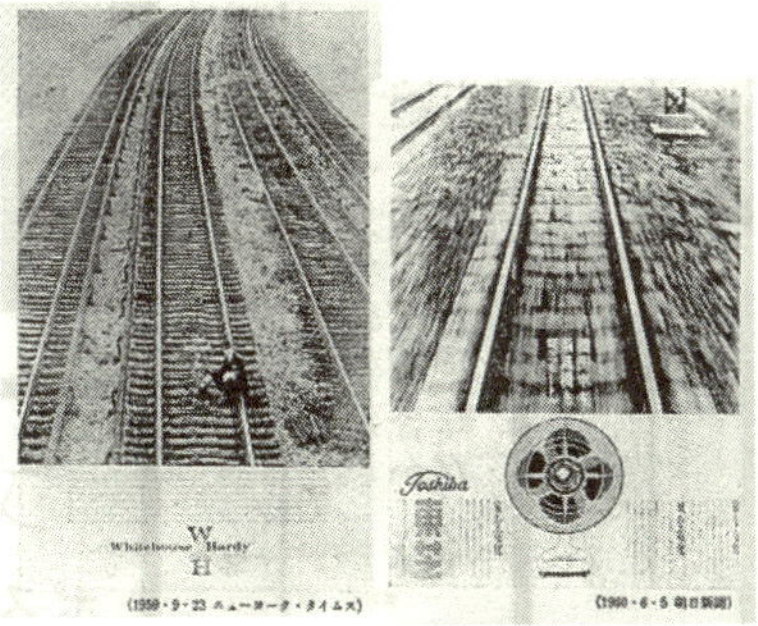

るのだ。まず自己の生活の中にユーモアをとり入れよう。…〔中略〕…。我々のような若いこれからのデザイナーはこれを忘れてはならないのだ」[15]（小沢 1961）。

世界デザイン会議におけるグラフィックデザイナーについては第六章で述べたわけだが、ここではあのような啓蒙的な態度に「もう私はアキアキ」だと距離が取られている。そして、「ドナリ」合うのではなく「ユーモア」を取り入れるのが、「我々のような若いこれからのデザイナー」というわけである。つまり、グラフィックデザイナーをめぐる世代の違いが強く意識されるようになってきたのである。

興味深いのは、このような世代をめぐる意識の違いが、雑誌『デザイン』（美術出版社）の読者投稿欄「デザインの広場」に書き込まれている点である。具体的には、制作物の模倣を指摘する読者投稿がなされ、その矛先の一つが世界デザイン会議で講演した亀倉雄策に向かったのである。

「近着の Swiss Watch and Jewelry Journal 誌に掲載されている、スイスの時計メーカー Audemars Piguet 社の広告の一部と貴誌『デザイン』三月号の表紙とは、全く同一と思われます（引用者註：図版①の左と右）。デザインにおける創造ということの大切なことを強調され、模倣を徹底して攻撃されている同亀倉氏の日頃の発言に共感をもつものとして、もし

『デザイン』誌三月号の表紙が単に外国雑誌からぬきとったものだとすれば亀倉氏の対社会的な発言とも矛盾したはなはだ残念なことと思います。氏の誠意ある説明がほしいと思います」(小林 1960)。

これに対して、亀倉は「これは模倣でも盗用でもありません。最初から中世期の銅版画を利用することを目的に作ったもの」だと説明し、さらに素材として参照される「無性格なものに、デザイナーが性格を与え表情を与えることも、ひとつの仕事である」とも返答している。[16] しかし、ここで重要なのは模倣への疑いが制作物における視覚的類似性を根拠にしてなされた点である。つまり、いかに制作するのかという過程ではなく、何が制作されているのかという結果だけが問題にされているのだ。だからこそ、亀倉はいかに制作したのかという過程をわざわざ読者に説明したのである。要するに、この読者は亀倉と技術語りを共有するつもりがないのだ。

なお、このような視覚的類似性に焦点を絞った模倣の指摘は続くことになった。この三ヶ月後には、日本デザインセンターが制作して朝日広告賞を受賞した東芝の新聞広告「機関車も扇風機も東芝モートル」が、ニューヨークタイムズに掲載された広告「Whitehouse & Hardy」と「ひじょうに似ている」と指摘されたのである[17](図版②の右と左)。そして、これに対しても制作者から返答がなされたのだが、[18] その説明の仕方に不足があり、さらに別の読者からの投稿を誘発してしまったのである。

その第三者曰く、先の説明では理解できず、それによって「類似ないしは盗用を正当化させようとすることは許せませんし、論理のスリカエをしようとすることも許せ」ないものである。そして、どういうわけか「この東芝だけでなく当人(引用者註:日本デザインセンターの取締役の亀倉雄策)の作品《時計の銅版画》にもまだ盗用ではないかという問題が私にはあります」(安藤 1961)と先の問題を誌上で蒸し返したのである。[19]

その結果、制作者から再び返答がなされると同時に、[20] 亀倉からも「抗議」を込めて、これは「盗用でも単なるアレンジでもなく、やっぱり自分の仕事」であり、「現代の技術は、影響を受け影響を与えながら全体が進歩している」

と返答がなされた[21]（亀倉 1961d）。そして、編集部により「この問題につきましては、いろいろご意見をいただきましたが、他にも多くの問題がありますので、一応これで、これに関する誌上討議は終りとさせていただきます」（美術出版社 1961）と幕が下ろされたのである。

さて、読者投稿欄でのこうしたやりとりは一体何を意味するのか。ここではいかに制作するのかという技術語りが宙吊りにされたまま、結果としての制作物における視覚的な類似性探しが始まり、それが模倣の指摘とそれへの応答を促すようになったわけだが[22]、これについてあるグラフィックデザイナーは「このような問題が一つ起こると連鎖反応を示すようである。これは何も急に盗作が多くなるわけではなく、一般の好奇心がそこに集中されるため、少しでも似ているものを見つけると投書などの方法でどんどん摘発される」（永井 1967）と述べている[23]。

これはつまり、デザイン雑誌の読者が制作物という仕上がりだけを見て、デザインを語ることがそれなりに可能になってきたことを意味している。先行世代が技術語りにおいて学習対象にしてきたことが、新しい世代にとっては模倣にしか見えなくなってきたとも言えよう。このように先行世代と技術語りを共有するのではなく、仕上がりにおける視覚的類似性だけを指摘していくことは、ここになって新しく登場した理解の仕方である。

このように元ネタを探し、それを模倣として指摘することは、広告を制作する当事者が職業理念を紡ぎ出していた「商業美術家」「報道技術者」「アートディレクター」とも、また一九五〇年代の「グラフィックデザイナー」と批評家との関係とも異なるものである。世界デザイン会議のように理想を語ることが目指されていた時には、グラフィックデザイナーが制作に注力する分だけ、批評家がそれを意味付けていくという物と言葉の配置関係があったわけだが、ここではそもそもそのような分業的な連帯があてにされていない。つまり、グラフィックデザイナーは批評家による意味づけとは別に、技術語りを共有するつもりのないデザイン雑誌の読者＝素人と向き合うという、物と言葉のこれまでにない配置関係が生まれつつあったのである。

職業マニュアル本とフリーライター的観察

いわゆる「デザイナー本」や「職業案内」といった職業マニュアル本は、こうした配置関係があってこそ、流通するものである。例えば、先の読者投稿欄で亀倉雄策に噛みついた安藤貞之[24]（一九三五〜）は、一九六三（昭和三八）年に「デザイン参加論」という評論で第四回芸術評論募集の（美術出版社）佳作を受賞し、[25]一九六九（昭和四四）年には『デザイナーの世界：その虚像と実像』（ダイヤモンド社）を刊行している。曰く、「デザインの世界は、この一〇年間に、あまりに早く成長しすぎた。当然解決されないまま取り残された多くの問題点がある。私はその荷ほどきを引き受けようと思った」というわけである。[26]

また、慶應義塾大学文学部を中退し、文化学院デザイン科を卒業し、イラストレーターでありながら、デザイン評論家でもあり、思想の科学研究会の会員でもあったという経歴の河原淳（一九二九〜二〇〇六）は、『デザイナー：その現実とビジョン』（ダイヤモンド社、一九六四年）、『広告クリエイター』（宣伝会議ユニークブックス、一九六六年）、『デザイナー二時間大学』（ダイヤモンド社、一九六七年）、『グラフィックデザイナー案内』（ダヴィッド社、一九六七年）と類書を立て続けに刊行しており、そこでは以下のような前提に立っていた。

「グラフィックデザインの技法について述べた本は、書店にかなり並んでいますが、グラフィックデザイナーの道を歩む人びとのために《地図》や《道路標識》の役割を果たす本はほとんど発見できません。職業ガイドブックや週刊誌がしばしばこの分野を紹介しますが、中身がいいかげんであったり、道しるべがまちがっていたりします。これは片寄った危なっかしい傾向です。〝スグ高収になるデザインの特技〟とか〝センスを生かせる時代の花形職業〟とかの広告文をウのみにしたり、いかがわしいデザイン学校へはいってしまったり、家出や退職をして斯界を志す人びとが、実際にうようよいます。早がてんや自信過剰や世間知らずのために、グラフィックデザイナーのなりそこねや失業者が、日本中にいっぱい存在しているのです。本書は、そういう危険や《デザイン遭難》の予防や対策のための、知識や作戦をも提供します」（河原 1967:1-2）。

つまり、グラフィックデザインの技法書は十分に流通しており、グラフィックデザイナーもそれなりに知られるようにはなった。しかし、それゆえに「片寄った危なっかしい傾向」があるので、ここで河原がしっかり述べていこうというわけである。実際の目次構成で言えば、「マスコミに登場するデザイナーたち」や「デザイナールック」といった表象の問題に始まり、「仕事場」や「デザインの発想法」、そして「スタッフとの協力」や「クライアントの説得」といった実務を丁寧に紹介し、「私生活におけるデザイナー」などでは健康管理の方法や家庭生活へのアドバイスを述べた上で、「理想的なデザイナー」といった今後の行方まで展望している。要するに、グラフィックデザイナーを目指さなくても、その全体像を文字情報としてそれなりに入手できてしまえる状況になってきたのだ。しかし、このような書籍に対するグラフィックデザイナーの反応は微妙なものでもあった。

「この著者については私はなにも知らない。会ったこともないし、口をきいたこともない。だからどんな男か知らない。とにかく野次馬の親玉みたいな男だと思う。玉にキズはひがみっぽいことだが、それが野次馬根性のホルモンみたいなものだろう。野次馬の意見はおもしろい。溜飲が下がる。ウマイことも言う。恥ずかしがらない。だから愉快である。食欲も出る。次々と引っぱって読ませる術は心得たものだ。読みながら怒るもよし、笑うもよし。とにかく買ってソンのない本であることだけは、たしかである」（亀倉 1966）。

ここにはグラフィックデザイナーと批評家のような分業や連帯がない。下げながらも上げている文章だが、これは読み物としての評価であって、それ以上のことではない。実際のところ、もう一方の河原も亀倉のことを「写真で拝見すると、気さくななかにも、純粋さを求める表情である。知らない人が見たら、町工場の社長か、村役場の万年課長と思うかもしれない」（河原 1964:94）と上げ下げしていたので、お互いの距離感は織り込み済みであった。こうしてグラフィックデザイナーが制作に注力し、批評家がそれを意味づけていくのとは別に、お互いに面識がなくても、それなりにこういう職業があるのだと語ることが可能になったのである。

このような職業マニュアル本の登場は、「デザイン」とは別に「デザイナー」を語ることを、それとして目立せるようにもなった。[27] また一般新聞の紙面においても、「デザイナーになりたい」といった身の上相談が掲載され始め、それに対してデザイナーではない人がもっともらしく応答するというやりとりすら登場するようにもなった。例えばそこでは、デザイナーの華やかさに惑わされてはならないと注意がなされ、[28] 勉強に専念することや弟子入りすることが[30]丁寧に勧められたりしたわけだが、ついには以下のように「勉強がきらいです：デザイナーをめざす高校二年生」という相談まで登場してしまうのである。[29]

「普通科高校二年生、十六歳の男子ですが、どうしても勉強が好きになれません。授業時間中も別のことを考えてしまい、好きなポピュラー音楽が頭から離れません。一人でいる時も勉強はいやで、すぐ歌い出してしまい、授業中は心の中で歌っています。もちろん成績は半分以下です。…（中略）…。早く卒業して、好きな仕事をやりたいと、毎日切なくて仕方ありません（秋田・Y生）」。↓「あなたは成功した人たちだけを見ているから、好きならなれると思うでしょうが、一人のデザイナーのかげにはたくさんの途中で挫折した若者がいるのです。学校の勉強よりつらく、きびしい努力と実力と才能とチャンスの世界です。なまけ者ではだめです」（読売新聞社 1969）。

ここで重要なのは、こうした投書がどこまで真実なのかという点ではない。ここで注意すべきは、そうした真偽判定とは別に、デザイナーをこのようにも語ることができるようになったという点である。つまり、高校二年生とされていることを引き算しても、「勉強がきらい」と「好きなポピュラー音楽」を結びつけ、その将来には「デザイナーをめざす」ということが、相談内容に相当すると理解されている点である。このように不真面目さを肯定することが、それとして「デザイナー」語りに接続できてしまえる点こそ、デザイナーでも批評家でもなく、雑誌や新聞の読者という大衆がデザイナーをそれなりに語れるようになったということを象徴しているとも言えよう。なんとなく、デザイナーを目指すとは、こうした動きとして見えてくるようになったのである。

ここまでをまとめよう。本節は最初に、日宣美公募展へのエントリーの増加や美術系教育機関の普及を述べ、デザインを学ぶ学生が増加すると同時に、なんとなく、デザイナーを目指す学生が増えたことを指摘した。次に、デザイン雑誌における読者投稿欄に注目し、そこで技術語りを先行世代と共有することなく視覚的な類似性だけで模倣を指摘する動きが生じるようになったことを取り上げ、グラフィックデザイナーをめぐる物と言葉の配置関係が新しくなり始めたことを明らかにした。さらに、こうしたことを踏まえてデザイナーに関する職業マニュアル本が流通するようになったことを取り上げ、グラフィックデザイナーが制作に注力し、それを批評家が意味づけていくのとは別に、こういう職業があるのだと第三者的に語れてしまえるようになったことを確認した。このようにして、「デザイン」とは別に「デザイナー」を語ることが可能になり、また不真面目さを肯定することとデザイナーを語ることを組み合わせた身の上相談がなされるようになったことも確認した。要するに、グラフィックデザイナーをめぐる意味付けは大衆との関係を無視できなくなってきたのである。

二　学生運動と日宣美の解散

出尽くしたモダンデザイン

それでは、グラフィックデザイナーと大衆のこのような関係は具体的にはどのように展開したのか。そこで、今度はより接近して、それを記述していくことにしたい。

さて、デザイン学生の増加とこれに伴う日宣美への出品数の増加は、[31]一九五〇年代にはなかった気づきを与えることになった。それは、「日宣美の一〇年は、応用美術であったグラフィックデザインを独立させ、社会のなかでその足場を確立し、一応の概念をつくりだすという過程」だったのであり、その結果として「グラフィックデザインの機能性、その表現の技術という2つの要素が、ほぼ1つの到達点に達した」（中原 1963）という見え方である。一九五一（昭和二六）年に始まった日宣美は、「バウハウス的なデザインの流れをくんで、合理的、機能的な視覚像の追求ということが、グラフィックデザインを独自なものにするための第一の手がかり」と考え、「日本のグラフィックデザイン分野の確立は、亀倉氏ら構成主義によって達成された」と言えるようになった（浜村 1960c）。しかし、その分だけ、丸・三角・四角といった抽象的な図形の組み合わせでしかないモダンデザインの表現が出尽くしたかのようにも見えてきたのである。

それゆえに、日宣美は会員の出品規定を毎年のように変え、[32]どうにかして制作物のバリエーションを増やそうとし始めた。例えば、一九六五（昭和四〇）年には、「未発表のオリジナル作品」を会員に求めるようになったが、その前提には、「日常ややもすると技術水準のなかに安住しがちな自己」への危機感や、「現実の仕事においては、共同制作の仕事が多くなってきているが、それだけに各自の個性が喪失してきた」という問題意識があった[33]（日本宣伝美術会 1965）。グラフィックデザインがそれなりに安定し始めたからこそ、それに甘んじない「自己」や「個性」が必要だといえるようになってきたのである。

しかし、こうした動きがそのままうまくいくのでもなかった。グラフィックデザイナーは日宣美における個性の強調を歓迎するものの、[34]それが日宣美の停滞を本当に克服するとは考えられていなかった。[35]そしてこのような対応の甘さが、「戦後の好況の波にのったデザインブームに甘やかされてきたデザイナーは、甘える根性ばかり身につけて、自己陶酔の世界に身をおきたがるような気がしてならない」と批評家によって指摘されたのである[36]（小川 1965）。

こうしたことを踏まえ、今度は若手のグラフィックデザイナーから「日宣美創立当時の状況と、今日の状況は根本的に、くいちがった状況があり、また戦後デザインの思想も、その啓蒙期的な段階を終えて、新しい大衆社会状況下における、問題意識を会員も審査委員も持つ必要があります」といった意見が出てきた（粟津 1966）。そしてさらには、「もし日宣美が混沌としながらも、現状維持を踏襲するなら、いっそこのあたりで解散するのも一つの方法である。…〔中略〕…。今までの「日宣美調」といわれるパターン化したスタイルの危機からの脱出も可能となるのである。この自爆状態の日宣美を救うことのできるのは、中堅の若い会員の結集したエネルギー以外にない」（横尾 1966）とまで語られるようになった。モダンデザインを前提にした日宣美に対して、後続である若手のグラフィックデザイナーたちはその存在意義を問題にし始めたのである。

デザイン学生による日宣美紛糾共闘

そこで日宣美は一九六七（昭和四二）年に組織改革を行うのだが[37]、ここで重要なのはこうした動きと並行して、日宣美会員の外部において学生運動の言葉が登場したことである。

「若きデザイナーおよび、デザイナーたらんとしている諸君によびかける。われわれは幻影を作り出す技術を勉強するだけではなく、日本の現実（ものそのもの）をみつける勉強を再び開始しようではないか。高度経済成長下の、貧しい日本の現実に洞察の眼を向けよう。毎年夏の日宣美展に費やされる膨大なエネルギーを、もはやひとつの権力としての、しかもどんな反逆をも飲み込んでしまうような権力としての日宣美に集中することはない。私達は、動脈硬化を起こした、体制順応の、資本主義の傀儡と化した日宣美など相手にしている時ではない。若きデザイナー諸君。各個が各個の地点で、志を同じくするデザイナーと連帯し、他の分野の人々との共同作業において、真のグラフィックデザインの使命を担った運動を展開しよう」（安藤 1967）。

これは当時の武蔵野美術大学の助手による煽動論文であり、日宣美を「動脈硬化を起こした、体制順応の、資本主義の傀儡」と意味づけ、それとは別に「志を同じくするデザイナーと連帯し、他の分野の人々との共同作業において、真のグラフィックデザインの使命を担った運動を展開しよう」としている。勿論、こうした語りには多分に当時の勢いが含まれているのだが、[38] とにかく日宣美が内閉し始めたからこそ、その外部からの批判がもっともらしく聞こえやすくなったのである。

そして、美術大学にも「バリケード」[39]が設置されるなかで生まれた日宣美反対の声は、多摩美術大学の学生を中心とする「叛デザイン同盟」、ムサビ全学闘争委員会の「ムサビ商闘委」、武蔵野美術大学、和光大学の助手・学生で組織される「革命的デザイナー同盟」および「美共闘」、そして「姦デ同」の五〇名が集まり、「日宣美紛糾共闘」を結成するに至ったのである。

その一派曰く、「我々は学園の中で明確にデザイナー予備軍として位置づけられ、又、自らデザイナー予備軍、企業にとっての優秀なデザイナーになる為に自らを規定し、その実現の為に敷かれたレールの上を走ってきた。しかし現資本主義社会においてデザイナーは資本に奉仕するかたちでしかその表現行為（労働）を表出することを許されない。…（中略）…。それを認識した瞬間から我々は全体革命を志向せざるをえなくなる」（叛デザイン同盟 1969）というわけである。そして、この勢いは一九六九（昭和四四）年八月二日に東京・渋谷女子高校で行われようとしていた第一九回の日宣美審査会でぶつけられたのである。

> 「その時、突然見なれぬ集団が入ってきた。黒ヘルメットに手ぬぐいの覆面。携帯マイクを持ったのがひとりと、トランシーバーをもったのがひとり、人数は皆で十人ぐらいだった。…（中略）…。そして彼等のひとりが黒く塗ったマイクで叫びだした。「我々はァ美のゥ権力機構と化したァ日宣美をゥ紛糾しにやってきたァ」「我々はァ

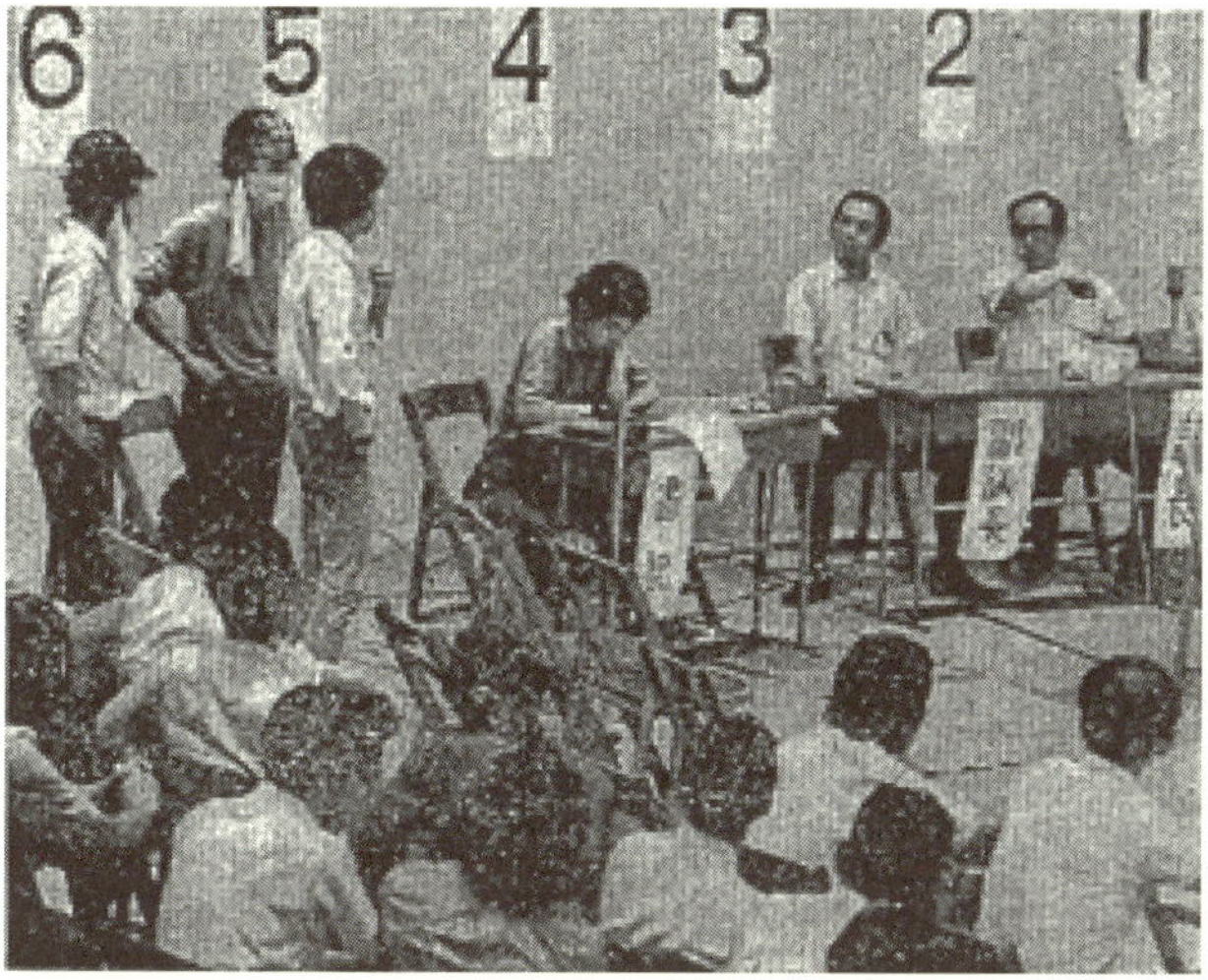

③日本宣伝美術協会粉砕共闘のポスター「バカメ!!」（引用者註：亀倉雄策の名字「カメ」に掛けている）
④第一九回日宣美審査会への突入（朝日新聞社 1969b）

日宣美とォきょうの審査の中止をゥ要求するゥ」「審査員はァすぐここへ出て来てェ我々の質問にィひとりずつ答えることをォ要求するゥ……」」（佐野 1969）。

事実経過を記述すれば、審査会に突入した学生の要求は「日宣美展審査中止」「日宣美展中止」「日宣美解散」の三つである。[40] そして、これに耳を澄まさざるを得なくなった日宣美はその場で中央委員会を開いて三日以内の回答を約束し、八月五日の緊急総会で「審査は続行する」「日宣美は解散しない」「実施の方法は中央委に一任する」と決議することになった。会場の混乱と作品の破損を恐れ、新宿・京王百貨店で予定されていた日宣美展は中止されたものの、八月一九日には別会場（南千住・日通倉庫）で審査を秘密裏に行い、八月二三日には日宣美紛糾共闘会議と日宣美の共催で「日宣美問題公開討論会」を渋谷・山手教会で行っている。そして、日宣美は九月二七日と二八日に静岡・御殿場で総会を行ったものの、結局結論は出ず、一任された中央委員会が一二月二一日に「日宣美は一旦解散し、新たな連帯感のもとでデザイナーとしての主張、共通の利害のための組織づくりをすべきだと思う」という統一見解[41]

を出したのである。このようにして、一九七〇（昭和四五）年四月一六日には新しい中央委員会が「われわれ自身の明日のために、日宣美はいまその歴史にピリオドを打つ他はない」という決定を下し、一九五一（昭和二六）年に始まった日宣美は一九七〇（昭和四五）年六月二〇日に「解散のことば」[42]を発表するに至ったのである。

ここで重要なのは、日宣美の解散が学生からの問題提起によって急展開したという点である。もちろん、日宣美内部においてはそれなりの反省がなされていたが、その本格的な問い直しは外部の学生に促されたものなのである。[43]だからこそ、「確かに学生は火をつけたには違いないが、今ここで論じているのは、もう学生の問題ではないと思うのです。学生の問題をもう離れて、ジャーナリズムが我々に対して問いかけてきたことを考えるべきではないか。…〔中略〕…。我々は追いつめられている」（亀倉 1969）というような、急展開を見せたのである。つまり、当時の学生運動による異議申し立てを契機として、グラフィックデザイナーをめぐる意味の書き換えが生じているのである。

これは先にも述べたように、グラフィックデザイナーをめぐる物と言葉の新しい配置関係の効果だと言えよう。かつての「商業美術家」「報道技術者」「アートディレクター」は広告を制作する当事者によって紡ぎ出された職業理念であり、一九五〇年代の「グラフィックデザイナー」は制作に注力することで、そのこと自体を意味づける批評家が並走したのであった。しかし、一九六〇年代になるとデザイン学生の急増やモダンデザインの限界が学生運動に結実するようになり、それによる異議申し立てがグラフィックデザイナーの在り方に変更を迫るようになったのである。このようにして、学生という大衆の上昇がグラフィックデザイナーの意味を書き換えていくようになり、もはや面識のある当事者同士だけでは物と言葉の配置関係を制御できなくなったのである。

ここまでをまとめよう。デザイン学生の増加やモダンデザインの表現が出尽くしたことによって、一九六〇年代の日宣美は停滞するようになった。また、一九六〇年代の日宣美は試行錯誤を繰り返しつつも、会員から解散を求める声が上がるようにもなった。そうしたなか、美術大学を中心にした学生運動による異議申し立てが起こり、これが契機となって日宣美は自己反省を繰り返しながら解散に至った。このようにして、もはやグラフィックデザイナーは当事者と批評家の関係だけでは十分に意味づけられず、当事者ではない大衆との関係を強く意識せざるを得なくなったのである。

ある若手のグラフィックデザイナーは、「戦後デザインの思想も、その啓蒙期的な段階を終えて、新しい大衆社会状況下における、問題意識を会員も審査委員も持つ必要があります」（粟津 1966）と主張していたのだが、このように「大衆」をあてにしたグラフィックデザイナーへの理解はここまでの文脈があってそれらしく成立するものなのである。

三　モダンデザインの限界と芸術家としてのグラフィックデザイナー

戦前・戦中派：わかる人しかわからない

それでは、このような大衆との関係はグラフィックデザイナーの意味づけにどのように作用したのか。先にモダンデザインの表現が出尽くしたと記述したが、それは具体的にはどういうことであり、またそれが何を生み出すことになったのか。そこで、今度は以下の対談を手掛かりにしながら、記述を進めていくことにしたい。

亀倉雄策：どういう話からしたらいいかね。新旧の対立か。
横尾忠則：いや、新しいですよ、先生は。
亀倉：一度ゆっくり話をしてみたいと思っていたんだ。人気スターだから、なかなか会ってくれないけれども。とにかくデザイナーが人気スターというのは、最近の現象だね。いままでにデザインブームというのはあったけれども、デザイナーブームというのは、きみと宇野亜喜良君の二人が出てきてからだね。
横尾：グラフィックデザインということをいいだされたのは、先生ですね。
亀倉：そうだけれども、デザイナーブームは横尾君がおこしたんだよ（横尾・亀倉 1968）。

ここでは一九一五（大正四）年生まれの亀倉と一九三六（昭和一一）年生まれの横尾と間で、グラフィックデザイナーをめぐる意味づけの差異が確認されている。それを象徴するのが「デザインブーム」と「デザイナーブーム」の区別であり、前者に亀倉、後者に横尾が配置され、亀倉は「デザイナーが人気スター」になったことに驚いているというわけである。[44] このことは、一九五〇年代と一九六〇年代ではグラフィックデザイナーの見え方が異なってきたことを示しており、またそうだからこそ、ここになって別のグラフィックデザイナーは「新しい世代の登場」[45]を語り、さらに批評家は「戦前・戦中派」と「戦後派」といった区別[46]を示すようになったのである。

それでは、こうした世代差はいかに理解されていたのか。ここでもう一度、二人の対談に注目してみたい。

横尾：初めて東京へ来て、先生のいらしたデザインセンターに入れてもらったんですけど、一週間もしないうちに安保で、ぼくは先生のおかきになった、青地に白いハトのプラカードをかついで参加したんです。
亀倉：ほかのデザイナーの連中は「安保反対」なんて書いたプラカードばかりかついでるからね。そんなのよりもハト一羽でいいじゃないかって、つくったんだ。あれが受けたらしいね。
横尾：ええ、受けました。文字で書いたのより、訴え方が強いんですね。持ってる人自体に主体性はないわけなんですよ。右だか左だか、わからないんです（横尾・亀倉 1968）。

ここでは一九六〇（昭和三五）年の安保闘争が回想され、亀倉が描いた「青地に白いハトのプラカード」を横尾は手にしたという。そして、そのプラカードは「安保反対」とは書かずに、「そんなのよりもハト一羽でいい」という意味が込められたものであった。しかしながら、そのプラカードは「右だか左だか、わからない」という結果を招いてしまったというわけである。

このことは、笑い話として後にも回想されている。[47] デモ行進中の横尾たちが「手にしてる判断に困るような鳩のプラカードを見て、「お前達は右か左か」と木刀を手にした右翼と思われる男」に叫ばれたので、あわてて「あんたたちと同じ考えです」と返答することになり、横尾たちは「もう情けなさを通り越して哀れ」な気持ちになってしまったようである（横尾 1995=1998:29-31）。

重要なのは、この話のなかで何が起きていたのかという点である。それは亀倉が「安保反対」とは書かずに「青地に白いハト」を描いたにもかかわらず、「お前達は右か左か」と聞かれてしまったように、それが何を意味しているのかが理解されなかったということである。亀倉としては言語的な意味内容を機能的に抽象したのだが、ここではそれがそのままには理解されないという意図せざる結果が生じたのである。とすれば、これは「亀倉氏ら構成主義によって達成された」と言われる「バウハウス的なデザインの流れ」を踏まれた「合理的、機能的な視覚像の追求」としてのモダンデザインが（浜村 1960）、いつも上手くいくわけではないということが明らかになり始めたのだと言えよう。

このような意味でのモダンデザインの限界は、一九六〇年代に何度か指摘されている。例えば、一九六四（昭和三九）年の東京オリンピックにおいては批評家の勝見勝を中心にしたデザインポリシーが「視覚言語の重視」として語られ、[48] 会場案内や競技案内のシンボルマークが数多く制作された（図版⑤）。また、東京オリンピックのポスターを制作した亀倉は、「誰にでも、どこの土地でも関係なく理解される表現を持たねばならない」というように、そのモダンデザインらしさを強調していた。[49] しかし、実際に東京オリンピックを開催したところ、「これらのシンボ

⑤

⑥

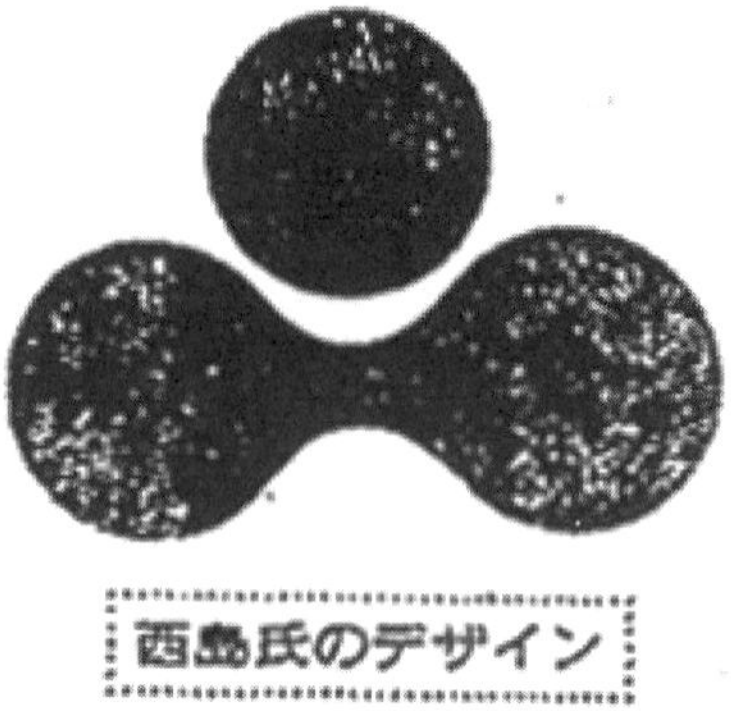

ルも理解できるものと、難解なものがあって」、「ヴィジュアルな「伝達語」というものは、きわめて理解の範囲がせまい」ことがわかってきたのである[50]（亀倉 1965）。このような気づきが積み重なるなか、一九六六（昭和四一）年に大阪万博のためのシンボルマークが選定された時には、以下のような反応が現れたのであった。

> 「万国博シンボルマーク選考委員会がえらんだマーク（西島伊三雄氏のデザイン：図版⑥）が石坂会長によって拒否され、再募集されることになった。その理由は「抽象的で大衆性がない」ということである。…〔中略〕…。どこかの醤油樽にありそうな商標のようにもみえるし、あるいは戦国時代の武将の旗差し物にでてきそうな紋章だと感ずる人もいるだろう。それにもかかわらず、このシンボルはよくわからないと思う人が多いだろうというのは事実である。…〔中略〕…。丸は日本で、まゆ玉は協力だというデザイナーの説明があるが、こじつけがましい」（伊藤 1966）。

モダンデザインは言語的な意味内容を機能的に抽象することで、より多くの人々が理解できると考えている。しかしながら、このマークは「抽象的で大衆性がない」という。それゆえに、「醤油樽にありそうな商標」や「戦国時代の武将の旗差し物にでてきそうな紋章」といった解釈によって、意味内容の機能的な抽象が成功していないことを指摘されてしまったのである。何も説明しなくても理解できるはずのモダンデザインは、結局のところはわかる人しかわからない[51]。その結果、モダンデザイン的な抽象性はどのようにでも解釈可能だと思われ始めたのである。

戦後派：「情念」の肯定

こうした意味でのモダンデザインの限界こそ、亀倉ら戦前・戦中派[52]と横尾ら戦後派[53]を区別したものである。それではこのような動きを踏まえて、横尾ら戦後派のグラフィックデザイナーはいかなる展開を示すことになったのであろうか。そこで、今度は戦後派による意味づけに注目してみたい。

「デザイン界はモダニズムブームで、情念を断ち切ったところで成立しようとしている最中だった。私もこのモダニズムの血の洗礼を受け、丸や三角の抽象デザインをしていた。しかし一方でこの俗悪な生命力をもった（引用者註：ストリップ劇場の）看板の世界への憧憬を捨て去ることができなかった。…〈中略〉…。現代のデザインの中に失われたプリミティブこそ、いきづまりを見せるモダニズムデザインの油が切れた歯車を回転させるエネルギーとなり、そこではじめて情念が人間主体のデザインを作ることに成功するであろう」（横尾 1966b）。

ここで「モダニズム」と呼ばれているものはモダンデザインと同じ意味であり、それは「丸や三角の抽象デザイン」である。しかし、そうしたモダンデザインが「いきづまり」にある。だからこそ、「俗悪な生命力」や「プリミティブ」というように、これまで断ち切ってきた「情念」によって「人間主体のデザイン」ができるのではないかというわけである。また、このような意味での「情念」なるものは以下のようにも語られることがあった。

「私は視覚で物を語る職業の人間であり、自作を言語で図式的に説明したくないのである。観念ではなく、情念のコミュニケーションがしたいのである。…〔中略〕…。現在のデザインには情念がない。もちろんモダニズムは情念を拒否するところから出発したのだった。…〔中略〕…。私は俗悪性の中に潜む生命力を、失われつつある情念の回復としてとらえることからデザインの問題をもう一度考え直す必要があると思う」（横尾1966c）。

モダンデザインは「情念を拒否するところから出発した」ゆえに、「現在のデザインには情念がない」。だからこそ、「俗悪性の中に潜む生命力」を「情念の回復」と捉えることで、「デザインの問題」を考えていきたい。こうした意味で、「言語で図式的に説明」することが否定されると同時に「視覚で物を語る」ことが肯定され、「観念ではなく、情念のコミュニケーション」が強調されているのである。

なお、ここで「情念」という言葉が選択されたこと自体には批評家の栗田勇の影響がある。横尾自身によれば、モダンデザインの限界が見え始めた「日宣美調という路線から飛び降り」たら、批評家の「栗田勇という情念の土地」に着地したようであり、「この栗田勇の情念という言葉に初めてぶつかり、この二字を感覚的に受けとめ、何度も何度も、この言葉を繰りかえすことにより、私自身のデザイン理念にすりかえていった」という[54]（横尾1969）。

また、その栗田自身もモダンデザインを前提にした視覚言語の過剰に違和感を持っていたようである。曰く、「トイレの男女の別を示すのに、シルクハットとハイヒールを図示するとすれば、それは、「男」と「女」というもの、そのことだけをつたえなければならない…〔中略〕…。グラフィックデザインが、文字のようにいくらうまく語っても意味はない。…〔中略〕…。かりに百歩ゆずって外国人のためというなら、オリンピックのときのトイレの標示に困ったことを思い出していい。アジアやアフリカで、シルクハットでもあるまい」（栗田1965b）というように[55]、横尾と栗田はその言葉の選択と前提においてある程度の共振をしていたと考えられる。

要するに、モダンデザインを否定しながらもグラフィックデザイン自体を語り続けていくために、何か別なる評価の仕方が探求され始め、ここではそれが「情念」と語られていたのである。

「わかる／わからない」から「面白いかどうか」へ

それでは、このようなモダンデザインの否定は具体的にはどのように展開したのか。そこで、今度はモダンデザインとは異なる評価の方法が生み出されていくと同時に、それが日宣美にフィードバックされていくまでを記述してみたい。

そもそもモダンデザインは意味内容を機能的に抽象することで、より多くの人々に理解を求める方法であった。またそれゆえに、モダンデザインでは「わかる／わからない」といった評価が重要になっている。[56] しかし、こうしたモダンデザインの否定がそれとして理解可能になるためには、別の何かがなければならない。そこで、以下ではその何かに接近するために、当時におけるグラフィックデザイナーが異分野交流を行っていた草月アートセンターに注目してみたい。というのも、この草月アートセンターをめぐる異分野交流こそ、当時において新しい評価方法を生み出していった場所だからである。

草月アートセンターは一九五八（昭和三三）年に東京・青山の草月会館が新築された時に発足し、ここでは美術、建築、文学、音楽、映画といった「芸術各ジャンルの交流」を目指した現代芸術の各種イベントが行われていた。[57] なかでも、「〈アートセンター〉のさまざまな催しのポスター、パンフレット、機関紙《SAC JOURNAL》などのデザインには、杉浦康平、粟津潔、和田誠、横尾忠則、細谷巖、宇野亜喜良などなど、若手デザイナー」が積極的に参加し、「〈アートセンター〉の音楽や映画の発表と並ぶデザイナーの仕事の発表会という性格」を帯びていたようである（中原 1966）。

そのためか、一九六〇年代の日宣美に限界を感じ始めた若手のグラフィックデザイナーはこちらに足を運んだようであり、[58]「美術家・芸術家の人達を目の前にして、自分は一段低いことをやっているという負い目が凄くあったんです。…〔中略〕…。でも、まぁ随分、草月ホールではいろんなことを勉強させてもらったなぁという感じがある」（横尾 2002）とも回想されている。

ここで重要なのは、このような異分野交流の場所においては、それぞれ各分野の評価方法だけでは十分に理解することができない点である。例えば、草月アートセンターでは現代音楽家の「ジョン・ケージがステージの上で電気釜で米を炊く」といった「前衛芸術」が催されたりしたが、グラフィックデザイナーがそれを鑑賞することは、これまでにない評価の仕方を「我慢」[59]しながら学ぶことでもあった。それゆえに、これまでとは異なる理解を探求する試行錯誤がなされたようであり、それは以下のようにも回想されている。

「実際、前衛芸術は観念的で、和田君じゃないが難解で退屈でその上よくわからなかったが、根が真面目なぼくはそれでもなんとか理解しようとつとめ、わかってもわからなくても草月会館の前衛的な催物にはよく足を運んだ。そのうち次第に前衛的な観念に毒され、観念的だからこそ面白いんだという気持ちになってきて、いつの間にか大脳の新皮質の部分が活性化し始めてきた」（横尾 1995=1998:60-61）。

「観念的」で「難解で退屈」な「前衛芸術」は、「よくわからなかった」。にもかかわらず、草月アートセンターでの「前衛的な催物にはよく足を運」び、「なんとか理解しよう」と努めた。その結果、「わかってもわからなくても」と思っていたことが、「観念的だからこそ面白い」と思えるようになったというわけである。

ここで興味深いのは、わからなさ[60]が面白さによって処理されている点である。つまり、ここでは「わかる／わからない」といった評価のできなさが、「面白い」という別の評価方法によって充填されているのである。そしてそれゆえに、今度は横尾自身が草月アートセンターで評価される時にも「ともかくおもしろい[61]」ことが強調されるようになり、またその分だけ、以下のような不安を引き受けるようにもなったのである。

「いよいよ自分の作品が上映される段になると、まるで体が凍結したように硬直状態になり、額からは冷たい汗がにじみ出してくるのである。…〔中略〕…。そんな極度の緊張感からの唯一の解放は、観客の「笑い」である。私は今か、今かとこの「笑い」を待機しながら窮屈な座席に縛られているのであるが、やっと「笑い」を受けたときは固く縛られた綱が一度に解きほどかれたような解放感と安堵感でホッとするのである。…〔中略〕…。しかしこの「笑い」がなければ、私と観客とのコミュニケーションは成立していないのではないかと、私自身まったく誤った錯覚におちいるのである」（横尾 1966d）。

ここでは「笑い」だけが、評価方法として認められている。また、その「笑い」がなければ、「私と観客とのコミュニケーションは成立していない」というわけである。そして、さらにはこの「笑い」は何かしらの専門性を持っていなくても、より多くの人びとが直接的に参加可能な評価の方法でもあった。言い方を変えれば、このように「面白さ」をあてにする評価方法は「わかる／わからない」といった知識に基づく評価方法を無視できる分だけ、今まで以上に多くの人びとからの評価を得ることが可能なのである。

そもそも「わかる／わからない」といった評価方法は、より多くの人々における理解可能性をあてにしているとはいえ、その判定は機能性や合理性を前提にした当事者や批評家によって行われていた。しかし、「面白さ」や「笑い」といった評価方法においては、まさにそれが感覚的であるために、当事者や批評家に限定される必要がないのである。このような意味において、「面白さ」や「笑い」といった評価方法は大衆による意味づけと結びついている。

つまり、限られた人々による「わかる／わからない」といった評価方法が機能しにくくなった分だけ、より多く

⑦

⑧

⑦長友啓典・加納典明「ジャンセン水着ポスター」一九六七年日宣美賞
⑧「電気時代のグラフィック人間」『ブレーン』（誠文堂新光社、一九六八年一月号、八二頁）

の人びとによる「面白い」という評価方法が意味を持つようになり、そのことが当事者にも跳ね返っているのだ。このような意味において、グラフィックデザイナーにとっての草月アートセンターは、自らへの評価を大衆から学び取っていく場所になっていたとも言えよう。

「ジャンセン水着ポスター」

このように学習された評価方法が日宣美にフィードバックされたことを象徴したのが、一九六七（昭和四二）年に日宣美賞を受賞した「ジャンセン水着ポスター」（図版⑦）である。これは海岸に佇む女性の水着姿をシルエットで描き出し、それ自体を赤い蛍光塗料で一面に印刷したものなのだが、これに対する「わかる／わからない」といった評価のできなさが、「面白い」という別の評価によって埋められたのである。

その審査過程の記録によれば、このポスターは票決で「他を大きく引き離すという結果」になったにもかかわらず、「この作品は軽すぎる」という異論が上がったという。そして、これに対して「説明のしようのない面白さ」であると評価する声があがる一方で、それでも「これは軽い」という反論が繰り返されたという[62]（土屋 1967）。結局のところは票決結果を重視したのだが、K（亀倉雄策）というベテラン会員は「なぜこれがよいのかサッパリわからない。どこにもありそうなものであるし、だいいち、作品が軽すぎる」（K 1967）と持論を変えなかったようである。

とはいえ、評価した側の意見としては、「このポスターは感じることしか評価のしようがない。そのほかのどんな物差しでも計れない。過去の物差しを無用のものとしたところに、このポスターの最大の価値がある」というわけであり[63]（山城 1967）、またそのことが「戦後デザインに登場した、様々な流派やイデオロギーや、技法では、当然その尺度としえないもが、誕生しつつあることを予見する」とも言われたのである[64]（粟津 1967b）。

つまり、これまでモダンデザインを前提にしてきた日宣美にとって、「ジャンセン水着ポスター」は軽くて理解が困難なものであった。しかし、そのわからなさを日宣美は「説明のしようのない面白さ」や「感じること」で充填するようになり、そのこと自体をこれまでとは異なる評価方法だと理解し始めたのである。またそれゆえに、「ジャンセン水着ポスター」の制作者は以下のようにも語ることができたのであった。

「ノッてるな、という感じがビンビン響いてくるのです。この感じをできるだけ大切にするのが、ボクのやり方です。べつの言い方をすれば、ボクはものごとを外側から眺めるのがにがてなので、というよりめんどくさいので、エイッとばかりに内側にはいってしまいます。…〔中略〕…。なまいきなようですが、たいていの作品は、テクニックがスタイルを決定しているように思います。なまいきついでに言いますが、ボクはテクニックもスタイルも拒否します」（長友 1967）。

ここでは、「ノッてるな、という感じ」が「ビンビン」としか言語化されていない。また、これを「外側」と「内側」の区別に例えて、後者を肯定する。そして、「テクニック」や「スタイル」を相対化した上で、「エイッとばかりに」没入することが「ボクのやり方」だというわけである。

また、このような変化について、「（引用者註：日宣美の）二〇年の歴史などというのはあまり知らない人が、やったんだと思うのです。それでデザインというのはどういうことかと言われたときに、その人がいま感じている、実際に非常に実感しているデザインを、そのまま提示した。だから表現が直接性を持っている。…〔中略〕…。中間の操作がほとんどなくて、そのまま直接表現になっちゃう、そういう性質を持っていると思うのです。そういう性質は今迄になかったのではないかということ」（粟津 1967c）といった理解も続いた。[65]

要するに、モダンデザインを前提にした制作をしなくなった分だけ、自分が感じたままに制作することを肯定できるようになってきたのである。

芸術家としてのグラフィックデザイナー

このようにして、これまでにはなかった意味づけが可能になってくる。それは例えば、「日本のグラフィックデザインは美術のグラフィック化とは反対に、むしろグラフィックアートとして、美術化の方向を積極的にたどっているのではなかろうか」という「デザインの絵画化」の指摘として現れた。

「デザインは頭の仕事であり、美術は心の仕事である、とも言われているが、こうした見方からすれば、明らかにこうした傾向のなかには、デザインの絵画化してゆく姿が認められよう。たとえば、「日宣美賞」を獲得した長友啓典・加納典明の「ジャンセン水着ポスター」は、ケイ光塗料を使った鮮やかな画面で、赤い地の上に水際に立った水着の婦人像がモノクロームで写真を焼きつけたような表現を見せている。そして、そこには叙情的なムードがあり、またモノクローム化してゆく過程にも、絵画的な効果をねらう意思が働いているように思われた。…〔中略〕…。日本のグラフィックデザインは美術のグラフィック化とは反対に、むしろグラフィックアートとして、美術化の方向を積極的にたどっているのではなかろうか」（朝日新聞社 1967）。

また、図版⑧のようにポスターを感覚的に受容しなくてはならないことを揶揄したイラストが描かれ、さらには「デ伯」というようにグラフィックデザイナーを芸術家と同じように捉えるような理解が登場し始めた[66]（朝日新聞社 1967b）。こうした動きを踏まえ、グラフィックデザイナーをめぐる意味付けはいままでにないような展開を見せるようになる。

「理づめな観念と機能だけで、説得は成立するものではない。人間対人間のプリミティブな関係には、人間性とか人間の情念といった、理屈では割りきれないものが存在すると考える。…〔中略〕…。すなわち、表現の個性の問題である。これはクリエーターの個人的なひらめき、個性、造型などが、より直截に人間にくいこむものを持つことであると思う」（永井 1967c）。

「ぼくにとって、自らを伝達する最も有効な手段は言葉ではなくデザインやイラストレーションであるはずだ。そしてぼくが「感じて」創ったように見る側もそれぞれの体験を通して「感じて」くれればいいと思う。…〔中略〕…。言葉による理屈はもはやここでは何の役にも立たないかのようだ」（横尾 1970=1978:201）。

「知性とか教養はどうもぼくにとっては邪魔な存在である。観念的な融通のきかぬ理屈屋や、理論のための理論をたたくオナニストより、嗅覚や触覚の敏感な感覚人間のほうが、よっぽど人間の本能的な部分で物事を理解したり、把握したりできると信じている」（横尾 1970=1978:204）。

「理づめな観念」や「機能」による説得は、もはや不十分である。それゆえに「情念」なるものが語られ、それが「表

⑨

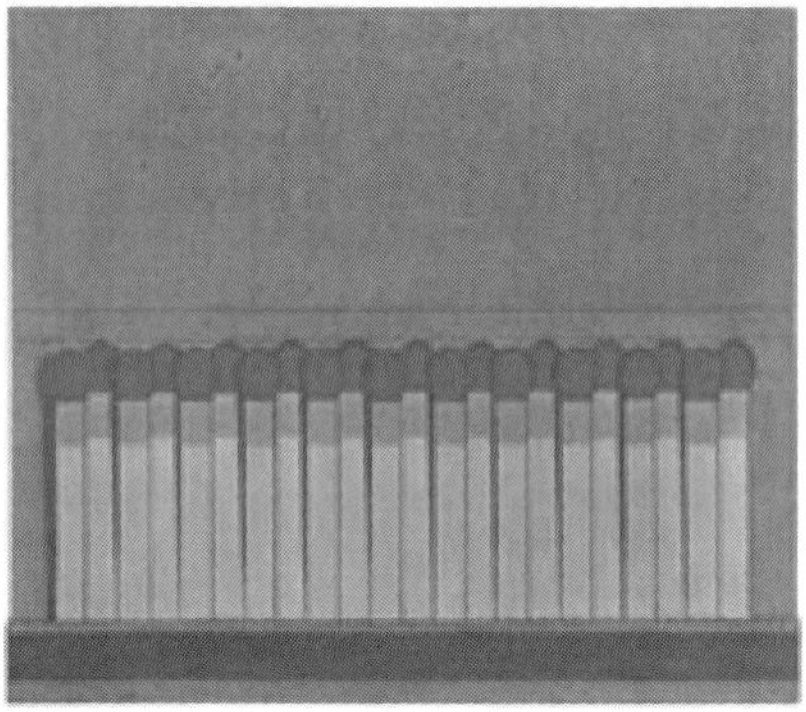

現の個性」や「クリエーターの個人的なひらめき」に接続される。また「言葉による理屈」ではなく、「感じて」制作すると同時に受け手にも「感じて」もらうことが肯定され、「知性とか教養」ではなく、「感覚人間」が強調されるに至るのである。要するに、モダンデザインの限界は「情念」なるものの強調を呼び込み、またそれが「感覚」の肯定[67]を導き、グラフィックデザイナーと芸術家の差異が滲んでいくようになったのである。

このような傾向は、一九六八（昭和四三）年の日宣美賞を受賞した上條喬久の『マッチ』（図版⑨）への評価にも現れている。例えばそれは、「ともかく、昨年以上にその受賞の理由を決定的にすることばの見つけ出しにくい作品といえる。ただ、軽いという点で「マッチ」も「ジャンセン」も共通したものをもっていて、従来からのデザインの発想や技法の、あるいは絵画の歴史が背負っている古い意味のフィーリングをまったく拒絶したところにこの「マッチ」の新鮮さがある」（田中 1968）というように、言葉による囲い込みが困難であることが語られた。

また、この制作者も「「あれはいったいどんな意味?」という質問が一番僕をこまらせます。…〔中略〕…。パネルに表現したもの以外に何か言いたいというような欲求がまるでないからです。あの場合、意味とか、価値を考えるより前に表現意欲が先行しました」というように、「表現行為そのものがメッセージ」(上條 1968)だと語り始めた。そして、こうした動き自体が「日宣美は、ある意味で「里帰り」したのだという見方もできる。つまり、その絵画コンプレックスにおいてそうなのだ」(日向 1968)とも評されたのである。

ここに、グラフィックデザインをその固有性において意味づけようとする強い意志はない。グラフィックデザイナーが個性をあてにして制作物を示していくという形式は、このようにして定まり始めたのである。振り返ってみれば、「商業美術家」に始まる〈広告制作者〉は芸術家からの区別として、その職業理念を語り始めたのであった。しかし「報道技術者」や「アートディレクター」、そして「グラフィックデザイナー」というようにそのあり方を徹底していくなかで、どういうわけか「芸術家としてのグラフィックデザイナー」と理解してもおかしくないような事態が一九六〇年代後半には生じるようになった。[68] またそれゆえに、もはや彼らはグラフィックデザインには強くこだわらず、それぞれに大阪万博へ協力しながら、その後は強い連帯もなく活動を続けていくようになったのである。[69]

ここまでをまとめよう。本節では最初に、言語的な意味内容を機能的に抽象するモダンデザインに限界が見え始めたことを指摘した。そして次に、モダンデザインを否定しながらもグラフィックデザインを語り続けるために何か別なる評価が探求され始め、そこで「情念」なるものが語られるようになったことを確認した。続いて、このような別なる評価方法への探求は、草月アートセンターでの異分野交流においてなされ、そこでは限られた人々による「わかる/わからない」といった評価方法が機能しにくくなった分だけ、より多くの人々による「面白い」という評価方法が意味を持つようになり、そのことが当事者にも跳ね返り始めたことを指摘した。そして、このような展開は日宣美にもフィードバックされ、「ジャンセン水着ポスター」の「わからなさ」が「面白い」として評価されるようになったことを確認し、またそのことがかつて否定していたはずの「感覚」の肯定を導いたことを明らかにした。このようにして、私たちはグラフィックデザイナーを芸術家と同じように理解することができるようになり、またグラフィックデザイナーもそれとしてそれぞれに活動を展開していくようになったのである。

四　広告業界とグラフィックデザイナー

デザイン史的な記述との差異

さて、ここまでに述べてきたことはデザイン史において「日宣美の時代」と呼ばれることがある。一九五一（昭和二六）年に設立され、一九七〇（昭和四五）年に解散した日宣美は、その「二〇年間、日宣美展の開催をとおして日本のデザインの興隆と成熟を担」い、「有力デザイナーが腕を競い合い、また、新人の登竜門として若者たちが夢と情熱を傾けた真夏の祭典として、社会的な関心を広く呼び起こした」というわけである（瀬木・田中・佐野 2000）。

しかし、こうしたデザイン史は日宣美が解散するまでの過程や一九六〇年代後半の混沌とした時代的な雰囲気への想い出、そしてグラフィックデザイナーが大阪万博に参加していった事実については多弁なのだが、グラフィックデザイナーに対する評価の仕方を変えてしまった「ジャンセン水着ポスター」については、どういうわけか殆ど記述がなされてない。また、このようなデザイン史は、一九六五（昭和四〇）年に若手のグラフィックデザイナーたちが[70]『ペルソナ』（東京銀座・松屋）という展覧会を開催したという事実から「個性発揮」の動きを説明し、草月アートセンターなどで「既存概念を壊そうとする反芸術のムーブメント」があったことを強調しながら、横尾忠則や宇野亜喜良などのポスター図版を掲載することに専念する分だけ[71]、当時のグラフィックデザイナーがどのように理解されるようになったのかという具体的な動きが見えにくくなっている。

このようなことを踏まえ、本研究はこのようなデザイン史で記述されることのない動きをそれとして書き取り、私たちがグラフィックデザイナーを芸術家と同じように理解することができるようになるまでを記述してきたのである。それでは、ここまでの展開はなぜそれとして理解することができたのか。そこで、本章の最後ではその点を明確にするために、広告業界と芸術家に接近し始めたグラフィックデザイナーの関係について記述していきたい。

広告業界における言葉の過剰

さて、一九六五（昭和四〇）年に三四四〇億円まで達した日本の広告費は、一九七一（昭和四六）年には七八六八億円まで伸びている。[72]その背景には所得水準の向上があり、いわゆる「三種の神器」（白黒テレビ、電気冷蔵庫、電気洗濯機）が「新三種の神器」（カラーテレビ、カー、クーラー）になるなど、人びとの消費行動は拡大し続けたのである。これに伴い、複数の媒体を利用した大型キャンペーンや市場を細分化させたマーケットセグメンテーションなどが導入され、消費者は大量生産された製品というよりも、個別の好みに応じて差別化された商品を購入するようになった。[73]また、貿易の自由化[74]に伴い、多くの外資系企業が日本国内に参入すると同時に徹底したマーケティングやキャンペーンを行うようになり、それに応じて国内企業も複数の媒体を横断した大型キャンペーンを行い始めたのである。[75]

このような国内市場における自由競争の加速に伴い、広告業界はその存在感を今まで以上に増すようになった。それゆえに、グラフィックデザイナーの拠り所だった日宣美が混乱しても「何ひとつ痛手にならなかったのは、ばく大な広告費を扱っている広告の世界そのもの」であり、「日宣美問題など、巨大な広告機構とその持っている権力から見ればツメのあかほどのことでしかでしかないだろう」と思われていた（粟津 1969）。

また逆の広告業界から見れば、モダンデザインの限界とデザイン学生やデザイナー人口の増加は「亜流がふえ、展覧会専門のデザイナーがふえる」だけであり、日宣美の「主張がぼやけ、存在理由があやしくなるジレンマにおちいらざるをえない」と距離を置かれていた（ブレーン 1965）。広告業界とグラフィックデザイナーはお互いに意識しつつも、深くは絡み合わないまま絡み合っていたのである。

このような浅い相互依存は、一九六〇年代の広告制作に投げ込まれた言葉の過剰さとそれへの距離感においても観察できる。例えば、一九六三（昭和三八）年頃から「広告のクリエイティビティをめぐる議論は激しくなるいっぽう」で、「毎月、クリエイティビティに関するさまざまな論文や、研究書が書かれ」たようである。しかし、それらは「ぼくたちの胃袋が消化不良をおこしそうなほどたくさん」だったようでもあり、「広告のクリエイティビティは、かえって、遠い、手の届かないところのものになってしまった」と言われる[76]（梶 1967）。

より具体的に言えば、それは日本デザインセンターの西尾忠久（一九三〇〜）がアメリカの広告代理業を紹介するために用いた「創造哲学[77]」という言葉や、電通の中井幸一（一九一七〜）がやはりアメリカでの視察を踏まえて積極的に用いた「クリエイティブディレクター[78]」という言葉のことなのだが、ここで重要なのはそれらがそのまま信じられていたわけではないことである。

「クリエイティビティだ、ノングラフィックだ、ネガティブアプローチだと、外来の創造哲学や表現手法が一部の広告評論家、クリエイターによって次々と紹介され、日本の広告界への導入、移植が積極的に続けられていることは、広告表現技術の発展のための推進力として高く評価されるべきであるが、その啓蒙活動の花々しさのわりには実際面での成果が実り少ないように思えてならない」（山田 1968）。

ここには、広告業界における言葉の過剰への気づきが書き込まれている。「広告表現技術の発展のため」に「クリエイティビティ」、「ノングラフィック」、「ネガティブアプローチ」、「創造哲学」などといった様々な用語が導入されているのだが、「その啓蒙活動の花々しさのわりには実際面での成果が実り少ないように思えてならない」というわけである。そして、このような気づきが広告業界に生じていたからこそ、それに対応してグラフィックデザイナーも以下のように述べることが可能になってくる。

「私は率直に言って最近のニューヨークのＡＤの仕事は全面的にあんまり感心できなくなっている。…〔中略〕…。言葉では「創造哲学」というような立派すぎて、広告業者がはずかしいようなキャッチフレーズを呼んでいるが、実状はそんなものは、どこにもないという気がしてしならない」（亀倉 1966b）。

「だいたいね、広告界は横文字が多すぎますよ。中井なんとかという人の話をきいているとね、大部分が英語ですよ。単語のつなぎにテニヲハが入ってくるだけ、あと全部英語ですよ（笑い）」（横尾 1969）。

ここにも、広告制作に投げ込まれる言葉の過剰さへの気づきがある。あれだけ理想を追求してきたグラフィックデザイナーの耳においても、「創造哲学」は「はずかしいようなキャッチフレーズ」として響き、その存在も効果も信じられていない。また、芸術家に近接し始めたグラフィックデザイナーにとっては、「広告界は横文字が多すぎ」で「全部英語」で説明しようとする、冗談のような存在なのである。

そして興味深いのは、ここで揶揄された広告業界に勤める者自体がこうした言葉の過剰に自覚的だった点である。

「ここ一～二年来、アメリカの広告専門雑誌や単行本を読んでいると、ぼくたちにとってまるで耳新しい言葉が、次つぎに登場しているのに気づく。一例をあげると、〝X空間〟だとか〝ポジショニング〟あるいは〝コピーコンセプト〟といった言葉がそれ。そこでぼくは、これら未知の言葉がテーマになっている論文を繰り返し読み、これらの論文を書いている批評家たちの真意がどこにあるかを理解しようとした。…〔中略〕…、結論的にいうと、これらの言葉は、一見異なった表現をしながら、期せずして同一の問題を探求していることがわかったのである。要は彼らの突き当たっている問題が、未知の問題なので、その概念が明確にされず、もちろん体系もたてられていないため、一応彼ら流に、それぞれが思いついた言葉を使って、それを仮称にしていたのにすぎなかったわけである」（中井 1968）。

要するに、広告業界が成長を続けたことに伴い、広告制作にも様々な言葉が投げ込まれるようになったのだが、それは広告業界においても、またグラフィックデザイナーにおいても、いずれは語り直されることとして暫定的に処理しても構わないという理解が生じたのである。とりあえずはもっともらしく語るふりをするのだが、それが長くは続かないであろうということも、広告業界とグラフィックデザイナーの間では合意されていたのだ。したがって、広告業界とグラフィックデザイナーは相反しているのではない。言っていることは異なるが、結果としては同じことが達成されているのである。

日宣美が解散へと向かうなか、広告業界は成長を続けた。そういうバランスのなかでグラフィックデザイナーと広告業界の浅い相互承認が生じるようになったのだが、それはもはや言葉で物を真剣に制御し尽くさなくても、それなりに市場は成立してしまうという成熟し始めた資本主義を肯定する姿でもあった。広告業界が誰も深くは信じていないカタカナ言葉を連発したところで、またそれに違和感を持つグラフィックデザイナーが芸術家に居直ったところで、人口の多い団塊世代が生産年齢に入った日本という市場そのものは回転するようになってきたのである。

組織や科学による人間の消去

とはいえ、芸術家のようにグラフィックデザイナーを理解していくことと広告業界は具体的にはどのような関係にあったのか。そこで以下では、組織を前提にした科学的な広告制作、テレビコマーシャル、ポスターの三つを取り上げ、広告業界との関係でグラフィックデザイナーが芸術家のように理解されていくまでを検討してみたい。

まずは組織を前提にした科学的な広告制作である。企業の広告活動が盛んになり、広告制作における個人を前提にした偶発的な表現の限界が指摘されるようになったからこそ、組織とそれを前提にした科学的な表現が強調されるようになったことは第六章でも述べたが、一九六〇年代はこうした動きがさらに強化されていった。例えば、アートディレクターとコピーライターの上で広告制作全体を管理していく「クリエイティブディレクター」を中心にした作業は、「それはぼくたちとは別の、もう一人の人造人間のようなもの」であり、広告は「この不気味な機構に包括される人造人間たちが生み出している一つの特異な創造物」と喩えられ始めたのである[79]（中井 1963）。

また、このような意味で人間の個別性を消去していく主張は、広告制作をより科学的に行おうとする主張によって根拠付けられていた。それは例えば、「発想の場においては市場調査や動機調査、あるいは種々の心理調査の側面からデザイナーをたすけ、制作の段階では、電子計算機をはじめ、種々の機械装置が、表現の過ちを修正しはじめた。…〔中略〕…。だから広告のどの一部をとっても、いわゆる科学性がかくされていて、デザインはこれらの「糖衣」としての役割を果たしていることがわかる」というように[80]（中井 1967）、科学的な調査が強調される分だけ[81]、個人による偶発的な表現は部分化されたのである。そして、このような展開を踏まえて、グラフィックデザイナーは人間疎外を語ることが可能になってくる。[82]

「ぼくはデータというのは一切信じない。自分が今まで考えてきた個人的な歴史の中でしかものを捉えていけないんじゃないかと思います。それは、自分の体験に自信をもつとかもたないとかいうことじゃなくて、そのことだけしか自分には信じられないというようなところがあるんです」（横尾 1968）。

「すべてのデザイン行為を分業するということは、鮭のカンヅメを作るプロセスと同じじゃありませんか。…〔中略〕…、たった今ぼくの一番指摘したいのは、このデザイナーの仕事の分業の方法に欠陥があるということだ。あなたのいう分業とは、機械化時代の奴隷のやることですよ。現在のグラフィックデザイナーに必要なのは、こんな機械いじりや、組織化ではなく、魂の問題ですよ。今日ぼくが話したかったのは、あなたのいうデザイン作業の方法ではなく、ぼくたちが突き当たっている壁ともいうべきデザイン的現実を突破し、人間的現実と社会的現実を如何に交錯していくかという、情念の問題を論じたかったのですよ」(横尾 1969c)。

ここでのグラフィックデザイナーは「データというのは一切信じない」し、「そのことだけしか自分には信じられない」。また、組織を前提にした「デザイナーの仕事の分業」は「鮭のカンヅメを作るプロセスと同じ」でしかなく、「機械化時代の奴隷のやること」でもある。だからこそ、「機械いじりや、組織化ではなく、魂の問題」に焦点が絞られ、「情念」なるものが浮上するというわけである。

ここでは、グラフィックデザイナーとして個性を強調していくこと自体が、[83]組織を前提にした科学的な広告制作を進める広告業界の動きと不可分な関係にあったことが述べられている。このような関係だったからこそ、グラフィックデザイナーを語ることは広告業界との差異に焦点化され、他でもなく芸術家に近接してしまうのだ。その意味で、グラフィックデザイナーが主体的に個性を強調するようになったというよりも、誰であっても似たように個性を語れてしまえる文脈がそこには生じていたというほうが適切であろう。

視聴者による直接的な評価

次にテレビコマーシャルである。一九五三(昭和二八)年にテレビ放送が開始されてから約一〇年間、テレビコマーシャルはその広告費を上げてきたものの、それ専門の技術者がいるとは言えない状態であった。[84]また一九六二(昭和三七)年からはCM合同研究会(ACC)による「ACCラジオ・テレビCMフェスティバル」が開催されたが、「あれだけの生コマーシャルを局で制作して放送しているのに、放送局では完全なるCMディレクターを養成して専門にCMをあつかわせようとしない局が多い」状態でもあった[85](あんてな 1962)。テレビコマーシャルが制作さ

⑩レナウン「イエイエ」（竹原・森山 2003:97）

れてきたこととそれを職業として語ることにはズレがあり、また印刷を前提にした広告制作と電波を前提にした広告制作とでは相当の距離感があったのである。[86]

　こうした状況に変化が生まれたのは、一九六七（昭和四二）年頃である。その年に放送されたレナウンの「イエイエ」（図版⑩）が話題となり、[87]「ことし最も特筆されることはCFの質的な前進であった。…〔中略〕…、旧い概念を持つ映画制作者と広告人に委ねられた制作システムの中に、本格的なテレビCFのクリエイティヴに専念する新しいシステムや、人たちが根を下ろしはじめたことを見逃してはならない」（向 1968）とまで言われるようになったのである。またこうした展開を踏まえ、一九六九（昭和四四）七月一日には電通がクリエイティブ部門を統合し、これまで距離感のあった印刷系広告制作と電波系広告制作の強化を図るようにもなった。[88]テレビコマーシャルの影響がいよいよ無視できなくなり、放送までを含めた広告制作の在り方を組織として考えざるを得なくなったのである。

　ここで重要なのは、このようなテレビコマーシャルへの注目において、大衆による評価が強く効いていた点である。[89] 例えば、一九六八（昭和四三）年六月二六日から二九日には先にも述べた草月アートセンターで「映像・デザイン研究 饒舌の映像 テレビコマーシャルフィルム」という催しが行われたが、そもそも無料のテレビコマーシャルを見る企画であるにもかかわらず、五〇〇円の入場料で定員は満員であった。そして、もはや「広告自体が、このように独自の価値を持ちはじめたことで、広告を製作する企業の側でも、当然、考え方を変えざるを得なく」なり、コマーシャルの制作は「単に宣伝部だけの仕事でも、会社のひとりよがりでもダメで、常に消費者、いいかえれば社会の反応に敏感でなければなら」ないことが強く意識され始めたのである[90]（須田 1968）。

要するに、テレビコマーシャルへの注目は広告業界において広告制作の在り方を再編させていくことになったのだが、そこでは視聴者というより多くの人びとからいかに評価されるのかという点が強く意識されていた。放送にまで拡大され始めた広告制作は、もはや印刷の時とは異なる評価の仕方を導入せざるを得なくなったのである。

反マスメディアとしてのポスター

また、テレビコマーシャルと同じように大衆による意味付けが生じたのが一九六〇年代後半のポスターである。[91] そもそもポスターという媒体は、新聞広告や雑誌広告、ラジオ広告やテレビコマーシャルが広告費を増やしていくなかでその影響力を減らすと同時に、日宣美の展覧会でのみその存在感をアピールするようなものになっていた。

しかし、一九六六（昭和四一）年頃から資生堂制作の水着ポスター（図版⑪）が人々の人気を呼んで店頭から盗まれるようになり、[92] またこうした動きに対抗してステッカー式のポスター（図版⑫）が制作され、[93] さらに一九六八（昭和四三）年までに東京都内だけで三つのポスター専門店が開店し（図版⑬）、「もともと宣伝のために作られたポスターが、宣伝を離れた一種の美術品として売り買いされる、おかしな傾向」が目立ってきたのである[94]（読売新聞社 1968b）。

これは広告の制作者の意図とは別に、人びとが独自にポスターを評価し始めたことを意味している。[95] また、人び

⑪ 資生堂「BEAUTY CAKE」（一九六六年）。

⑫ ペプシコーラ「ペプシがなければ、はじまらない !!」（一九六九年）。

⑬「ポスターを売る店 新宿にオープン」『読売新聞』（一九六七（昭和四二）年一〇月一一日夕刊）。

とのこのような理解を前提にすることで、グラフィックデザイナーは自らが芸術家に近接し始めたことをもっともらしく理解できるようにもなってくる。[96] そしてこのような循環を前提にして、グラフィックデザイナーはポスターを以下のように意味付け始めたのである。

「多くのマスメディアがその情報エリアを拡大し、その量を増大するのに従って、その表現が、最大公約数的均一化をみせ、ディスコミュニケーションに陥ってゆくことに、むしろ反作用して、ポスターは、最後の転換期をもったのであろう。組織化された大機構のなかで集団制作される、ほとんどの広告作品の没個性化に対して、ポスターは、その宿命である、小スケールを武器として、疎外されてゆく現代人の意識や欲望を、極めてパーソナルに、私情報化の楽しみを提供しはじめたのである」（田中 1968b）。

「ポスターは芝居の〝代理表現〟じゃないからですよ。芝居の中身を伝えるだけでなく、ぼく（作者）自身の個性と願望を盛込まなければならない。結果としてポスターと芝居の中身が少し違ってきても、ポスターそのもので自立した作品の方が、町かどに張られた場合、強く精神にコミュニケート（伝達）することができる。…〔中略〕…。最近のデザイン界は不毛なモダンデザイン一色に塗りつぶされ、人間性やドラマ性は消えうせてしまった。ぼくはそれに反抗する。だから、メディアとしては一番古くさいポスターを選び、そこから逆にマスメディアを突きあげていきたい」（粟津 1970b）。

マスメディアの拡大は、その表現を「最大公約数的」に「均一化」する分だけ、「ディスコミュニケーションに陥ってゆく」。そうした広告は「組織化された大機構のなかで集団制作される」のだが、ポスターはその「反作用」であり、「小スケールを武器」にして「極めてパーソナルに、私情報化の楽しみを提供」するというわけである。

また、そうしたポスターは「町かどに張られた場合、強く精神にコミュニケート（伝達）する」からこそ、「ぼく（作者）自身の個性と願望を盛込まなければならない」。そして、「不毛なモダンデザイン」ではなく「人間性やドラマ性」を大切にして、「そこから逆にマスメディアを突きあげていきたい」というわけである。

このように人びとに意味付け直されたポスターは、大規模に産業化されたマスメディアとは異なる効果を持ちうるという点において、グラフィックデザイナーを芸術家的に理解させていくのである。[97] グラフィックデザイナーが個性を強調していくこと自体は、このように大衆によって評価され始めたポスターの意味付けと不可分であり、またそうした理解を前提にして、モダンデザインやマスメディアに回収されない存在としてのグラフィックデザイナーが語られるようになったのである。

要するに、こういうことである。本章はこれまでに、私たちがグラフィックデザイナーを芸術家と同じように理解することができるようになるまでを記述してきた。そして、こうした展開はなぜそれとして理解することができるようになったのかと問いを進めたのである。そこで本節では、まず広告が成長を続けたことに伴い、広告制作にも様々な言葉が投げ込まれるようになったが、それは広告業界においてもグラフィックデザイナーにおいても深くは信じないという浅い相互承認が生じたことを指摘した。そして、次にグラフィックデザイナーとして個性を強調していくこと自体が、組織を前提にした科学的な広告制作を進める広告業界の動きと不可分であり、またそうだからこそ、広告業界との差異が強調されていたことを述べた。さらに、続けて視聴者という大衆によって直接評価されることを意識しながら広告制作を進めることはテレビコマーシャルにおいても生じたことを確認した上で、そうした展開がポスターでも起こり、それへの意図せざる再評価によってグラフィックデザイナーはモダンデザインやマスメディアを前提としなくても、個性をもっともらしく強調していくことが可能になったことを明らかにしたのである。

ここまでの意味において、グラフィックデザイナーを芸術家と同じように理解することはその外部環境である広告業界の動きや大衆からの評価と不可分であり、またそのことが新しい意味づけを促す効果を持っていたと言えよう。グラフィックデザイナーは芸術家になっていったというよりは、そのようになってもおかしくはない文脈が生じたからこそ、多くの者がそのように振る舞い、また私たちもそのように理解することが可能になったのである。

「広告かデザインか」から「広告もデザインも」へ

しかし、ここまでの動きは「芸術家への回帰」としてまとめられるものではない。実際には、もう少し複雑なことが起きている。というのも、〈広告制作者〉は芸術家との区別を追求することでその固有性を得ようとしたわけだが、広告そのものが成長したことにより、芸術家との区別をわざわざ語るというよりは、その区別自体も広告のなかに組み込めてしまえるような展開が生じるようになったとも考えられるからである。それは例えば、広告業界において以下のようにも語られている。

「広告デザインは、今日ではすでに芸術性というものよりも、技術性に重点を置いた独自の世界で、新しい展開をとげようとしている。また他の分野のデザインも、専門化されればされるほど、同様の過程をたどり、かつてのグラフィックデザインという考え方から遠ざかりつつある。もちろん、そのかわり、新しいグラフィックデザインという概念は、やや芸術的な偏向をともないながら、別の一部門を築きつつあることも事実である」（中井 1967）。

ここでは、二つのことが述べられている。その一つが「技術性」を重視して「新しい展開」を始めた「広告デザイン」であり、もう一つが「かつてのグラフィックデザインという考え方から遠ざかりつつある」という「他の分野のデザイン」である。これは広告制作を広告業界から語るのか、それともデザイナーから語るのかという区別と重ね合わせて述べられているものだが、ここで重要なのは両者が対立的には捉えられていない点である。つまり、一方を否定して、他方を肯定するのはなく、「芸術的な傾向」を持った「新しいグラフィックデザイン」は「別の一部門」と呼ばれているのである。

これはグラフィックデザイナーが広告業界との差異を強調すること自体も、広告業界のなかのこととして処理可能になってきたということを示唆している。両者が対立的であるかのようにすること自体が、広告業界そのものをより拡大させていくことに繋がると理解され始めたと言ってもよい。その意味で、芸術家に近接していくようになったグラフィックデザイナーはどんなに広告業界との差異を強調しても、それは広告業界からの分離を意味しないのである。

具体的に言えば、広告表現そのものが経営学的な管理の対象になってきたことが挙げられよう。例えば、一九六〇年代後半には「クリエーティブがパワーとして凝結される時代へ大きく転換しつつある」なか、「クリエーティブマンを如何に確保し、如何にスタッフ化し、効率よくエネルギー化しうるかという、クリエーティブマネジメント」（村瀬 1969）が重要であるという主張が出てきた。さらなる拡大成長を目指す広告業界にとって、クリエイティブは経営管理の対象であり、もはや区別されるべき外部ではなくなったのである。

「現在の制作部門をみると、人間はあきれるほどふえたが、人材は少なく、その生産性には著しい向上がないということに気がつく。……〔中略〕……、たとえば日宣美のような団体でも、創造的なデザイナーは三〇人もいれば、日本の前衛デザインのマーケットの需給のバランスがとれるのに、そこに何千人かの作家がひしめいている。亜流がふえ、展覧会専門のデザイナーがふえるのは当然のことであり、興業としてツジツマをあわせようとすればするほど、主張がぼやけ、存在理由があやしくなるジレンマにおちいらざるをえない。……〔中略〕……。いまや、広告主の経営者たちは、アートディレクターやコピーライターに期待するというよりは、ひとりで広告をつくり、「事件」を創造することのできるタレントを望んでいる」（ブレーン 1965）。

デザイナーを目指す学生が増えてきたことは、本章でも述べた。またそうしたなかで、日宣美のようにモダンデザインをあてにして人材を育成するのが困難になってきたことも、本章では明らかにした。このように飽和状態になってきたからこそ、広告主たちは似たようなデザイナーではなく、「ひとりで広告をつくり、「事件」を創造することのできるタレント」を望むというわけである。

こうしたことを踏まえれば、やはり「芸術家への回帰」と言い切ることはできない。むしろ、芸術家と同じように語れてしまう文脈にグラフィックデザイナーが誘われたとも言える。したがって、本人がどのように考えていたのかはともかく、本章が取り上げてきた横尾忠則はこうした動きを具体的に教えてくれるうってつけの媒体だったと言えよう。

ここまでの意味で、グラフィックデザイナーが芸術家のように振る舞ってしまうことは広告業界からの離脱ではなく、拡大成長しつつあった広告業界の内部へと組み込まれていく過程そのものだった。それは「広告かデザインか」という対立関係から、「広告もデザインも」という並存関係へと移行していく過程だったとも言えよう。グラフィックデザイナーが広告業界との差異を強調して芸術家に近接していくことは、成長を続けるために無限の差異を見つけなくてはならない広告業界にとって都合の良いことだったのである。
このようにして、これ以後はグラフィックデザイナーが職業理念をさらに紡ぎ上げていくことはなくなった。[98] また、これと同時に自らを芸術家と重ね合わせて理解できるようになったので、グラフィックデザイナーは広告として制作したものを「作品集」という形で出版するようにもなった。それは例えば、宇野亜喜良、永井一正、福田繁雄、細谷巖、粟津潔、勝井三雄、田中一光、和田誠、伊坂芳太良、片山利弘、木村恒久、横尾忠則の制作物を掲載した『一二人のグラフィックデザイナー』（全三冊、美術出版社、一九六八年～一九六九年）であり、以下のような紹介がなされたのである。

「最近、贈っていただいたデザイン関係の書籍のうちで、とりわけたのしかったのが《一二人のグラフィックデザイナー》（美術出版社）である。…〔中略〕…。先輩デザイナーの作品集がまだほとんど出ていないといった状態なのに、若いこれら気鋭のデザイナーたちの仕事が本になるとは、まったくデザインの世界は変わってきたものである」（小川 1968b）。

本章はその冒頭で、一九九〇年代以降のデザイン史が一九六〇年代のデザインを制作物と制作者の羅列によって記述してしまうことを問題にした。そして、本研究は当時の史料をなぞり返すことで、このような理解の仕方そのものが、一九六〇年代後半に生まれたものであることを明らかにしようとしたのである。そして、その結果として一九六〇年代後半にグラフィックデザイナーと芸術家を重ね合わせで理解できるようになったことが判明したのであり、またそうだったからこそ、今度はそのような理解を前提にした記述が可能になったのである。それが、ここで「先輩デザイナーの作品集がまだほとんど出ていないといった状態なのに、若いこれら気鋭のデザイナーたちの仕事が本になるとは、まったくデザインの世界は変わってきた」と言われていることなのである。

物に定位して記述するというデザイン史の文体は、こうした変化を踏まえてもっともらしく理解されるようになった。しかし、デザイン史はこうした経緯を記述するわけではない。だからこそ、本研究は事象内記述という宣言をして、デザインや広告という対象において、人びとが何を一体どうすればデザインや広告を理解したことにしてきたのかを執念深く記述してきたのである。

したがって、本研究が最初に問題にした、広告やデザインを「作品」として理解し、またその制作者を「作者」として理解していくという流れは一九六〇年代末になって定まりを見せたと言えよう。制作者の語りではなく、制作物の積み重ねとして〈広告制作者〉を理解していくという動きは、このようにして誕生に至ったのである。

広告やデザインを「作品」として理解可能になること

最後に本章をまとめておきたい。第一節では、最初に日宣美公募展へのエントリーの増加や美術系教育機関の普及を述べ、デザインを学ぶ学生が増加すると同時に、なんとなく、デザイナーを目指す学生が増えたことを指摘した。次に、デザイン雑誌における読者投稿欄に注目し、そこで技術を共有することなく視覚的な類似性だけで模倣が指摘されるようになった傾向を取り上げ、グラフィックデザイナーをめぐる物と言葉の配置関係が新しくなり始めたことを明らかにした。続いて、こうしたことを踏まえて職業マニュアル本が流通するようになったことを取り上げ、グラフィックデザイナーが制作に注力し、それを批評家が意味づけていくのとは別に、こういう職業があるのだと第三者的に語れてしまえるようになったことを確認した。そして、さらには不真面目さを肯定することとデザイナーを語ることを組み合わせた身の上相談が、それとして流通するようにもなったことも確認した。ここまでを踏まえ、グラフィックデザイナーをめぐる意味づけは大衆との関係が無視できなくなったことが明らかにされたのである。

第二節では、最初にデザイン学生の増加やモダンデザインの表現が出尽くしたことによって、一九六〇年代の日宣美が停滞するようになったことを確認した。また、一九六〇年代の日宣美は試行錯誤を繰り返しつつも、会員から解散を求める声が上がるようにもなったことも確認した。そうしたなか、美術大学を中心にした学生運動による異議申し立てが起こり、これが契機となって日宣美は自己反省を繰り返しながら解散に至るまでを確認した。ここまでを踏まえ、グラフィックデザイナーはもはや当事者と批評家の関係だけでは十分に意味づけられず、当事者ではない大衆との関係を強く意識せざるを得なくなったことが改めて明らかになったのである。

第三節では、ここまでの記述をより具体的に検討した。そこで最初に言語的な意味内容を機能的に抽象するモダンデザインに限界が見え始めたことを指摘した。そして次に、モダンデザインを否定しながらもグラフィックデザインを語り続けるために何か別なる評価が探求され始め、そこで「情念」なるものが語られるようになったことを確認した。続いて、このような別なる評価方法への探求は、草月アートセンターでの異分野交流においてなされ、そこでは限られた人々による「わかる／わからない」といった評価方法が機能しにくくなった分だけ、より多くの人々による「面白い」という評価方法が意味を持つようになり、そのことが当事者にも跳ね返り始めたことを指摘した。そして、このような展開は日宣美にも跳ね返るようになり、「ジャンセン水着ポスター」の「わからなさ」が「面白い」として評価されるようになったことを確認し、またそのことがかつて否定していたはずの「感覚」の肯定を導いたことを明らかにした。ここまでを踏まえ、私たちはグラフィックデザイナーを芸術家と重ね合わせで理解することができるようになり、またグラフィックデザイナーもそれとしてそれぞれに活動を展開していけるようになったことが明らかになったのである。

そして第四節では、ここまでの展開がなぜそれとして理解することができるようになったのかと問いを進めた。そこで最初に、広告が成長を続けたことに伴って広告制作にも様々な言葉が投げ込まれるようになったが、実は広告業界においてもグラフィックデザイナーにおいてもこうした動きを深くは信じないという浅い相互承認が生まれたことを指摘した。そして、次にグラフィックデザイナーとして個性を強調していくこと自体が、組織を前提にした科学的な広告制作を進める広告業界の動きと不可分であり、またそうだからこそ、強く語らされてしまったことを述べた。さらに、続けて視聴者という大衆によって直接評価されることを意識しながら広告制作を進めることはテレビコマーシャルにおいても生じ始めたことを確認した上で、そうした展開がポスターでも起こり、広告制作への意図せざる再評価によってグラフィックデザイナーはモダンデザインやマスメディアを前提としなくても、個性を強調していくことが可能になったことを明らかにしたのである。

そして最後に、ここまでに述べてきたことは「芸術家への回帰」というよりも、拡大成長しつつあった広告業界の内部にグラフィックデザイナーが芸術家として組み込まれていく過程そのものだったということを指摘した。それは「広告かデザインか」という対立関係から、「広告もデザインも」という並存関係へと移行していく具体的な展開でもあり、このようにお互いを排除しない形で語れるようになって初めて、広告やデザインを「作品」として理解し、またその制作者を「作者」として理解していくという流れが定まっていくようになったことを明らかにしたのである。

本研究の分析編はここまでである。次章ではここまでを振り返り、それが何を意味するのかをまとめ、それを〈広告制作者〉の歴史社会学として提出していこうと思う。

1 一一月一二日から一七日まで、東京・銀座の松屋八階で開催。「市場経済と併走するグラフィックデザインに疑問をもつ若いデザイナーたちの展覧会が一九六五年の「ペルソナ」展だった。粟津潔、宇野亜喜良、片山利弘、勝井三雄、木村恒久、田中一光、永井一正、福田繁雄、細谷巖、横尾忠則、和田誠と、いずれも日宣美出身の若手が参加し、翌年の毎日産業デザイン賞を受賞。この展覧会について勝見勝は『グラフィックデザイン』誌で、「世代交代の徴候」と記している。亀倉ら第一世代がグラフィックデザインの確立を目指したのだとすれば、新しい世代はその可能性をさらに広げようとしたと言えるだろう」（紫牟田 2003）。

2 「和田誠がデザインするカウンターカルチャー誌『話の特集』（一九六五年創刊）や宇野亜喜良のイラストレーション絵本など、「ペルソナ」展のメンバーの多くが向かったのはエディトリアルデザインだった。広告と異なる表現を目指すのに、デザインが製品そのものとなる出版物は最適の媒体だったのである。装幀デザインから〈エディトリアルデザイン〉への展開を促したのは、「ペルソナ」の思いに共鳴しながらも参加しなかった杉浦康平である」（紫牟田 2003）。

3 「「ペルソナ」のメンバーのような個性発揮の動きは、サイケデリック、ポップアートなど欧米の潮流が即時に影響していた時代背景と無縁ではない」（紫牟田 2003）。

4 「一九七〇年、「日宣美紛糾共闘」が審査会に乗り込んできたことをきっかけに、日宣美が自主的に解散した。…〔中略〕…。日本万国博覧会「EXPO'70」（通称・大阪万博）もまた闘争の対象となった。…〔中略〕…。『朝日ジャーナル』で「アンチ万博」特集が組まれるほど、万博をめぐる論争は活発だったのだ」（紫牟田 2003）。

5 「ポップ時代に適合したのがイラストレーションだった。特に横尾忠則が創出した強烈なビジュアルメッセージは、端正なモダンデザインと相反する日本人の原感情の表出と言える」（紫牟田 2003）。

6 主な大学の新制化は、次の通り。東京美術学校と東京音楽学校→東京藝術大学（一九四九（昭和二四）年）。東京高等工芸学校→千葉大学（一九四九（昭和二四）年）。女子美術学校→女子美術大学（一九四九（昭和二四）年）。京都市美術学校→京都市美術大学（一九五〇（昭和二五）年）。京都高等工芸学校→京都工芸繊維大学（一九四九（昭和二四）年）。多摩帝國美術学校→多摩造型芸術専門学校（一九四七（昭和二二）年）。→多摩美術大学（一九五三（昭和二八）年）。帝國美術学校→武蔵野美術学校（一九四九（昭和二四）年）。→武蔵野美術大学（一九六二（昭和三七）年）。

7 主な専門学校の創立は、次の通り。桑沢デザイン研究所は一九五四（昭和二九）年。国際代々木学園（現・日本デザイン専門学校）は一九五八（昭和三三）年。東京デザイン研究所は一九六〇（昭和三五）年。東洋美術学校は一九六一（昭和三六）年。東京デザイナー学院は一九六三（昭和三八）年。日本デザイナー学院は一九六五（昭和四〇）年。東京デザインアカデミーは一九六六（昭和四一）年。

8 とはいえ、こうした学生が連帯を進めていくようにもなった。例えば、第一回日本デザイン学生会議が一九六四（昭和三九）年三月三日から六日に京都市京都会館で開催され、全国から二五校、約五〇〇名の学生が参加して、全体テーマと分科会テーマによる討議を行った。世界デザイン会議を踏まえて、一九六〇（昭和三五）年に関東の学生が結成した「日本デザイン学生連合」（千葉大学、女子美術大学、女子美術短期大学、東京教育大学、桑沢デザイン研究所、金沢美術大学、東京藝術大学、多摩美術大学、日本大学、武蔵野美術大学）と、一九六二（昭和三七）年に関西の学生で結成された「関西デザイン学生連合」（京都学芸大学、京都工芸繊維大学、浪速短期大学、京都美術大学、成安女子短期大学、岡山大学）などが中心になっていた。また、そこで宣言された「日本デザイン学生会議京都大会宣言」は次の通り。「われわれは本日、日本デザイン学生会議京都大会の幕をとじるにあたり、会議に参加したすべての名において次のことを宣言する。われわれはこの会議に参加することによって、互が知り合い、討議し、思考するなかで当面している諸々の問題はすべてわれわれに共通しているものであることを発見した。現代の社会におけるデザインの内包する矛盾や問題は、既成のデザイン概念、デザイン行為、デザイン教育の枠内では解決されえないことを確認し、未来のデザインをになうわれわれに課せられた責任の重大さを痛感した。さらにわれわれはデザインの未来を展望したとき、デザイナーは他分野と協力し困難な問題を克服してゆかなければならない使命があり、進展する機械文明のなかで人間としての主体をつよく要求されるべきであることをはっきりと認識することによって、われわれは積極的に社会活動に参加してゆかねばならないことを自覚した。われわれは今後、これらの問題を自己の生活のなかで思考し、実践し、具体化してゆくことこそが任務であり、そこにこそ本会議の意義が存在するものであることを決意した。ここに日本デザイン学生会議京都大会はデザインを学ぶ学生の全国的な組織を確立し、問題解決へのたえまない努力をつづけてゆくとともに将来もこのような会議が実行されてゆくよう、われわれはすべての学生によびかける。　昭和三九年三月六日　第一回日本デザイン学生会議　京都大会参加者一同」（日本デザイン学生会議 1964）。

9「デザイナーとよばれる人たちの、とくに若手の間には、一種の共通した服装感覚がみられる。その服装のよしあしはともかくとして、時代的感覚、つまり流行に敏感ともいうべきか、トップモードを身につけているようである。そこには男性としてのおしゃれという面も考えられなくはないが、一般サラリーマンとは違った、いままでにない、新しい何かをつかもうとする職業意識のあらわれと私は解釈しているがどんなものだろうか。一見プレイボーイ的な印象を与えるが、若さにものをいわせた服装感覚ではある」（須藤 1963）。

10「グラフィックデザイナーは、たいへんおしゃれである。ひと昔前の彼らは、活動屋くずれに近い服装にせいぜいハデなオープンシャツなど、のぞかせていた程度だったが、昭和一〇年以後生まれの少壮デザイナーたちは、男子専科そのものである。長髪は商業美術家で、今のデザイナーは角ガリでなければならないらしい。…〔中略〕…、近代職業のトップと考えているらしい若きデザイナーたちは、その制服の中でギリギリのおしゃれに浮き身をやつしているらしく、洋服生地は英国製、靴はイタリア製でなければ…良い筆でなければ良い仕事はできないの原理。ネクタイ、靴下、ハンカチのレイアウトはいかに、札入、名刺入、ライター、キーホルダーと、はてしがない」（K 1964）。

11「現実とほど遠い豪華な内容を盛り込んだパンフレットを配り、全国から定員の数倍もの生徒を集めたという東京・千代田区のデザイン学校（引用者註：東京デザイナー学院）が「これではとても勉強できない。デザインブームに乗ったもうけ主義だ」と、生徒や講師たちまでをカンカンにさせている。…〔中略〕…。某講師の話では「はじめのころは三千人もいた。このため生徒たちのヒジがぶつかり合って実習もできなかった。このため失望してボロボロと脱落する生徒が多い。私たちもすっかり教育に自信を失った」というほど。…〔中略〕…。ところで同校の入学金、授業料は、施設拡充費など学費総額は年間約九万円という多額に上るだけに、わざわざ地方から上京してきた生徒にとって、夢を裏切られたショックは大きいようだ」（読売新聞社 1966）。「それにしてもわが日本国のデザイン界の盛況はまさに目をみはらせるものがある。東京デザイナー学院というのがある。学生数は三千人を越えるという。こつこつと本格的（？）な絵画を勉強するよりもビジネスに直結するデザインをやったほうがカネになるし、〝食っていける〟のだからネコもシャクシもデザイナー志願。こうなると「デザイン科」を看板にするいわゆる学校屋が横行するのは自然の成り行きで、中には専門の講師などはなくて、画家が片手間に教えていたり、一流大家の名前だけをならべているが、名を借りられた大家の方がそんな学校のあることも御存知なかったという話さえある」（読売新聞社 1966）。

12「学校ではひどい目にあいました。誘われて、あるデザイン学校の教師を引き受けていたのですが、倒産してしまい、借金の連帯責任を負って、理事に名をつらねた作家たちが、厖大な金を返済しなければならなくなった。わたしはたまたま判を押していなかったので、被害は軽く済んだけれど、学校である以上簡単につぶしてしまうわけにもいきませんしね。いま自主ゼミをやって、再建につとめているところです」（山城 1970）。

13「だれもが気づいているように、この数年来デザイン学生の数は急激に増加している。…〔中略〕…。しかし、デザイナー人口が増大する比率よりも、デザイン学生の増加の比率のほうがはるかに大きい。…〔中略〕…。デザイナーがタレントとしての姿勢を強めようとするとき、そしてそれゆえに若者にとって魅力的な存在となるとき、デザインは、科学的、産業的であるよりは、もっぱら芸術的――というよりは芸能的――となる。そうしたかたちでデザインが、消費ブームに便乗しながら町にはんらんしてゆくかぎり、そしてまたデザイン教育のインフレが放置されたままであるかぎり、ときにデザインの社会的機能が唱道されたところで、消費者にとっては、デザインという操作も美名にかくれた魔術的なはたらきとしかうつらないだろう」（阿部 1968）。

14「去年、世界デザイン会議がありましたね、あのときからデザインが公共づいたり、思想づいたりしちゃって、なんかすごく理想論ばかりでるわけですよ。…〔中略〕…。ああいうものばかりやっていて、僕はこのごろいやになったんです。もっと現実的に対抗しなければならない問題がいっぱいあるでしょう」（小谷 1961）。

15「どうしたことか、私には解らない。強がりをいっているようで。見かける仕事が誠に几帳面で一寸の隙もなく微笑すら起きないのだ。私は思うのだが、日本のグラフィックデザイナーの仕事の中に一番欠けているものはこれだと思う。ポスターにしろ、ブックカバーにしろ、ダイレクトメールにしろ、はたまたパッケージにしろ、ああもう私はアキアキした。それでいて、やれデザイン計画だ、やれデザイン会議だと、口をとがらせてドナリあっているのだ。まず自己の生活の中にユーモアをとり入れよう。…〔中略〕…。我々のような若いこれからのデザイナーはこれを忘れてはならないのだ」（小沢 1961）。

16「これは模倣でも盗用でもありません。最初から中世期の銅版画を利用することを目的に作ったものです。スイスの時計の広告も、やはり中世期の銅版からとったものです。この中世の技術図版は著名なもので、この復刻版が、最近アメリカから上巻、下巻の大冊で刊行されています。ですから、このスイスの時計の広告の銅版画は現代に作ったものではありません。デザイナーがこの古い技術の本から複写して、それに品名をレイアウトしたものです。…〔中略〕…。あなたが強調されているスイスの時計の広告も私と同じように中世の銅版画を利用したものです。しかもデザイナーは、それを料理しないで、そのままナマに利用したわけです。…〔中略〕…。こういう銅版画は、技術者や科学者が、写真のない時代に描いたもので、従って無性格のものです。博物の鳥や蝶の絵と同じもので、作者があるというものではないのです。そのような無性格なものに、デザイナーが性格を与え表情を与えることも、ひとつの仕事であると思います。以上あなたの質問に答えたつもりですが、いかがでしょうか。あなたがもし、それでも私をおせめになるならば、スイスの時計会社のこのデザイナーも私同様せめられねばならない筈です」（亀倉 1960c）。

17「ところで先般朝日広告賞で日本デザインセンターのグループが東芝の新聞広告で入賞されました。これにつきましては私は歯の中に何かが挟まった感が未だに取り去ることができず、解釈に苦しんでいます。というのは、一九五九年九月二三日掲載のニューヨークタイムズの全面広告〈Whitehouse & Hardy〉の広告とデザインセンターのグループの東芝の作品、朝日新聞掲載六月五日の全面広告〈機関車も扇風機も東芝モートル〉とひじょうに似ていると思われるからです。…〔中略〕…。日頃日本デザインセンターの作品に共感をもって見ているものとして、もし朝日新聞のあの全面広告がニューヨークタイムズの単に外国の新聞からの思いつきであったならば残念に思います。日本デザイン界をリードすべく発足した、発言とも矛盾した行為であると思います。又朝日広告賞の審査員の方々がデザインのオリジナリティについての「規格」をどのようにおいているか、それぞれの御解答をいただきたく思っております」（島田 1961）。

18「あなたの疑問を大変興味深く感じました。というのはあなたの文から広告の本質的な問題、即ち広告におけるデザイナーの個性的創造の役割とは何か？について触れられるからです。…〔中略〕…。だから、W・H社と東芝の広告の表現が似ていても本質的には全く異なった発想から作られたものである事は、理解していただけると思います。換言すれば二つの全く異なる目的の広告が似た素材を使用することはあっても、訴えるイメージは本質的に異なるはずです。したがって例の広告が他と似た商品イメージを与えることを懸念し、仮定したら、素材に必然性がある以上、個性的創造的造形による以外、広告を特徴づける方法はないと思いますが、それは他との個別性を与えることはできても単にアーティスティックな作家の個性の方がコミュニケートされてしまうことが多く大衆という公分母に対して理解度を弱めさせても企業の全体像に本質的に個性的創造を与えることにはならないと考えるのです」（榊原 1961）。

19「あなたは、…〔中略〕…「W・H社と東芝の広告の表現が似ていても本質的には全く異なった発想から作られたものであることは理解して頂けることと思います」と全く素直な気持で結論をいそいでいらっしゃいますが、これがどうも理解できません。…〔中略〕…。ともあれ「訴えるイメージは本質的に全く異なる」ハズということによって類似ないしは盗用を正当化させようとすることは許せませんし、論理のスリカエをしようとすることも許せません。あなたはこのため苦しい努力をし、難解な名文を書かなければなりませんでした。「したがって例の広告が他と似た商品イメージを与えることを特に懸念し、仮定したら、素材に必然性がある以上…」云々という二六〇字たらずの文章をもう一度読みかえして下さい。榊原さんのあがきがいみのない言葉となって泡のように飛びだしてくるのをごらんになるでしょう。…〔中略〕…。ところが、この東芝だけでなく当人〔引用者註：日本デザインセンターの取締役の亀倉雄策〕の作品《時計の銅版画》にもまた盗用ではないかという問題が私にはありますし、つい最近のをあげれば東レの「2 in 1」の新聞広告と編み織布「cole」の酷似―水着スタイルのお嬢さんをスキースタイルのご機嫌な男におきかえただけのものが目につきます」（安藤 1961）。

20「これから貴方の疑問に一つ一つ答えますが、マアこれが泥棒にも三分の理という奴かどうか聞いて下さい。…〔中略〕…。こう皆さんにいじめられると親としては尚可愛い。まして親もそう思い、信頼できる人から良い子だと御褒美まで頂戴したのに眼付きが悪いの、手が長いの、と言われてはじっとしていられない。この親としたところで、できた子供が他人の空似とはいえ、川向うの洋服屋の親父に似ているの、そういえば鉄道のレールのところで話をしていたのとあらぬ噂を立てられては苦笑する他ない。いささか声が大きくなってしまったがこれは地声である。それだけに他人の大声も気にならない大きな耳をもっているつもりである。どうか御勘弁願います」（榊原 1961b）。

21 「榊原氏への疑問（一九六一年五月号本欄）のところに、私に対する言葉がありましたので答えさせてもらいます。答えるというよりも、憤りをもって抗議するといった気持です。…〔中略〕…。本誌の一九五九年一一月の座談会の私の発言内容と銅版画の表紙と同じく、やはり盗用であると安藤氏は指摘しています。これは全くいいがかりに等しいと私は思います。安藤氏は盗用だと言い、私は盗用でも単なるアレンジでもなく、やっぱり自分の仕事だと思うのです。そのできがよかったか、悪かったにについては、どんな批判も受けねばなりません。私自身もこの銅版画の表紙を上できとは思いません。むしろ試みをやって大変失敗したと悲しく思っています。…〔中略〕…。作家は創造的でなければなりませんが、果たして本当に創造している人は二〇世紀に何人いたでしょうか。現代の技術は、影響を受け影響を与えながら全体が進歩しているように思われます。不幸にしてコピーライターとしての貴方の作品を知りませんが、今後気をつけて読ませていただきます。貴方もぜひ揚足をとられないような全く人知未踏なコピーを創造して下さいますようお願い致します」（亀倉 1961d）。

22 これに類する事例は、次の通り。「一九六六．七．一一　第九回国際ガン会議を記念して、郵政省が公募した〈ガン征圧切手〉の特選二点のうち、瀬川憲三のデザインが、チャールズ・ゴスリンの作品と酷似していたため、次点をくりあげたところ、これもフィンランドのデザイナーの作品に、類似していることが分り、再審査の結果、コバルト照射器の写真を使った高橋透の作品に決定。こんどは業界から、特定のメーカの製品の写真ではないかと苦情がでて、写真をとりなおすなど関係当事者の不手ぎわと、盗用や模倣に無神経な一般風潮がいろいろ論議をよんだ」（講談社 1967）。

23 この他の指摘は、次の通り。「相次ぐ盗用問題に、世間の関心が高まった結果、新聞社などに多くの投書が舞いこみ、大阪万国博のマークが、アメリカのデザイン書にのっている模様の一部と似ているとか（『朝日新聞』一九六六（昭和四一）年九月二九日）、札幌オリンピックのマークの構成要素の一つ、〈初雪〉の紋が盗用ではないのか（『朝日新聞』一九六六（昭和四一）年一〇月一〇日）といった指摘となって、ようやく盗用過敏症状を呈しはじめている」（講談社 1967）。

24 早稲田大学教育学部国文科卒業。桑沢デザイン研究所中退。デザイン・オブ・デザイン、高島屋宣伝研究室を経て、広告代理店・

大広の東京制作局に勤務。

25 選評は、次の通り。「安藤貞之氏の「デザイン参加論」は今日のデザインの流れの欠陥を、現場論としてするどく衝いたものとして評価したい。一般にデザイン論は現場的な直接の提案がめだったと思うが、それだけに評論として首尾一貫したものに欠けたうらみがあった。安藤氏のはその点、デザインの本質をふまえて発言している。もちろん現実はなかなかに複雑怪奇で、こういう現実論だけに、引証にもすこし楽天的な点が気になったが」（瀧口 1963）。「「デザイン参加論」の安藤貞之は、この他にもう一篇よせてくれるという努力ぶりで、私としては大いに愉快だった。今日のデザイナーの甘い高踏性と狭い職人性に対する彼の批判は、よく的をついているとおもう。そこから社会意識を内在させた幅広いデザイナーが育たねばならなぬとする彼の立論は、健康な方向として、筆者も同感である。しかし、行論のキメがやや荒く、いい放しのような感じをうける。デザイナーの高踏性は、ある意味で、前衛芸術家の問題とも関係があるだけに、単にツッ放してしまうだけでなく、このあたりを手がかりとして、人間の造型活動・視覚文化の本質へ、メスをいれてゆくことはできないものだろうか」（浜口 1963）。「安藤貞之の『デザイン参加論』も、今日のデザインブームの背後にある問題の、核心にふれた好論といえる。デザインの文法、美学、経済学は急速に普及したが、おそらくここでもまた啓蒙期は確実に終わりつつあるのだ。体制にくみこまれ、生活の現実からうき上がって空転しないためには、デザインの哲学ともいうべき思想が、今いちばん必要なのではないか。このエッセイは時評のスタイルをとっているが、こうした哲学の萌芽をもはらんでいると思う」（針生 1963）。「「デザイン参加論」というのを安藤貞之という人が『美術手帖』に書いていた。…〔中略〕…。私はこれを読んで実際のところポカンと口をあけて空から自分のツバが落ちてくるのを待っている自分を考えて、おかしくもなったし、腹もたった。「商品ポスター」という言葉が懐かしくて、その言葉を使うと思考性が古く、しかも現実を錯誤させ、デザインを歪曲させて、若いデザイナーに悪影響をおよぼしているそうである。全くポカンと口をあける以外に言葉もない」（亀倉 1963）。

26 著者による前書きと章構成は、次の通り。「デザインの世界は、この一〇年間に、あまりに早く成長しすぎた。当然解決されないまま取り残された多くの問題点がある。私はその荷ほどきを引き受けようと思った。デザイン事務所・会社宣伝部・広告代理店の経験のなかから吸いあげた実感がそうさせたのだ。この世界に入ってちょうど一〇年。この一〇年間を一度精算するつもりで、この本を書き上げたというのがホンネだ」（安藤 1969: カバー）。「第一章 デザイナーはホステス」「第二章 デザイナーの定年は三十歳」「第三章 数字で語るクリエイターの舞台裏」「第四章 デザイナーを育てない企業」「第五章 デザイナーを生まない教育界」「第六章 デザイナーを毒する日宣美」「第七章 デザイナーの成功法則」「第八章 定年以降」「第九章 デザイン事務所を斬る」。

27「さきごろ、河原淳の「デザイナー――その現実とヴィジョン」（ダイヤモンド社）という本を読んだ。…〔中略〕…。しかし、ここでその内容に立ち入ろうというのではない。その内容の当否は別として、もうひとつの感慨のあったことに触れたいのである。それは、たとえば「デザインについて」とか「デザインとは何か」（そういうテーマの本は既にいくつかある）というのでなくて、「デザイナー」という存在そのものが、独立した主題となったという事実に対してである」（中原 1964）。

28「デザイナー（工芸・商業・室内装飾など）になりたいのですが、どんな勉強をしたらよいでしょうか。学校、修業年限、学費を教えて下さい。（茨城県那珂郡　匿名希望）」→「デザイナーの仕事はうわべははなやかで、時代の脚光をあびているように見えますが、実際にはなかなかむずかしい仕事で、一朝一夕になれる職業ではありません。画家が絵をかく片手間にするとか、ちょっと絵が上手だからデザイナーに、といった考えではデザインはできません。もちろん、その人の造形的な才能も必要ですが、現代産業と直結した関係諸学科を体系的に勉強して、なおその上にその人の人間性を表現しなければならないからです」（朝日新聞社 1960）。

29「私はとくにデザイナーとして素質があるとは思いません。しかし生涯事務仕事で終わるよりも、やりがいがあるかと思います。ただ、この道に飛込むには技術の未熟さが不安です。そこで専門の大学に昼間学んで、基礎を作って将来に備えたいと思います。この場合、星の数ほどもいるデザイナーの中で、自分が一人前になれるかという心配です（東京・I生）」。→「万一あなたが、新聞雑誌、テレビなどで活躍する、はなやかなデザイナーを夢見てその世界へはいりたいと思うのでしたら、それは危険です。…〔中略〕…。あなたがその素質を持っているかどうか、今後やってみなくてはわからないことですが、自分はそんな派手な存在になどならなくてもよい、とにかくふつうの事務よりもデザインの方が面白いのでしたら、この際思い切って昼間の一流学校へ入学し、勉強に専念されるようおすすめします（森田麗子）」（朝日新聞社 1965）。

30「デザイナーへの希望が頭をもたげて再び通信教育を受け始めましたが、学校のことが頭から離れず勉強に身が入りません。来年こそ入学したいと思いますが、こんどの場合は金銭のほかに、私を上京させるとまたフラフラ横道にそれるのではないかという親の心配が加わっています。…〔中略〕…。昼間がいけなければ夜間でもやっていくつもりですが、こんな希望を親にいい出すのは自分勝手すぎるでしょうか（宮城県・T子）」。→「デザイナーのような仕事は、学校を出たからなれるといったものではありません。…〔中略〕…。デザイナーの弟子になることをすすめます。電話の番や掃除をしながら、すこしずつ仕事をおぼえるのですが、才能のあるなしはそういう生活を続けているうちに、自然とわかってくるでしょう。こういう弟子の仕事は大学へ行くのとちがって、費用はかかりませんが、普通の就職のような給料を当てにすると、失望することになるでしょう（三浦朱門）」（朝日新聞社 1969）。

31「東京高島屋で開かれた第十回日宣美展の会場には、若い人たちが非常に多かった。第一回展からずっとみてきている私の目には、このように若い人たちの群がる会場風景がきわめて印象的だった。おそらくその青年男女の群の大多数は、若いデザイナーたちであるか、あるいは、美術学校などのデザイン科の学生たちではないかとおもえるのであるが、この風景は、デザイナーの若い世代が広汎に拡がってきた証拠であろう。日宣美展が開始された十年前には、そういう風景はなかった。…〔中略〕…。ここ数年来、デザイナー志望者が急激に増え、各美術学校はデザイン科を新設したり、内容を充実したり拡大したりしながらも、志望者のもとめに応じきれず、各校のデザイン科はたちまち狭き門と化してしまったようである。その狭き門の成功者たちの社会的な登竜門として、この日宣美が名誉ある通路となってきている。若いデザイナーの話をきいてみると、日宣美での受賞ということがデザイン界進出のためのもっとも確実な近道であるということらしい」(植村 1960)。

32 一九六一(昭和三六)年には日宣美会員の出品を「私の仕事」(日常的な業務における制作物)と「私の提案」(オリジナルの制作物)の二部門にした。一九六三(昭和三八)年には、日宣美会員の出品規定は変更され、出品点数がB全パネル二枚までになった。一九六四(昭和三九)年には、会員出品規定が変更され、「私の仕事」と「私の提案」の両部門が廃止された。一九六五(昭和四〇)年には、日宣美会員の出品作が未発表オリジナル作品でB全判パネル一枚に制限された。一九六六(昭和四一)年には、日宣美会員の出品がオリジナル作品でB全判パネル二枚までに変更された。一九六七(昭和四二)年には、会員出品規定が変更され、「未発表の作品」と「実際に使用された印刷物」の二部門になった。一九六八(昭和四三)年には、会員出品規定が変更され、印刷された作品、B全判縦位置パネル一人一点に変更された。なお、一九六九(昭和四四)の会員出品規定はその迷走加減が決定的に表現されている。全文は、次の通り。「日宣美会員のみなさん、いろんな分野でいろいろな仕事をされていますね、そして、いろいろなことを考えていらっしゃいますね。それをそのまま《六九年日宣美展》にしたいのです。なにもB全一枚に閉じこもることもない時代です。たのしい展覧会にしたいものです。《なにもかも自由な展覧会》というこの案が簡単に決まったわけでなく、もし強行したら、滅茶苦茶になって世間のもの笑いの種になる。日宣美は崩壊する。展覧会企画委員はやけっぱちでやったのではないかとまでいわれました。そんなことはないことはおわかりかとおもいます。そして条件つき、展示演出効果をちゃんと計算する、ということで決定したものです。そして、この難役、展示委員は展覧会企画委員があたるのが当然とおもいます。出品されたもののなかでいろいろの制約で展示困難なものの判定は展示委員がします。審査ということではありません。念のため。ではすばらしい展覧会になるようにしてください」。

33「実際に使用された印刷作品はＡＤＣ年鑑を始め、紹介される機会が多く、又日常実際に目にふれることが多いので日宣美展は異なった独自の性格をもたせたい」。「現実の仕事においては、共同制作の仕事が多くなってきているが、それだけに各自の個性が喪失してきたと考えられる。日宣美は元来、個のデザイナーの集団である。そういう意味の日宣美展の性格を考え、今年は再び現代の時点で個のデザイナーとしての自己を凝視する機会をもちたい」。「日常ややもすると技術水準のなかに安住しがちな自己を、日宣美の場で新しい創作にかりたてることは、それぞれにおいて新鮮な自己刺激となり得る」。「社会に対して自己の責任において、デザイナーが作品を通して発言することは、日常失われがちの主体性や人間性を回復する機会を持つことになる」（日本宣伝美術会 1965）。

34「現代、私たちの日常の仕事は共同制作がほとんどであり、各自の個性が失われていく傾向は必至である。それだけに、せめて日宣美展において、個のデザイナーとしての自己を凝視する機会をもつことは必要なことだと思うのである。そのことは、決して昔に帰ることを意味しない。日常の仕事における「共同制作」という集団性を踏まえる以上、それを通過する以前と以後の個性のありかたは大きく違うことを、自覚できるはずだと思うからである」（永井 1965）。

35「この五年あまりの間に、グラフィックデザイナーは、集団の共同制作にすっかり自分自身を溶解させてしまった。「クリエイティブ」という、神聖と信じていた唯一のものまで、そのコマーシャリズムの中に取り去られてしまった苦闘は、今度の会員作品、総オリジナルという逆コースめいた結果になって現れたが、もちろん自分自身も含めて、これが低調を打ち破るエネルギーになったとは思えない」（田中 1965）。

36「日宣美が「現実の仕事」における個性の喪失という表現でいっているのは、私は額面通り受け取れないものがあります。「共同の仕事」の増加によって個性が喪失するとは、まったくのアナクロニズムとしか思えない。なぜなら、そうであれば、逆に「集団としての個性」をうちだすことこそ、現在のデザイナーの社会的責任というものではないでしょうか。……〔中略〕……。デザイナーの主体性よりも、デザイン思想、デザインについての思考の展開こそが、いま必要とされているのではありますまいか」（中原 1965）。「一応もっともな理由だが、しかし共同制作のなかにたやすく埋没してしまうような個性や、実際の仕事のなかで失われてしまうような主体性や人間性だったら、まったくの話、そんなものはイヌに食わせた方が気がきいている。ホンモノの個性や人間性などはむしろそうした実践のなかで苦闘しながら獲得するものではないか。戦後の好況の波にのったデザインブームに甘やかされてきたデザイナーは、甘える根性ばかり身につけて、自己陶酔の世界に身をおきたがるような気がしてならないのだ」（小川 1965）。

37 日宣美は各地区の代表によって構成されていた中央委員会を解散し、新たに全国投票によって中央委員会で次の会員を選出した。亀倉雄策、田中一光、早川良雄、原弘、河野鷹思、大橋正、永井一正、山城隆一、粟津潔、伊藤憲治、栗谷川健一、西島伊三雄、細谷巌、勝井三雄、板橋義夫の一五名。

38「デザインの分野も分業化と専門化が進んでおり、少数の人々をのぞいては、いまだ多くのデザイナーは労働者になりつつあります。個性をもった有名なデザイナーはそれゆえ〈個性をみがけ！独創的であれ！時にはスキャンダリストであれ！〉とわれわれを励ます。個性的であることは百も承知です。しかし社会的な地位を獲得し、企業を動かしうるほどに創造的な人々は、いつの世にも少数なのです。私は現在そうした安住の地位にある人々の、そんなお説教などくそくらえ、といいたい」（安藤 1968）。

39「本年度の芸術祭にさいしておこなわれたバリケードは、芸術祭のあり方のみならず、大学のあり方そのものに対する厳しい問いかけであった。大学のそれぞれの構成員が現にこの大学をどうとらえ、いかにすべきか、の意見を率直に述べることにより、本学の今後のあるべき姿を探求する踏台になることを願って、今回の編集を行うことにした。…〔中略〕…。大学の構成員がそれぞれの領域を通じて、主体性を確立し、積極的に責任ある発言と行動をとるところがなければ、旧体制の変革はありうるはずがないし、新しい大学像も生まれる余地はない」（武蔵野美術大学 1969）。

40「要求①一九六九年日宣美展即時停止②日宣美解散　・一九六〇年世界デザイン会議以降の日宣美の運動体としての総括をどのようにしているか。　・日宣美外部からは勿論、内部からの批判もありながら、今年もまた、しかも批判している当の本人が、十九回展を開こうとしている事実は、いかなる組織論、運動論のもとに行われているのか。そこから生まれる審査の基本的な姿勢は何なのか。またその必然性は何か。　・日宣美内部での徹底的な自己批判と相互批判なく、単なる新人の登竜門として怠惰な継続をしているかぎり、もはや権力と化した組織自体を維持していくことのみに専念しているに過ぎない。　・それでもなお、続けられようとしている日宣美の存在は、日宣美が運動体であることを示し、その瞬間にかつて日宣美がデザインに対して立ち向かった社会性と公共性の問題意識を自らの手を葬り過去の栄光の上にデザインに対する多くの幻影を生み出している。この事実は、もはや日宣美の犯罪性とみなされなくてはならない。それは日宣美の組織として、また個のデザイナーとしての論理と行動の背反的精神構造にも現れている。　・我々はデザイン行為を自ら選んでしまった者として、また今後もデザイン行為の中で自らの闘いを展開していく者として、自らを支えている日宣美の日常性とともに、日宣美の会員一人一人の意識を、そして同じように多くのデザイナー・デザイン学生の意識を徹底的に検証していくため、まず批判の声をものみこんでしまう組織としての害を露出し続けている日宣美そのものを糾糾しなければならないと考える。（日宣美解散要求）　・そして経済機構を担う一翼として、文化を担う一ジャンルとして、社会総体のあらゆる分野との密接な関係の中に置かれていることの認識の上で、日宣美は、確固とした犯罪性の事実を伴に（ママ）公共性をもった団体であり、この日宣美紛糾闘争は、万国博紛糾、また七〇年闘争に向けての一点突破としてとらえ自らの肉体をもってでも〈デザインを我々の自身の手に〉するまで闘わなければならないものと考える」（日本宣伝美術会 1969）。

41「日宣美が過去一九年間続けて来た対外デザイン運動としての啓蒙活動、及び新人育成については一応その役割を果たしたと見るべきである。そして日宣美の組織体は公募展によって支えられているが如く、作家活動的部分と職能活動の部分とが常に曖昧なままで過ごされてきた。以上役割を果たした団体の在り方としては、先ず作家活動的な曖昧な部分を取り除き、職能に於ける共同体としての組織論を明確にすべきであると考える。そのために日宣美は一旦解散し、新たな連帯感のもとでデザイナーとしての主張、共通の利害のための組織づくりをすべきだと思う」（日本宣伝美術会 1969b）

42「解散のことば　一九七〇年六月三〇日　日本宣伝美術会は解散いたします。設立以来二〇年の歴史を、ここに閉じることの決断は、ほとんどの会員の意思として表明されたものであります。日宣美は一九五一年六月、「宣伝美術家の職能と地位の確立擁護し、生活互助並に親睦をはかる」ことを目的として設立された職能団体であります。その年の秋日宣美第一回展が開かれ、日宣美は展覧会活動を中心とした運動体として社会に発言をしはじめました。　したがって当初目的とした職能団体が、三回展以降の一般公募による新人デザイナー発掘の役割りをそなえ、更に作家団体への体質に変革すると共に、デザインの社会的要求と多面化に即応する、新たなグラフィックデザイン運動の核として日宣美は認識されはじめたのであります。　日宣美はその後、職能を通じての社会性と公共性の問題意識を表現行動にとり入れることにより、グラフィックデザイナー集団として、その存在を世間に問うことを続けて参りました。一九六〇年、世界デザイン会議が東京で開催され、このはなやかな土壌は、そのまま日宣美の成果の感があったのは当然であります。したがって日宣美展一〇年の歴史は、わが国グラフィックデザイン動向の集約された一〇年の歴史であり、この間当初の規約としたデザインの社会的認識を深め、デザイナーの社会的地位の向上、デザインの国際的交流などの目的にほぼ到達しうることのできた一〇年でもあった訳であります。　しかし一方一九六〇年代の日宣美は大きな「曲り角」に直面しました。当初の一〇年間の成果は日本の社会的経済機構の発展と相俟って、或る意味の収穫の安易性をわれわれに与え、またその集団エネルギーの燃焼は、正確にわれわれのものとして返ってきた時代でもありました。　しかしその土壌形成の容易な時代は去り、更に収穫のきびしい試行錯誤の時代へと移行したのであります。　新人の登竜門としての実証を、確立した感のあった日宣美は、その結果として、当初七〇数名の会員から四〇〇名を組織する全国作家団体に変わり、同時に大きな組織ゆえの矛盾を包含する状態になりました。　デザイン啓蒙期一〇年を成功させた日宣美は、それ以降の運動思考の壁に直面しながらも、展覧会行動以外に、直接的生涯を切り開く組織論に挑戦し得ない母体になっていた状況は、否めない事実であります。　またこの期を境としてこの一〇年間、内部の反省と、外部批判の思考に耳を傾け、僅かながらも過去の脱皮と体質改善を試みてきたこともたしかであります。　しかし決定的な土壌改善には至らず、ますます内部改革の要を迫られる時期を体験しておりました。昨年の展覧会時期に於ける、日宣美に対する学生運動から端を発し、以来更に内部討論を日夜繰返し今日に至りました。しかしこの解散決議は内部的必然性によるものであり、長年日宣美内で討議され続けてきたものの、自らの結論であります。またグラフィックデザインの現況は宣伝美術と言う一方向的な次元ではとらえ得ない、多元的拡散的未来をふんだんに内蔵しはじめ、デザイナー集団としての運動体における思想統一はもはや不可能な時代を迎えております。　日宣美はエネルギーの完全枯渇の前に、自らの判断で個々の世界に帰ります。われわれはむしろ解散する勇気とエネルギーのあることを今までの討議の中に見出しました。七〇年代をグラフィックデザインの不毛の地にしない為にも、日宣美を解体し訣別いたします。またそのことにより今まで日宣美が果たしてきた社会的役割と功績も、より明確になるものと信じます。　そしてこの解散を更に、グラフィックデザインの進歩と、変革のための積極的な行為にしたいと思います。解散のあとに何が来るかまだ何も見えていませんが、次に来る何かにとって日宣美二〇年の歴史がかけがえのない貴重なデータになることだけは間違いありません。　ここに日本のグラフィックデザインのより健全で、自由な発芽を期待し、解散を声明するものであります。終わりに永年にわたり日宣美にご協力いただいた関連諸団体・会社と、日宣美を支持し鞭撻して下さった多くの方々に深く感謝の意を表するとともに、今時点までの全会員の良識ある努力と行動を了とされ、日宣美の解散をご確認下さるようお願い申し上げます。　一九七〇年六月三〇日　日本宣伝美術会」（日本宣伝美術会 1970）。

43 「彼らゲバ学生が突きつけた問題によって、明らかにこの問題は発展したのであって、もし彼らが問題を突きつけていなければ、こういう総会が恐らく開かれなかっただろうし、この事が良かったかどうかは別問題として、先ほどの審査の問題だとか作品発表の問題も若干からむのですけれども、彼らの要求が突きつけられていなければ、恐らく展覧会も当然開かれていたと思います。それ以前には勿論改革案だとかそれなりの批判は出ていたわけですが、積極的な展覧会の阻止、つまり学生が実力によって阻止した様な積極的な阻止というのは明らかに会員の中から出てこなかったと思います」（永井 1969）。「学生から問いかけられたことに対して、確かに我々は答えることが出来なかったし、答えても非常に難しいし、現実には答えるテーゼを我々は持たなかったわけです。彼らの問いかけの内容に、公式的な言葉を使ってあるかも知れないけれども、それにしても非常に重要な問題を含んでいたし、答えなければならないものであったと僕は思うのです。だけども答えられない」（和田 1969）。

44 デザイナーブームそのものについては、別に「デザイン／デザイナーを知ることとの戦後史」という論文で述べたことがあるので、その概要だけを引用しておく。その論文では亀倉雄策と横尾忠則を事例として取り上げ、グラフィックデザインをめぐって「職能が強く主張されていた分だけ人称性が見えにくかった頃と、職能語りが弱くなった分だけ人称性が立ち上がってきた頃のことを述べ、さらには職能語りが外部化されると同時に、そのこと自体がどうでもよくなってしまうまで」を述べた。「こうした動きのなかで明らかになったのは、職能語りの居場所が当事者の外部へとズレ続けた分だけ、人称性の単独の流通が可能になったという点である。そして、この動きを支えたのが、当事者によるマスメディアへの進出であり、外部の観察者による職業案内本の流通であった。当事者は自分の専門性を積極的には語らなくなった分だけ、それを外部の観察者に任せると同時に、人称としての横並びを可能にしてしまうマスメディア（的な理解枠組み）において、それぞれの専門性を自明にした異分野交流に勤しむようになったのである。もし、デザイナーが「文化人」であるかのように見えるのだとしたら、こうした動きを前提にしてのことであろう」（加島 2010）。

45「一九五五年から一九六〇年頃までの間を、デザイン史の上では、新しい世代の登場とするのがまさに適当であると考える。もちろん新しい世代の登場は、単に人間の登場ではなく、新しいデザインの思想と方法を、何等かの形で提出したからこそである。この新しい世代の登場、新しいデザインの思想と方法は、たしかに、それまでの図案家意識を根底からゆさぶり、その質を明らかに変えていった。…〔中略〕…。そうして、この様な新しい世代の登場と、デザイン上の方法に明確に新しさを加えたのは、まさしく、illustration であり、タイポグラフィ（typography）であり、エディトリアルデザイン（editorial design）であったといえよう」（粟津 1965）。

46「一九六〇年、東京で開かれた世界デザイン会議は、これを推進した世代（戦前・戦中派）のあいだに、参加・不参加をめぐって対立を生み、それは今も尾をひいて、陰に陽に日本のデザイン運動を停滞させる一因となっている。その半面、会議の開催を素朴にうけとって、これに参加した世代（戦後派）は、急速な成長をとげたといえよう。…〔中略〕…。彼らは競って評論の筆をとり、好んでシンポジウムなどを試み、さかんに個展をひらき、次々に自費出版形式の絵本類を出版した。映画・TV・出版などの分野に、アートエディターとして積極的に参加の意欲を示したのもこの世代である」（勝見 1967）。

47「安保はデザイナーの社会性や政治意識を試すには絶好のチャンスでもあった。そこで青地に白いシルエットの鳩のイラストにいっさい文字の書かれていない取締役の亀倉雄策デザインのプラカードをたくさん作って銀座通りをデモ行進することになった。…〔中略〕…。渦の最後部にいたわれわれのすぐ後には警官隊と右翼団体が迫ってくる。われわれが手にしてる判断に困るような鳩のプラカードを見て、「お前達は右か左か」と木刀を手にした右翼と思われる男が叫んだ。「ハ、ハイ、同じです」「同じじゃわからん」「ハイ、あの一右です」…〔中略〕…。あんたたちと同じ考えです。ねえ、そうだよね、と自分たちで同意を求め合った。もう情けなさを通り越して哀れとしかいいようがなかった。だけどぼくはこの時、鳩のプラカードの魔力とそれに伴う危険性を感じた。言葉と論理を超えたビジュアル・ランゲージの与える心理的な訴求力は、人間の想像力を時には攪乱させると同時に、相手に異なった方向性を与える機能を持っていることを知った。とにかくこの亀倉雄策デザインの鳩のプラカードは攻撃の対象になったり、また護符に早変りした」(横尾 1995=1998:29-31)。

48「東京大会のデザインポリシーを一語に要約すれば、視覚言語の重視ということになるであろう。地球のあらゆる部分から人びとが集まり、多種多様な言語の氾濫する、オリンピックのような国際行事においては、たとえ公用語がきまっていても、視覚言語の役わりはきわめて大きい。東京大会マークの一貫した使用をはじめ、五輪マークの五色活用、エリアカラー、競技シンボル、施設シンボルなどの組織的な適用というふうに、視覚伝達に力をそそぎ、オーヴァデコレーションを避けたのが、結局はよかったのだろう」(勝見 1965)。

49「「オリンピック」でも「選挙」でもポスターをつくることは大変むづかしい。誰にでも、どこの土地でも関係なく理解される表現を持たねばならない。むしろポスター自身の表現力が大衆に向って説得力を持っていないといけない」(亀倉 1963c)。「オリンピックポスターは誰が見ても判るものでないといけない。たとえば、おばあさんから幼稚園の子供まで、その上若いスポーツマンも会社の重役も共感をおぼえるものでないといけない。その上国境なしに理解され、そして公式ポスターらしく堂々としていなくてはいけない。これだけの条件を入れて作ることはデザイナーにとっては大変むずかしいのです」(亀倉 1963b)。

50「第十八回オリンピック東京大会では言葉の違う多くの民族が集った。この人達をスムーズに誘導するために「見せる言語」が採用された。…〔中略〕…。しかしこれらのシンボルも理解できるものと、難解なものがあって、ヴィジュアルな言語の宿命というものが感じられた。それはヴィジュアルな「伝達語」というものは、きわめて理解の範囲がせまいことである」(亀倉 1965)。

51「万国博覧会のマークがやり直しということだが当然だ。たしかにあのデザインは、一般人には一応の説明でもない限り、何を表現しているのかさっぱりわからない」(高木 1966)。

52「私たちが今まで合理主義は正しく健康な思想だと思っていたものが、今の若者たちから退屈で、つまらぬものだと軽蔑され出した。…〔中略〕…。合理主義だって産業革命以後に手と機械との問題をふまえて打ち立てられた新しい思想だった。無駄な装飾をすてさって機能だけを追求すれば、その結果が新しい造形美だという考えは当時としては、やはり恐ろしいほど新しい思想だったに違いない」(亀倉 1970)。

53「機能的なものは美しいという概念が昔ありましたよね。今は必ずしも機能的なものが美しいことはないんじゃないかと僕は思います。美しいものは美しいんであって、機能的なものは機能的で、いつでも機能と美というものが結びついているとは、限らないと思うんですよ」（粟津 1967）。

54「私は苦労するデザインから、苦悩するデザインへと移行していった。このことは明らかに合理機能主義のモダニズムデザイン、あるいは、グッドデザイン別名日宣美調への訣別の時だった。この時、私は、日宣美調という路線から飛び降りなければならなかった。私の降りた場は、粟田勇という情念の土地だった。私はこの粟田勇の情念という言葉に初めてぶつかり、この二字を感覚的に受けとめ、何度も何度も、この言葉を繰りかえすことにより、私自身のデザイン理念にすりかえていった」（横尾 1969）。「私はもともと、絵画が一対一の密室的対話形式であることから宗教的であるのに対し、デザインは政治的であると考えている。…〔中略〕…、この政治的機能は、いまでは近代における商業主義と結びつき、合理的機能主義に裏づけられたモダニズムデザインとなって特定の支配層の下で単なる合理化運動を進める結果になってしまった。こうして近代産業の一環となったモダニズムデザインは物質文明に貢献した。しかしその半面われわれから今、魂を奪おうとしている。こうしたモダニズムデザインの精神性の欠落から、デザインは人間性を喪失していった。このような状況のなかで、ここ一、二年、デザインに人間性の回復が叫ばれるようになり、デザイン界では「情念のデザイン」という流行語さえ生まれた。私は一九六四年、粟田勇氏によって初めて「情念のデザイン」という言葉が使われたと記憶する。…〔中略〕…。「情念のデザイン」という言葉を感覚的に受止め、それを口ぐせにすることにより「情念のデザイン」は私の内部に定着していった」（横尾 1969b）。

55「戦後、独立したジャンルとして確立した宣伝美術は、今から五年前、日本で行われた世界デザイン会議で、大きく飛躍をしたとみていい。…〔中略〕…。視覚言語などという言葉も生まれたように、表象による、抽象的な意味の集団的な伝達という一点にデザインの問題はしぼられ、デザインがおどろくほどの発展と進化をみせたことは否定できない。しかし、いわば、表象の記号化を追うあまりに、表象のもつ、さらに根源的な性質をおきわすれたのではないだろうか。…〔中略〕…。禁止と書くかわりにバツじるしを書いたり、トイレの男女別を示すのに、シルクハットとハイヒールを書いたりするのが、どれほど便利か私は日ごろ疑問に思っている」（粟田 1965）。

56「民族や国によって言葉や習慣が違う。…〔中略〕…。言葉の違いは文字の違いとなって、文化の交流を大きく阻んでしまうし、国と国との理解、人と人との意志の伝達も円滑にゆかない。だから文字のように「読む」伝達ではなく「見る」伝達が普及したら、ある程度の不幸はさけられるかもしれない。…〔中略〕…。（引用者註：ユネスコが進める）標識板の国際規格は生命を守ることにもあるが、国境をとりのぞいて人と人との交流を円滑にしようという意図も見逃すわけにはゆかない」（亀倉 1965）。

57「機関紙《草月》は、その誌上で、芸術各ジャンルの交流ということを積極的にとりあげてきた。戦後、いけ花を縦の伝統から解放し、現代芸術のひとつとして、美術、建築、文学、音楽、映画など各ジャンルと共通の課題をもつものとして位置づけることにもっとも積極的だったのが、草月会であった。〈草月アートセンター〉の実現は、この誌上での交流を、実際に具体化するという意図のあらわれだったように思われる」（中原 1966）。

58「様々な個性を持つ人々が、あるキッカケで同じ場に集い、創作活動に携わることは非常に刺激的でした。当時、芸術運動の場を提供したともいえる草月会館は、意外な出会いを創り出し、集う人々を触発する、そんな未知の空間であり、よりマイナーな実験室そのものであった、とつくづく思います」（勝井 2002）。

59「草月会館ホールには随分足を運んで、おかげで前衛芸術に触れる機会も多かったけど、退屈なやつも多くてね。今でこそ正直に言えるけれども、あの頃はそういうものが分からなくちゃいけない、見てないと立ち遅れるんじゃないか、退屈だなんて言うと馬鹿にされるんじゃないかと思って、結構無理もしてたんですよ。ジョン・ケージがステージの上で電気釜で米を炊くというのがあったなぁ。スイッチを入れてから炊きあがるまでをただ見てる。こんなつまんないものないですよ。でも、これがつまらないって言ってちゃあ遅れるんじゃないかって、我慢して見てましたけど。しかし、これがなんで音楽なんだろうと思いましたね」（和田 2002）。

60例えば、横尾は次のようにも回想している。「一柳慧さんと『サイコデリシャス』っていう現代音楽とロックを統合したようなコンサートをやった。…〔中略〕…。所謂サイケデリックショーなんですけれども、…〔中略〕…、声の出演で「あー」とかなんか叫んだりして、一時間二十分くらいやったのかなぁ。何がなんだか分からないから、お客さんは全員まったく呆気にとられたっていう感じで、ぽかーんとしてました。やっている自分もよくわからない」（横尾 2002）。

61「別個な意味で興味あるのは、横尾忠則の「KISS KISS KISS」だ。彼がリヒテンシュタインとはまったく独自な立場で、アメリカの安価なマガジンから、ただひたすらキスしている部分だけの絵を切り抜き、くりかえしくりかえし終わりまでそれを続けるわけだが、ともかくおもしろい。…〔中略〕…。宇野、和田、横尾の三人は、グラフィックデザイナーであるが、アニメーションの分野に積極的に切り込むことにより、視覚デザインのイメージをより拡大しようという試みを一応成功したとはいえる。アニメーション的文法をほとんど無視していることから意識的に出発している彼らは、自分たちの独自な心の尺度をもって、ニヒリズムとナンセンス、そして静かな沈黙と取り組んでおり、自由である。…〔中略〕…。そして会場はほとんど若者たちばかりであり、笑い声がたえまなく続いているといったふんい気である」（粟津 1964）。

62「開票の結果、「ジャンセン」が半数以上を占めて、他を大きく引き離すという結果になりました。拍手がおこります。四時十分。ところが、そのとき異議が出ました。この作品は軽すぎる、と言うのです。ちょっとした混乱のような気配は会場におこって、数人が同時にしゃべったりしはじめます。「今の時代のサウンドのようなもので、説明のしようのない面白さ」だと右のほうで発言していると、左では「これは軽い」がくり返されているといったぐあいです。話の合間に、先ほどもめた「二ツのドイツ」がよく引きあいに出されています。たしかに、この両者は、共通の時代色をもった作品です。そしてこれらのポップやオップの流れに棹さす作品を、ことしの日宣美の「顔」として認定するかどうかが、どの発言のバックにも感じられます。結局は、九票という数字がモノを言うことになりました。再び拍手がおこります。四時三十分。審査はこうして終わったのです」（土屋 1967）。

63「このポスターには作者の苦渋のかげりが全く見られない。かげりがあるとすれば、それはことしの夏の日の吐息である。この奇妙になまなましいフィーリングは、どんなに計算してみても、どんなに勉強してみても、どんなに努力してみても、けっしてつくり出せる性質のものではない。こんなところがヘンなポスターなのである。…〔中略〕…。このポスターは感じることしか評価のしようがない。そのほかのどんな物差しでも計れない。過去の物差しを無用のものとしたところに、このポスターの最大の価値がある」（山城 1967）。

64「〔ジャンセン〕はさりげなく、突然に現れた〔新鮮さ〕だった。論理によって構築された新しさではなく、ズバリ新鮮な生きもののような、性質によって誕生した快挙なのだ。…〔中略〕…。目で見たものが直接表現に変わる。少なくとも、そうした方向性をもっている。中間の創造の過程を、カットする、取り除いてしまう。…〔中略〕…。戦後デザインに登場した、様々な流派やイデオロギーや、技法では、当然その尺度としえないもが、誕生しつつあることを予見する。〔ジャンセン水着ポスター〕は、その現れの一つである」（粟津 1967b）。

65「「ジャンセン」のような作品が日宣美賞をとったということは現代のデザインの方向を考える上で、面白い問題が提起されたと思うのです。それは価値意識の転換ということだと思う。いままでのグラフィックデザインというのは、その基礎に構築という意識があって、一つ一つ積み重ねていくということ、つまり理性的な理解をへて、コミュニケートすることに価値があったわけです。…〔中略〕…。「ジャンセン」は意識的か無意識的かは別として、少なくともそういうルールを無視して、人間の感覚にいきなりばっと飛び込んでくる。だから、今まで内容的に重々しい感じのものとか、間違いのないものとか、そういったものに、価値観があったと思うのですが、「ジャンセン」は、ぜんぜん逆に、軽くて、そうして一見無内容な感じがするわけですよ。そこには、コミュニケーションとしての一つの論理的な説得性がなくて、頭で考えるのではなく、体でじかに感じるような大へん感覚的なものだと思うわけです」（永井 1967b）。

66「デザイナーのつくる作品の「美術」化という現象が目立ってきている。果たしてこれはデザイナーのコンプレックスなのだろうか。ことしの日宣美展にはデモンストレーションパネルと称する大画面があり、それをデザイナーがそれぞれ自由に構想していておもしろかった。これはデザイナーの描いた「絵画」といっていいのかもしれない。フシギなことにこれらの作品の多くが「情感」や「味わい」をにじませていた。画伯たちが「デザイン」化し、デザイナーが「美術」化する。さしあたりこうしたデザイナーには「デ伯」という尊称をたてまつりたいものである」（朝日新聞社 1967b）。

67 なお、「感覚」の肯定は当時の社会的な現象としても観察されていた。「その一。プアプア詩。…〔中略〕…。擬音で擬人化するこの手法は、言葉に意味を持たせないためで、若い詩人の間で評判になったそうだ。…〔中略〕…。その二。商業デザインのピーコック革命といわれるヒッピーポスター、またはサイケデリックポスター。…〔中略〕…。その三。ティーンをねらった雑誌の創刊ブーム。週・月・季刊とりまぜて十種に近い。どれも片カナ名前で、マンガと写真が中心の〝見る〟雑誌。…〔中略〕…。以上三つ、共通しているのは、何よりもまず感覚的なこと。そしてナンセンスなこと。それにちょっぴり退廃と不安のにおいもする。こういう感じを、いまの若い人たちは「ハレンチ」と形容するらしい。…〔中略〕…。戦争を全く知らず、バターとチーズとテレビで育った世代の「ハレンチ」好み。これを末期的現象とみるか、あるいは変革への胎動とみるか、どちらにせよ、こんな〝感覚人間〟の大量出現を、無視することはできまい」（読売新聞社 1968）。

68「とにかく空前絶後といえる前衛芸術家を万博のため大動員したのだから歴史家も驚くはずである。私がちょっと頭に浮かんだ人を並べてみてもざっと次の通りである。建築畑から前川国男、坂倉準三、丹下健三、磯崎新、菊武清訓、黒川紀章、大高正人、清家清、村田豊、原広司、芦原義信。画家では岡本太郎、高松次郎、山口勝弘、堂本尚郎、田中信太郎、宇佐見圭司、岡本信次郎、イサム野口。デザインでは粟津潔、田中一光、河野鷹思、横尾忠則、杉浦康平、勝井三雄、増田正、安西敦子、福田繁雄、仲條正義、石岡瑛子、細谷巌。音楽では石井真木、一柳慧、薫敏郎、武満徹。映画では市川昆、勅使河原宏、恩地日出夫、松山善三。評論から川添登、勝見勝、安部公房、浜口隆一といった最前線のそうそうたる人たちである。…〔中略〕…。いろいろな空想的なプランが次々と建築家の手によって出来上がっている。どうせ機能的な必要は無く、早く言えばムダだらけでも、珍奇で人目をひき、話題になればそれで目的を果たしたことになるんだから、こんな面白い仕事は一生に一度しかないと思う」（亀倉 1969b）。

69「機械時代礼賛の「機能と美」という、ゆるぎない理想像としての数理が強くおしだされ、それが近年まで及んできた。そして今日、都市・建築・デザインは、それらの理想像を具体化することで、全盛期を迎えた。…〔中略〕…。その集中的表現こそ大阪における万国博であろうが、…〔中略〕…、近代デザインの頂点に達し、ここまでたどりついたということで、逆にひとつの時代を閉じてしまったようにも見える」(粟津 1970)。「草月の流れが一挙になんていうのかなぁ、ある意味では花開いたともいえるし、ある意味での最後の断末魔みたいな、それが七〇年の万博だったんでしょうね。この辺で活躍していた人たちが初めて大きな予算をもらって、企業に協力して、自分たちが出来るだけ先端の方法論で、音楽にしろ、パフォーマンスにしろ、映像にしろ、いろんなものを作り上げた。あれがこういう、ある時、集まって、協力しあって「なんかやろうぜ」っていうことの最後だったという気がします。あれで、こういうものの可能性っていうものが商業主義にすっかり吸い込まれてしまったからね」(谷川 2002)。

70 粟津潔、福田繁雄、細谷巖、片山利弘、勝井三雄、木村恒久、永井一正、田中一光、宇野亜喜良、和田誠、横尾忠則、ポール・デイビス、ルイス・ドーフスマン、カール・ゲルストナー、亀倉雄策、ヤン・レッニア。

71「「ペルソナ」のメンバーのような個性発揮の動きは、サイケデリック、ポップアートなどの欧米の潮流が即時に影響していた時代背景と無縁ではない。一九六〇年代を通じて前衛芸術の震源地であった一九五八年創立の草月アートセンターや、一九五九年の「禁色」によって〈暗黒舞踏〉を創始した土方巽の主宰するアスベスト館など、文学者やアーティスト、批評家、建築家、音楽家が集まるメルティング・ポットがあり、既存概念を壊そうとする反芸術のムーブメントが起こっていた。…〔中略〕…。特に横尾忠則が創出した強烈なビジュアルメッセージは、端正なモダンデザインと相反する日本人の原感情の表出と言える。宇野亜喜良や伊坂芳太良らのイラストも、モダンデザインが包含しえない感覚を含んでいた」(紫牟田 2003)。

72 一九六五(昭和四〇)年は三四四〇億円、一九六六(昭和四一)年は三八三一億円、一九六七(昭和四二)年は四五九四億円、一九六八(昭和四三)年は五三二一億円、一九六九(昭和四四)年は六三二八億円、一九七〇(昭和四五)年は七五六〇億円、一九七一(昭和四六)年は七八六八億円。

73 例えば、一九六七(昭和四二)年に若者の人気を呼んだレナウンの「イエイエ」は、「一七才から二四才位まで、消費支出が一般平均の一・八倍というヤング(女性)層」を対象に絞っていた(今井 1970)。

74 第一次貿易自由化(一九六七年七月)、第二次貿易自由化(一九六九年三月)、第三次貿易自由化(一九七〇年九月)。

75 例えば、一九六五(昭和四〇)年発売の「ジャルパック」キャンペーンは大きな利潤をあげた(影木 1969)。

76「ここ二、三年来、広告のクリエイティビティをめぐる議論は激しくなるいっぽうであった。毎月、クリエイティビティに関するさまざまな論文や、研究書が書かれ、クリエイティブな広告の実例（もちろん外国の作品だが）、ぼくたちの胃袋が消化不良をおこしそうなほどたくさん、紹介された。だが、ぼくは、時にはそれらの理論のあまりの高邁さ、程度の高さから、そして時には、受けとるぼくたちの側での怠惰と不勉強な気分から、かえっていろいろな誤解を招き寄せてしまったことを認めなければならないだろう。これほど、広告のクリエイティビティをめぐる議論が氾濫したにもかかわらず、ぼくたち、広告をつくる立場にいる人間にとって、広告のクリエイティビティは、かえって、遠い、手の届かないところのものになってしまったのである」（梶 1967）。

77「日本の数多くの広告技術者たちは、「創造哲学」という言葉を「創造するための哲学」と解釈して、「創造」というものも狭い意味で判断しているようですが、現代の広告の創造は、単にひとりのボスが創造的才能に恵まれているとか、すぐれた考え方を持っているとかだけで達成できるものではないのです。…（中略）…。「創造哲学」とは、ボスに対する考え方であり、それを支持する集団員全体の態度であり、その考え方を実践するための組織であり、雰囲気なのです。DDB（引用者註：広告代理店の Doyle Dane Bernbach）に即していえば、まずバーンブルック社長の「広告は説得である。説得は科学ではなくアートである」という考え方があり、アートであるためには、そこには「すぐれたコピーライターとアートディレクターの創造力が必要」であるから、それをライターとアートディレクターの最小単位チームを組織して、彼らに創造的自由を与え、そこから生まれたものを支持する雰囲気をつくっているのです」（西尾 1966）。

78「アメリカのクリエイティブ関係の会社や、スタジオで、実際に仕事をしてみたり、あるいは調査をして、特に感じることは、クリエイティブ作業の内容と、その作業を行っている会社の組織と、そこで作業に従事している人間という三つの違った要素が、一つの目的のために、じつにうまく組み合わされて、強力な機構を生んでいるという点である。すなわち作業の内容を例にとっても、一貫した流れが節度正しく切断され、その切断された一つ一つの位置にそれぞれの専門の人間が配置され分業をしている。そうしてその分業と分業をつなぐ接着剤的役割を果たしているのが機構である、という仕組みだ」（中井 1963）。

79「アメリカのクリエイティブグループの作業は、組織とチェックを軸として、これに関係のある、あらゆる専門家が参加し、グループとして一つの創造に参加しているわけである。したがってその専門分化はさらに細分化され、さらに新しい分野の専門家をつくりあげてゆこうとする傾向が強い。いってみれば、ある機械がさらに検討、分析されて精密機械化してゆく過程にも似ているのである」（中井 1963b:129-130）。

80「社会情勢は急速な変化をとげ、経済の伸長や貿易の自由化などの影響を受けて、企業は発展策と自己防衛策の一環として、自らの手でデザイン政策をとりはじめた。すなわちデザイナーを求め、彼らと調査技術者などをからみあわせることによって、現代広告の構造をつくりはじめた。…〔中略〕…。このようにデザインという概念が広がるにしたがい、逆に分割されたいくつかの部門が、専門分野としての発展をとげていった。たとえば広告の世界においては高度な調査技術やコピー（文案）技術が、デザインと密着して独自の技術体系をつくりはじめた。発想の場においては市場調査や動機調査、あるいは種々の心理調査の側面からデザイナーをたすけ、制作の段階では、電子計算機をはじめ、種々の機械装置が、表現の過ちを修正しはじめた。…〔中略〕…。だから広告のどの一部をとっても、いわゆる科学性がかくされていて、デザインはこれらの「糖衣」としての役割を果たしていることがわかる」（中井 1967）。

81 といっても、経営学やマーケティングへの批判が経営学者を悩ませてもいた。「もっぱら経験と勘のみに依存して処理されることの多かった企業経営の分野に、科学的分析のメスを加えようとした経営学ブームは、戦後、日本の達成した偉大な成果の一つであった…〔中略〕…。だが、このような考え方の他方では、マーケティングへの不信感がますます強まろうとしており、今日のわがビジネスは多少ともこの問題をめぐってジレンマに立たされているように感じられ、筆者はそこにマーケティングの危機をみる。…〔中略〕…。マーケティングは、本来ひとつの哲学を持った販売の技術体系と考えているが、日本のマーケティングに果たしてこの哲学が確立していると云えるだろうか。そこにこそマーケティングのゆがみの原因があるように思われてならない」（片岡 1967）。マーケティングが問題なのではなく、それを上手く受容しない日本の問題だというわけである。

82「この混沌とした社会の中で、デザイナーはどのような発言と作業をしなければならないのか、同一的な作業の連続、新しい流れと形、一日が二四時であることすら忘れてしまいそうだ。…〔中略〕…。デザイナーが毎年多くなるだけでは、質を高めるには至らない。また企業の中にあっても組織が大きければ大きくなる程、作業が細分化されて行き、デザインされた製品のデザイン上の責任は、むしろ不在になり、計画より、制度に依存する結果を生んでいる。我々の諸活動が拡大し、新しいエネルギーを創り出すのは良いが、そこから人間が見失われ、計画と批評の精神まで不在になっては、文明の浪費にすぎない。…〔中略〕…。歯車の一部分であるよりは、せめて医者のようでありたい。自分のみる患者については、できるだけ正当な治療のできるような」（粟津 1962）。「デザイナーと呼ばれる専門家たちの責任は、どのようなものであろうか。ビジネスマンは、それなりに企業全体の中の個の役割を、労働そのものが無性格で機械的であればあるほど、コンベアシステムのように間違いなくある事務を進行させることにより、その職業としての責任を果たしている。計算機をまわす仕事とデザインという仕事が同じような責任と考えられてよいものだろうか」（永井 1962）。

83「現代、私たちの日常の仕事は共同制作がほとんどであり、各自の個性が失われていく傾向は必至である。それだけに、せめて日宣美展において、個のデザイナーとしての自己を凝視する機会をもつことは必要なことだと思うのである。そのことは、決して昔に帰ることを意味しない。日常の仕事における「共同制作」という集団性を踏まえる以上、それを通過する以前と以後の個性のありかたは大きく違うことを、自覚できるはずだと思うからである」（永井 1965）。「集団制作的な思考からは、創造性の開発には、かなり有効な面も得られよう。しかし、表現まできめてしまうと、血のかよったコミュニケーションができない欠陥がある。集団制作はスタッフによる相互依存が、クリエーションをかえってなまぬるいものにしている例もしばしば見うけられる。偉大な広告の創造は、現在のところ、すぐれた個性から生まれてくるケースが多い。集団創造は、広告のコンセプト・メイキングの段階においては有効性があるにしても、デザイン創造の世界では、生半可な開発組織の導入は、かえってすぐれた個の創造性をはばむことになりかねないと思うのだ」（永井 1967c）。

84「TVの広告費は、年ごとにますます増え、新聞の三七・六％には及ばないとしても、いまや全広告費の三〇・一％という驚異的な数字を示している。このようなTVの広告費の増加に反して、優れたCMに余りお目にかかれないのは、一体どういうことであろうか。思うに、デザイナーを含む優れた技術者が、まだ本格的にTVに取り組んでいないからであろう。もっとも、それには、いろいろな要因がある。一つには、メディアとしての歴史が浅く、既存のデザイナーで、TVのCMに意慾をもっている人が、大へん少ない。このため、優れた人材も、なかなか育成されない。次に、どんなに優れた発想も、制作の段階で、キャメラマン、ライトマン、タイトルマンなど、多数の人びとによる集団作業を必要とするため、机上プランに終わりやすい。つまり、これらのグループを使いこなすことが、極めてむずかしい。それればかりではない。現在の日本のプロダクションの技術や、現像処理の技術が大へん遅れている。…〔中略〕…。で、何より大きな問題は、広告にたずさわる者が、まだTVのメディアとしての特性をハッキリ把握し、それを活かそうとしていないことではなかろうか」（河井・椎橋・藤本・西郷 1962）。

85「正直にいって、民放関係者は、ほんとうにCMを理解し、そしてCMを大切に取扱っているであろうかと、となると、いささかうたがいの面が大きくなる。…〔中略〕…。CM専門のCMディレクター制を作ってCMを演出している局は少ない。あれだけの生コマーシャルを局で制作して放送しているのに、放送局では完全なるCMディレクターを養成して専門にCMをあつかわせようとしない局が多いということは、CMを、口では大切だとか、上手なことをいっていながら、腹ではなにか侮蔑しているような気がする」（あんな 1962）。

86「印刷と電波のよりよい関係については、現在でも、まだ十分に解決されたとはいえない。これは、それぞれの育ってきた風土が、日本の場合は、あまりにも違いすぎたところに、そのむずかしさがあるのだと思う。…〔中略〕…。つい最近まで、グラフィックの人たちは、テレビCMを、自分たちとはまったく違った世界としてしか、受けとっていないようであった。驚いたことに、コピーライターとよばれる人たちも、その仲間に入っているのである。…〔中略〕…。とにかく、コマーシャルにかかわりあることが、彼らのプライドを傷つけるとでも思っているようである。同じ広告をつくっている仲間が、なぜテレビCMに対して、こうした「みにくいあひるの子」の偏見をもつのか、理解に苦しむ。それが大衆性をもちすぎているからだろうか？　大きな叫び声を出すからだろうか？　それとも、非論理的だと考えるからだろうか？」〔尾張・中西・水島 1967:199-201〕。

87「CMという言葉が持つおしつけがましさ、いやらしさを捨て去り、CMを作る側も見る側も楽しい。…〔中略〕…。力強いビートのきいたリズム。…〔中略〕…。シンボルマークがぱっと現れて消え…〔中略〕…、実写とアニメーションを組み合わせ、カメラはロングからアップ、極度に低い角度と、目まぐるしい。一分の間に物語があるのではなく、ただパッパッと場面が変わる」〔朝日新聞社 1968〕。

88「各広告エイジェンシーともに、制作部門にいちじるしく重要性をおいている最近である。クリエーティビティとか、クリエーティブといった新概念が発生したのは、主として、広告エイジェンシーからであったし、また、そうした新しい用語を必要とする独自の制作活動がそこで現実に開始されたのも、事実である。電通のばあいでみると、かつての宣伝技術局がアート局とコピー局に分化し、さらに、放送、写真を吸収して、今では、クリエーティブ室に発展し、四〇〇余人ほどのスタッフを擁している。制作スタジオとしては、外部のどんなスタジオよりも大きな規模をもち、常時扱っている企業も百数十社に達するという。日本の最大スタジオといってさしつかえない」〔瀬木 1970〕。

89「へんなドラマなんかよりずっといい。年寄りはむかしのまずいコマーシャルのために、コマーシャルぎらいの先入観をもっているようだ」、「一時間以上もみていてあきない。こんなテレビ番組あまりないですよ。ユーモアやお色気に大胆でセンスがあるのがいい」〔読売新聞社 1970〕。

90「赤坂の草月アートセンター。六月末の四日間〝CMを見る会〟が開かれたが、五百円の入場料で定員三百八十人の会場が超満員。…〔中略〕…。広告自体が、このように独自の価値を持ちはじめたことで、広告を製作する企業の側でも、当然、考え方を変えざるを得なくなった。ある化粧品会社の宣伝部長は「もう、商品そのものズバリでは広告として訴える力を持たなくなったということだ。ということは、同業会社が同じような広告を出していたのでは、どれがどの会社の製品かわからなくなる。それよりもワンクッションをおいた表現、より個性的な表現、より観賞性の強い表現を消費者が要求するようになった。それにこたえるためには、広告やＣＭソングづくりは、単に宣伝部だけの仕事でも、会社のひとりよがりでもダメで、常に消費者、いいかえれば社会の反応に敏感でなければならず、企画や製作に数年前の何十倍もかけなければならなくなってきたと思う」といっている」（須田 1968）。

91「コマーシャルがうるさがられたのはむかしのこと。テレビの本番組よりもコマーシャルを楽しみ、部屋に商品の宣伝ポスターを飾るという〝コマーシャルファン〟がこのところふえている。といってコマーシャルが売り込もうとする商品に興味を示すわけではない。〝ハッパフミフミ〟で大笑いし、〝モーレツ〟にニヤリとし「あれ、何の宣伝だったっけ」。その結果、コマーシャルそのものが〝商品〟になったり、人集めに使われたりするようになった」（読売新聞社 1970）。

92「本年特記すべき現象として、ポスターという媒体に異変が生じたことである。ポスターは近年とみにマスメディアとしての機能を喪失しつつあったが、突然にインテリヤグラフィックとして蘇生するという奇蹟を生じたのである。ピンナップポスターとして売りポスターが誕生した。これはヒッピーポスターの影響もあるが、日本ではそれより一歩先んじて、資生堂制作の水着ポスターが人気を呼び店頭からハク奪されたときに、ポスターの新しい機能を回復したといえよう。ここにポスターは活路をひらき、ひたすらにその装飾性とエロスとを追求するという現象が生じている」（山城 1968）。

93「ところで最近、各社の人気ポスターが盗まれる例が多くなっているが、新ポスターはこれまでのように鋲どめではなく、ペッタリ張付けられるようになっているためはがすのは〝至難のワザ〟。同社（引用者註：ペプシコーラ）では「〝盗まれないポスター〟を制作した」といっている」（電通 1968）。

94「ポスターを部屋の飾りに使うというのが昨今、若ものたちの間で流行している。…〔中略〕…。東京都内だけで三つのポスター専門店が〝商売〟しているというが、もともと宣伝のために作られたポスターが、宣伝を離れた一種の美術品として売り買いされる、おかしな傾向である。…〔中略〕…。「ポスターづくりに参加してもらう」と積極的な宣伝をとっているのが大映「燃えつきた地図」だ。男性週刊誌と共同で一等十万円の賞金つきで公募したところ、全国から千点近い応募があった。応募者は十六歳から五十八歳までの広い年齢層だが、大部分は二十歳前後。コラージュ（切りばり）、写真構成、ポップアート調、サイケデリック調、抽象画風というういろんな傾向の作品が集まり、大映宣伝部の室内はモダンアートの洪水といったありさま」（読売新聞社 1968b）。

95 当時の若者におけるポスター趣味については、別稿を参照されたい（加島 2013）。

96「グラフィックデザインと絵画との接近ということが、最近あちこちで話題に上っているように思われる。…〔中略〕…。先ずデザインのほうから言えば、売るためのポスターの出現ということであろう。…〔中略〕…、全く表現は自由になり、文字のないものまで現れ、たとえ文字が入っていても、装飾的なもので、ほとんど可読性のないものなど、自由奔放に現代的なイメージだけを盛り込もうとしている。…〔中略〕…。これは日本のグラフィックデザイン界から、横尾忠則や宇野亜喜良といったふうな、専門分野を乗り越えた広い一般層にまで浸透したスターが現れたことなどとあいまって、従来では考えられなかった現象が展開され始めた」（永井 1969b）。

97「アンダーグラウンド」という態度は、こうした構図によって成立する。グラフィックデザインにおいては、あえて「シルクスクリーン」でポスターを少部数しか印刷しないことがその態度表明になりえたし、それが当時における制作者としての個別性をも担保したのである。

98 一九七八（昭和五三）年に亀倉雄策を会長とした「日本グラフィックデザイナー協会」（会員数：七〇五名）が結成され現在にまで至るが、それは職能団体として活動に徹している。

第八章　〈広告制作者〉の歴史社会学

一　理解への問い

問題意識

さて、本研究は第一章の冒頭で当事者（亀倉雄策）において生じている「語り直し」と「揺らぎ」が、いつ、どこで、どのように誕生して、いかなる方向性をもつようになったのかを記述することを通じて、広告やデザインに対する私たち自身の理解の仕方を明らかにしたいとした。つまり、広告やデザインをめぐっては「語り直し」や「揺らぎ」というように、当事者において奇妙に思われていることがある。しかし、広告史やデザイン史はそれとは別に作品語りを積み重ねてきた。また、より踏み込んで検討してもよさそうな過剰さ（濱田増治）が、当事者の語りには残されてもいた。このような「問うべき謎」を見過ごす史的記述の偏向と、史的記述に書き込まれない過剰さという「分析すべき謎」を確認し、これらがいかにして成立するようになったのかを問うことが、広告やデザインに対する私たち自身の理解の仕方を問うことでもあると設定したのである。

そこで、本研究は広告やデザインを作品として書くのではなく、また技術や思想として書くのでもなく、いかにしてそのように書きたくなるのかを当事者においてなぞり返すとした。本研究は物の記述や言葉の記述ではなく、広告やデザインをめぐる物と言葉の配置関係が有意味になっていく文脈の記述を目指すとしたのである。

そのために、本研究は広告には制作物と制作者の隔たりという対象に固有の属性があることを指摘した。[1]またそれゆえに、広告についてのことは制作物においてではなく、その外でいろいろと語られることも確認した。これらを踏まえ、本研究は制作物からは読み取ることができない形式で〈広告制作者〉が語られていると考え、その語りにおける能動的な意味づけと言及対象としての同一性の長さから職業理念において捉えるとした。というのも、このように捉えることで、何度も「語り直し」がなされる専業として理解すること、また個人と組織を循環する「揺らぎ」への理解、さらには制作物を前提にしない記述が可能になるからである。

こうした問題意識を踏まえ、本研究は広告やデザインに対する私たちの理解の仕方を物と言葉の配置関係から明らかにするために、事象内記述という方法論的な設定をした。これは俯瞰的な視座からある方法論を対象に適用する記述や、ある特定の思想用語から時空間を超えた解釈を事後的に積み重ねる記述とも異なり、ある対象において、何がどのように人々のやり方（方法）として自己適用されていくのかを記述するものである。また、このような書き方において、対象（職業理念としての〈広告制作者〉）をめぐる物と言葉の配置関係が有意味になっていく文脈（まとまりをもった状態）を析出し、私たち自身が広告やデザインをいかに理解してきたのかを明らかにするものである。このような設定のもと、本研究は広告やデザインがいかに語り直され、また揺らいでいくのかを事象に即して書き取ることで、私たち自身の理解の仕方を明らかにしようとしたのである。

各章のまとめ

そこで、第二章では江戸時代から大正初期にかけての文案と図案について述べた。ここで明らかになったのは、広告の文案そのものは誰かによって制作されていたが、それは文字の読み書き能力の転用以上のものではなく、文案制作自体には特別な意味づけがなされていなかったという点である。また、図案は工芸との組み合わせにおいて語られ始め、そうした図案と絵画を区別しようとする動きも現れたのだが、そのための参照点が不在であったために、結局のところ図案は絵画に従属してしまう構図が反復された点も明らかになった。工芸図案はそれ自体では自律した制作物ではなかったために、図案を技術的に語ることはできても、職業理念を紡ぎ出すには至らず、またその必要もなかったのである。

第三章では、明治末期から大正期にかけての印刷図案について述べた。そこで明らかになったのは、次の四点である。一つには、図案を語ることが広告を語ることに接近するようにはなったものの、未だその態度は芸術に依存していた点である。二つには、工芸から自律し始めた図案はポスターと出会うことによって、美人画という捉え方を事後的に作り出すと同時にそれと区別していく史的記述を生み出し、また心理学に依拠した技術語りも登場したことで、芸術には依存しない積極的な意味づけが展開されるようになった点である。三つには、デザイン史が制作物だけを取り上げる杉浦非水とその周辺にも史的記述や技術語りが生じていただけでなく、そこでの史的記述が技術語りを促し、またそうした技術語りが史的記述をさらに書き換えていくような動きが孕まれていた点である。四つには、図案が広告に接近した結果として、資本主義に対する気づきが生まれ、またそのことが階級闘争の言葉を経て、「商業美術家」という主体語りを導き出したという点である。これらを踏まえ、芸術家のように制作物と制作者の一致を夢見るのではなく、その不一致を明るく肯定していく商業美術家を、本研究は〈広告制作者〉の誕生としたのである。

第四章では、昭和初期における〈広告制作者〉について述べた。そこで明らかになったのは、次の六点である。一つには、職業理念となった商業美術家が企業のなかで活動できるようなった分だけ実務上の問題意識が生じ、それへの対策として中間的な存在を求めるような声もあがったが、結局のところはそうした存在の信じられなさを確認する方向に向かったという点である。二つには、時局の変化に伴い、広告業界に完全に組み込まれていなかった商業美術家はその論理だけが文脈自由に展開できるようになったと同時に、そのこと自体へのどうでもよさが、さらなる言葉の過剰を促すようにもなったという点である。三つには、ポスター概念が拡張してその分類学が登場したことにより、ポスターとは区別されていたはずの美人画が、「美人画もポスターである」という史的記述の書き換えに巻き込まれるようになったという点である。四つには、写真とレイアウトの組み合わせを心理学的に意味づける技術語りが登場し、これが美人画とポスターという意味付けの差異を塗りつぶすと同時に、多くの人々には理解されない「語りのなかのレイアウト」として自律しながら、それなりに文脈を拡大して語られるようになった点である。五つには、このような技術語りが組織語りにまで拡張されていく過程で、組織語りが広告制作における多様な担当者をまとめる中間的な存在を求めると同時に、そうした制作物によって国家と国民の関係を媒介していく存在をも求める話にもなり、それが「報道技術者」として語られるようになった点である。六つには、商業美術家は美学的な主体との区別を前提にしながら主体語りを整えていたが、報道技術者は美学的な主体との絶え間ない衝突と止揚という弁証法を前提にすることで新しい主体語りを生み出すようになったという点である。これらを踏まえ、芸術家と商業美術家という素朴な区別ではなく、それらを並列的に扱うと同時に、そのこと自体を観察していく視点に主体を設定した報道技術者こそ、商業美術家によって意味付けられた〈広告制作者〉を書き換えた職業理念であると本研究は位置づけたのである。

第五章では、一九五〇年代における〈広告制作者〉について述べた。そこで明らかになったのは、次の九点である。一つには、戦後のアートディレクターという職業理念は戦時下の報道技術者を部分的に抜き出したものであったという点である。二つには、広告史やデザイン史を踏まえれば、今泉武治とアートディレクターの組み合わせが見えにくくなっているという点である。三つにはアートディレクターとの組み合わせでしばしば語られる新井静一郎においては、その必然性がなかったという点である。四つには、アートディレクターは学術的な言葉ではなく、実務上の問題を参照点としたために、誰にでも似たように語ることが可能になったという点である。五つには、このようにしてアートディレクターが語られるようになったからこそ、それを広告の側から語るのか、それともデザインの側から語るのかという区別が登場し、またそれに伴って技術語りも展開されるようになった点である。六つには、こうした動き自体が急増した広告主への対応や組織を前提にした広告制作への対応でもあった点である。七つには、こうした経緯を前提にして、東京ＡＤＣは再スタートを語り、そもそも区別していたデザイナーを内部に組み込んだ形でアートディレクターの分類学が展開されるようになった点である。八つには、こうした展開を踏まえて史的記述が登場したものの、それは記述するものの偶発性を孕み、独特の中途半端さを生み出したという点である。九つには、こうしたなかで復刊された新井静一郎の『アメリカ広告通信』が史的記述の荒さを充填するようになり、またその分だけ、今泉武治が見えにくくなったという点である。第五章が述べてきたのは、アートディレクターが職業理念として語られるようになったからこそ、今度はそれ自体の理解の仕方に変化が生まれ、またその変化がさらなる記述を促すようになったという動きである。こうしたことを踏まえ、本研究は第五章を〈広告制作者〉の成立と位置づけたのである。

第六章では、一九六〇年前後の〈広告制作者〉について述べた。そこで明らかになったのは、次の五点である。一つには、商業美術家、報道技術者、アートディレクターまでは当事者が職業理念を語っていたが、ここになってグラフィックデザイナーは作品制作に注力し、そのこと自体を批評家が意味づけていくという、物と言葉の新しい配置関係が生まれた点である。二つには、一九五〇年代の工業デザインにおいて模倣が社会問題となり、それを否定しながら日本の独自性を肯定することが論理として自律し、その結果として西洋の模倣と日本趣味の間を揺らぎながら「日本調モダンデザイン」が登場するに至ったという点である。三つには、こうした揺らぎがグラフィックデザインにも作用し、そこでは西洋の模倣を回避しつつ、かといって日本趣味に回収されることのない、モダンデザインと伝統を組み合わせたグラフィックデザイナーがそれとして語られるようになったという点である。四つには、このようにグラフィックデザイナーを語れてしまうこと自体が、個人による偶発的な表現を問題視して組織を前提にした科学的な広告制作を強調しはじめた広告業界の動きの効果でもあった点であり、またそうだからこそ、組織を否定して個性を強調することが西洋を否定して日本を肯定することと論理的に重ね合わせになったという点である。第六章が述べてきたのは、西洋のモダンデザインを素朴に模倣するのではなく、かといって組織を前提にしたアートディレクターにも回収されることのないようにしたグラフィックデザイナーをめぐる動きである。こうしたことを踏まえ、本研究は第六章を〈広告制作者〉の展開と位置づけたのである。

第七章では、一九六〇年代の〈広告制作者〉について述べた。そこで明らかになったのは、次の八点である。一つには、デザインを学ぶ学生が増加したことに伴い、当事者や批評家と技術語りを深く共有することのないままグラフィックデザイナーを意味づけていくという、物と言葉の配置関係が生じた点である。二つには、そうした関係の効果として不真面目さを肯定することとデザイナーを語ることを組み合わせた身の上相談がそれとして成立するようになり、グラフィックデザイナーをめぐる意味づけは大衆との関係を無視できなくなったという点である。三つには、デザイン学生の増加とモダンデザインの限界が日本宣伝美術会に対する学生運動に結実し、さらに解散に追い込んでいったことは、大衆との関係を本当に無視できなくなったグラフィックデザイナーのあり方を象徴していたという点である。四つには、モダンデザインを否定しながらもグラフィックデザインを語り続けるために、何か別なる評価の仕方が探求され始め、そこで情念なるものが語れるようになった点である。五つには、こうした別なる評価方法への探求が異分野交流の場所においてなされ、そこでは限られた人々による「わかる／わからない」といった評価方法が機能しにくくなった分だけ、より多くの人々による「面白い」という評価方法が注目されたという点である。六つには、このような展開が日宣美にも跳ね返り、「ジャンセン水着ポスター」の「わからなさ」が「面白い」として評価されるようになり、またそのことを前提にして、かつて否定されていたはずの「感覚」が肯定されるようになったという点である。七つには、このようにして私たちはグラフィックデザイナーを芸術家と同じように理解することができるようになったのだが、そのこと自体が組織を前提にして科学的な広告制作を進める広告業界の動きと不可分であり、またそうだからこそ、グラフィックデザイナーは個性を強く語らされてしまったという点である。八つには、ここまでに述べてきたことは「芸術家への回帰」というよりも拡大成長しつつある広告業界にグラフィックデザイナーが芸術家として組み込まれていく過程そのものであり、それは「広告かデザインか」という対立関係から「広告もデザインも」という並存関係へと移行していく具体的な展開であり、こうした関係をあてにして広告やデザインは「作品」や「作者」を名乗るようになったという点である。第七章で述べてきたのは、大衆からの評価を前提にすると同時に、組織を前提にした広告制作には回収されまいとするグラフィックデザイナーであり、さらにはそうした動き自体を広告業界は内部に組み込むことが可能になってきたという動きである。こうしたことを踏まえ、本研究は第七章を〈広告制作者〉の並存と位置づけたのである。

日本における広告とデザインの関係

それでは、ここまでの分析結果は何を結論できるのか。まずは、第一章で「分析すべき謎」と設定した点から述べていきたい。というのも、先にこれを述べることで本研究と広告史やデザイン史との関係が明確になるからである。ここで本研究の「分析すべき謎」を繰り返しておくと、広告やデザインには作品語り以外の語りがあるにもかかわらず、いかにして作品を語ることが広告やデザインを語ることになってしまったのかという理解への問いである。

　そこで、次のように考えてみたい。まず、本研究の前半は商業美術家が「広告」のこととして語られるようになるまでと、その具体的な展開としての報道技術者やアートディレクターを記述してきた。そこでは、広告について語ることがデザインについて語ることにもなっていたというか、広告とデザインの区別が明確にはなされていなかった。しかし、本研究の後半はこうした展開を前提にしたグラフィックデザイナーが、今度は広告との差異を語るようになるまでを記述してきた。そこでは、広告について語ることとデザインについて語ることが区別されており、両者の語りは一致しないのである。

　このように考えると、本研究は広告を語ることがデザインを語ることにもなりえた秩序[2]の誕生を記述したと同時に、そうした秩序がさらに分化していくまでの過程を記述したのだと言える。つまり、広告とデザインを同じように語ることができるまでと（秩序Ⅰ）、それぞれにしか語れなくなってしまうまでという（秩序Ⅰ'）、一つの秩序か

①

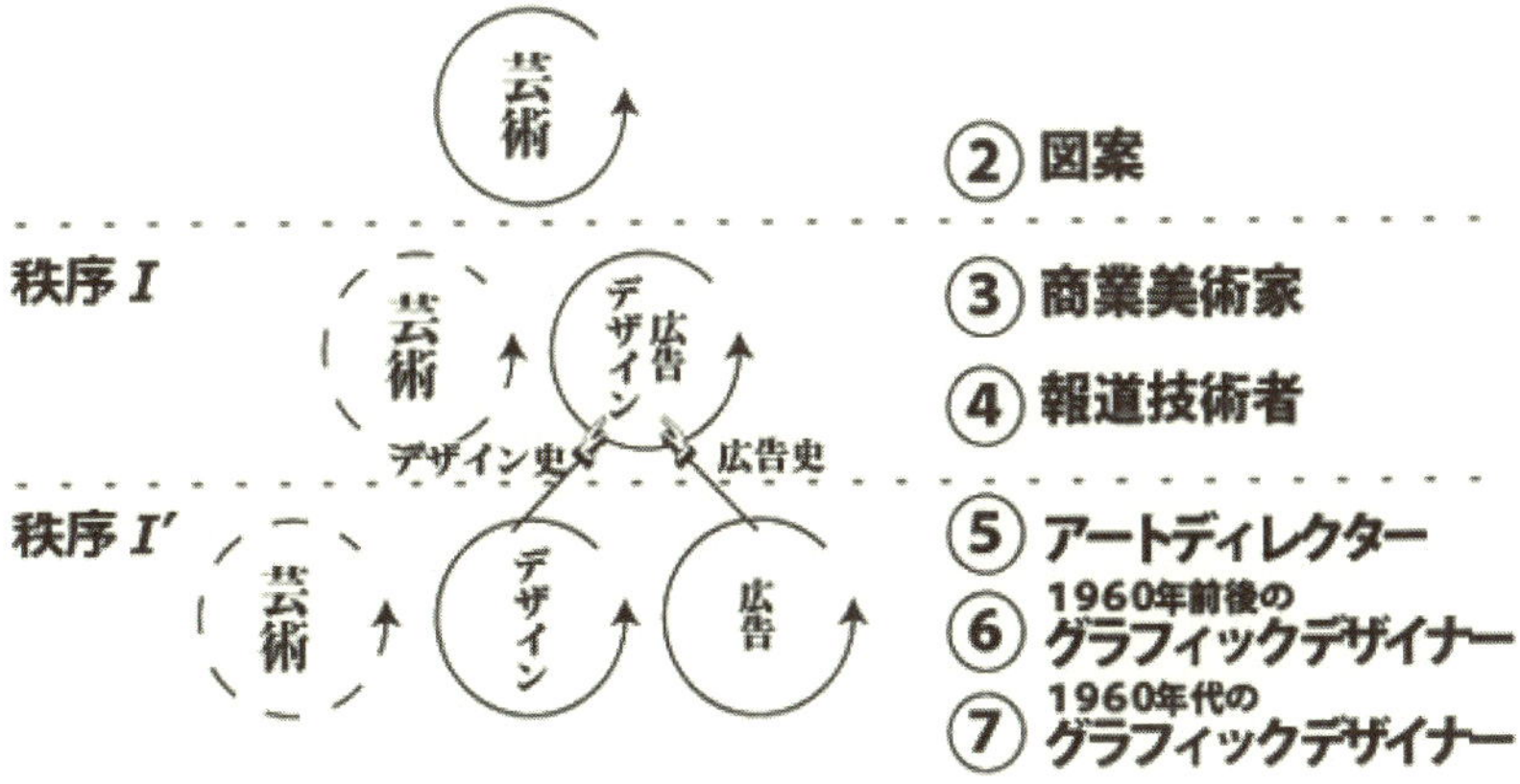

ら二つの秩序が同時並行していくまでを記述してきたのである。

本研究の分析結果をこのように考えてみると、多弁で過剰な存在だった濱田増治（第三章）や今泉武治（第四章と第五章）が広告史やデザイン史において殆ど記述されてこなかった「分析すべき謎」が解けてくる。まず、商業美術家や報道技術者は基本的に秩序Ⅰにおける〈広告制作者〉であり、制作物とは別の次元で当事者が言葉に厚みを持たせていた。しかし、グラフィックデザイナーは基本的に秩序Ⅰ'における〈広告制作者〉であり、そこでは制作物に注力すると同時に、それを批評家や大衆が意味づけていく分業がなされるようになった。つまり、広告とデザインを同じように語ることができた秩序Ⅰと、それぞれにしか語れなくなってきた秩序Ⅰ'とでは、広告やデザインをめぐる物と言葉の配置関係が異なるのである。

したがって、制作物が不可欠になった秩序Ⅰ'が前提になると、そこから秩序Ⅰが観察されても、制作物しか見えなくなってしまう。第一章で問題にしたように一九七〇年代以降から広告史やデザイン史の記述が積み重ねられるようになり、またそれらが濱田や今泉ではなく、杉浦非水や山名文夫、また河野鷹思や原弘らの制作物を中心に記述するようになったということは、こうした遡及的な動きの効果だと言えよう（図版①）。作品語り以外の語りがあるにもかかわらず、作品を語ることが広告やデザインを語ることになっていくという「分析すべき謎」は、こうした展開のなかで成立する。第五章の後半でも明らかにしたように、今泉の業績は山名文夫の自分史としてのデザイン史を経由した結果、一九七〇年代半ばから見えにくくなったのである。このように作品を語ることが広告やデザインを語ることになってしまえば、制作者としては見えにくい存在だった濱田や今泉が記述されなくても問題ないという文脈が成立可能になってくるのである。広告やデザインにおいても「作者」が語られるようになったことで、そのようには見えない者が語られにくくなったとも言えよう。

わかりやすくまとめると、戦時下までは芸術との区別を明確にするという名において、広告とデザインは同じように語ることができたと同時に、それぞれを強く語り分ける必要がなかった。また、広告やデザインは広告業界に深く組み込まれていなかったため、芸術との区別として心理学や弁証法を持ちだすことがそれなりに意味を持ち、それが商業美術家や報道技術者という職業理念を鍛え上げる方向へ動いていった。言葉で物を強く囲い込めるところだけで、広告やデザインを理解しようとしていたのである。局所的な展開に留まった、濱田や今泉はここにいる。

これに対して、戦後は広告とデザインを区別したいという動きが登場するようになった。つまり、アートディレクターが広告業界に深く組み込まれるようになった分だけ、それとは異なる広告制作の在り方が試行錯誤されるようになった。そしてその分だけ、模倣という社会問題やモダンデザインをめぐる評価方法の蒸発、そして学生運動を踏まえた意味の書き換えが生じるようにもなり、その結果として、明確な定義は伴わないまま異分野交流のなかでグラフィックデザイナーが語られていく方向へと動いていった。もはや言葉は物を強くは囲い込めないというか、それでも囲い込もうとする立場（広告業界）と、それを放棄して人的交流に勤しむ立場（グラフィックデザイナー）が並立し、それらを前提にして広告「と」デザインを理解していくようになったのである。広告業界から距離を取ろうとした、亀倉や横尾はここにいる。

もう一度整理すると、広告とデザインは芸術との区別においては同じように語ることができたのである（秩序Ⅰ）。ここでの〈広告制作者〉は、広告業界には組み込まれていない。しかし、広告がそれなりに業界として安定するようになったことで、今度は広告とデザインを区別するような動きが生じるようにもなった〈秩序I'〉。広告業界に〈広告制作者〉が組み込まれるようになった分だけ、広告を語ることがデザインを語ることにはならなくなり、広告には回収されないデザインの語り方とデザインには回収されない広告の語り方が同時に並立するようになったのである。

ここまでの意味において、〈広告制作者〉を記述してきた本研究は、芸術との区別において広告とデザインを同じように語ることができた秩序Iから、広告とデザインをそれぞれに語るしかなくなる秩序I'への移行を明らかにしたと言えよう。またこうした秩序の移行があったからこそ、秩序I'を前提にして歴史的に記述された秩序Iは、広告もデザインも制作物が中心になってしまうのである。作品語り以外の語りがあるにもかかわらず、いかにして作品を語ることになってしまったのかという「分析すべき謎」＝私たちの理解の仕方は、このようにして説明することができよう。広告であれデザインであれ、それぞれを制作物として理解することが可能になったのは一九七〇年代以降のことなのであり、またそうした理解があって始めて、第二章で問題にしたような江戸時代や明治時代にまで遡って広告やデザインを探し出すような記述が可能になったのである。

なお、このように本研究が析出した知見は広告史やデザイン史による知見の示し方と大きく異なるものである。というのも、一九七〇年代以降に書かれ始めた広告史やデザイン史は制作物を前提にして分析を始めてしまい、いかにしてそのような理解が成立したのかを問わないからである。具体的に言えば、広告史やデザイン史は以下のような引用が、広告とデザインのいかなる関係を語っているのかを取り出せないのである。

「ぼくの記憶に誤りがなければ、日本では広告も編集もひっくるめて、はじめてアートディレクターの必要なことを云い出したのは、デザイナーの側の人達からだった。それが戦後の広告界で、ようやく真剣にとり上げられることになったのだが、とくに立直った古くからの大広告主が、ようやく本格的な宣伝活動の立場に立って、今までとは違った面で、広告の問題を合理的に考え直そうという意欲が、おぼろげながら出てきた。そうして従来のように、デザインがそのまま広告になるといったことの誤りを認識しはじめた」(祐乗坊 1953)。

「アートディレクター」の必要性は、そもそも「デザイナー側の人達」が「広告も編集もひっくるめて」語り出したものである。しかし、「戦後の広告界」が「本格的な宣伝活動」によって「広告の問題を合理的に考え」始めたことにより、「従来のように、デザインがそのまま広告になる」といった考えが「誤り」だと気付き始めたというわけである。また、別の引用も挙げておこう。

「最近、グラフィックデザインとアドバタイジングデザインの相互関連について、論じられるのを聞く。こういう議論が生まれるのも、日本の現況の特殊事情のためだと思われる。これは、バウハウスの思想の影響を受けた日本のグラフィックデザインと、アメリカの企業競争から生じた広告制作法の影響を受けたアドバタイジングデザインとのぶつかりが、基本になっているように思う。…〔中略〕…。事実、七〜八年前までは、日本においで、とくに両者の区別はそれほど明確ではなかったように思う。…〔中略〕…。その区別のなさのために、グラフィックデザイナーと呼ばれる人たちが積極的に広告にタッチするようになった。そして、そのことにより日本の広告制作の水準は急速に上昇した」(永井 1968)。

「グラフィックデザインとアドバタイジングデザインの相互関連」には、「日本の現況の特殊事情」がある。そこには、「バウハウスの思想の影響を受けた日本のグラフィックデザインと、アメリカの企業競争から生じた広告制作法の影響を受けたアドバタイジングデザインとのぶつかり」があり、一九六〇年頃までは「とくに両者の区別はそれほど明確ではなかった」という。そして、「その区別のなさのために、グラフィックデザイナーと呼ばれる人たちが積極的に広告にタッチするように」なり、「日本の広告制作の水準は急速に上昇した」というわけである。

さらに、この点は広告業界の人間にも語られていたことである。

「日本の広告の歴史は、戦後すでに二〇年以上を経過した。ごく初期のころには、グラフィックデザインの分野からの大量の集団移住が行われたのだが、こんにちではすでに、学校で広告のアートディレクションの基礎を学んだ、若く、新しいアートディレクター諸君が、第一線に現れているはずである。それなのに、日本の広告の表現が、なお以然としてグラフィックデザインの系列のもとにあるように見えるのは、いったいどうしたわけであろうか」（梶 1968:82）。

日本における「広告」の「初期のころには、グラフィックデザインの分野からの大量の集団移住が行われた」。しかし、一九六〇年代後半になった今は「学校で広告のアートディレクションの基礎を学んだ、若く、新しいアートディレクター諸君」がいてもおかしくはない。にもかかわらず、「日本の広告の表現が、なお以然としてグラフィックデザインの系列のもとにあるように見える」というわけである。

これらの引用を踏まえれば、芸術との区別において広告とデザインを同じように語ることができた秩序Iから、広告とデザインをそれぞれにしか語れなくなる秩序I′への移行を明らかにした本研究は、その分析の妥当性を当事者の語りによっても確認できたと言えよう。戦前においては、広告とデザインは芸術との区別において同じように語ることができたのだが、戦後になると広告とデザインを区別して語るような動きも登場するようになり、広告には回収されないデザインの語り方とデザインには回収されない広告の語り方が同時に並立するようになったのである。

広告代理業におけるクリエイティブ部門とマーケティング部門の並列は、このようにして一九七〇年以降に定まる。またこのような歴史的経緯を経て、広告やデザインは制作物において記述されるようになり、今度はそうした理解を前提にして「作者の死」（Barthes 1968=1979）を当てはめてみたり、「物の体系」（Baudrillard, J.

1968=1980）を参照しながら、広告を記号の秩序において記述することが一九七〇年代以降の日本社会でも可能になった（Williamson 1978=1985）（Dyer 1982=1895）（ADSEC 1984:ADSEC 1988）。さらに言えば、このように制作物を前提にできたからこそ、今度は「デザインを個人のレヴェルというよりは社会のレヴェルで扱おう」（Forty 1986=1992:302）という理解の仕方も可能になり、一九九〇年代には「デザインと社会」（吉見 1996）といった社会史的な記述を可能にしたのである。

もう一度繰り返すと、一九七〇年代以降に書かれ始めた広告史やデザイン史は制作物を前提にして分析を始めてしまうので、いかにしてそのような理解が成立したのかを問わない。だからこそ、本研究はそのような理解を一度は解除し、制作物には還元されない語りにも目を配りながら、広告やデザインをめぐる物と言葉の配置関係が有意味になっていく文脈を特定する作業を重ねてきたのである。その意味において、本研究は広告やデザインが制作物であることを前提にした広告史やデザイン史、またそれをあえて回避した記号の秩序の記述、さらには制作物を前提にした広告やデザインの社会史などでは記述されることのない、広告やデザインについての私たち自身の理解の仕方の変遷を歴史社会学として記述した点に一つの達成点があると考えている。

二　職業理念の系譜

人称性の消え難さ

本研究はここまでに広告史やデザイン史との関係について述べ、その達成点は広告やデザインについての私たち自身の理解の仕方を明らかにした点にあるとした。それでは、〈広告制作者〉を記述してきた本研究と社会学の関係はいかなるものなのか。そのため、まずは第一章の冒頭で示した引用を再確認しつつ、職業理念の系譜が何を意味するのかを述べていきたい。

「昔は図案というのは、図という字に按配するという字を書いていた。だから杉浦非水のころは「図按」といっていた。それから「図案」としゃれた。そのうちに、こんなばかな古くさい言葉はというので、今度は「商業美術」でなければいけないということになって、商業美術という名前に魅力を感じた。「商業美術」というと、非常に時代の先端をいったように当初は思っていた。ところがそれが終戦後になって、商業美術というと、なんだか図案屋くさくてやりきれない、町の看板屋みたいなので、何かよい言葉はないかと考えたすえ、「商業デザイン」がいいということになった。「商業デザイナー」だというのが、また今度は「グラフィックデザイン」でなくてはいかぬというので、このごろみんなが商業デザイナーではなく、「グラフィックデザイン」になった。そのうちにまた別のとんでもないいい言葉が出るかもしれない」（亀倉 1958c）。

ここでは「図按」「図案」「商業美術」「商業デザイン」「グラフィックデザイン」というように、やっていることは変わらないのにもかかわらず、その呼ばれ方だけは変わってきたことが指摘されている。[3] またそれゆえに、「そのうちにまた別のとんでもないいい言葉が出るかもしれない」というように、言葉そのものへ距離感も表明されている。本研究はこうした表明を踏まえ、広告やデザインはその語られ方において自らを否定する契機を内蔵すると同時に、それがさらなる語り直しを促すという独特の展開を持っていそうであるとした（「問うべき謎」）。そして、このように語り続けることが棄却されない状態がいかに誕生したのかを記述できれば、それが社会秩序[4]の一つの在り方を記述したことになるとしたのである。

広告やデザインをめぐる物と言葉の配置関係が有意味になっていく文脈の記述を目指した本研究がとりあげた事例の数々（図案、商業美術家、報道技術者、アートディレクター、グラフィックデザイナー）は、基本的にはこのように当事者によって語られた歴史の流れを前提にしたものである。そして本研究はこうした語りを踏まえて、それぞれの呼ばれ方がいかなる関係にあったのかを具体的に検討し、さらにはそうした言葉への距離感がいかにして登場するようになったのかを詳細に明らかにしようとしたのである。

その結果として、以下のことが指摘できる。まず、本研究は広告やデザインのことだけを書いたというよりも、私たちが広告やデザインをどのような専門的知識として捉え、またそのための専門家をいかに意味付け、さらにはそうした知識や専門家をいかに理解してきたのかを記述してきた。その意味で、本研究は〈広告制作者〉を分析対象にした、広告やデザインをめぐる専門的知識の社会学なのである。

事例に則した言い方をすれば、戦前の商業美術家から戦時下の報道技術者に至るまでは学的記述が強くあてにされた分だけ、その職業理念は同業者のなかでも局所的な流通に留まっていた。しかし、戦後のアートディレクターは学的記述ではなく実務上の問題意識を参照するようになり、またそれによって広告業界に職業理念が組み込まれることも可能になったが、他方でそれとの区別を強調するグラフィックデザイナーを語ることも可能した。そしてさらには、そのグラフィックデザイナーを支えていたモダンデザインという理想が弱まっていくなかで、今度は同業者同士というよりは異分野交流を展開し、そのなかで芸術家のようにグラフィックデザイナーを語っていくことが可能になり、またそのことが成長を続ける広告業界にも都合の良いことだったのである。

ここでは二つのことが達成されている。一つは、このように「語り直し」が積み重なるなかで、その語りの強度が弱くなると同時に別なる語り方に変わっていったことである。具体的に言えば、広告やデザインについての物と言葉の配置関係を知るための「まとまりをもった状態」が戦時下までの思想をあてにした学的記述から、戦後の実務的課題にかなった批評や対話へと移行したことである。もう一つは、最初は「知識」にしようと目指されたものが、人びとに運用されていくなかで次第に「人脈」に変わっても大きな問題がなくなり、わざわざ「知識」にする必要がないと気づかれるようになったということである。

事例に則した言い方をすれば、商業美術家や報道技術者、そしてアートディレクターまでは、当事者自身が広告やデザインについて書くことが重要だと考えられていた（複数の団体結成と啓蒙的な言論活動）。また、一九六〇年前後のグラフィックデザイナーになると、制作物に注力する当事者のことを批評家が記述するといった分業がなされるようになった（業界誌への掲載とそれに対する批評）。そして、デザイナーを目指す人口が増えてきた一九六〇年代になってくると、モダンデザインを理想とした技術語りが次世代に引き継がれることもなく（日宣美の停滞と解散）、「面白いかどうか」という評価のみを前提にして、大衆が制作物の視覚的類似性や制作者のイメージだけに反応して書いてしまうようになり（読者投稿欄や職業マニュアル本）、他方のグラフィックデザイナーも異分野交流を重ねるなかで芸術家のように制作物だけを提示することが可能になったのである（マスメディアでのインタビューと作品集）。

このようにして、広告とデザインをめぐる物と言葉の配置関係は「論文」的な記述から「談話」的な記録へと、その語りの物質的な基盤の歴史的変化を伴いながら、文脈としての有意味さを何度も定め直してきた。またこの過程において、語りの宛先が「同業者」から「異分野」へと次第に拡大するようにもなった。第七章で述べたように、芸術家と重ね合わせて理解可能になってきたグラフィックデザイナーは、もはや日宣美のような同業者で切磋琢磨するのではなく、草月アートセンターでの異分野交流をそのまま大阪万博へと持ち込み、またそのことを通じて自分の役割を確認するようになったのである。より踏み込んだ言い方をすれば、大阪万博開催に向けた動きのなかで、広告業界がグラフィックデザイナーを芸術家として位置づけるようになったからこそ[5]、このような展開がもっともらしくなりえた。またそれゆえに、同業者のなかで知られることよりも一般的なマスメディアにおいて名前が流通することが職業としての認知を代行するようにもなったのである[6]。

ここまでで強調しておきたいのは、以下の三点である。①まずは、一九六〇年代になってデザイナーを目指す人口が増えたにもかかわらず、業界団体としての日宣美は逆に停滞したことである。その結果、デザイナーは同業者で連帯するよりも個人活動へと進んでいったのである。②次に、専門的知識の中身とそれを語る資格が変わったことである。「わかる／わからない」から「面白いかどうか」へと評価の仕方が変わったことで、当事者や批評家に限らず、誰でもどのようにでも広告やデザインについて語ることが可能になったのである。③さらに、論文的な記述から談話的な記録への変化は①や②と不可分だったことである。個人化が進み、文脈の自由度が上昇した広告やデザインは、語りを収斂させることなく多様に並存させたのである。

ここまでの意味において、〈広告制作者〉という職業理念はその成立当時においては同業者と結束するために言論活動を伴う形で主張され、その分だけ「知識」であろうとした。しかし、やがてそれとは別に実務的に語ることが有意味だと理解され始めた一方で、異分野の人びととの「人脈」さえ確保できれば、その交流の記録が結果として職業理念の提示にもなってしまうことにも気付いたのである。広告やデザインをめぐる物と言葉の配置関係にはこのような歴史的な変化があり、このような「語り直し」＝言葉への距離感が積み重なるなかで、「知識」としての記述よりも「人脈」という関係性がもっともらしく思えるようになったのである。

制作物を中心に記述するデザイン史や経営学的な記述を無視した雑誌『広告批評』（一九七九年～二〇〇九年、マドラ出版）が一九七〇年代以降に登場し、またそのような記述に「作者の無視」としか言いようのない立場をとった記号論的分析や消費社会論が一九八〇年代に登場し、さらには史料の整備と同時に人脈（ネットワーク）を中心に記述するようになったデザイン史・広告史・社会史が一九九〇年代以降に登場しえたのは、本研究がここまでに明らかにした物と言葉の配置関係と不可分であろう。先にも述べたように、これらは広告やデザインを制作物において理解するようになった一九七〇年代以降の記述なのである。

また、本研究が事例として取り上げなかったコピーライターやCMクリエイターは、その内輪的な戯れ[7]で知られるように、一九八〇年代になって歴史のなかに登場する。例えば、亀倉雄策（グラフィックデザイナー）が糸井重里（コピーライター）との対談で、「あなたの出方は、横尾忠則君の出方にすごく似ている…〔中略〕…。結局はあの人が出たことによって、デザイナー志願者がドッと増えた…（中略）…。で、あなたも彼もテレビに出るでしょ」（亀倉・糸井 1984）と述べたように、一九八〇年代のコピーライターは芸術家と近接したグラフィックデザイナーと重ね合わせで理解されている。また、当時「CFディレクター」だった川崎徹が「僕は、仕事ができるかどうかの前に、その人の人格というか、そういうものが大切じゃないかと思いますね。誰だって仕事するとき、気持ちよい相手のほうがいいでしょう?」（川崎 1984）と述べたように、一九八〇年代のCMクリエイターにとっては知識よりも人間関係が優先されるべきことなのだ。

『マルクスその可能性の中心』や『構造と力』の著者が広告業界を目指す人びとに広告論を語り（柄谷 1987=1997; 浅田 1986=1997）、また『チベットのモーツァルト』の著者が石岡瑛子（グラフィックデザイナー）と『コラボ』という雑誌を一九九〇年に創刊できたのも、[8] ここまでの歴史的な展開と不可分だと言えよう。このような意味で、〈広告制作者〉の歴史は一九七〇年が一つの区切りであり、それ以後に広告やデザインを語ることは「知識」というよりも「人脈」の次元に流れ込んでいくようになった。知識から人脈への流れは、誰でもどのようにでも広告やデザインを語ることに可能し、それが無限の「語り直し」を支えていくのである。

なお、ここでは「知識から人脈へ」と記述したが、別の書き方が可能かもしれない。それは、実は広告やデザインをもっともらしい知識にしていくための動きは、一九二〇年代から一九六〇年代の約五〇年間しか機能しなかったという評価である。言い方を変えれば、日本の広告やデザインにおいて人脈やそれを支える人称性への信頼を無視するフリができたのは、この約五〇年間ぐらいだったということである。

これは日本にとっての近代をいかに評価するのかという点にも関わってくる。つまり、日本における広告やデザインは人称性を消して知識による社会工学を徹底するというよりも、知識の徹底できなさ（言葉の過剰さ）に気が付き、人称性の消え難さを包摂する形で「日本的近代」を肯定するようになったのではないだろうか。

非人称的に言葉の過剰さが生み出される一方で、そうした言葉への距離感を語り続ける人称性も維持する。知識か人脈かではなく、両者の馴れ合いをほどほどに見守りながら、お互いが排除されないように全体を底上げしていく。社会が成熟していくなかでより新しい知識を生み出そうとして、異分野交流（コラボレーション）に辿り着く。こうした積み重ねとして、信頼の根拠に人称性だけが残り、そのなかで安心を再生産するための共同体（コミュニティ）を最適化していく。

このようなことが、大阪万博に至るまでの戦後日本社会において学習されたのであろう。広告やデザインをめぐる専門的知識の生産過程とその展開を記述してきた本研究は、ここまでの意味において、〈広告制作者〉という職業理念における人称性の消え難さを明らかにしたのである。

個人と組織の揺らぎ

それでは、ここまでに明らかになった〈広告制作者〉における人称性の消え難さは、具体的にはいかなるものであったのか。それを表明していたのが、第一章の冒頭に引用した以下の語りである。

「人間だから誰でも自分自身を持っている。自分自身というのは少なくとも個性につながるはずだ。ところが社会の機構は大多数の人々の個性をうすめてしまうようにできている。そうして個性の角はけずられ、円満な形になるように構成されている。…〔中略〕…。ところが芸術家や専門技術家が没個性的になったらどうだろう。これはもう言うまでもない。こんな人はもう死んでいるんだ。創造への戦い、独創への情熱がなければ、もうその人は死んでいるんだ」（亀倉 1973）。

ここでは「個性」とそれを「円満な形」にしていく「社会の機構」との間で揺らぐ姿が表明されていた。またそれゆえに、「没個性」への危機が語られ、「創造への戦い、独創への情熱」も語られていた。広告制作は個性そのも

の の発揮ではないが、かといって個性を消してしまうことでもないというわけである。

本研究はこうした表明を踏まえ、広告やデザインを職業にすることは、それ自身に独特の「揺らぎ」が孕まれていそうであるとした。そして、このように語り続けることが先の「語り直し」＝人称性の消え難さといかなる関係にあるのかを記述すれば、〈広告制作者〉という社会秩序を記述したことになるとしたのである。

その結果として、次のことが指摘できる。それは広告やデザインを職業にすることは、近代的個人と近代組織における個人の間を揺らぎ続けることだということである。ここでの近代とは、本研究が事例で取り上げた人びとが観察していた近代のことであり、それは一つというよりは二つに分けて対立的に語られていた。その一つが、文案に対する小説家や図案に対する芸術家であり、個人の自由意志において表現した結果、制作物において制作者を知ることができるという近代的個人の在り方である。もう一つは、報道技術者やアートディレクターのように、企業組織に対する参入離脱の選択可能性を前提にしながら表現をしていく方向で、これは制作物において制作者の固有性には強くこだわらない近代組織における個人の在り方である。

事例に則した言い方をすれば、こうした二つの近代は以下のように理解することができる。まず、文案や図案においては、その対照項として設定された小説家や芸術家が制作物と制作者を一致できる近代的個人であるかのように見えた。しかし、それは文案や図案からの観察であり、小説家や芸術家における観察とは異なるものである。とはいえ、こうしたズレがあったからこそ、近代的個人は文案や図案においては達成することのできない理念になりえたとも言える。そうでなければ、図案において芸術との区別が登場した際に、その区別に対して強い反発が語られたり（津田青楓や神坂雪佳）、また区別を徹底するための技術語りが結果的に芸術に近接しようとしてしまうこともなかったであろう（小室信蔵『一般図按法』）。つまり、文案や図案において近代的個人は達成されるべきものというより、区別されるべきものとして理念化されたのである。

そして、このような近代的個人とは区別しなくてはならないという問題意識こそ、画家が描く美人画とは異なるというポスターについての史的記述やこうした記述を支える心理学的な技術語りを登場させるようになり、さらにはたまたま出会った階級闘争の言葉も経て、商業美術家という主体語りに至るのである。本研究はこれを〈広告制作者〉の誕生と呼んだわけだが、それは制作物と制作者の一致を夢見る主体の代替不可能性とは異なり、制作物と制作者の不一致を科学によって明るく肯定できてしまえる主体の代替可能性によって根拠づけられた点で重要であり、またそれゆえに、誰にでも目指すことのできる職業理念となりえたのである。

このように近代的個人との区別を明確にできるようになった〈広告制作者〉は、今度はもう一つの近代、つまり近代組織における個人の方向へと職業理念を展開させていくことになる。それが、戦時下における報道技術者であり、戦後におけるアートディレクターといった主体語りである。これらは、芸術家と商業美術家という素朴な区別ではなく、それらを並列的に扱うと同時に、そのこと自体を観察していく視点に主体を設定した点に大きな特徴があり、これは制作物に合わせて制作者を選択するという、主体の代替可能性をさらに強く肯定していく動きであった。そして、このように近代組織における個人という方向へ職業理念が展開されていったからこそ、アートディレクターは広告業界において深く組み込まれるようにもなった。と同時に、ここまで強く主体の代替可能性を肯定できない者たちは、日本宣伝美術会という別の団体を結成して、アートディレクターには還元されない〈広告制作者〉の在り方を模索していくようになったのである。つまり、アートディレクターにおいて目指された近代組織における個人は、それとは区別されるべきものとしても理念化されたのである。

一九六〇年前後のグラフィックデザイナーは、こうした動きのなかで捉えられる。つまり、近代的個人からの区別として走り出した〈広告制作者〉は近代組織における個人へと向かっていくなかで、主体の代替可能性を強調するようになった。だからこそ、今度はそのように理解することを問題視することが可能になり、それが西洋のモダンデザインの模倣の否定や、日本趣味に回収されてはならないという自覚と重ね合わせになり、また科学的な経営学へと接近し始めた広告業界からも区別しながら、近代組織における個人には強く回収されないグラフィックデザイナーという在り方を一九六〇年前後に語ることが可能になったのである。

なお、このような展開は少数の当事者がモダンデザインを理想とすることで成立していたのだが、そもそもこうした設定に限界が見えてきたのが、一九六〇年代のグラフィックデザイナーである。これはデザイン学生の増加やモダンデザインの表現が出尽くしたことに伴い、限られた人々による「わかる／わからない」といった評価方法が機能しにくくなった分だけ「面白いかどうか」という評価方法が注目され、それを踏まえて「感覚」を肯定した広告制作がなされるようになった点に大きな特徴がある。さらに、このような展開は大衆による直接的な評価の重視と同時に、組織を前提にした科学的な広告制作をさらに進めつつ、他方で芸術家的な役割も必要だと考え始めた広告業界の動きとも不可分だった。こうしたなか、グラフィックデザイナーはますます個性を強調するようになり、その分だけ芸術家と同じように見えてくるようになったのである。つまり、一九六〇年前後のグラフィックデザイナーは近代組織における個人との区別に試行錯誤していたのだが、一九六〇年代になるとグラフィックデザイナーは近代的個人へと近接していったのである。

したがって、ここまでを以下のようにまとめることができる。まず、文案や図案において近代的個人とは達成されるべきものではなく、それとは区別されるべきものとして理念化されるようになった。そして、商業美術家は科学の言葉で主体の代替可能性を肯定することによって近代的個人との区別を確実にし、〈広告制作者〉という職業理念になりえた。これに続く、報道技術者とアートディレクターは主体の代替可能性をさらに強調することで近代組織における個人というもう一つの理念に接近し、またそれゆえに、〈広告制作者〉は広告業界にも組み込まれることになった。しかしながら、こうした動きは近代組織における個人からの区別も誘発するようにもなり、その結果としてグラフィックデザイナーが語られ始め、その徹底と展開が近代的個人へと向かうようにもなったのである。こうした意味において、〈広告制作者〉は近代的個人と近代組織における個人という二つの理念を循環する秩序であったということができよう（図版②）。

②

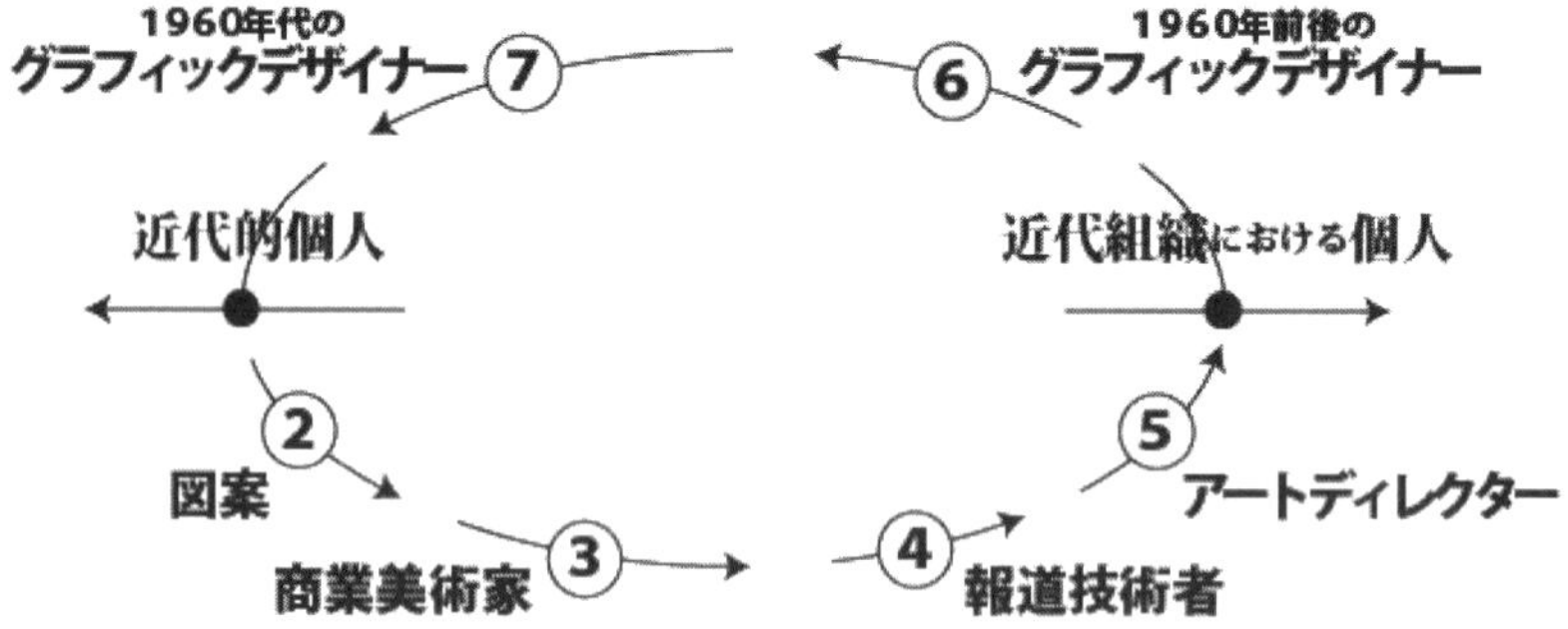

ここでもう一度、本研究が第一章で設定した「問うべき謎」を思い出してほしい。その一つは、広告やデザインはその語られ方において自らを否定する契機を内蔵すると同時に、それがさらなる語り直しを促しているとした点である。もう一つは、そうした広告やデザインを職業にすることには、個人と組織の間で独特の揺らぎが生じているとした点である。そして、このように当事者において生じる「語り直し」と「揺らぎ」が、いつ、どこで、どのように誕生して、いかなる方向性を持つようになったのかを記述し、それを通じて私たち自身の広告やデザインに対する理解の仕方を明らかにすると設定したのである。

その結果として、本研究は次のことを明らかにした。まず、「語り直し」においては人称性の消え難さである。そして、「揺らぎ」については近代的個人と近代組織における個人という二つの理念をめぐる循環である。そして重要なのは、先に明らかにした人称性の消え難さを具体的に示していたのが、ここで明らかになった二つの理念を循環する秩序であるという点である。

つまり、商業美術家に始まり報道技術者を経て、アートディレクターに至るまでに目指された近代組織における個人とは、制作物から制作者を切り離し、知識としての独立性を担保することで、誰であってもある程度は同じような成果を挙げていくための言葉の積み重ねだったのである。また、これに続くグラフィックデザイナーが次第に近接していくようになった近代的個人は、一方でモダンデザインの限界、他方で経営学に接近した広告業界を踏まえ、知識としての独立性を問題にしながら、異分野交流などを通じて成果の個別性を主張していく物の積み重ねだったのである。

そして、このような展開を支えたのが、一九六〇年代に登場した「面白いかどうか」という評価方法である。これは同業者としての知識を共有していなくても、個人的な関心から制作物を評価可能にしてしまうという意味で、言葉よりも物としての広告やデザインを理解させることを可能にした。その結果として、同業者で共有された知識よりも同業者に限定されない異分野からの評価が意味を持つようになり、誰にでもどのようにでも評価可能になった制作物から制作者が辿られるようになったのである。

要するに、職業理念への追求がなされる時には知識への志向が強く、その分だけ主体の代替可能性が肯定される。しかし、職業理念がそれなりに理解されるようになると、それとは別の理解の可能性が生じるようにもなり、そこで知識には回収されえない人脈なるものの有意味さが浮上して、主体の代替不可能性も肯定されるようになるのだ。こうした意味において、〈広告制作者〉における人称性の消え難さは、近代的個人と近代組織における個人の間の揺らぎとして見えてくる。

それは、ある職業理念が語られることで、その主体としての位置が測定され、またそのように主体の位置が測定されることで初めて、また別の職業理念を語ることが可能になっていくような循環である。要するに、「語り直し」が「揺らぎ」を招き、またその「揺らぎ」がさらなる「語り直し」を促すようなかたちで、常に暫定的に〈広告制作者〉が見えてくるようになっている。〈広告制作者〉を語り続けることが棄却されない状態とは、このようにして成立していると言ってよかろう。

個人と組織の対立的な関係

ここまでをまとめよう。まず、「語り直し」においてはその強度を測定した結果、知識から人脈へという流れを指摘し、〈広告制作者〉における人称性の消え難さが明らかになった。次に、「揺らぎ」においてはその振れ幅を検討した結果、近代的個人と近代組織における個人という二つの理念を循環していることが明らかになった。そして、〈広告制作者〉における人称性の消え難さは近代的個人と近代組織における個人の間の揺らぎとして見えてくることを指摘した上で、「語り直し」が「揺らぎ」を招き、またその「揺らぎ」がさらなる「語り直し」を促すような関係になっていることを明らかにした。ここまでの意味で、〈広告制作者〉とは常に変わり続ける存在なのであり、本研究はここまでにその変化の強度と振れ幅を述べてきたのである。

ここで興味深いのは、二つの理念の循環における個人と組織の関係が「対立的」だったという点である。つまり、個人の延長として組織があるというよりも、個人からの離脱として組織があり、また組織から離脱として個人が設定されていたように、個人と組織の関係が切断されていた点である。個人と組織がいかなる関係であるのかを検討するのは社会学の基本的なテーマの一つでもあるが、日本と西欧における近代組織の在り方を比較した佐藤俊樹によると、このような対立的関係こそ日本近代の特徴である。曰く、個人の「自由が欲望の自由とされた結果、日本近代は自由のうちに秩序性の根拠を見出しえなくなった。…〔中略〕…。自由は秩序の純粋な対立物となり、自由な個人は文字通り「私」となる」（佐藤 1993:236）。秩序＝組織のために個人が自由を追求するというよりも、秩序＝組織が個人を脅かす位置にあるとされ、そこからの自由として個人が追求されてしまうというわけである。

それでは、いかにしてこのような個人と組織の対立的な関係は可能になるのか。〈広告制作者〉を記述してきた本研究は、それを次のようにまとめることができる。つまり、〈広告制作者〉における個人と組織の関係を対立的に理解することを可能にしたのは、戦後になってデザインと広告をそれぞれに語れるようになったことと、さらにここに日本とアメリカ（及び西洋近代）という対立項が重ね合わせになっていたからである。具体的に言えば、アメリカ型の組織を志向して広告業界に組み込まれていくアートディレクター（今泉武治）とは区別する形で日本のグラフィックデザイナー（亀倉雄策）が語られ、またそのグラフィックデザイナー（横尾忠則）は西洋近代の理性的な考え方を問題にしながら、さらにアメリカ型組織への志向を強めていく広告業界（中井幸一）との区別を強調し、個人への志向を強めた。このようにして、〈広告制作者〉における個人と組織の関係は、戦後になってそれぞれに語れるようになったデザインと広告の関係、また日本とアメリカの関係を重ね合わせにしていたのである。より正確に言えば、重ね合わせにしやすいところだけが何度も語られ、それが積み重なって、「日本＝個人＝グラフィックデザイナー」と「アメリカ＝組織＝広告業界」という対立的な関係が見えてくるようになったのである。

ところで、これはやや奇妙な話にも聞こえる。というのも、やがては「日本型経営」を記述していくことになる組織を分析対象とした当時の研究は、人類学者による『菊と刀』（Benedict 1946=2005）や『日本の経営』（Abegglen 1958=1958）といった比較文化論的な示唆を踏まえた『日本の経営』[9]（尾高 1965）や『タテ社会の人間関係』[10]（中根 1967）といった成果を経て、「日本の集団主義」対「アメリカの個人主義」という対立軸を想定していたからである。

当時の産業社会学者によれば、日本の集団主義は「個人と集団との関係で、集団の利害を個人のそれに優先させる集団中心の考え方」ないしそうした優先を「望ましい」とか「善いことだ」とする考え方であり、他方の欧米の個人主義は「個人の利害を集団の利害に優先させるのが当然だとか正当だとする個人中心の考え方」と理解されていた（間 1971:16）。つまり、当時は「日本の集団主義」対「アメリカの個人主義」という対立軸がもっともらしく語られていたにもかかわらず、それと同時代を分析した本研究は「日本＝個人＝グラフィックデザイナー」と「アメリカ＝組織＝広告業界」という対立的な関係を知見として提出しようとしているのである。

おそらく、これは「日本的経営」に反するというよりも、個人や組織といった項が登場した時の解決の仕方が職業によって異なったというのが適切であろう。というのも、本研究が示した知見は当時の組織研究による知見を一段ずらした形で達成していたと考えるからである。例えば、第五章ではアートディレクターを取り上げ、これが実務上の問題意識を参照にしたことで、広告業界に深く組み込まれるようになったことを述べた。重要なのは、そうした展開を踏まえて、アートディレクターをグラフィックデザイナーの側から語るのか、それとも広告業界の側から語るのかという区別が生じた点である。そして、この区別を決定的にしたのが組織をどのように理解するのかという点であり、これが一九六〇年代までにそれぞれ先鋭化したのである。グラフィックデザイナーと広告業界、それぞれに確認しておこう。

「実際にアメリカの人達の仕事ぶりを見たのですが、日本人から見ると余りに細分化されすぎている。…〔中略〕…。そういうなかで、このような組織の中に入れられてしまったら、個性がなくなってしまうのではないか、私が一番心配しているのは、日本にアメリカのものとそっくり同じものを持ち込むということです」（亀倉 1961c）。

「アメリカのクリエイティブ関係の会社や、スタジオで、実際に仕事をしてみたり、あるいは調査をして、特に感じることは、クリエイティブ作業の内容と、その作業を行っている会社の組織と、そこで作業に従事している人間という三つの違った要素が、一つの目的のために、じつにうまく組み合わされて、強力な機構を生んでいるという点である」（中井 1963）。

ここではそれぞれの立場から広告制作における組織の在り方が語られているのだが、その前提になっているはずの組織への理解の仕方が異なっている。グラフィックデザイナーは「組織の中に入れられてしまったら、個性がなくなってしまう」ことを心配している。これに対して、広告業界は「作業の内容」と「会社の組織」と「従事している人間」が「一つの目的のために、じつにうまく組み合わされて、強力な機構」を生み出す点を強調している。つまり、グラフィックデザイナーは組織が個人を封じ込めてしまうと考え、個人と組織を対立的に捉えている。これに対して、広告業界は組織が個人の延長線上にあり、それは目的に合わせて生じるものとも考え、個人と組織を対立的には捉えていない。先の分類で言えば、グラフィックデザイナーは組織を「日本の集団主義」において理解したのであり、他方の広告業界は組織を「アメリカの個人主義」において理解しようとしていたのである。

このように考えると、当時の組織研究が指摘していた「日本の集団主義」と「アメリカの個人主義」という対立関係は、〈広告制作者〉においては「日本の集団主義から逃れようとする個人」と「アメリカの個人主義の延長にある組織」という対立関係になっていたと言えよう。アメリカを前提にした組織的な広告業界を「日本の集団主義」によって理解することで、それからの離脱を試みる「日本＝個人＝グラフィックデザイナー」という立場が可能になり、また「日本の集団主義」において理解されていた広告業界は組織を個人の延長として考える「アメリカの個人主義」を目指すべき理想として語ることで、「アメリカ＝組織＝広告業界」という立場も可能になるのである。

個人と組織、日本とアメリカの掛け合わせが組織研究と本研究とで異なるのは、このような一段のずれが生じていたからである。また、このように〈広告制作者〉において個人と組織が「対立的な関係」になってしまったのは、戦後になって広告とデザインをそれぞれに語ることが可能になったからであり、さらにその上に日本とアメリカという対立項を重ね合わせにしやすかったからである。

ここまでの意味において、〈広告制作者〉における個人と組織の関係は、当時における組織研究の知見を一段ずらした形で達成されていたと言える。それは所謂「日本の集団主義」対「アメリカの個人主義」ではなく、「日本の集団主義から逃れようとする個人」対「アメリカの個人主義の延長にある組織」という形をとっていた点で重要であり、本研究はこれを「揺らぎ」の中身として明らかにしたのである。

なお、このような指摘はこれまで組織や個人について研究されてきた知見とは質的に異なる。例えば、組織についての研究の多くは組織が既にあることを前提にして、企業や官僚、軍隊や組合などの分析を始めてしまい、いかにして組織が生成していくのか／生成困難なのかは記述しない。[11] 他方で、個人についての研究はその多様さから何かしらのジャンルに絞り込むしかなく、そのジャンルのなかでいかに個人が現れていたのかという分析になる。その代表例が個人という存在を前提にして制作物と制作者が一致した対象を描く文学史や美術史であり、〈広告制作者〉がそのような設定には不向きであるということは第一章で指摘した通りである。

本研究は、このような意味での組織や個人の研究とは一線を画するものである。〈広告制作者〉を記述してきた本研究は、制作物には還元されない語りに注目し、広告やデザインをめぐる物と言葉の配置関係が有意味になっていく文脈を特定する作業を重ねることで、個人と組織の関係が切断され、対立的な関係に定まっていくまでの具体的な過程を析出したのである。その意味で、本研究は組織を前提にした研究や個人を前提にした研究ではなかなか記述することのできない、「個人と組織をめぐる揺らぎ」を具体的な事例と共に詳細に記述した点に一つの達成点があると考えている。

以上で、本研究の分析は終了である。以下では、本研究の達成点と限界を整理し、今後の展開に結びつけていくための論点を提示しておきたい。

三　本研究の意義と課題

事実の水準

まずは、事実の水準である。第一章で述べたように、本研究は制作物を前提にして記述を始めるのではなく、そのように記述可能になってくるまでの文脈を示すことに重点を置いている。そのために、物と言葉の配置関係を問題にして、制作物には書き込まれない職業理念に注目しながら、記述を進めてきた。その結果として、〈広告制作者〉を記述してきた本研究は、芸術との区別において広告とデザインを同じように語ることができた戦時下までと、広告とデザインをそれぞれに語るしかなくなってきた戦後との差異が知見として導かれた。そしてこれにより、制作物を前提にして記述を行う広告史やデザイン史は一九七〇年以降の理解の仕方であることが明らかになったのである。このような意味において、本研究は広告史やデザイン史というよりも、そのような記述が可能になるまでの文脈の誕生を歴史社会学として提出したということができよう。別の言い方をすれば、「作者」を当たり前のように語り、他方で「作者の死」を当たり前のようにする人びとが、そもそも「生かすにしろ、殺すにしろ、いかにして作者概念が必要だと理解されるようになったのか?」を、広告とデザインにおいて検討したのが本研究なのである。

また、個別の事例で言えば、四つほど挙げられる。一つ目は第三章から第四章で取り上げたように、先行研究において所与にされていた「美人画」という捉え方が、それをめぐる語り直しのなかで実在的に扱われるようになったという点が明らかにされた点である。広告史やデザイン史はまず美人画があり、その次にポスターが登場したという順番で記述することが多い。[12]しかし本研究が明らかにしたのは、ポスターをそれとして語るために美人画が新しく持ち出されたという事実であり、また美人画とポスターの区別は何度も語り直されていったという言葉の運用のされ方である。

二つ目は第四章から第五章で取り上げたように、先行研究では殆ど記述されてこなかった「今泉武治」が、なにを語っていたのかと同時にいかに消されていったのかが明らかになった点である。広告史やデザイン史は制作物を前提にした記述をする分だけ、制作物に還元されない活動をしていた今泉武治を見落としてしまう。[13]しかし、本研究が明らかにしたのは、今泉が他の同業者を寄せ付けないくらいに言論活動に力を入れていた点であり、またそれゆえに、そのことが歴史として書かれなくなってしまうまでの文脈がいかに生まれたのかという点である。このような書き方は今泉を「思想」として救済する作業とは異なり、むしろそのように書きたくならなかったのはいかにしてなのかという「文脈」の記述なのである。

三つ目は第六章から第七章で取り上げたように、先行研究では制作物ばかりが取り上げられていた「亀倉雄策」が、西欧近代と日本近代とのあいだで相当の揺らぎを見せていた点を、実証的に述べた点である。広告史やデザイン史は亀倉が世界デザイン会議（一九六〇年）や東京オリンピック（一九六四年）で果たした業績に注目するあまりに、グラフィックデザイナーの成功者として描いてしまうのである。[14] しかし、本研究が明らかにしたのは、その亀倉が西欧のモダンデザインを模倣し、またそのことをアメリカで指摘されて悔しい思いをし、海外からの日本趣味に回収されないように伝統を再構成しながら「日本調モダンデザイン」としての家紋的な表現に辿り着き、さらにはここまでの苦労が後続世代には全否定されてしまったという悲しくて笑えない姿である。なお、亀倉が書き残した文章に注目してそれなりの評価を与えようとする立場もあるのだが、[15] 本研究はそのように人として評価するというよりも、日本における近代の後進的な展開を広告やデザインとの関係で具体的に示してくれたとても貴重な媒体として亀倉を評価している。

四つ目は第六章から第七章で述べたように、「日本におけるグラフィックデザイン」がどのように生まれ、また広告業界との関係でいかに変化していったのかを、実証的に述べた点である。確かに一九九〇年代以降に問題にされたように、デザイン史は「モダンデザイン」を所与にして記述されることが多い。[16] しかし、本研究が明らかにしたのは、そのモダンデザインに対する意味付けが日本においてどのように展開したのかという、私たち自身の理解の仕方の歴史である。具体的に言えば、西欧のモダンデザインとは異なる「日本調モダンデザイン」に辿り着くまでの過程であり、またそれが前提にしていた「わかる／わからない」といった評価軸が摩滅して、「面白いかどうか」という評価軸が上昇し、そのなかで日宣美の「ジャンセン」ポスターが評価されるようになるまでを実証した点に意義がある。デザイン史はこのような展開を「日宣美の時代」と呼んで、日宣美が解散するまでの過程や一九六〇年代後半の混沌とした時代的な雰囲気への思い出などに記述を集中させているが、そこで何が達成されていたのかという点についてはそ十分に示してこなかったというか、制作物の羅列に偏っていたのである。

なお、今後の展開としていくつかの可能性が考えられる。一つには、分析する時代そのものを引き延ばして、一九七〇年代から一九八〇年代へと至るなかで「パロディ」の度合いを強めていくグラフィックデザインや、一九九〇年代になってコンピュータと出会い「リミックス」などを肯定するようになるまでを、細分化された雑誌分析を通して記述する方向である。[17] 二つには、経営学と接近した広告学そのものを分析対象として、市場調査における数値やデータが何をいかに達成しているのかを記述する「マーケティングの社会学」や、サービス産業やクリエイティブ産業における流動性の高い人材マネジメントに至るまでを記述する「科学的管理法の社会学」などが考えられる。三つには、広告から離れてデザインが語られるようになった領域に目を配り、例えば人間工学といった学的記述と組み合わせになっていく過程を「インダストリアルデザインの社会学」として記述することや、一九九〇年代までにデザインが認知科学と出会い、それが私たちの環境そのものを工学的かつ情報技術的に管理する仕組みへと至るまでを「アーキテクチャの社会学」として記述することである。[18] 広告やデザインは芸術とは異なり、「社会」をあてにした実践である以上、そこで前提にされている社会が一体いかなるものであるのかを事象に即して記述することこそ、今後の課題の一つである。

解釈の水準

次に、解釈の水準である。一つ目は、本研究が記述した時間の範囲である。第一章でも述べたように、広告史研究やデザイン史研究はその書き手と史料のバランスから戦時期までの記述に集中しているが、本研究は一九〇〇年代から一九七〇年前後までを記述した点に大きな特徴がある。歴史学的な記述に重点を置けば、時間の範囲を短くして、そこにおける史料空間の復元が目指される。しかし、本研究は社会学的な関心を持ち、なおかつ広告やデザインがいかにして理解されてきたのかという意味付けの変遷を記述し、その結果として一九七〇年を一つの区切りとした。そうしたことから、本研究は単に時間を引き延ばしたというよりも、対象に即した記述を行った結果、この時間の範囲で記述がひとまとまりになることを明らかにした点に意義がある。

二つ目は、職業理念を記述対象にした点である。つまり、本研究は広告やデザインのことだけを書いたというよりも、私たちが広告やデザインをどのような専門的知識として捉え、またそのために専門家をいかに意味付け、さらにはそうした知識や専門家をいかに理解してきたのかを具体的に示したのである。その意味において、本研究は広告やデザインをめぐる専門的知識の社会学なのであり、またその結果として、〈広告制作者〉という職業理念における人称性の消え難さを明らかにした点に意義がある。

なお、本研究が知見として示した人称性の消え難さは広告やデザインに特有なものだと考えているが、その妥当性を検証するためには比較研究が別に必要だとも考えている。科学社会学を踏まえた専門家のワーク研究[19]（科学者）やメディアの送り手研究（ジャーナリストや編集者、放送作家など）、さらには文化社会学における生産者の研究（ミュージシャンや漫画家、ゲーム作家など）などとの比較を通じて、人称なるものが職業理念との関係でいかに処理されているのかを検討する余地が残されている。とはいえ、〈広告制作者〉ほど名称変更の多かった職業理念はなさそうであり、またそのことが人称性の消え難さと関わっているのではないかとも考えている。

三つ目は、個人と組織の揺らぎを析出した点である。つまり、本研究は〈広告制作者〉の非一貫的な流動性がいかにして一貫するようになったのかを具体的に記述した点に大きな特徴がある。作者を前提にした文学史や美術史は個人を所与にして記述する分だけ、制作物と制作者が一致するわけではない〈広告制作者〉を中途半端な個人として描いてしまう。また、企業や官僚、軍隊や組合などの研究は組織であることを所与にして記述する分だけ、マニュアルと役割に回収し切れない〈広告制作者〉をその固有性において捉えることができない。その意味で、本研究は個人と組織の関係がいかに切断され、またその対立的な関係を循環するなかで〈広告制作者〉が成立していくまでを具体的に示した点に意義があると考えている。

なお、この知見も広告やデザインに特有のものだと考えているが、例えば市民参加型社会における「ボランティア」や「ネットワーク」といった協働的な作業、第三次産業における「コンピュータプログラマ」や「フリーライター」といった流動的な人材との比較を通じて、人びとの実践における「顕名的な才能」（作家制度など）と「匿名的な機能」

（官僚制や資格制度など）の二項がいかなる関係にあるのかを比較検討する余地が残されている。また、「オープンソース」から「クリエイティブコモンズ」に至るまで、個人でも組織でもなく、多様な人びとの協働的な表現活動における知的所有権が問題化されていくまでを論じる余地も残されている。さらに、広告やデザインは基本的に依頼人を前提にした職業であると同時にその業務結果に対する責任を問われない（免責される主体）という意味で、「弁護士」のほか様々な代行業務などとの比較の余地も残されている。

史料の水準

続いて、史料の水準である。本研究は、二〇一四年というタイミングにおいてこのような記述が成立したことに強い関心を持っている。というのも、本研究における史料空間と先行研究におけるそれは、明らかに見え方が異なっていると考えるからである。この点は第一章でも述べたように、デザイン史や広告史は一九七〇年代から「研究」として登場し、それと同時に刊行されるようになった当事者の一次史料を踏まえて、一九九〇年代には二次史料としての厚みが出てくるようになった。そして、本研究はこうした二次史料を支える一次史料が復刻され始め、データベースとしての公開も始まった二〇〇〇年代的な史料空間の在り方に、大きく依存しているのである。

つまり、それは歴史記述における史料の稀少性や入手可能性を先行研究と同じようには捉えられないということである。先行研究と同じ史料は復刻版やデータベースで確認できるようになり、その閲覧・複写・整理は記述の前提にすぎないのである。他方で、こうした動きに含まれない史料もある。だからこそ、図書館やデータベースに所蔵されやすい史料とそうでない史料の差を、記述者がどのように踏まえているのかが重要になる。図書館やデータベースで入手可能な資料だけでも、それなりのことが記述できてしまえるのが二〇〇〇年代の史料空間の特徴であり、これはそれなりに記述対象のことを真剣に考えれば、わざわざ宣言しなくても歴史研究をせざるを得ないような史料空間でもある。

こうした意味において、本研究は二〇〇〇年代の史料空間に強く依存している。その詳細は第一章でも述べたが、ここでは二つ述べておきたい。一つには、第三章で取り上げた杉浦非水と七人社による『アフィッシュ』との関係である。というのも、広告史やデザイン史はこの『アフィッシュ』が杉浦非水によって主導されていたような書き方をしていたからである。[20]しかし、デザイン史が専門の田島奈都子によれば、七人社の「中心となって活動した人物」は岸秀雄と野村昇である。[21]重要なのは、このような史料の見え方と書き方についての指摘が可能になってきたのが二〇〇〇年代なのだということであり、こうしたなかでこれまでのデザイン史や広告史は書き換えの段階に入りつつあるということである。

もう一つは、第四章と第五章の記述を支えた今泉武治関連の史料（今泉武治文庫）は極めて稀少性が高いという点である。これについては、井上祐子氏と赤澤史朗氏のご厚意により、立命館大学に所蔵されている関連史料を数回に渡って閲覧させてもらう機会を得た。その目録によれば、（一）和図書（一七七種、二八一冊 ↓逐次刊行物・雑誌・パンフレット：一七九種、一九一冊）、（二）洋書（一三六冊 ↓書籍：一三六冊、逐次刊行物：四四冊、雑誌：五五冊）、（三）日記（二五冊 ↓一九二四年から一九四七年まで、一九八七年から一九九五年まで）、（四）作品や論文のスクラップ・ブック（一九冊 ↓森永製菓時代（五冊、ネタ帳二冊）、ミツワ石鹸時代（三冊）、論文（六冊）、座談会（二冊）、関係記事（一冊）、（五）ポスター（三三種、三九点 ↓森永製菓のポスター、映画のポスター、東京オリンピックのポスター、ほか）、（六）メモ、草稿、雑誌の切り抜きなど（戦前のもの（三〇袋）、戦後のもの（五〇袋））という構成である。[22]本研究はこうした史料の基本的な整理をなされた井上氏に敬意を払いつつ、その井上氏も仄めかす程度であった、「戦後、報道技術研究の会員たちは、国体論的精神から解放されて、……〔中略〕……、技術者の生活擁護の問題や広告制作の組織化のために、団体を組織する」（井上 1998）と述べられる点について、同じ史料（三）（四）（六）から書かれていないことをさらに記述を展開した点に意義があると言える。

他方で、本研究は全ての時代において史料の取捨選択がなされている。その基準は学的記述という「まとまりをもった状態」にあるのだが、その分だけ、広告史やデザイン史から見れば目の配り方が甘いところがあるかもしれない。例えば、一九二〇年代までに登場した「広告代理業」を十分に記述できたとは言い切れない。また、濱田増治や今泉武治に注目した分だけ、同時代の書き手ではなかった者たちの実践が見えにくくもなっている。さらに言えば、戦後の広告業界そのものや亀倉雄策や横尾忠則に回収されないグラフィックデザイナーたちの実践も十分には書き込まれていない。そうした意味で、本研究はさらなる比較検討の余地が残されてもいる。

方法の水準

最後に、方法の水準である。本研究は広告やデザインに対する私たち自身の理解の仕方を物と言葉の配置関係から明らかにするために、事象内記述という方法論的な設定を行った。

それは、ある対象において何がどのように方法論（人々のやり方）として自己適用されていくのかを記述していくという設定である。具体的に言えば、先行する記述を前提にして、後続の記述が積み重ねられていくことへの注意であり、その動きを慎重に書き取ることで、私たち自身がどのようにして〈広告制作者〉を理解してきたのかを明らかにしようとしたものであった。その結果として本研究は、（一）「広告とデザインを同じように語ることができた秩序」から「広告とデザインをそれぞれに語るしかなくなる秩序」への移行、（二）〈広告制作者〉という職業理念における人称性の消え難さ、（三）近代的個人と近代組織における個人という二つの理念をめぐる循環、（四）〈広告制作者〉における「日本の集団主義から逃れようとする個人」と「アメリカの個人主義の延長にある組織」という対立的な関係、といった知見を提出した。

重要なのは、このような知見が広告やデザインをめぐる物と言葉の配置関係が有意味になっていく文脈の変化と不可分な関係にあったということである。具体的に言えば、（五）戦時下までのように思想をあてにした学的記述が、戦後には実務的課題にかなった語りへと「まとまりをもった状態」が変更したこと、（六）こうした過程において、当事者による語りから、批評家との分業が生じ、また大衆からの語りも可能になったこと、（七）さらには「論文」的な記述から「談話」的な記録へと語りの物質的基盤が変化するなかで、語りの宛先も「同業者」から「異分野」へと拡大するようになったこと、（八）そして、「知識」にしようと目指されていたことが「人脈」において代行可能になってきたことである。このように広告やデザインをめぐる人びとのやり方とその変遷が具体的に記述されて初めて、先の知見も有意味になる。その意味で、本研究は（五）から（八）を人びとのやり方として具体的に記述したことで、（一）から（四）までの知見を明らかにした点に意義があると考えている。

なお、本研究に対して「広告やデザインをめぐる「定式化」の歴史的変遷をめぐる内容分析」という評価の仕方も可能である。というのも、本研究は広告やデザインをめぐって様々になされた定式化を内容的に分解、整理、再構成し、その変遷を総覧的に提示しているとも言えるからである。ただし、定式化を問題にする場合は、その「内容」の把握だけではなく、定式化の「機能」や「方法」についても把握されるべきであり、さらに「定式化された内容が何を達成しているのか」が記述されるべきなのだが、本研究はそれには十分に応えられていない。分かりやすく言えば、「語られた内容の分析」を「人びとの方法の分析」へとさらに展開できる余地が、本研究にはまだ残っている[23]。

しかし、このような方法論的な余地を認めても、本研究の分析価値そのものは維持されると考えている。本研究は広告やデザインに関わる制作者、制作物、制度やメディアといった複雑な関係を長期に渡る歴史史料から再検討し、その結果として、広告やデザインという対象とそれを理解する私たちの関係を、〈広告制作者〉という職業理念の記述において主題化したのである。その意味において、本研究はこれまでになかった成果を『〈広告制作者〉の歴史社会学――近代日本における個人と組織をめぐる揺らぎ』として提出したと言えよう。

1 より厳密に言えば、本研究は制作物と制作者の不一致を想定するような広告についての物と言葉の配置がどのように生成・展開してきたのかを検討したものである。一旦その想定が成立すると、事実を曲げてまで過去の広告の歴史が再組織化されることになる（第二章）。逆に言えば、その想定をあてにしない限り、第二章における「引札」や「代書」はまだ広告ではなかったという指摘が有意味にはならない。その意味で、記述された順序でいえば、江戸や明治の広告論は第七章の後、つまり一九七〇年代以降の記述として配置されるべきなのだが、読み易さも考えた結果、本研究は事象としての順序を優先して記述していることを付記しておきたい。

2 ここでの秩序とは、広告やデザインに関する私たちの理解を可能にしていた秩序のことを意味している。

3 また本研究の分析を踏まえれば、ここになぜ「アートディレクター」が含まれていないのかが理解可能になるはずである。亀倉雄策はグラフィックデザイナーという立場から歴史を語っているからこそ、アートディレクターは含まれないのである。

4 ここでの秩序とは、〈広告制作者〉という職業を可能にしていた秩序のことを意味している。

5 大阪万博の「民間企業館は、一社ごとの出展のほかに、旧財閥、同業連合、企業系列、中堅企業の共同出展を加えて三〇館、いずれも二億から二五億までの莫大な予算がみこまれている。電通、東急エージェンシーなどの広告業者が介在し、建築家、デザイナー、美術家、映画作家、作曲家などがごっそり動員されている…（中略）…。体制の番犬、おかかえ職人としてやとわれながら、ひたすら、「未来」や「総合」を夢みるかれらのうちには、例外なく「タテマエ」と「ホンネ」の分裂が深まり、私的欲望と公的責任のすりかえがおこる」（針生 1969b）。

6 これについては別の論文で詳細に述べたので、ここではその概要だけを引用しておく。「デザイナーは職能を積極的には主張しなくなった分だけ薄く、一般的なマスメディアでの露出度を上げるようになり、それが結果として職業を認識してもらう方法になった。グラフィックデザインは、その当事者が熱心に語るというよりも、その観察者が露悪的に当事者をなめ回すものとなり、様々なノイズを孕みつつ、ようやく社会的な認知を得たのである。要するに、職能語りが弱くなった分だけ、人称性が独自に流通するようになったのである」（加島 2010）。

7 例えば、雑誌『ビックリハウス』（パルコ出版、一九七四年～一九八五年）や雑誌『ビックリハウスSUPER』（パルコ出版、一九七七年一月～一九七二年九月）そして雑誌『スーパーアート・ゴクー』（パルコ出版、一九七九年五月～一九八一年三月）に至るまでの流れである。

8 「スーパーシャープなアタマの中沢新一と、スーパーダルなアタマの私とのキャスティングを組んだにはアタマトテ・インターナショナルの榎本了壱である。彼は『COLLABO』という新しい雑誌の出発にあたって、対談という形式で異質な人間を向かい合わせ、コラボレーションが成立するかどうか実験したかったらしい」(石岡 1990)。「今度、石岡瑛子さんと何回も対談して、一緒に本を造るんだ、と言うと、多くの友人たちが、石岡さんはカマキリだから、対談が終わるころが楽しみだね、と僕をからかった」(中沢 1990)。

9「清教主義の禁欲的職業倫理や、競争的・個人主義的な職場の人間関係や、合理的・非人格的な生産組織は、西洋諸国では、企業の生産力を高め、経営の近代化を進めることに積極的に作用した、といわれている。しかるに、これと同じ諸要因は、日本を含む非西洋的世界では、おそらくそのようには作用しないであろう。逆に、企業家の「愛国的」同期や、生涯的・丸抱え的な雇用関係や、従業員の雇主にたいする忠誠と雇主の従業員にたいする温情的配慮の強調や、あるいはまた経営の意思決定における集団責任制、したがって、いわゆる稟議制度などは、西洋の企業家や経営者の目から見れば、封建的であり、不合理であり、非能率的であるように見えるであろう」(尾高 1965:13)。ここで重要なのは、『日本の経営』(Abegglen 1958=1958)などによってこのように理解されることに対して、尾高は日本的経営を擁護する立場からこの対立関係を用いていたという点である。なお、それから二〇年をかけて肥大化した日本的経営を尾高は批判するに至る。「元来外国人のことばからつくられ、日本的経営の現実からは逸脱するいくつかの点をふくみ、またそれの効果についてはメリット面の賛美ばかりやっているこの神話が、いつのまにか本家本元の日本人のあいだに多くの信奉者をつくり、その結果、かれらをいたずらに得意にし、かれらのために新しいお国自慢のタネをつくっているらしい」(尾高 1984:iii)。

10「日本人にとっては、「ウチ」がすべての世界となってしまうのに対して、インド人の場合は、自分たちの集団は、全体の中の一つであるという余裕のある認識をもちうる」(中根 1967:50)。社会人類学を専門とする中根千枝は日本をインドとの比較において述べたが、それはイギリスやアメリカの「組織の構造指標になるものは「タテ」につながる序列ではなく、「ヨコ」につながる階層的な分類」であり、「この志向が最も発達したものがインドのカースト制である」と考えていたからである(中根 1967:91)。

11「組織論はこれまで「組織とは何か」という根源的な問いにさらされたことは少なかった。それは組織という存在が現実に目の前に具体的にある——企業、官僚組織、軍隊、労働組合、学校など——ことが自明だったからである」(盛山 1995:17)。

12「美人画ポスターに代表される《趣味の表徴としてのポスター》が、二〇年代以降の言説空間のなかで否定/外部化され、広告としての機能が極度に純化された《工学の所産としてのポスター》にとって代わられていく」(北田 2000:100)。「『現代商業美術全集』の戦略は、直球ど真ん中ストライクで大成功、これは日本の広告界のポスターを、美人画ポスターに象徴される写実具体表現から一気に離脱させる効果を持った」(竹内 2011:96)。

13 今泉の消され方については、第五章第三節の具体的な記述を参照のこと。

14 「彼は、デザイン形成の核心的な要素である、合理性、機能性、そして個性を、見事なまでに均衡を保って普遍化し、日本のグラフィックデザインを世界の水準にまで高めた功績は大きい」（中井 1991:383）。「亀倉の名前を一般的にし、その評価を決定的にしたのは一九六四年に開催された日本で初めての東京オリンピックのシンボルマークとポスターによってだった。これは亀倉がデザインの本質を明確に世に知らしめたものであった。…〔中略〕…。このデザインは正に亀倉の深い思想によって形成されたものであり、デザインとは小手先からではなくその作家の思想から生まれるものだと改めて教えられた」（永井 2005）。

15 「たしかに亀倉は、他の多くのデザイナーとは異なり、ひとつの方法論やスタイルに固執するデザイナーではなかったし、同時にデザイン界や社会全体に対してさまざまな進言・苦言を呈する啓蒙家としての一面をもあわせもっていた。ただ啓蒙家とはいっても、決して高尚でアカデミックな理論を振り回すのではなく、自身の体験を基に、自らの主張をストレートにぶつけるタイプだった」（川畑 2006）。

16 「日本の近代デザイン史は多くの場合、機能主義デザインの受容史として語られてきたということである。それというのも、日本社会でデザイナーの活躍が本格的にはじまるのは、大正後半からであり、その時期にヨーロッパ、とくにドイツで生まれた機能主義デザインが日本に入ってきたからである」（樋田 2006）。

17 これについては、ばるぼら氏（http://www.jarchive.org/）の精力的な仕事が先行研究に相当する。

18 これについては、いくつか整理したことがあるので（加島 2010b; 加島 2010c; 加島 2011; 加島 2011b）、それを更に進めていきたい。

19 ここで想定しているのは、エスノメソドロジーによる「ワーク研究」であり、人びとが科学や芸術においてある実践的行為をいかに成し遂げているのかを記述することである。それをマイケル・リンチはハロルド・ガーフィンケルを踏まえて、次のように説明している。「あるワーク（作業）にはそのワーク特有の能力（competency）があり、そうした能力をとおして協働で生み出され調整される行為において／として、ミュージシャンなら一緒に音楽をつくりだし、法律家なら法律的議論をする。こうしたワーク特有の能力をエスノメソドロジーは探求するのである」（Lynch 1993=2012:133）。また関連する研究としては、ダンスミュージシャンの研究（Becker 1963=2011）やジャズピアニストの即興に関する研究（Sudnow 1978=1993）が挙げられる。

20 「わが国の商業美術界の草分けとして、流麗なアールヌーヴォー風の表現を確立した杉浦非水は、一九二七年、作家集団「七人社」からポスター研究誌『アフィッシュ』を創刊」（竹原・森山 2003:40-41）。

21 「岸と野村は自ら図案家団体を結成し、展覧会を開催し、その後はそこを足場として仕事を受注する等、若手ながら精力的に活動していた。…〔中略〕…、七人社との関係について述べれば、岸と野村は一九二五（大正一四）年五月の結成時から一九四〇（昭和一五）年六月の解散時まで在籍し、その中心となって活動した人物であった」（田島 2009）。

22 なかでも（一）と（二）は、今泉が収集した書籍類であり、井上氏によれば、今泉が亡くなった時に古本屋へ売られてしまった書籍も少なくないという。（三）（四）（五）（六）は、主に今泉自身が書いたり、制作したものである。これまでにこれらを取り上げた例としては、対外宣伝誌『FRONT（復刻版）』の解説Ⅱにおける「『日記』一九四二―四三」（今泉 1990）という（三）の一部を抜粋したものと、同じく（三）の一部を参考にしながら執筆された井上氏の論考（井上 2000）がある。

23 ここでの指摘は、エスノメソドロジーや概念分析を専門とする石井幸夫氏から頂いたものである（石井 2009; 石井 2009b; 石井 2013）。そして、本研究の分析をさらに進めていくために以下の三つの を踏まえれば、「語られた内容の分析」が「人びとの方法の分析」になるとご助言を頂いた。（一）ある時あるところであるカテゴリー所有者によってあるコンテクストでなされる定式化実践が、まさに「ある時、あるところで、あるカテゴリー所有者によって、あるコンテクストでなされる」ということにいかに「結合」しているのか。（二）そうした定式化実践はいかなる資源によって可能となっているのか、またいかなる実践的効果を持っているのか、その定式化実践は何をすることになるのか。（三）こうした定式化実践は他の競合する定式化実践といかに共存しながら、場合によってはそれらをいかに排除して（沈黙に追い込んで）、定式化としての地位を得ているのか。

あとがき

長い間、もやもやしていた。それを上手く言い表せなかった。「なんで、こうなっちゃうの？」と奇妙に思っていたことが「人格信頼の消え難さ」だと気付いたのは、大学院で社会学を学んでからである。「やっぱり、人だよね〜」という物言いや、有名性に便乗した評価、そして「つながり」や「ネットワーク」で安心するあの開いているようで閉じたやり方に、若さゆえの違和感を持ち続けてきた。その結果、「社会ってそんな程度なのかも…」と割り切れるようになり、何かしらの規範を主張するというよりは、「いかにしてこうなっちゃうのかを個別に検討しよう」と考えるようになったのである。

近代は個人の自由意志による選択とその結果に対する自己責任を前提にして、人間が代替可能なシステムの信頼性を高めようとする（マニュアルと役割）。しかし、どこかで人間の代替不可能性を見つけてしまい（才能や魅力をあてにした持続性）、その困難をいかに解決したことにするのかという私たち自身のやり方が問題となる（規則の明文化やコミュニティによる暗黙の了解）。知識によって人間の個別性を消そうとすればするほど、その消え難さに気付くわけであり、その処理がいかに達成されているのかこそ、社会学として記述したら面白いと考えたのである。本書『〈広告制作者〉の歴史社会学』や『文化人とは何か？』（南後由和と共編）は、こうした問題関心から書かれている。

他方で、「私たちは何をいかに「知識」や「理論」だと考えてきたのか？」という問題意識もあった。これは知識や理論が既にあることを前提にして新たな研究を行うことではなく、むしろ私たち自身がある対象との関係で何をいかに「学問」だと考えてきたのかを具体的に書くことである。経験的研究と規範的研究という区別もあるが、記述した結果からモデルを抽出して別の対象に応用するようなやり方には、それなりの注意が必要だと考えている。というより、対象の個別性とそれ以外／それ以上の何かを私たち自身がどのように関連付けようとしているのか、そのこと自体を具体的に検討するのが面白いと考えたのである。先行研究に依拠して「学問である／ない」という区別にこだわるというよりも、私たち自身が「何をいかにして学問にしているのか／いないのか」という具体的なやり方にこだわったのである。

本書は、このような「知識」や「理論」への追求がいかにして「人格信頼の消え難さ」を処理してきたのかを、〈広告制作者〉において記述したものである。広告やデザインについての個別具体的な記述が多く、冗長で読みにくいところがあったかもしれない。しかし、何かしらの理論や思想用語を「使って」書いてしまうのではなく、対象の在り方に即して書いてみることが、結果的に広告やデザインと「学問」の関係を検討することになると思ったのである。また、広告史やデザイン史としては不十分な点があったかもしれない。しかし、私たちが自明とする秩序がいかに成立しているのか（私たちは広告やデザインをいかに理解しているのか）を記述する社会学にとって、ある種の書きにくさを孕んでいた広告やデザインは、実は「学問」が何をいかにやってきたのかを具体的に教えてくれるとても魅力的な対象であったことをここでは強調しておきたい。

また、興味のない人にはどうでもよいかもしれないが、広告業界にはマーケティングとクリエイティブという部署があり、時に対立的となる両者はいかなる関係にあるのかという関心もあった。なるほど、広告業界は商行為の確実性を上げるために、どこか奇妙なデータを持ち出し、それを珍奇な用語で説明する時がある。しかし、私たちは自らの消費行動がそうした合理性の追求には還元されないことも知っている。広告やデザインに対して「これは虚構である！」と民事訴訟を起こすのではなく、「わぁ凄い！」とあえて騙されてみたりするのだ。私たちは自らの合理性を制御しないわけにはいかないのだが、かといって確実さの追求だけには回収されない「何か」を楽しんでいるのである。

〈広告制作者〉の歴史を述べてきた本書は、こうしたマーケティングとクリエイティブの違いが具体的にどのような関係にあったのかを記述してきた。一九六〇年代までは「広告かデザインか」という区別を前提にしていたので、数値やデータを重視するマーケティングと物語や表現を捨てきれないクリエイティブは「対立的な関係」にあった。しかし、一九七〇年頃までに「広告もデザインも」と並存するようになったことで、マーケティングとクリエイティブは「役割分担の関係」になったのである。「人間はどこまで数値やデータに分解できるのか?」と理解され始めたからこそ、「人間は数値やデータに還元できないからこそ面白い!」と考えられるようにもなったのである。

広告やデザインを研究する面白さは、このような科学と芸術の関係を具体的に検討できる点にある。科学の側に注目すれば、経営学をあてにした広告学やデザイン学となり、社会をいかに動かしていくのかという課題に応えていく。また芸術の側に注目すれば、美術史をあてにした広告史やデザイン史となり、社会を記憶する課題に応えていく。そして科学と芸術の関係に注目すれば、両者における解決の仕方を個別に検討する社会学となり、私たち自身が何をいかに達成しているのかという課題に応えていくのである。この意味で、〈広告制作者〉の歴史は科学と芸術の関係を私たちがいかに解決してきたのかを具体的に教えてくれる、とても魅力的な対象であった。広告やデザインに通じていない人には議論を追うのが辛いところもあったと思うが、そういう辛さを理論や思想用語で説明し尽くさないことが、「科学と芸術の関係」を記述することではないかとも思った。複雑なことを複雑なまま書こうとしたと言えば、よいのだろうか。

本書の補助線として、グラフィックデザイナーとして働いていたことを付記しておく。雑誌をハサミで切り抜き、紙に新しいレイアウトで配置し直す。文字をイラストレーターでアウトライン化して、フォントにはない形をベジェ曲線で創り出す。スキャナーとデジタルカメラで世界をコンピュータディスプレイに取り込み、フォトショップで再構成をする。そういう作業が本当に好きだった。烏口の使い方や写真植字の指定を学んだものの、職場にはPower Macintosh（OS 7.5）が導入され始めた初期DTP（Desk Top Publishing）の頃である。

それから本当にいろいろなことがあった。しばらくして、美術系大学で専門的な訓練を受けていない私のような者が、そこそこのグラフィックデザイナーとして働けてしまえる「社会」のほうが面白いと思えてきた。実力のなさに気づいていたという側面もあるが、制作物とは別の次元で広告やデザインについて考えてみたくなったのである。

大学院への進学を考えたのは、その頃である。当時の研究課題は、「広告やデザインにおける送り手のメディアリテラシー」だった。メディアリテラシーと言えば、受け手の読み書き能力と思われやすいが、送り手においてもメディアへの理解は生じているはずで、それが育まれていく過程を具体的に検討していくことで、初発の関心に応えようとしたのである。

こうしたことから、修士課程では専門学校や職場のフィールドワークを行い、人びとはいかにしてメディアを理解するのかを記述しようとした。そして、不十分な質問票を配布して失敗したり、半構造化インタビューや参与観察が他の研究対象のようにはいかないことを知った。目の前で何かが起きているのだが、それをそのまま書き取ることができなかったのである。論文を書き上げるために概念を作り出し、それによって人びとの発話を分析しようと思ったこともあったのだが、過去の私がそれを許さなかった。方法で強く制御して「論文にしてしまう」ことと、「そこで何がいかに起きているのかを記述する」ことは、全く別のことだと気付いたのである。

歴史社会学との出会いは、こういう悩みを抱えていた時であった。目の前で生じていることを現在から説明するのではなく、現在に至るまでの歴史的な展開から捉えようと思ったのである。こうして、修士論文ではいかにして広告制作者が「感性」や「センス」といった殺し文句を語れるようになったのかを、一九二〇年代から一九七〇年前後の代表的なデザイナーをサンプルとして記述したのである。

言説分析、概念分析、事象内記述といった方法への関心は、博士課程に進学してからである。修士論文では人間が主体的に発話するという前提に立っていたので、「二〇世紀日本の商業デザイン思想」という副題を付けた。しかし、史料を読み直せば読み直すほど、そこには「思想」というよりも「文脈」がある程度ではないかと思えてきた。何かしらの思想を持つ人間が主体的に発話しているというよりも、たまたま先に生じた文脈に接続する形で後続の人間の発話が可能になっているだけではないかと考えたのである。このようにして、言葉と人称を無前提に組み合わせるのではなく、そのように記述することでもっともらしく語れてしまうこと自体を問題にするようになった。奇妙な言い方かもしれないが、「思想として書かない」というこだわりは、こうして生まれたのである。

その意味で、修士論文と博士論文はペアになっている。つまり、広告制作者という対象はどうしたら書き取れるのかと悩み、まずは思想史的な記述をした。そしてそのように書いたからこそ、今度はそのように書きたくなってしまうこと自体を問題にできるようになった。ある対象がそれとして理解可能になるためには、まずもってその対象が書かれなくてはならない。またそうでなければ、対象をめぐる文脈も特定できない。しかし、制作物を前提にする広告史やデザイン史は先行研究が豊富だとは言い切れず、まずは自分でやってみる必要があったのである。先行研究が豊富な研究対象においては、このような設定がいらないのかもしれない。また、そもそもこんな設定は必要なのかという反論もあろう。しかし、本書に至るまではこのような自作自演がどうしても必要であり、またそれを経たからこそ、このような仕上がりになったのだと思っている。

メディア論的な問題意識に始まり、社会学の方法を経て、広告やデザインという研究対象について記述する。このような旅こそ、私にとって学際情報学だった。

誰であれ、それなりの教育を受けた結果として学位が授与されるのは、言うまでもなく制度設計のおかげである。その意味で、社会人でも受け入れてくれた東京大学社会情報研究所（現・東京大学大学院情報学環）の教育部研究生制度、また学部組織のない東京大学大学院学際情報学府、そして日本学術振興会の特別研究員制度には本当に感謝している。二〇〇〇年代になって評価が分かれたところでもあるが、一九九〇年代以降の大学院改革なくして、本書が仕上がることはなかった。

本書は、東京大学大学院学際情報学府に提出し、二〇一二年六月に博士号（学際情報学）の学位を授与された博士論文『〈広告制作者〉の歴史社会学：近代日本における個人と組織をめぐる揺らぎ』に、若干の加筆修正を加えたものである。博士論文の主査を引き受けて下さったのは、社会学を専門とする北田暁大さん（東京大学）である。修士論文から博士論文まで、対象への愛憎とは別に記述を成立させていくための緊張感を教えてもらった。研究生時代から博士論文の副査まで長くお付き合い頂いたのは、メディア論を専門とする水越伸さん（東京大学）である。メディアのことを人びとの実践に即して考えていく面白さと難しさを教えてもらった。さらに副査を引き受けて下さった、デザイン史が専門の柏木博さん（武蔵野美術大学）、広告史や文化社会学が専門の難波功士さん（関西学院大学）、メディア研究が専門の丹羽美之さん（東京大学）からは何度となく貴重な助言を頂き、本当に感謝している。

大学院での一番の収穫は研究仲間である。研究仲間を信じることができなければ、本書を書き上げることもできなかったであろう。北田暁大ゼミ、水越伸ゼミ、吉見俊哉ゼミ、佐藤俊樹ゼミでは何度となく、拙い報告をしては批判や助言を頂いた。そして、遠藤知巳さん（日本女子大学）ほか社会解釈学研究会、長谷正人さん（早稲田大学）ほか文化社会学研究会、酒井泰斗さん（ルーマン・フォーラム管理人）ほか社会学研究互助会、辻大介さん（大阪大学）ほか青少年研究会、岡田朋之さん（関西大学）ほかマスコミ・フォーラム、津金澤聰廣さんほか大阪メディア文化史研究会、有山輝雄さん（東京経済大学）ほかメディア史研究会などでお会いした方々からも沢山のアドバイスを頂いた。

また田中大介さん（日本女子大学）、竹中朗さん（国書刊行会）、山本貴光さん（哲学の劇場）、野上元さん（筑波大学）、石井幸夫さん（早稲田大学ほか）、前田泰樹さん（東海大学）、赤江達也さん（台湾国立高雄第一科技大学）、熊倉一紗さん（同志社大学）、石田あゆうさん（桃山学院大学）、井上祐子さん（京都外国語大学ほか）、竹内幸絵さん（同志社大学）、福間良明さん（立命館大学）、井上雅人さん（武庫川女子大学）、飯田豊さん（立命館大学）、光岡寿郎さん（東京経済大学）、毛里裕一さん（東京大学大学院）、堀口剛さん（同）、清原悠さん（同）、岡澤康浩さん（同）、逢坂裕紀子さん（同）、團康晃さん（大阪経済大学）、工藤雅人さん（文化学園大学）、新藤雄介さん（福島大学）、大久保遼さん（愛知大学）ほか多くの研究仲間から個別に有益な批判と改善点の提案を頂いた。まとめて感謝を申し上げたい。

さらに、インターネットを通じても沢山の知己を得た。ブログ（http://d.hatena.ne.jp/oxyfunk/）を書くことで、反応が聞こえるようになったのは本当に楽しかったし、それを通じて新しい着想を得たりもした。修士論文ではmixi（http://mixi.jp/）、博士論文ではtwitter（https://twitter.com/oxyfunk）を使った結果、様々な助言を頂いた。ついには、「学位論文等執筆監視委員会」の監視下に置かれ、独特の緊張感のなかで書き上げることができた。

最後に、助教として採用して下さった東京大学大学院情報学環、専任として採用して下さった東海大学文学部広報メディア学科、非常勤講師をさせてもらっている武蔵野美術大学芸術文化学科や中央大学文学部の教職員のみなさんには、大変貴重な研究環境を与えてもらった。職場の理解がなければ、本書を仕上げることはできなかった。そして、いつまでも大人になれない私を心より支えてくれた両親と祖母。本書の内容はともかく、書き上げたという事実は誰よりも私を育ててくれた家族に伝えたい。本当に、本当にありがとう。

二〇一四年一月

加島　卓

oxyfunk@gmail.com

本書は、平成二五年度科学研究費助成事業（研究成果公開促進費）の交付を受けている。また本研究の一部は、二〇〇七年度～二〇〇八年度の科学研究費補助金（研究課題番号：07J00292）と平成二一年度（第四三次）の吉田秀雄記念事業財団による研究助成を受けた成果である。

本書の刊行に至るまでに、小柳学さん（左右社）、矢野未知生さん（青弓社）、木村素明さん（東京大学出版会）、松野菜穂子さん（勁草書房）などにお世話になったが、なかでも船橋純一郎さん（せりか書房）には大変お世話になった。また本書の装幀は、グラフィックデザイナーの千原航さんにお願いした。「デザインを語ることは不可能なのか?」論文（加島2008）をお読み頂いて以来の仲で、多摩美術大学での講義に呼んでもらったこともあり、本当に素晴らしい装幀に仕上げてもらった。グラフィックデザイナーや美大生が本書を手にしたのだとすれば、それは千原さんの力に他ならない。

人物索引

ア行

カ行

サ行

タ行

ナ行

ハ行

マ行

ヤ行

ワ行

事項索引

カ行

サ行

タ行

ナ行

ハ行

マ行

ヤ行

ラ行

ワ行

参考文献

【A】

Abegglen, J. 1958=1958 占部都美（訳）『日本の経営』ダイヤモンド社

阿部公正 1968「デザイン教育のインフレ」『朝日新聞』1968（昭和43）年5月14日夕刊

アイデア編集部 1954「座談会　これからのデザインとディレクター」『アイデア』（第8号）誠文堂新光社

―1955「第2回 東商美展」『アイデア』（第14号）誠文堂新光社

―1963「どうなるオリンピックのポスター」『アイデア』（第58号）誠文堂新光社

ADSEC（編著）1984『牛タコさっちゃん』宣伝会議

―1988『広告の記号論』日経広告研究所

赤川学 1999『セクシュアリティの歴史社会学』勁草書房

―2006『構築主義を再構築する』勁草書房

赤塚忠一 1926「大きな聲」『七人社パンフレット（1）ポスター号』七人社

赤澤史朗 1985『近代日本の思想動員と宗教統制』校倉書房

天貝義教 2010『応用美術思想導入の歴史』思文閣出版

安藤紀男 1967「くたばれ日宣美！」『デザイン批評』（第4号）風土社

―1968「ゲリラ宣言」『デザイン批評』（第5号）風土社

安藤貞之 1961「榊原氏への疑問：デザインの広場」『デザイン』（5月号）美術出版社

―1969『デザイナーの世界』ダイヤモンド社

あんてな 1962「CMを大事にしよう：アドジャーナル」『ブレーン』（8月号）誠文堂新光社

青木保 1990=1999『「日本文化論」の変容』中公文庫

新井静一郎 1941「報道技術をめぐる現實」『廣告界』（第18巻第6号）誠文堂新光社

―1941b「報道媒体の轉移」『報道技術研究』（第3号）報道技術研究会

―1952=1977『アメリカ広告通信』ダヴィッド社

―1954「広告媒体の現状から考える」『アイデア』（第5号）誠文堂新光社

―1954b「広告のアイデア」、東京アド・アートディレクターズ・クラブ（編）『広告のデザイン』（デザイン大系 第二巻）ダヴィッド社

―1972『ある広告人の記録』ダヴィッド社

―1973『ある広告人の日記』ダヴィッド社

―1977「あとがき」東京アートディレクターズクラブ（編）『日本のアートディレクション』美術出版社

有山輝雄 2004「メディア史を学ぶということ」、有山輝雄・竹山昭子（編）『メディア史を学ぶ人のために』世界思想社

アルシーヴ社（編） 2001 『聞き書きデザイン史』六耀社
浅田彰 1986=1997 「祭のあとの消費社会論」、広告批評（編） 『広告大入門』マドラ出版
浅田孝 1959 「日本で開催の意義」『読売新聞』1959（昭和34） 年10月24日夕刊
—1960 「世界デザイン会議をプロモートして」『建築雑誌』（10月号）日本建築学会
朝日新聞社（編） 1921 『大戦ポスター集』朝日新聞社
—1954 『アサヒ相談室 宣傳・廣告』朝日新聞社
—1954b 「商業デザイン界昨今」『朝日新聞』1954（昭和29） 年8月9日
—1954c 「“盗用”は誤解」『朝日新聞』1954（昭和29） 年8月20日
—1954e 「追放せよ不良広告」『朝日新聞』1954（昭和29） 年11月28日夕刊
—1955 「“まねっこ”をなくす」『朝日新聞』1955（昭和30） 年3月8日
—1958 「デザインセンター 保全と盗用防止に」『朝日新聞』1958（昭和33） 年7月31日
—1958b 「洋食器デザイン盗用で警告」『朝日新聞』1958（昭和33） 年7月30日夕刊
—1959 「商品を指定して点検 輸出品の意匠盗用防止に デザイン保全法案固まる」『朝日新聞』1959（昭和34） 年1月8日
—1960 「デザインとカタログ」『朝日新聞』1960（昭和35） 年1月20日
—1960b 「まず体系的な勉強を」『朝日新聞』1960（昭和35） 年6月19日
—1961 「デザイン科は花ざかり」『朝日新聞』1961（昭和36） 年2月22日夕刊
—1965 「デザイナーになりたい：身上相談」『朝日新聞』1965（昭和40） 年2月19日
—1967 「目立つ絵画化の動き」『朝日新聞』1967（昭和42） 年8月29日
—1967b 「「デ伯」を期待」『朝日新聞』1967（昭和42） 年9月11日
—1968 「現代的なリズム感」『朝日新聞』1968（昭和43） 年8月8日
—1969 「デザイナーになりたい：身上相談」『朝日新聞』1969（昭和44） 年1月29日
—1969b 「「造反」美術会も襲う」『朝日新聞』1969（昭和44） 年8月6日
粟津潔 1962 「無用の用」『デザイン』（9月号）美術出版社
—1964 「多彩で充実した作家・作品」『読売新聞』1964（昭和39） 年9月28日
—1965 「わが愛→illustration=粟津潔」『アイデア：現代のイラストレーション』（別冊）誠文堂新光社
—1966 「創造と批評と十分な相剋を!!」『デザイン』（10月号）美術出版社
—1967 「離陸着陸」『デザイン批評』（第2号）風土社
—1967b 「海と日常性の予感」『アイデア』（臨時号）誠文堂新光社
—1967c 「座談会 これぞわれらが時代」『デザイン』（10月号）美術出版社
—1969 「デザイナーの社会的責任」『朝日新聞』1969（昭和44） 年9月24日
—1970 「デザイン0年」『朝日新聞』1970（昭和45） 年7月22日
—1970b 「話題呼ぶ新劇ポスター」『朝日新聞』1970（昭和45） 年4月24日夕刊

粟屋義純 1937「レイアウト・コンクール審査概評」『廣告界』（第14巻第9号）誠文堂新光社
東野芳明 1955「二科商業美術評」『調査と技術』（11月号）電通

【B】
ばるぼら 2013「日本のグラフィックデザイン教育の流れ」『アイデア』（第359号）誠文堂新光社
Barthes, R. 1968=1979 花輪光（訳）『物語の構造分析』みすず書房
Baudrillard, J. 1968=1980 宇波彰（訳）『物の体系』法政大学出版会
Becker, H. 1963=2011 村上直之（訳）『完訳　アウトサイダーズ』現代人文社
Benedict, R., 1946=2005 長谷川松治（訳）『菊と刀』講談社学術文庫
美術出版社 1961「デザインの広場」『デザイン』（7月号）美術出版社
Bogart, Michele H. 1995 Artists, Advertising, and the Borders of Art, The University of Chicago Press.
ブレーン 1965「人材のスクラップ・アンド・ビル時代」『ブレーン』（11月号）誠文堂新光社
ブレーン編集部 1961「岐路に立つ広告代理店」『ブレーン』（12月号）誠文堂新光社

【D】
團康晃 2013「「おたく」の概念分析」『ソシオロゴス』（第37号）ソシオロゴス編集委員会
ダヴィッド社 1953「商業デザイン全集 内容見本」ダヴィッド社
電通 1968「表裏を特殊加工：ペプシが“盗まれないポスター”」『電通報』1968（昭和43）年8月10日
土居川修一・平野新一・井深徹・水島良成・奥山儀八・大岩照世・田口麟三郎・山名文夫・室田庫造・平林桂 1932「勤労圖案家の改革座談會」『廣告界』（第9巻第6号）誠文堂
Dyer, G. 1982=1985 佐藤毅（監訳）『広告コミュニケーション』紀伊國屋書店

【E】
遠藤健一 1958『アイディア』光文社カッパブックス
遠藤知巳 2006「言説分析とその困難（改訂版）」、佐藤俊樹・友枝敏雄（編）『言説分析の可能性』東信堂

【F】
Forty, A. 1986=1992 高島平吾（訳）『デザインと社会』鹿島出版会
Foucault, M. 1969=1970 中村雄二郎（訳）『知の考古学』河出書房新社
—1969b=1990 清水徹＋豊崎光一（訳）『作者とは何か？』哲学書房

藤井健三 2006 「明治後期の工藝意匠と図案雑誌」、神坂雪佳・古谷紅麟（編）『新美術海』芸艸堂
—2008 「津田青楓の芸術と図案」、津田青楓『津田青楓の図案』芸艸堂
藤井達吉 1923 「門出に（上）」『讀賣新聞』1923年12月11日
藤本倫夫 1953 「編集後記」『ADCレポート』（第1号）東京アド・アートディレクターズ・クラブ
—1955 「東京ADCの足跡」『第2回展 経営に表現をあたえるもの』（パンフレット）東京アド・アートディレクターズ・クラブ
—1955b 「経営とデザイン」『宣伝技術』（6月号）日本電報通信社
—1957 「東京ADC五年間の反省」『広告』（9月号）
—1957b 「序文」『年鑑広告美術』（1957年）美術出版社
—1958 「アートディレクターの役割」『ADCリポート』（No.7）東京アド・アートディレクターズ・クラブ
—1958b 『アイデア時代』オリオン社
—1960 「序文」、東京アド・アートディレクターズクラブ（編）『年鑑広告美術 '60』美術出版社
藤澤龍雄 1926 「圖案家組合の設立を望む」『廣告界』（第3巻第3号）商店界社
—1928 「ポスターの描き方」『現代商業美術全集』（第2巻）アルス
—1933 「新聞廣告圖案批評」『廣告界』（第10巻第8号）誠文堂
—1939 「濱田君を憶ふ」『廣告界』（第16巻第1号）誠文堂
福澤諭吉 1876=1959 「賣藥論一」（『家庭叢談』第5号）『福澤諭吉全集』（第4巻）岩波書店
—1883=1959「商人に告ぐるの文」（『時事新報』10月16日）『福澤諭吉全集』（第9巻）岩波書店

【G】

GKインダストリアルデザイン研究所 1965 『インダストリアルデザイン』講談社ブルーバックス

【H】

Hacking, I 1995=1998 北沢格（訳）『記憶を書きかえる』早川書房
—2002=2012 出口康夫・大西琢朗・渡辺一弘（訳）『知の歴史学』岩波書店
濱田増治 1926 「商業美術家協會設立趣意」商業美術家協会
—1928 「新聞廣告の繪畫的構成の方面より見たる立案意匠」『現代商業美術全集』

（第13巻）アルス
—1928b「ポスター作畫研究（2）」『商業美術全集』（第2巻）アルス
—1928c「寫眞及び漫畫應用廣告の概念」『現代商業美術全集』（第14巻）アルス
—1930「商業美術総論」『現代商業美術全集』（第24巻）アルス
—1930b「生産藝術の正當なる發展のために」『アフィッシュ』（第3年第2号）七人社
—1930c「最近廣告と其商業美術の表現」『現代商業美術全集』（第23巻）アルス
—1930d「美人ポスターと單化ポスター」『商業美術月報』（第19号）アルス
—1930e「編輯室から」『商業美術月報』（第19号）アルス
—1935「ポスターに關する諸問題」『商業美術構成原理』高陽書院
—1936「1936年の商業美術界はどう進むか」『廣告界』（第13巻第2号）誠文堂
—1936b「三つの時代を制したポスターの表現技巧の必然性と偶然性」『廣告界』（第13巻第2号）誠文堂
—1937「ポスター」『商業美術講座』（第三巻平面篇）アトリエ社
濱田四郎 1902『實用廣告法』博文館
浜口隆一 1956「デザイン各分野の連帯性」『リビングデザイン』（8月号）美術出版社
—1963「芸術論とデザイン論の断絶：第4回芸術評論募集選考結果発表」『デザイン』（5月号）美術出版社
浜村順 1955「デザインを理解するために」『リビングデザイン』（6月号）美術出版社
—1960「グラフィックデザイン59年の回顧」『調査と技術』（1月号）電通
—1960b「世界デザイン会議についての報告」『調査と技術』（８月号）電通
—1960c「日本のグラフィックデザイン——60年の課題」『調査と技術』（3月号）電通
叛デザイン同盟 1969「板橋はたたいて渡れ‼：カメはタヌキだったのだ」『デザイン批評』（第10号）風土社
原弘 1938「印刷者の教養のことなど」『プレスアルト』（第17輯）プレスアルト研究会
—1961「討論」『世界デザイン会議議事録』美術出版社
—1963「序文」、東京アド・アートディレクターズ・クラブ（編）『年鑑広告美術 '63』美術出版社
—1968「編集担当者あとがき」『ポスター』（日本の広告美術 第1巻）美術出版社
原貫之助 1911『新編 図案法』成美堂書店
針生一郎 1958「デザインにおける日本的なもの」『調査と技術』（4月号）電通
—1963「啓蒙期は確実に終わりつつある：第4回芸術評論募集選考結果発表」『デザイン』（5月号）美術出版社
—（編）1969『われわれにとって万博とはなにか』田畑書店
—1969b「民衆不在の祭典」、針生一郎（編）『われわれにとって万博とはなにか』田畑書店

長谷川七郎1937「「商業美術への抗議」への抗議」『DEZEGNO』(第4号)多摩帝國美術學校圖案科會
橋爪大三郎 2006 「知識社会学と言説分析」、佐藤俊樹・友枝敏雄(編)『言説分析の可能性』東信堂
早川良雄 2001 「早川良雄」『聞き書きデザイン史』六耀社
林三博 2007 「宣伝の倒錯」『思想』(第996号)岩波書店
間弘 1971 『日本的経営』日本経済新聞社
平凡社(編) 1989-1990 『復刻版FRONT』(I,II,III)平凡社
樋田豊次郎 1997 「図案の時代」、東京国立博物館(編)『明治デザインの誕生』国書刊行会
樋田豊郎 2006 「展望」、長田謙一・樋田豊郎・森仁史(編)『近代日本デザイン史』美学出版
日向あき子 1968 「第18回日宣美展」『クリエイティビティ』(第14号)電通
日野永一 1989 「日本デザイン史の現況」『デザイン学研究』(第72号)日本デザイン学会
—1994 「明治期のデザイン技法書」『デザイン学研究』(第41巻第3号)日本デザイン学会
—1995 「アール・ヌーボーと明治のデザイン運動」『デザイン学研究』(第42巻第3号)日本デザイン学会
平賀源内 1935 『平賀源内全集』(上巻)中文館書店
平野敬子(編) 2005 『デザインの理念と実践』六耀社
—2009 『グラフィックデザイナーの肖像』新潮社
平山英三 1901 『図案』(第1号)大日本図案協会
本田康雄 1973 『式亭三馬の文芸』笠間書院
—1998 『新聞小説の誕生』平凡社
堀内臨樓 1938 「教授・宣傳人・圖案家・印刷業者 P・A第二回印刷美術座談會」『プレスアルト』(第15輯)プレスアルト研究会

【I】

飯守勘一 1933 「商業美術運動と入賞作品傾向」『廣告界』(第10巻第8号)誠文堂
飯沢耕太郎 1988 『写真に帰れ』平凡社
—1999 『日本写真史概説』岩波書店
池田木一 1929 「日本ポスターの発達経路」『現代商業美術全集』(第1巻)アルス
池上重雄 1936 「實用美術戰線考」『廣告界』(第13巻第4号)誠文堂
今井和也 1970 「イエイエにおける宣伝作戦」『月刊JAA』(1月号)日本広告主協会
今泉武治 1930 「BIFUR・TYPEに就て」『AD DATA』(No.2)明治大学広告研究会
—1934 「寫眞の近代性と廣告寫眞」『AD DATA』(No.12)明治大学広告研究会
—1935 「廣告のレイアウト論」『廣告界』(第12巻第4号)誠文堂

―1937a 「廣告形成に於ける現代的特性としてのレイアウト」『印刷と廣告』（3月号）印刷出版研究所
―1937b 「廣告美術の黎明」『AD DATA』（No.25）、明治大学広告研究会
―1938a 「報道美術に於ける集中と分化（一）」『駿台広告』（第1号）明治大学広告研究会
―1938b 「報道美術に於ける集中と分化（二）」『駿台広告』（第2号）明治大学広告研究会
―1939 「廣告映画の本質」『廣告界』（第16巻第10号）誠文堂
―1939b 「氏原忠夫　逞しさを」『芸術と技術』（No.2）
―1940 「國家報道に關する緊急提案―報道技術研究會設立趣意書」（9月3日起草、10月22日承認、1941cへ）
―1940b 「自由の新しさ」『廣告界』（11月号）誠文堂
―1941 「報道技術の問題」『廣告界』（第18巻第6号）誠文堂
―1941b 「寫眞報道におけるレイアウト動態論」『報道写真』（8月号）
―1941c 「報道技術研究会の結成について」『報道技術研究』（第1号）報道技術研究会 →1940の改稿版
―1941d 「報道と報道技術」『報道技術研究』（第1号）報道技術研究会　→1940の改稿版
―1941e 「國家報道の技術と組織に就いて」『報道技術研究』（第2号、大久保和雄との共著）報道技術研究会
―1941f 「作ること、見ること」『報道技術研究』（第2号）報道技術研究会
―1941g 「報道媒体の形成」『報道技術研究』（第3号）報道技術研究会
―1941h 「報道寫眞の表現について」『報道技術研究』（第3号）報道技術研究会
―1942 「印刷報道における技術構成體」『報道技術研究』（第5号）報道技術研究会
―1942b 「「技術室」と技術者」『宣傳』（2月号）日本電報通信社
―1943 「報道技術構成體」、報道技術研究会（編）『宣傳技術』生活社
―1950 「廣告寫眞の諸問題」『新聞と広告』（1月）日本電報通信社
―1950b 「レイアウト機能論」『新聞と広告』（6月号）日本電報通信社
―1951 「商品廣告とレイアウト」『商業デザイン全集（第三巻、商品篇）』、モーニングスター社
―1953 「広告月評：個性表現がなお不足」『新聞協会報』（8月20日）日本新聞協会
―1954 「アートディレクターの機能」『広告のデザイン』（デザイン大系 第2巻）ダヴィッド社
―1954b 「広告表現とアートディレクター」『博報堂月報』（8月号）
―1954c 「アートディレクターの役割」『アイデア』（第8号）誠文堂新光社
―1958 「ヴィジュアルコミュニケーションと組織」『年鑑広告美術』（1958年）美術出版社
―1959 「序文 グラフィックデザインの位置」『年鑑広告美術』（1959年）美術出版社

―1960 「序文」『年鑑広告美術』（1959年）美術出版社
―1970 「報道技術研究会」『日本デザイン小史』ダヴィッド社
―1978 「戦時宣伝は議論、議論にあけくれた」、渋谷重光『語りつぐ昭和広告証言史』宣伝会議
―1978b 「戦争と宣伝技術者」、山名文夫・今泉武治・新井静一郎（編）『戦争と宣伝技術者』ダヴィッド社
―1990 「『日記』一九四二－四三」『FRONT（復刻版）』（解説II）平凡社
―1991 「今泉武治（聞き書きデザイン史）」『たて組ヨコ組』（第31巻）モリサワ
今泉武治資料 1950 「東京広告作家クラブ」
今泉武治・新井静一郎・山城隆一 1977 「ADCの結成まで」、東京アートディレクターズクラブ（編）『日本のアートディレクション』美術出版社
今竹七郎 1937 「コラァジュ3」『プレスアルト』（第12輯）プレスアルト研究会
―1938 「發言美術への推進」『廣告界』（第15巻第9号）誠文堂
―1939 「百貨店の圖案家の話 ２」『プレスアルト』（第26号）プレスアルト研究会
―1940 「時局と團體と」『廣告界』（第17巻第9号）誠文堂新光社
―1941 「表札のない家で」『廣告界』（第18巻第8号）誠文堂新光社
―1991 「1950年代の日本の広告」『軌跡・日経広告賞40年』日本経済新聞社
―1991b 「今泉武治（聞き書きデザイン史）」『たて組ヨコ組』（第31巻）モリサワ
伊奈信男 1932=1978 「写真に帰れ」『写真・昭和五十年史』朝日新聞社
稲葉三千男 1989 『コミュニケーション発達史』創風社
井上尚一 1957 「ひとのデザインを尊重せよ」『朝日新聞』1957（昭和32）年11月21日
井上隆明　1986　『江戸コマーシャル文芸史』高文堂出版社
井上祐子 1998 「報道技術研究会の「技術」と作品」『メディア史研究』（第7号）ゆまに書房
―2000 「太平洋戦争下の報道技術者」『立命館大学人文科学研究所紀要』（第75号）立命館大学人文科学研究所
―2001 「「国家宣伝技術者」の誕生」、赤澤史朗・粟屋憲太郎・豊下楢彦・森武麿・吉田裕（編）『戦時下の宣伝と文化』（年報 日本現代史 第7号）現代史料出版
―2009 『戦時グラフ雑誌の宣伝戦』青弓社
板橋義夫 1970 「日宣美創立前後」、日本デザイン小史編集同人（編）『日本デザイン小史』ダヴィッド社
石井幸夫 2009「言語をいかに問うべきか」『社会学年誌』（第50号）早稲田社会学会
―2009b 「優生学の作動形式」、酒井泰斗・浦野茂・前田泰樹・中村和生（編）『概念分析の社会学』ナカニシヤ出版
―2013 「種の曖昧な縁」、中河伸俊・赤川学（編）『方法としての構築主義』勁草書房

石川弘義 1968 『広告の理論史』誠文堂新光社
石岡瑛子 1990 「読後感」、季刊『コラボ』（創刊号）冬樹社
伊藤憲治 2001 「伊藤憲治」『聞き書きデザイン史』六耀社
伊藤ていじ 1966 「なじみ薄い印象」『読売新聞』1966（昭和41年）3月4日夕刊
井關十二郎 1914 『生きた廣告』實務叢書發行所
—1928 「ポスターの概念と種類」『現代商業美術全集』（第2巻）アルス
—1928b 「ポスターの心理學的研究」『現代商業美術全集』（第2巻）アルス
出原栄一 1992 『日本のデザイン運動』ぺりかん社

【J】
神野由紀 1994 『趣味の誕生』勁草書房
—2011 『子どもをめぐるデザインと近代』世界思想社
城福勇　1976　『平賀源内の研究』創元社
—1985 『平賀源内』吉川弘文館
Johnson, Peirce 1957 "It Started With The Art Directors of New York", The Art Directors Club of New York. Ed., Art Directing. Hastings House

【K】
K 1964 「デザイナーの寸感：アドジャーナル」『ブレーン』（1月号）誠文堂新光社
K（亀倉雄策） 1967 「一般公募入選と入賞が決定されるまで…」『アイデア』（臨時号）誠文堂新光社
影木荘一郎 1969 「"旅行革命" ジャルパックJOYの広告」『月刊JAA』（1月号）日本広告主協会
梶祐輔 1967 「広告のクリエイティビティとは何か」『ブレーン』（4月号）誠文堂新光社
—1968 『広告と創造性』誠文堂新光社
貝塚渋六　1914　「賣文社より」『へちまの花』（2月27日）
上村瑛 1954 「現実と明日の間」『ADCレポート』（No.5）東京アド・アートディレクターズ・クラブ
神坂雪佳 1902 「神坂雪佳氏の意匠工藝談」『圖按』（第2号）大日本図案協会
金丸重嶺 1928 「廣告用寫眞の製作法」『現代商業美術全集』（第14巻）アルス
亀倉雄策 1953 「編集」『商業デザイン全集 第1巻 入門編』ダヴィッド社
—1956 「今月の表紙について」『リビングデザイン』（4月号）美術出版社
—1958 「盗用と影響」『全日本広告技術者懇談会記録』電通
—1958b 「デザイン交遊」『電通報』（第746号）電通、1958（昭和33）年5月22日

—1958c 「グラフィックデザインの新しい傾向」『広告研究』（昭和33年度版、夏期電通広告大学講義集）電通
—1959 「ポール・ランドを訪ねて」『ポール・ランド作品集』造型社
—1959b 「反省と収穫：1958年講演」『美術手帖』（8月号）美術出版社
—1959c 「連載座談会 デザインの各分野の独立と綜合」『デザイン』（10月号）美術出版社
—1960 「デザイン・エイジを迎えて（座談会）」『広告』（1月号）博報堂
—1960b 「連載座談会6 世界デザイン会議をめぐって 」『デザイン』（5月号）美術出版社
—1960c 「亀倉雄策氏の返事：デザインの広場」『デザイン』（11月号）美術出版社
—1961 「「伝統」について：1958年講演」『美術手帖』（8月号）美術出版社
—1961b 「KATACHI」『世界デザイン会議議事録』美術出版z社
—1961c 「討論」『世界デザイン会議議事録』美術出版社
—1961d 「安藤氏へ：デザインの広場」『デザイン』（7月号）美術出版社
—1962 「創造性を高める」、東京アートディレクターズクラブ（編）『別冊 広告美術年鑑1962-3』美術出版社
—1962b 「アートディレクターの顔」『年鑑広告美術』（1962年）美術出版社
—1963 「日宣美展の限界と宿命」『デザイン』（10月号）美術出版社
—1963b 「オリンピックポスター第3作が終わって」『デザイン』（7月号）美術出版社
—1963c 「オリンピックと選挙のポスターについて」『JAAC』（第15号）日本宣伝美術会
—1965 「トレードマークに関する考察」『世界のトレードマークとシンボル』河出書房新社
—1966 「亀倉雄策氏評」、河原淳『広告クリエイター』宣伝会議ユニークブックス
—1966b 「ニューヨークと東京の間」『ニューヨークのアートディレクターたち』誠文堂新光社
—1967 「離陸着陸」『デザイン批評』（第2号）風土社
—1967b 「紋章の運命」『日大新聞』1967（昭和42）年9月15日
—1969 「日宣美全国総会議事録」日本宣伝美術会
—1969b 「万国博は前衛芸術の大祭典か」『読売新聞』1969（昭和44）年2月21日夕刊
—1970 「現実そして明日」『アイデア』（第100号）誠文堂新光社
—1972 「西洋と日本の谷間」『剣持勇作品集』河出書房
—1973 「人間の個性――企業の個性」、東京アートディレクターズクラブ『年鑑広告美術 '73』美術出版社
—1978 「昔も今も国家宣伝の仕事が多いんだ」、渋谷重光『語りつぐ昭和広告証言史』宣伝会議選書
亀倉雄策・糸井重里 1984 「デザイナーの逆襲」『広告批評』（第62号、7月号）マドラ出版
亀倉雄策・河野鷹思・菅沼金八・高橋錦吉・新井静一郎・川崎民昌・今泉武治・祐乗坊宣明

1953「A・Dについて」『ADCレポート』（No.3）東京アド・アートディレクターズ・クラブ
上條喬久 1968 「表現行為そのものがメッセージ」『デザインジャーナル』（9月15日号）
日本繊維意匠センター
金子隆一（監修） 2002-2005 『復刻版NIPPON』（第1期〜第3期）国書刊行会
柄谷行人 1987=1997 「政治・あるいは批評としての広告」、広告批評（編）『広告大入門』
マドラ出版
加島卓 2005 「反−構図としてのレイアウト」『季刊 デザイン』（第11号）太田出版
―2007 「〈広告制作者〉の起源」『マス・コミュニケーション研究』（第71号）
日本マス・コミュニケーション学会
―2007b 「反−模倣としての個性」『情報学研究』（第72号）東京大学大学院情報学環
―2008 「デザインを語ることは不可能なのか」、祖父江慎・藤田重信・加島卓・鈴木広光
『文字のデザイン、書体のフシギ』左右社
―2009 「若者にとって〈感覚〉とは何か」『年報社会学論集』（第22号）関東社会学会
―2010 「デザイン／デザイナーを書くことの戦後史」、南後由和＋加島卓（編）『文化人とは何か？』東京書籍
―2010b 「ユーザーフレンドリーな情報デザイン」、遠藤知巳（編）『フラット・カルチャー』せりか書房
―2010c 「美大論」、遠藤知巳（編）『フラット・カルチャー』せりか書房
―2011 「「つながり」で社会を動かす」、土橋臣吾・南田勝也・辻泉（編）『デジタルメディアの社会学』北樹出版
―2011b 「メディア・リテラシーの新展開」、土橋臣吾・南田勝也・辻泉（編）『デジタルメディアの社会学』北樹出版
―2013 「若者にとって「ポスター」とは何か？」『美術フォーラム21』（第27号）醍醐書房
柏木博 1979 『近代日本の産業デザイン思想』晶文社
―1984 『日用品のデザイン思想』晶文社
―1987=2000 『肖像のなかの権力』講談社学術文庫
―1990 「今泉武治」、朝日新聞社（編）『「現代日本」朝日人物事典』朝日新聞社
―1996 「近代デザイン＝近代はいかに問題化されたか」、嶋田厚（編）『現代デザインを学ぶ人のために』世界思想社
片岡一郎 1967 「マーケティングの危機に思う」『クリエイティビティ』（第7号）電通
加藤八千代 1963 「訳者まえがき」、Von Fange 1959=1963 加藤八千代・岡村和子（訳）
『創造性の開発』岩波書店
勝井三雄 2002 「人々を触発した空間」『輝け60年代：草月アートセンターの全記録』
フィルムアート社

勝見勝 1953 「デザインの美学」『商業デザイン全集 第1巻 入門編』ダヴィッド社
—1954 「ポスターとは」、原弘・勝見勝・河野鷹思（編著）『ポスター』（デザイン大系第1巻）ダヴィッド社
—1954b 「商業デザイン運動の展望」『アイデア』（第5号）誠文堂新光社
—1954c 「デザイン運動の共通基盤」『朝日新聞』1954（昭和29）年2月19日
—1956 「デザインは過多か」『朝日新聞』1956（昭和31）年3月6日
—1957 「デザイナー誕生」『季刊 LIVING DESIGN デザイン10年の歩み』（No.1）美術出版社
—1958 「伝統とデザイン」『ADCリポート』（第7号）東京アド・アートディレクターズクラブ
—1958b 「日本の眼」、東京アド・アートディレクターズクラブ（編）『年鑑広告美術 '58』美術出版社
—1960 「新人群のデザイン思考」『読売新聞』1960（昭和35）年8月13日夕刊
—1965 「東京オリンピックのアートディレクション」、東京アートディレクターズクラブ『年鑑広告美術 '65』美術出版社
—1967 「グラフィックデザイン展望 1965-66」『graphic design』（第26号）講談社
—1977 「序にかえて」、東京アートディレクターズクラブ（編）『日本のアートディレクション』美術出版社
—1977b 「グッドデザイン運動とコミッティー」、日本デザインコミッティー（監修）『デザインの軌跡』商店建築社
葛山泰央 2000 『友愛の歴史社会学』岩波書店
榧野八束 1992 『近代日本のデザイン文化史：1868-1926』フィルムアート社
河原淳 1964 『デザイナー』ダイヤモンド社
—1967 『グラフィックデザイナー案内』ダヴィッド社
川畑直道 2002 『原弘と「僕達の新活版術」』DNPグラフィックデザインアーカイブ
—2003 『紙上のモダニズム』六耀社
—（編） 2006 『亀倉雄策』DNPグラフィックデザインアーカイブ
河井仁四郎・椎橋勇・藤本倫夫・西郷徳男 1962 「テレビコマーシャル」、東京アートディレクターズクラブ『年鑑広告美術 '64』美術出版社
川崎民昌 1970 「東京アートディレクターズクラブ」『日本デザイン小史』ダヴィッド社
川崎徹 1984 「ザ・ドキュメント（川崎徹）」、日暮真三・六郷八春恵（編）『カタカナでサクセス』実業之日本社
川添登 1960 「デザイン界の横のつながり」『建築雑誌』（10月号）日本建築学会
剣持勇 1958 「イスのデザイン」『朝日新聞』1958（昭和33）年3月25日

—1961 「二つの異なる文化が交流する時」『世界デザイン会議議事録』美術出版社
木村専一 1931 「その後の新興写真運動」『フォトタイムス』、1931年8月号
北田暁大 2000 『広告の誕生』岩波書店
Kittler, F 1980=1993 石光泰夫（訳）「作者であることと愛」『現代思想』（21巻11号）青土社
—1986=1999 石光泰夫・石光輝子（訳）『グラモフォン・フィルム・タイプライター』筑摩書房
小林弘男 1961 「宣伝広告は「資本を支配」するか：これが言いたい」『ブレーン』（12月号）誠文堂新光社
小林松雄 1960 「グラフィックデザインの模倣について：デザインの広場」『デザイン』（11月号）美術出版社
小林太三郎 1961 「これからの広告部長の役割」『ブレーン』（11月号）誠文堂新光社
小池藤五郎 1935 『山東京伝の研究』岩波書店
1961 『山東京伝』吉川弘文館
狛江孝平 1951 「廣告時評」『広告と広告人』（第3号）丹青社
小室信蔵 1907a 『おだまき』芸艸堂
—1907b 『図案法講義』元元堂書房
—1909 『一般図案法』丸善
香内三郎 1976 「「宣伝」から「布教」への転換」『季刊 ジャーナリズム論史研究』（第4号）七月社
講談社 1967 「コンペチションと盗用論議」『graphic design』（第26号）講談社
廣告界 1934 「新しい廣告計畫展覧會」『廣告界』（第11巻第9号）誠文堂新光社
河野鷹思 1978 「戦時期間中が、もっとも自由に伸び伸びと仕事ができました」、渋谷重光『語りつぐ昭和広告証言史』宣伝会議選書
河野恒吉 1921 「宣傳に關する予の研究」、朝日新聞社（編）『大戦ポスター集』朝日新聞社
小谷靖 1961 「デザイン教育をめぐる座談会：学生の立場から」『デザイン』（5月号）美術出版社
香西豊子 2007 『流通する「人体」』勁草書房
久保田郁良 1932 「商業美術家團體設立に就いて」『廣告界』（第9巻第9号）誠文堂
倉林靖 1996 『岡本太郎と横尾忠則』白水社
栗田勇 1965 「デザイン界の新胎動」『読売新聞』1965（昭和40）年8月28日夕刊
—1965b 「デザインの論理」『デザイン』（12月号）美術出版社
—1979 『栗田勇著作集』（第6巻）講談社

【L】
Lynch, M. 1993=2012 水川喜文・中村和生(監訳)『エスノメソドロジーと科学実践の社会学』勁草書房

【M】
前田愛 1989 「出版社と読者貸本屋の役割を中心として」『前田愛著作集』(第二巻)筑摩書房
―2001『近代読者の成立』岩波現代文庫(1973年、有精堂出版)
前田泰樹・水川嘉文・岡田光弘(編) 2007 『エスノメソドロジー』新曜社
毎日新聞社広告局 1993 『デザインの毎日』毎日新聞社
増田太次郎 1976 『引札 繪びら 錦繪廣告』誠文堂新光社
―1981 『引札繪ビラ風俗史』青蛙房
又仙 1903 「我が協会と日本図案会」『図按』(第17号)大日本図案協会
松原龍一 2010 「神坂雪佳と工芸図案」、神坂雪佳『神坂雪佳 蝶千種・海路』芸艸堂
松田修 1992 「解説 創造としての想像力」、田中優子『江戸の想像力』ちくま学芸文庫
松宮三郎 1926 「ポスターを語る」『七人社パンフレット(1)ポスター号』七人社
松本剛 1973 『広告の日本史』新人物往来社
松本昇 1941 「壁新聞とは」『戰ふ独伊の壁新聞』寫眞協會出版部
松岡壽 1917 「本邦図案界の過去と世界的進展の好機」『現代の図案工芸』(第42号)
三木愛華・岸上操　1890　『古今名家戯文集』博文館
Michele H. Bogart 1995 Artists, Advertising, and the Borders of Art (The University of Chicago Press).
三井文庫 編 1980 『三井事業史』(本篇1)三井文庫
宮本直美 2006 『教養の歴史社会学』岩波書店
宮田一馬 1935 「全日本商美聯盟の内容的飛躍 西日本商美聯合の結成」『廣告界』(第12巻第8号)誠文堂
宮山峻 1937 「この理想を目標に」『廣告界』(第14巻第11号)、誠文堂新光社
―1953 「編集手帖」『アイデア』(第2号)誠文堂新光社
―1956 「編集手帖」『アイデア』(第18号)誠文堂新光社
―1976　『人生交差点』(私家版)
宮崎博史 1955 『緑野ふたたび』電通
三好一 1984 「広告とビールの普及」、麒麟麦酒株式会社(編)『ビールと日本人』三省堂
水野稔 校注 1958 『黄表紙洒落本集』(日本古典文学大系59)岩波書店

Moeran, B. 1996 A JAPANESE ADVERTISING AGENCY(University of Hawai’ i Press).
森仁史 2003 「美術の誕生と工芸品輸出」、竹原あき子＋森山明子（監修）『日本デザイン史』美術出版社
―2009 『日本〈工芸〉の近代』吉川弘文館
森啓 1971 「戦後グラフィックデザイン私史」『現代デザイン講座』（第1巻）風土社
森田洪 1910 『装飾図案法』建築書院
森山明子 2003 「産業工芸と商業美術の時代」、竹原あき子＋森山明子（監修）『日本デザイン史』美術出版社
向秀男 1968 「審査経過」、東京アートディレクターズクラブ『年鑑広告美術 '68』美術出版社
―1984 「アートディレクター・きのう・きょう・あした」、東京アートディレクターズクラブ（編）『アートディレクションツディ』美術出版社
向井寛三郎 1941 「ポスターに扱はれた五つの女の顔」『プレスアルト』（第46号）プレスアルト研究会
村越襄 1963 「「水を凍らせろ」という電話以後」『デザイン』（7月号）美術出版社
むらさき 1904 「空蝉（一）」『写真月報』小西本店、1904年8月号
村瀬尚 1969 「クリエーティブ優先についての諸問題」『クリエイティビティ』（第15号）電通
室田久良三 1929 「陳列窓飾りの奇抜な思ひ付き」『商業美術月報』（第7号）アルス
―1929b 「廣告面のレイアウト」『廣告界』（第6巻第4号）誠文堂商店界社
室田庫造 1932 「レイアウトマンと廣告寫眞の使用法」『廣告界』（第9巻第2号）誠文堂
―1933 「廣告實務家に必要なレイアウトの常識」『廣告界』（第10巻第4号）誠文堂
―1935 『新廣告工作論』誠文堂
―1959 『広告のアイデア』同文館
武蔵野美術大学 1969 「本号の編集にあたって」『武蔵野美術』（第68号）武蔵野美術大学

【N】
永井一正 1960 「座談会 グラフィックデザインの方向と日宣美に求めるもの」『JAAC』（12月号）日本宣伝美術会
―1962 「創造の責任」『デザイン』（11月号）美術出版社
―1965 「沈滞を打ち破るもの」『アイデア』（臨時号）誠文堂新光社
―1966 「グラフィックデザイナー」『朝日新聞』1966（昭和41）年9月18日
―1967 「デザインの創造と盗作」『朝日新聞』1967（昭和42）年9月13日
―1967b 「座談会 これぞわれらが時代」『デザイン』（10月号）美術出版社

―1967c 「広告における説得と個性」『アイデア』（第81号）誠文堂新光社
―1968 「グラフィックデザインとアドバタイジングデザイン」『クリエイティビティ』（第11号）電通
―1969 「日宣美全国総会議事録」日本宣伝美術会
―1969b 「デザインとアートの接点」『クリエイティビティ』（第15号）電通
―2005 「グラフィックデザインの原点」、亀倉雄策『亀倉雄策のデザイン（新装版）』六耀社
長友啓典 1967 「公募作品」『アイデア』（臨時号）誠文堂新光社
仲田定之助 1928 「寫眞の新傾向とその應用廣告」『現代商業美術全集』（第14巻）アルス
―1929 「濱田増治君素描」『アトリエ』（第6巻第9号）アトリエ社
中川静 1921 「ポスター其他の廣告媒體に關する史的考察」、朝日新聞社（編）『大戦ポスター集』朝日新聞社
―1924 『廣告と宣傳』厳松堂書店
中原佑介 1963 「第13回日宣美展をみて」『調査と技術』（10月号）電通
―1964 「デザイナーの個性とデザインの持つ一般性」『調査と技術』（11月号）電通
―1965 「アナーキーな様相を示す会員作品」『アイデア』（臨時号）誠文堂新光社
―1966 「草月アートセンターのグラフィックデザイン」『graphic design』（第24号）講談社
中井幸一 1958 「座談会 広告デザイン発注の技術」『宣伝会議』（4月号）宣伝会議
―1962 「クリエイティビティーの問題」『ブレーン』（5月号）誠文堂新光社）
―1963 「アートディレクターシステムとクリエイティブチェックリスト」『ブレーン』（9月号）誠文堂新光社
―1963b 『アメリカのクリエイティビティ』美術出版社
―1967 「デザインに科学性を」『朝日新聞』1967（昭和42）年9月28日
―1968 「日本のアドバタイジングアート」『アイデア』（第87号）誠文堂新光社
―1991 『日本広告表現技術史』玄光社
中井正一 1937 「集團的藝術」『プレスアルト』（第9輯）プレスアルト研究会
中村幸彦（校注） 1961 『風来山人集』（日本古典文学大系55）岩波書店
中村誠 2003 「東京アートディレクターズクラブ（ADC）の50年 1952-2002」、ブレーン編集部（編）『ADC大学』宣伝会議
中村光夫　1963　『明治文学史』筑摩書房
中根千枝 1967 『タテ社会の人間関係』講談社現代新書
中野卓　1978　『商家同族団の研究』（第二版、上下）未来社
中瀬寿一 1968 『日本広告産業発達史研究』法律文化社

中沢新一 1990 「読後感」、季刊『コラボ』（創刊号）冬樹社
難波功士 1998a 「報道技術研究会と太平洋報道展」、津金澤聰廣・有山輝雄（編著）
『戦時期日本のメディア・イベント』世界思想社
―1998b 『撃ちてし止まむ』講談社選書メチエ
名取洋之助 1963 『写真の読みかた』岩波新書
仁平典宏 2011 『「ボランティア」の誕生と終焉』名古屋大学出版会
日本デザイン学生会議 1964 「日本デザイン学生会議京都大会宣言」『デザイン』（6月号）
美術出版社
日本デザインセンター（編） 2010 『デザインのポリローグ』誠文堂新光社
日本デザイン小史編集同人　1970　『日本デザイン小史』ダヴィッド社
日本工房の会 1980 『先駆の青春』（私家版）
日本宣伝美術会 1951 「日本宣伝美術会設立の趣旨」『JAAC』（No.1）日本宣伝美術会
―1954 「一九五四年日本宣伝美術会展覧会規約」日本宣伝美術会
―1965 「第15回日宣美展公募規定」日本宣伝美術会
―1969 「日宣美紛糾共闘要求主張メモ」日本宣伝美術会
―1969b 「中央委員統一見解」日本宣伝美術会
―1970 「解散のことば」日本宣伝美術会
日本図案会 1903 「日本図案会報告書」（第1号）
西村美香 1995 「プレスアルト研究会にみる広告物収集とその意義について」『デザイン
理論』（第34号）意匠学会
西尾忠久 1962 「コピーのテクニック」『ブレーン』（6月号）誠文堂新光社
―1966 「クリエイティブ通信（18） DDB（その10）」『ブレーン』（3月号）誠文堂新光社
西坂靖　2007　『三井越後屋奉公人の研究』東京大学出版会
新田宇一郎 1928 「新聞廣告をなすに就いての一般常識」『現代商業美術全集』（第13巻）
アルス
野上元 2006 『戦争体験の社会学』弘文堂
野村昇 1926 「ポスター漫談」『七人社パンフレット（1）ポスター号』七人社
―1929 野村昇「商業美術展寸感」『アフィッシュ』（第2年第2号）七人社
―1930a 「與太話 圖案家風景柄様々 Aの言葉」『アフィッシュ』（第3年第2号）七人社
―1930b 「與太話 圖案家風景柄様々 Cの言葉」『アフィッシュ』（第3年第2号）七人社
農商務省 1902 『1900年巴里万国博覧会　臨時博覧会事務局報告』（上巻）農商務省
納富介次郎 1886 「美術品ト応用美術品ト普通雑品トヲ製造スルノ目的」、『繭絲織物陶
漆器共進会第四区陶漆器審査報告附録講話会筆記』
野崎左文　2007　『私のみた明治文壇』東洋文庫

【O】
尾高邦雄 1965 『日本の経営』中央公論社
—1984 『日本的経営』中公新書
緒方康二 1973 「明治とデザイン：ウィーン万国博覧会から金沢工業学校の創設まで」『デザイン理論』（第12号）関西意匠学会
—1978a 「明治とデザイン：東京高等工業学校工業図案科を中心に」『夙川学院短期大学紀要』（第2号）
—1978b 「明治とデザイン：大日本図案協会と雑誌『図按』」『夙川学院短期大学紀要』（第3号）
—1979 「明治とデザイン：小室信蔵の方法論」『夙川学院短期大学紀要』（第4号）
—1980 「明治とデザイン：小室信蔵」『デザイン理論』（第19号）関西意匠学会
—1982 「明治とデザイン：平山英三をめぐって」『デザイン理論』（（第21号）関西意匠学会
—1987 「明治のデザイン教育」『デザイン理論』（第26号）関西意匠学会
—1998 「明治のパイオニアたち」『デザイン学研究』（第6巻第2号）日本デザイン学会
—2007 「東京美術学校の図案教育」、森仁史（監修）『叢書・近代日本のデザイン』（第6巻）ゆまに書房
小川正隆 1965 「アナーキーな様相を示す会員作品」『アイデア』（臨時号）誠文堂新光社
—1968 「ポスター百年の覚書」『ポスター』（日本の広告美術 第1巻）美術出版社
—1968b 「私のデザイン日記から」『クリエイティビティ』（第14号）電通
小川隆夫 1928 「新聞廣告の立案と意匠」『現代商業美術全集』（第13巻）アルス
尾川多計 1937 「時局と宣傳美術」『廣告界』（第14巻第13号）誠文堂
岡秀行 1954 「根の無いブーム」『JAAC』（No.5）日本宣伝美術会
興津要 1960 『転換期の文学』早稲田大学出版部
—1968 『明治開化期文学の研究』桜楓社
—1976 『最後の江戸戯作者たち』実業之日本社
—1983 『新聞雑誌発生事情』角川選書
—1993 『仮名垣魯文』有隣新書
大智浩 1939 「時局と廣告：日本宣傳人倶楽部座談會」『廣告界』（第16巻第8号）誠文堂新光社
—1970 「ジャワでの国家宣伝」、日本デザイン小史編集同人（編）『日本デザイン小史』ダヴィッド社
大橋正 1953 「非合理な結びつきへの反省」『AD. ART DIRECTORS CLUB TOKYO』（No.2）東京アド・アートディレクターズ・クラブ

大久保和雄 1942 「戦時印刷の考察」『報道技術研究』（第4号）報道技術研究会
大阪朝日新聞 1921「驚異の目を輝す四万餘の觀覧者 第一日に増す大盛況」『大阪朝日新聞』1921（大正10）年5月22日
近江匡 1953 「経営者とのギャップを埋める努力」『AD. ART DIRECTORS CLUB TOKYO』（No.2）東京アド・アートディレクターズ・クラブ
尾張幸也・中西昭・水島寛（監修） 1967 『CMクリエーティブ』電通
小沢良吉 1961 「仕事の中に粋なユーモアを：デザインの広場」『デザイン』（11月号）美術出版社

【P】
Pevsner, N. 1949=1957 白石博三（訳）『モダンデザインの展開』みすず書房
Presbrey, F.　1968　The History and Development of Advertising, Greenwood Press.
プレスアルト研究会 1937 「レイアウトコンクールに就て」『プレスアルト』（第８輯）プレスアルト研究会

【S】
齋藤佳三 1921「ポスター展覧會印象記」、朝日新聞社（編）『大戦ポスター集』朝日新聞社
斎藤修　1987　『商家の世界・裏店の世界』リブロポート
Sampson, H.　1874　A History of Advertising from the earliest times, Chatto and Windus.
酒井寛 1988=1992 『花森安治の仕事』朝日文庫
酒井泰斗・浦野茂・前田泰樹・中村和生（編） 2009 『概念分析の社会学』ナカニシヤ出版
堺利彦　1912　『賣文集』丙午出版社
―1914 「パンとペン」『讀賣新聞』（1月2日）
坂本英男（編） 1951 『廣告五〇年史』日本電報通信社
榊原健 1961 「島田憲吉君へ：デザインの広場」『デザイン』（3月号）美術出版社
―1961b 「安藤氏へ：デザインの広場」『デザイン』（7月号）美術出版社
作田啓一 1968 『恥の文化再考』筑摩書房
佐野寛 1969 「日宣美に彼らが来た」『コマーシャルフォト』（10月号）玄光社
―2006 「メディア―デザイン―広告」、長田謙一・樋口豊郎・森仁史（編）『近代日本デザイン史』美学出版
山東京伝・本膳亭坪平　1794　『ひろふ神』堀野屋仁兵衛
佐々木十九 1928 「新聞及び雑誌廣告の心理學的研究」『現代商業美術全集』（第13巻）アルス

佐藤雅浩 2013 『精神疾患言説の歴史社会学』新曜社
佐藤俊樹 1993 『近代・組織・資本主義』ミネルヴァ書房
—1998 「近代を語る視線と文体」、高坂健次・厚東洋輔（編）『理論と方法』（講座社会学 1）東京大学出版会
—2005 『桜が創った「日本」』岩波新書
—2006 「閾のありか」、佐藤俊樹・友枝敏雄（編）『言説分析の可能性』東信堂
瀬木博信（編） 1955 『広告六〇年』博報堂
—1961 「新しいコミュニケーションのにない手」『ブレーン』（11月号）誠文堂新光社
瀬木慎一 1970 「現代デザイナー論（3）企業内デザイナーとエージェンシーデザイナー」『クリエイティビティ』（第19号）電通
—（編） 1971 『日宣美20年』日本宣伝美術会
瀬木慎一・田中一光・佐野寛 2000 「編集後記」『日宣美の時代』トランスアート
盛山和夫 1995 『制度論の構図』創文社
渋谷重光 1978 『語りつぐ昭和広告証言史』宣伝会議
—1987=1991 「戦時宣伝の系譜」『大衆操作の系譜』勁草書房
嶋田厚・津金澤聰廣（編） 1996 『復刻版「プレスアルト」』（全3巻）柏書房
島田佳矣 1909 『工芸図案法講義』興文社
島田憲吉 1961 「個性的創造の必要：デザインの広場」『デザイン』（2月号）美術出版社
嶋村和恵・石崎徹 1997 『日本の広告研究の歴史』電通
清水公一　1989　『広告の理論と戦略』創成社
紫牟田伸子 2003 「大衆消費社会とデザイン」、竹原あき子・森山明子（監修）『日本デザイン史』美術出版社
白山眞理・堀宜雄（編） 2006 『名取洋之助と日本工房［1931-45］』岩波書店
Sparke, P. 1995=2004 菅靖子・暮沢剛巳・門田園子（訳）『パステルカラーの罠』法政大学出版局
須田実 1968 「CM文化独立」『読売新聞』1968（昭和43）年8月12日
Sudnow, D. 1978=1993 徳丸吉彦・村田公一・卜田隆嗣（訳）『鍵盤を駈ける手』新曜社
須藤文夫 1963 「アドサロン」『ブレーン』（10月号）誠文堂新光社
菅原教造 1921 「刺戟としてのポスター」、朝日新聞社（編）『大戦ポスター集』朝日新聞社
菅原龍子 1962 「コピーライターの憎まれ口」『ブレーン』（4月号）誠文堂新光社
杉村楚人冠 1921 「開戦當時の英國ポースター」、朝日新聞社（編）『大戦ポスター集』朝日新聞社
杉浦非水 1926 「ポスターに就て」『七人社パンフレット（1）ポスター号』七人社
—1927 「所謂美人畫ポスター觀」『アフィッシュ』（第2号）七人社

―1930 「欧風図案を創めた頃」、北原義雄（編）『画学生の頃』アトリエ社
杉浦康平 1960 「世界デザイン会議に参加して」『工芸ニュース』（Vol28-5）高山書院
鈴木均 1980 「戦争中のプロパガンダ」『広告批評』（8月号）マドラ出版
鈴木豊治 1927 「街上のジグザック NO3（廣告畫の女）」『アフィッシュ』（第3号）七人社

【T】
多田北烏 1928 「ポスターの効果と技巧」『現代商業美術全集』（第2巻）アルス
―1937 「レイアウト・コンクール審査概評」『廣告界』（第14巻第9号）誠文堂新光社
―1938 多田北烏「商業美術家は如何に對處すべきか」『廣告界』（第15巻第9号）誠文堂
―1939 「濱田君の死」『廣告界』（第16巻第1号）誠文堂
多川精一 1988=2000 『戦争のグラフィズム』平凡社ライブラリー
―2003 『広告はわが生涯の仕事に非ず』岩波書店
―2005 『焼跡のグラフィズム』平凡社新書
田附與一郎 1928 「ポスターの常識と外國事情」『現代商業美術全集』（第2巻）アルス
田島奈都子 2002 「近代日本におけるポスターの認識とその展開」『メディア史研究』（第13号）ゆまに書房
―2006 「ポスター礼賛」、サカツコーポレーション『明治・大正・昭和 お酒の広告グラフィティ』国書刊行会
―2006b 「近代日本における広告の啓蒙普及機関としての商品陳列所」『メディア史研究』（第21号）ゆまに書房
―2007 「わが国におけるポスターの登場とその展開」、姫路市立美術館・印刷博物館（編）『大正レトロ・昭和モダン 広告ポスターの世界』国書刊行会
―2009 「戦前期日本の図案界」、『復刻版 アフィッシュ 別冊』国書刊行会
―2013 「戦前期の日本製ポスター研究における体験的参考文献論」『美術フォーラム21』（第27号）醍醐書房
高橋徹 2002 『意味の歴史社会学』世界思想社
玉井清（編） 2008 『戦時日本の国民意識』慶應義塾大学出版会
多摩帝國美術學校圖案科研究室 1936 「商業美術とは何か」『DEZEGNO』（第1号）多摩帝國美術學校圖案科會
田中一光 1965 「根本的な分析の時期にある日宣美展」『アイデア』（臨時号）誠文堂新光社
―1968 「アングラから抜け出せ」『電通報』（8月21日）電通
―1968b 「ポスターの変身」、東京アートディレクターズクラブ『年鑑広告美術 '68』美術出版社
田中優子 1986=1992 『江戸の想像力』ちくま学芸文庫

谷川俊太郎 2002 「万博ですべて終わった」『輝け60年代：草月アートセンターの全記録』フィルムアート社
田野郁溫 1928 「ポスター製作を依頼するに就ての知識」『現代商業美術全集』（第2巻）アルス
―1936 「若き商業圖案家と製作依頼者に與ふ」『廣告界』（第13巻第4号）誠文堂
高田忠 1958 「グッドデザイン選定の目的とその手続」『グッドデザイン』中小企業出版局
高木長葉 1927 「随感」『アフィッシュ』（第2号）七人社
高木正夫 1966 「万国博マーク無責任な選考：投書欄」『読売新聞』1966（昭和41）年3月7日
高桑末秀　1981　『広告のルーツ』日本評論社
竹原あき子・森山明子（監修） 2003 『日本デザイン史』美術出版社
竹内幸絵 2010 『近代的広告はどのように生まれたか』神戸大学大学院国際文化学研究科（博士論文）
―2011 『近代広告の誕生』青土社
高柳眞三・石井良助 編　1934　『御触書寛保集成』岩波書店
瀧口修造 1957 「今日のデザイン」『読売新聞』1957（昭和32）年1月29日夕刊
―1957b 「デザインと美術の十字路で」『季刊 LIVING DESIGN デザイン10年の歩み』（No.1）美術出版社
―1963 「感想：第4回芸術評論募集選考結果発表」『デザイン』（5月号）美術出版社
多木浩二 1992 「デザインの社会」、多木浩二・内田隆三（編）『零の修辞学』リブロポート
滝沢健 1961 「デザイン教育をめぐる座談会：学生の立場から」『デザイン』（5月号）美術出版社
棚橋正博　1994　『式亭三馬』ぺりかん社
丹下健三 1956 「座談会 古いもの・新しいもの」『リビングデザイン』（6月号）美術出版社
―1963 「座談会 東京オリンピックをどう演出するか」『朝日ジャーナル』朝日新聞社、1963（昭和38）年10月13日号）
谷口隆捷 1963 「デザイナーのみた広告界：発言」『ブレーン』（9月号）誠文堂新光社
谷峯蔵　1986　『江戸のコピーライター』岩崎美術社
手島精一 1901 「図案科設置の理由」（談話）、『圖按』（第1号）大日本図案協会
東郷青児 1932 「純美術家の商業美術への進出」『廣告界』（第9巻第3号）誠文堂
特許庁意匠課 2009 『意匠制度120年の歩み』特許庁
東京ADC 1953 「私達の言葉」『ADCレポート』（第1号）東京アド・アートディレクターズ・クラブ
―1953b 「アートディレクターの立場」『ADCレポート』（第1号）東京アド・アート

ディレクターズ・クラブ
―1953c 「日宣美展覧會合評」『AD. ART DIRECTORS CLUB TOKYO』（No.3）東京アド・アートディレクターズ・クラブ
―1953d 「無題」『ADCレポート』（第2号）東京アド・アートディレクターズ・クラブ
―1953e 「大阪ADCの発足」『ADCレポート』（第2号）東京アド・アートディレクターズ・クラブ
―1953f 「ざつろく」『ADCレポート』（第3号）東京アド・アートディレクターズ・クラブ
―1955 「座談會 広告ジャーナリズムについて」『ADCリポート』（No.6）東京アド・アートディレクターズクラブ
―1963 「座談会　アートディレクターは、どうあるべきか」『年鑑広告美術』（1963年）美術出版社
―1963b 「東京ADC 10年の歩み」『広告美術年鑑 1962-3 別冊』美術出版社
東京アートディレクターズクラブ（編） 1967 『日本の広告美術』（全3巻）美術出版社
東京朝日新聞 1921 「世界大戦ポスター大展覧会」1921（大正10）年6月2日夕刊
坪内逍遙　1885=1967　「小説神髄」『坪内逍遙 二葉亭四迷 北村透谷』（現代文学大系 1）筑摩書房
土田真紀 2004 「明治三十年代の京都の図案集と「図案の芸術化」」、樋田豊次郎・横溝廣子（編）『明治・大正図案集の研究』国書刊行会
―2006 「明治三〇年代の図案」、長田謙一・樋田豊郎・森仁史（編）『近代日本デザイン史』美学出版
土屋耕一 1967 「日宣美賞が生まれるとき」『デザイン』（臨時号）美術出版社
土屋礼子　2002　『大衆紙の源流』世界思想社
土屋好重 1957 『広告学』中央経済社
津田青楓 1903 「うづら衣三巻を出すに就て思う儘を記す」『うづら衣　三巻』山田芸艸堂
津金澤聰廣　1998　「大衆ジャーナリズムの源流“小新聞”の成立」『現代日本メディア史の研究』ミネルヴァ書房
―2000a 「『プレスアルト』にみる戦時期デザイナーの研究（上）」『日経広告研究所報』（第189号）
―2000b 「『プレスアルト』にみる戦時期デザイナーの研究（下）」『日経広告研究所報』（第190号）
―2001 「『印刷報道研究』と戦時期デザイナー」『日経広告研究所報』（第197号）
―2002 「『プレスアルト』（1937～43年）にみる戦時宣伝論」『intelligence』（創刊号）紀伊國屋書店

【U】
植村鷹千代 1955「デザインポリシーの確立」『アイデア』（第12号）誠文堂新光社
—1958「デザインのオリジナリティと民族性」『調査と技術』（1月号）電通
—1958b「民族的ポリシィの必要」『アイデア』（第28号）誠文堂新光社
—1960「デザインの可能性を狭める傾向」『アイデア』（第43号）誠文堂新光社
鵜月洋 1961『宣伝文』朝日新聞社
宇波彰 1991『誘惑するオブジェ』紀伊國屋書店
臼田捷治 2000「伊藤貞三「タイプライター（B）」、瀬木慎一・田中一光・佐野寛（監修）『日宣美の時代』トランスアート
内田魯庵 1921「ポスター概説」、朝日新聞社（編）『大戦ポスター集』朝日新聞社
内川芳美（編） 1976『日本広告発達史』（上巻）電通
—1980『日本広告発達史』（下巻）電通
—1981「序によせて」、高桑末秀『広告のルーツ』日本評論社

【W】
和田誠 1969「日宣美全国総会議事録」日本宣伝美術会
—2002「自分にとっての60年代」『輝け60年代：草月アートセンターの全記録』フィルムアート社
脇清吉の碑をつくる会（編） 1967『碑：脇清吉の人と生活』（私家版）
Walker, J. 1989=1998 栄久庵祥二（訳）『デザイン史とは何か』技報堂出版
渡邊素舟 1926「街頭藝術の先驅 ポスターに贈る言葉」『七人社パンフレット（1）ポスター号』七人社
Williamson, J. 1978=1985 山崎カヲル・三神弘子（訳）『広告の記号論』（I+II）柘植書房

【Y】
山田博通 1968「広告クリエイターに望む」『ブレーン』（1月号）誠文堂新光社
山上良雄 1962「コピーライターを育成して欲しい：これが言いたい」『ブレーン』（1月号）誠文堂新光社
山形寛 1967『日本美術教育史』黎明書房
山口正城・塚田敢・山崎幸雄・福井晃一 1955『デザイン小辞典』ダヴィッド社
山川均 1961 『山川均自伝』岩波書店
山之内靖 1995「方法的序説」、山之内靖・ヴィクター=コシュマン・成田龍一（編）『総力戦と現代化』柏書房

山本笑月 1983 『明治世相百話』中公文庫
山本鼎 1921 「美術品としてのポスター」『國粹』（10月号）國粹出版社
山本武利 1984 『広告の社会史』法政大学出版局
山本武利・津金澤聰廣 1986=1992 『日本の広告』世界思想社
山名文夫 1934「廣告美術運動とわが協會」『廣告界』（第11巻第6号）誠文堂
—1938 「統制經濟と商業美術」『廣告界』（第15巻第9号）誠文堂
—1942 「印刷報道の諸形態」『報道技術研究』（第4号）報道技術研究会
—1956 「日本商業美術略史（1）」『アイデア』（第15号）誠文堂新光社
—1957 「日本宣伝美術会の成立と成長」『アイデア』（第25号）誠文堂新光社
—1962 『広告のレイアウト』ダヴィッド社
—1968 「概説・日本の広告美術」『ポスター』（日本の広告美術 第1巻）美術出版社
—1970 「商業図案から商業美術へ」、日本デザイン小史編集同人『日本デザイン小史』ダヴィッド社
—1976 『体験的デザイン史』ダヴィッド社
山名文夫・今泉武治・新井静一郎（編） 1978 『戦争と宣伝技術者』ダヴィッド社
山城隆一 1951 「なぜこの会をつくったか」『JAAC』（No.1）日本宣伝美術会
—1960 「チームワーク」『デザイン』（6月号）美術出版社
—1967 「日宣美賞に“ジャンセン水着ポスター”を得て喜ぶ」『アイデア』（臨時号）誠文堂新光社
—1968 「序文」、東京アートディレクターズクラブ『年鑑広告美術’68』美術出版社
—1970 （執筆者は、瀬木慎一）「現代デザイナー論（6）山城隆一と和田誠」『クリエイティビティ』（第22号）電通
柳宗理 1961 「デザイナーの自由と創造性」『世界デザイン会議議事録』美術出版社
やなせたかし 1954 「デザイナー七つの大罪」『JAAC』（No.2）日本宣伝美術会
読売新聞 1901 「歐州における窯業視察談（下）」『読売新聞』1901（明治34）年9月27日
—1901b 「我美術工藝の革新期」『読売新聞』1901（明治34）年8月28日
—1901c 「工藝美術談（上）」『読売新聞』1901（明治34）年6月19日
—1901d 「工藝余談」『読売新聞』1901（明治34）年10月3日
—1902 「デザイン時代来らんとす」『読売新聞』1902（明治35）年1月4日
—1914 「圖案の藝術化（下）」『読売新聞』1914（大正3）年7月30日
—1947 「輸出工芸」『読売新聞』1947（昭和22）年6月16日朝刊
—1952 「よみうり寸評」『読売新聞』1952（昭和26）年2月1日夕刊
—1954 「英、意匠盗用に善処方申入れ」『読売新聞』1954（昭和29）年8月7日
—1954b 「最終協議は日本で」『読売新聞』1954（昭和29）年10月22日

―1954c「円満解決の見通し」『読売新聞』1954（昭和29）年11月14日
―1955「日本繊維意匠センター発足」『読売新聞』1955（昭和30）年1月26日
―1955b「他人の意匠を尊重」『読売新聞』1955（昭和30）年5月14日
―1957「デザイン盗用 藤山外相いじめられる」『読売新聞』1957（昭和32）年9月28日夕刊
―1957b「意匠盗用の悪意ない」『読売新聞』1957（昭和32）年10月3日
―1957c「輸出振興に強い対策 河野長官の構想」『読売新聞』1957（昭和32）年11月28日
―1957d「輸出振興重点施策決る 経済閣僚懇談会」『読売新聞』1957（昭和32）年12月27日夕刊
―1957e「外国文献盗用認めぬ」『読売新聞』1957（昭和32）年9月30日朝刊）
―1957f「よみうり寸評」『読売新聞』1957（昭和32）年9月30日夕刊
―1958「意匠センター設ける」『読売新聞』1958（昭和33）年6月27日
―1958b「意匠盗用、今度は米で問題化」『読売新聞』1958（昭和33）年4月25日夕刊
―1958c「米、意匠盗用に警告」『読売新聞』1958（昭和33）年7月31日夕刊
―1958d「意匠盗用、重大化す」『読売新聞』1958（昭和33）年8月1日夕刊
―1958e「"洋食器輸出会社設く" 高碕通産相 意匠問題で指示」『読売新聞』1958（昭和33）年8月3日
―1958f「魔法ビン 輸出規制を考慮 米、デザイン盗用で抗議」『読売新聞』1958（昭和33）年10月10日
―1958g「次期国会にデザイン保全法」『読売新聞』1958（昭和33）年10月11日
―1959「杉氏、財界に協力を要請 ジャパンデザインハウスの設立」『読売新聞』1959（昭和34）年9月16日
―1959b「輸出雑貨センター きょうから業務開始」『読売新聞』1959（昭和34）年9月1日
―1966「デザイン学校が"誇大宣伝"」『読売新聞』1966（昭和41）年6月12日
―1966b「編集手帖」『読売新聞』1966（昭和41）年7月18日
―1968「「ハレンチ」好み」『読売新聞』1968（昭和43）年4月6日夕刊
―1968b「変わりダネ映画ポスター流行」『読売新聞』1968（昭和43）年4月13日夕刊
―1969「勉強がきらいです：デザイナーをめざす高校二年生」『読売新聞』1969（昭和40）年6月28日
―1970「CM売れる売れる」『読売新聞』1970（昭和45）年4月26日
横溝廣子 1997「調査研究の概要」、東京国立博物館（編）『明治デザインの誕生』国書刊行会
―1997b「解題：『温知図録』の成立と構成」、東京国立博物館（編）『明治デザインの誕生』国書刊行会
横尾忠則 1966「進め‼日宣美」『デザイン』（10月号）美術出版社

―1966b 「俗悪な生命力」『アイデア』（第78号）誠文堂新光社
―1966c 「私に対する反論の反論」『宣伝会議』（9月号）宣伝会議
―1966d 「アニメーション映画の「笑い」」『アニメーション・フェスティバル66』（パンフレット）草月アートセンター
―1968 「広告クリエーターの新しい表現感覚」『マーケティングと広告』（9月号）電通
―1969 「連載4 原点から幻点へ」『デザイン』（11月号）美術出版社
―1969b 「死と対決のデザイン」『読売新聞』1969（昭和44）年12月23日
―1969c 「「デザイン界」大批判」『デザイン批評』（第8号）風土社
―1970=1978 『未完への脱走』講談社文庫
―1995=1998 『波乱へ』文春文庫
―2002 「草月から万博への60年代」『輝け60年代：草月アートセンターの全記録』フィルムアート社
横尾忠則・亀倉雄策 1968 「デザイナーブームの中の孤独」『週刊朝日』（5月24日号）朝日新聞社）
横田昭次 1953 「勤務デザイナアの周囲」『AD. ART DIRECTORS CLUB TOKYO』（No.2）東京アド・アートディレクターズ・クラブ
吉田正志 2000 「明治初年のある代書・代言人の日誌」、服藤弘司先生傘寿記念論文集刊行会『日本法制史論纂』創文社
吉見俊哉 1996 「デザイン、あるいは感覚の政治学」、嶋田厚（編）『現代デザインを学ぶ人のために』世界思想社
Young, James. W. 1944=1956 今井茂雄（訳）『アイデアの作り方』プレスアルト会
祐乗坊宣明 1953 「広告文案」『商業デザイン全集』（第1巻）ダヴィッド社
―1953b 「A・Dについて」『ADCリポート』（No.3）東京アド・アートディレクターズクラブ
―1954 「論議から実践の時期へ」『AD. ART DIRECTORS CLUB TOKYO』（No.4）東京アド・アートディレクターズ・クラブ
―1954b 「アートディレクター雑感」『アイデア』（第8号）誠文堂新光社

【Z】

全日本商業美術連盟 1935 「愈々実行運動へ入らんとする全日本商業美術連盟」『廣告界』（第12巻第7号）誠文堂

著者略歴

加島　卓（かしま・たかし）

1975年、東京都生まれ。東京大学大学院学際情報学府博士課程修了。東京大学助教を経て、東海大学文学部広報メディア学科准教授。博士（学際情報学）。専門はメディア論、社会学、広告史、デザイン史。

本書で日本社会学会第14回奨励賞（著書の部）を受賞。単著に『オリンピック・デザイン・マーケティング――エンブレム問題からオープンデザインへ』（河出書房新社、2017年）。編著に『文化人とは何か？』（東京書籍、2010年、南後由和と共編）。主な論文として「デザインを語ることは不可能なのか」（『文字のデザイン・書体のフシギ』左右社、2008年、第7回竹尾賞受賞）、「美大論」+「ユーザーフレンドリーな情報デザイン」（遠藤知巳（編）『フラット・カルチャー：現代日本の社会学』せりか書房、2010年）、「「つながり」で社会を動かす」+「メディア・リテラシーの新展開」（土橋臣吾・南田勝也・辻泉（編）『デジタルメディアの社会学』北樹出版、2011年）ほか。

＜広告制作者＞の歴史社会学――近代日本における個人と組織をめぐる揺らぎ

2014年2月28日　第1刷発行
2018年1月15日　第2刷発行

著　者　加島卓
発行者　船橋純一郎
発行所　株式会社 せりか書房
〒112-0011　東京都文京区千石1-29-12　深沢ビル
電話 03-5940-4700　振替 00150-6-143601　http://www.serica.co.jp
印　刷　信毎書籍印刷株式会社
装　幀　千原航

　ISBN 978-4-7967-0330-7　Printed in Japan